"十二五"国家重点图书出版规划项目

中国近现代稀见史料丛刊【第二辑】

张剑 徐雁平 彭国忠 主编

1934-1935中缅边界调查日记

周光倬 著

周润康 整理

凤凰出版社

图书在版编目（CIP）数据

1934～1935中缅边界调查日记 / 周光倬著 ; 周润康整理. -- 南京 : 凤凰出版社, 2015.5（2024.10重印）
（中国近现代稀见史料丛刊. 第2辑）
ISBN 978-7-5506-2128-2

Ⅰ. ①1… Ⅱ. ①周… ②周… Ⅲ. ①云南省－地方史－史料－1934～1935②缅甸－现代史－史料－1934～1935 Ⅳ. ①K297.4②K337.2

中国版本图书馆CIP数据核字(2015)第049254号

书　　名	1934—1935中缅边界调查日记
著　　者	周光倬 著 周润康 整理
责任编辑	樊 昕
责任监制	程明娇
出版发行	凤凰出版社(原江苏古籍出版社) 发行部电话025-83223462
出版社地址	江苏省南京市中央路165号,邮编:210009
照　　排	南京凯建文化发展有限公司
印　　刷	唐山楠萍印务有限公司 河北省唐山市芦台经济开发区场部
开　　本	880毫米×1230毫米 1/32
印　　张	13.75
字　　数	357千字
版　　次	2015年5月第1版
印　　次	2024年10月第3次印刷
标准书号	ISBN 978-7-5506-2128-2
定　　价	89.00元

（本书凡印装错误可向承印厂调换,电话:022-69381996）

袁行霈先生题辞

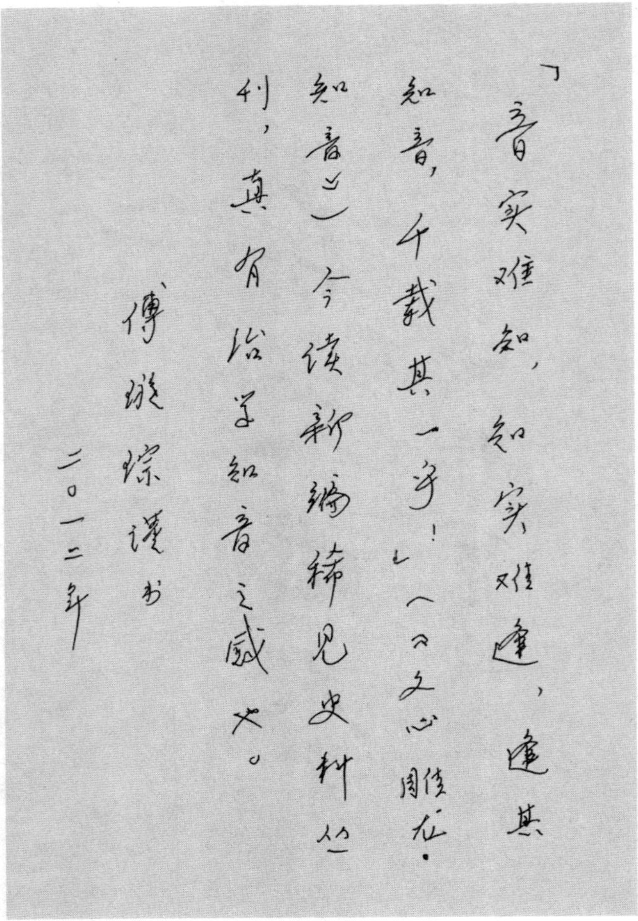

「音实难知，知实难逢，逢其知音，千载其一乎！」（《文心雕龙·知音》）今读新编稀见史料丛刊，真有治学知音之感也。

傅璇琮谨书

二〇一二年

傅璇琮先生题辞

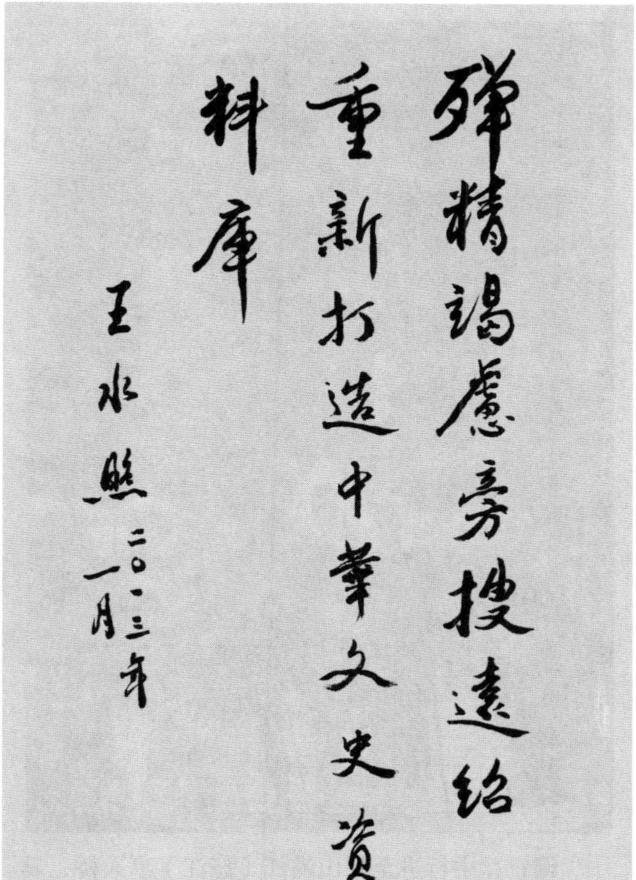

王水照先生题辞

调查途中行进至保山潞江（怒江）惠人桥，其下游还有一座连接滇缅公路的重要桥梁惠通桥（左二为周光倬，左三王玺，余为随员及护兵）

班洪总管胡忠汉欢迎外交部专员周光倬到来

冒险进入班洪后与佤族葫芦王、班洪总管胡忠汉合影
（左一王玺、左四胡忠汉、左五周光倬、左六高耀恒）

《中国近现代稀见史料丛刊》总序

在世界所有的文明中，中华文明也许可说是“唯一从古代存留至今的文明”（罗素《中国问题》）。她绵延不绝、永葆生机的秘诀何在？袁行霈先生做过很好的总结：“和平、和谐、包容、开明、革新、开放，就是回顾中华文明史所得到的主要启示。凡是大体上处于这种状况的时候，文明就繁荣发展，而当与之背离的时候，文明就会减慢发展的速度甚至停滞不前。”（《中华文明的历史启示》，《北京大学学报》2007 年第 1 期）

但我们也要清醒看到，数千年的中华文明带给我们的并不全是积极遗产，其长时段积累而成的生活方式与价值观具有强大的稳定性，使她在应对挑战时所做的必要革新与转变，相比他者往往显得迟缓和沉重。即使是面对佛教这种柔性的文化进入，也是历经数百年之久才使之彻底完成中国化，成为中华文明的一部分；更不用说遭逢“数千年来未有之变局”、“数千年未有之强敌”（李鸿章《筹议海防折》），“数千年未有之巨劫奇变”（陈寅恪《王观堂先生挽词序》）的中国近现代。晚清至今虽历一百六十余年，但是，足以应对当今世界全方位挑战的新型中华文明还没能最终形成，变动和融合仍在进行。1998 年 6 月 17 日，美国三位前总统（布什、卡特、福特）和二十四位前国务卿、前财政部长、前国防部长、前国家安全顾问致信国会称：“中国注定要在 21 世纪中成为一个伟大的经济和政治强国。”（徐中约著《中国近代史》上册第六版英文版序，香港中文大学 2002 年版）即便如此，我们也不能盲目乐观，认为中华文明已经转型成功，相反，中华文明今天面对的挑战更为复杂和严峻。新型的中华文明到底会怎样呈现,又怎样具体表现或作用于政治、经济、文化等层面,人们还在不断探索。这个问题,我们这一代恐怕无法给出答案。但我们坚信,在历史上曾经灿烂辉煌的中华文明必将凤凰浴火,涅槃重生。这既是数千年已经存在的中华文明发展史告诉我们的经验事实,也是所有为中国文化所化之人应有的信念和责任。

不过,对于近现代这一涉及当代中国合法性的重要历史阶段,我们了解得还过于粗线条。她所遗存下来的史料范围广阔,内容复杂,且有数量庞大且富有价值的稀见史料未被发掘和利用,这不仅会影响到我们对这段历史的全面了解和规律性认识,也会影响到今天中国新型文明和现代化建设对它的科学借鉴。有一则印度谚语如是说:“骑在树枝上锯树枝的时候,千万不要锯自己骑着的那一根。”那么,就让我们用自己的专业知识与能力,为承载和养育我们的中华文明做一点有益的事情——这是我们编纂这套《中国近现代稀见史料丛刊》的初衷。

书名中的“近现代”,主要指1840—1949年这一时段,但上限并非以一标志性的事件一刀切割,可以适当向前延展,然与所指较为宽泛的包含整个清朝的“近代中国”、“晚期中华帝国”又有所区分。将近现代连为一体,并有意淡化起始的界限,是想表达一种历史的整体观。我们观看社会发展变革的波澜,当然要回看波澜如何生,风从何处来;也要看波澜如何扩散,或为涟漪,或为浪涛。个人的生活记录,与大历史相比,更多地显现出生活的连续。变局中的个体,经历的可能是渐变。《丛刊》期望通过整合多种稀见史料,以个体陈述的方式,从生活、文化、风习、人情等多个层面,重现具有连续性的近现代中国社会。

书名中的“稀见”,只是相对而言。因为随着时代与科技的进步,越来越多的珍本秘籍经影印或数字化方式处理后,真身虽仍“稀见”,化身却成为“可见”。但是,高昂的定价、难辨的字迹、未经标点的文本,仍使其处于专业研究的小众阅读状态。况且尚有大量未被影印或数字化的文献,或流传较少,或未被整合,也造成阅读和利用的不便。因此,《丛刊》侧重选择未被纳入电子数据库的文献,尤欢迎整理那些辨识困难、断句费力、裒合不易或是其他具有难度和挑战性的文献,也欢迎整理那些确有价值但被人们习见思维与眼光所遮蔽的文献,在我们看来,这些文献都可属于"稀见"。

书名中的"史料",不局限于严格意义上的历史学范畴,举凡日记、书信、奏牍、笔记、诗文集、诗话、词话乃至序跋汇编等,只要是某方面能够反映时代政治、经济、文化特色以及人物生平、思想、性情的文献,都在考虑之列。我们的目的,是想以切实的工作,促进处于秘藏、边缘、零散等状态的史料转化为新型的文献,通过一辑、二辑、三辑……这样的累积性整理,自然地呈现出一种规模与气象,与其他已经整理出版的文献相互关联,形成一个丰茂的文献群,从而揭示在宏大的中国近现代叙事背后,还有很多未被打量过的局部、日常与细节;在主流周边或更远处,还有富于变化的细小溪流;甚至在主流中,还有漩涡,在边缘,还有静止之水。近现代中国是大变革、大痛苦的时代,身处变局中的个体接物处事的伸屈、所思所想的起落,藉纸墨得以留存,这是一个时代的个人记录。此中有文学、文化、生活;也时有动乱、战争、革命。我们整理史料,是提供一种俯首细看的方式,或者一种贴近近现代社会和文化的文本。当然,对这些个人印记明显的史料,也要客观地看待其价值,需要与其他史料联系和比照阅读,减少因个人视角、立场或叙述体裁带来的偏差。

知识皆有其价值和魅力,知识分子也应具有价值关怀和理想追求。清人舒位诗云"名士十年无赖贼"(《金谷园故址》),我们警惕袖手空谈,傲慢指点江山;鲁迅先生诗云"我以我血荐轩辕"(《自题小像》),我们愿意埋头苦干,逐步趋近理想。我们没有奢望这套《丛刊》产生宏大的效果,只是盼望所做的一切,能融合于前贤时彦所做的贡献之中,共同为中华文明的成功转型,适当"缩短和减轻分娩的痛苦"

（马克思《资本论》第一卷第一版序言）。

《丛刊》的编纂，得到了诸多前辈、时贤和出版社的大力扶植。袁行霈先生、傅璇琮先生、王水照先生题辞勖勉，周勋初先生来信鼓励，凤凰出版社姜小青总编辑赋予信任，刘跃进先生还慷慨同意将其列入"中华文学史史料学会"重大规划项目，学界其他友好也多有不同形式的帮助……这些，都增添了我们做好这套《丛刊》的信心。必须一提的是，《丛刊》原拟主编四人（张剑、张晖、徐雁平、彭国忠），每位主编负责一辑，周而复始，滚动发展，原计划由张晖负责第四辑，但他尚未正式投入工作即于2013年3月15日赍志而殁，令人抱恨终天，我们将以兢兢业业的工作表达对他的怀念。

《丛刊》的基本整理方式为简体横排和标点（鼓励必要的校释），以期更广泛地传播知识、更好地服务社会。希望我们的工作，得到更多朋友的理解和支持。

2013年4月15日

目　录

前　言

周光倬(1897—1966),字汉章,云南昆明官渡人。早期就读云南省立第一师范学校。1923 年从国立南京高等师范学校文史地部、国立东南大学文理科毕业。1923 年至 1936 年在南京江苏省立第四师范学校、江苏省立第一中学、江苏省立南京中学、南京女子中学、中央陆军军官学校和内政部警官高等学校教授地理。1937 年任中央航空学校政治教官,专教边疆问题和国防地理。1939 年因不满派系倾轧辞职赴缅、印经商。1947 年受聘为云南大学经济学系和文法学院副教授,1957 年调中国科学院昆明植物研究所任副研究员,曾任云南省第三届政协委员。1966 年去世。

1934 年春,英国为抢夺班洪银矿,派兵 500 余名入侵我国云南边境班洪佤山(今沧源县境),烧毁民房,打死佤兵,制造了"班洪事件"。消息传出,引起全国人士关注,旅京(南京)云南同乡利害切身,尤为愤慨。3 月 18 日,云南旅京同乡会开会推举张维翰、朱培德、李宗黄、周光倬等 37 人为代表,向中央请愿,要求中央向英政府提出交涉,并派全权代表到滇缅边界调查。当时班洪战事消息仍不断传来,国民政府除电令驻仰光领事就近探查外,因不明了事实发生情况,外交部亦无法应付,唯有查明实情,才能提出交涉。因此,国民政府决定,令参、外两部派员到边地调查,以供交涉参考。因云南地处西南边疆,官员均顾虑人地两疏,更畏惧交通闭塞,蛮烟瘴雨、盗匪横行,无人愿前往,外交部亦无合适人选。1934 年 4 月,经云南同乡会举荐,周光倬被国民政府任命为"外交部特派云南边地调查专员",赴云南调查。

周光倬于6月抵云南后，于10月从昆明出发，率随员经楚雄、大理、保山、腾冲、镇康到达孟定，在当地边民殷切请求下，毅然不顾参、外两部不准越界（班洪在英方司格德所划红线内，英方极力阻挠）的电令，冒险秘密进入班洪地区，见到了班洪总管胡忠汉，终于了解到当地英军侵略真相，弄清了英方在滇缅边界的侵略事实和未定界问题症结所在，从而为以后与英方交涉维护国家主权、会勘滇缅南段未定界搜集准备了可靠资料。在完成班洪地区界务调查后，周光倬又不畏路途艰险，翻山越岭进入勐角、勐董，经岩帅、双江赴澜沧、孟连，然后又循南峤（勐遮）、佛海（勐海）、车里（景洪）转思茅（普洱），沿途了解外国教会传教活动和教会势力发展及沿边各县所受影响，最后沿宁洱、磨黑、元江于1935年5月返回昆明。

周光倬将此次调查经历和沿途山川地貌、人文风情、官员士绅等所见所闻，以及滞留昆明原因、与李元凯因测量事产生分歧等，以日记作了详细记录，并拍摄了三百多幅珍贵照片。回南京后，周光倬将调查情况及意见写成《滇缅南段未定界调查报告书》呈交国民政府，并附呈《云南边地调查照片集》、《调查滇缅南段未定界经过路线图》、《班洪附近形势略图》和《滇缅南段未定界五色线图》，同时将报告以内部形式少量排印成书，由国民政府主席林森题写书名，分送相关部门和中央要员，以求引起对滇缅边界问题的重视。1967年台湾成文出版社影印出版了此报告书，而调查日记和照片则至今未公开，日记所记经历遂成为一段鲜为人知的历史。

此次整理，即根据周光倬日记和调查报告内部排印本，将日记与调查报告辑成一书，同时收录周光倬抵昆明后在国民党云南省党部的演讲《回滇调查班洪的任务及感想》、回南京后就解决滇缅边界问题呈蒋介石的信、在中华史地学会发表的《云南边疆之危机》，以及班洪总管胡忠汉上呈中央政府的表陈（周光倬摄影留存）等与滇缅边界调查有关的史料，使之可以相互印证，互为参考。

根据《丛刊》统一要求，日记和报告书包括人名、地名等均用简化字；原稿题名《赴滇缅边界调查日记》改为题名《1934—1935 中缅边界调查日记》；原稿确系误字或有缺字者，后以方括号“[ ]”括出并改补；原稿空缺脱字无法补出者，以方框符号“□”代替约略可计字数者，以“……”代替无法计数者；原稿漫漶不清或不能辨认之字亦用方框符号“□”代替；原稿有衍字者，用“【 】”括出；原稿注文，用圆括号“()”括出；日记中人名同音异字者径改。

因日记涉及人物较多，为便于读者了解相互关系，作了相应注释，但因资料有限，不能一一注明，且难免疏漏有误，敬请方家不吝赐正。

周润康

于 2014 年 7 月

滇缅边界调查日记

六月十一日　访李印泉[1]先生纪事

予于十日午后一时车抵苏州，即偕李君往十全街访乡先进于其私邸。适彼于前二日赴小王山别墅，仅遇章太炎[2]先生，由其新进弟子贝仲琪之介绍，相晤。予因民国十三年(1924)随宜黄大师[3]避乱在沪曾拜会一次，然相隔日久，太炎先生亦不能认识矣。谈国学与佛学概状。太炎年老力衰，近已购得新屋于苏垣，西式两椽，在苏州可谓极精致者。后又参观私立振华女子中学，条理整洁，令人称许，而学生之能埋头于各休息处或者专馆自修，尤为难能可贵。振华造就女子真实人才不少，素为苏省人士所重。便往太炎先生新屋拜谒，并请其赐书法。因时促客多，已托其高足转请，即辞归。约定李府人，翌晨往访李先生。

---

① 李根源(1879—1965)，字印泉，又字养溪、雪生，号曲石，云南腾冲人。近代名士，国民党元老，中华民国政治家、军事将领。曾任众议院议员、航空署督办、陕西省长、农商总长、善后会议员兼代国务总理、云南贵州监察区监察史等职。

② 章太炎(1869—1936)，原名学乘，后改名炳麟，字枚叔，号太炎，浙江余杭人。清末民初思想家，国学大师，旧民主主义革命者。

③ 欧阳竟无(1871—1943)名渐，谱名元汉，字希傅，号竟无，江西宜黄人。近代著名佛学家、思想家、教育家，人称“宜黄大师”。

六点钟，汪懋祖[①]先生来约外散步。略在街头乱跑，至松鹤楼便餐，返城内新苏饭店，十时就寝。

十一日晨起床甚早，幸天晴，李府佣人七点半来，因水陆交通不便，小王山又距城四十里，始商定骑乘而往。导者马夫及李君共四骑出□门而行。马行田野间，精神甚爽，秧苗已插，一望碧绿，乡色可爱。予三年未骑，今日骤驰驱，颠簸难支，行出十里，两臀受微伤。以路远又不能不加鞭，天热浑身皆汗，直奔至十一点始抵目的地。李先生所在处，系其太夫人安葬处，所谓守庐之意。住宅约十余间，靠山右侧五大间为住宅，中间一排为乡村小学，有两班，学子不少。左一大间为会客处，予等即在此处与李先生会晤。谈甚欢。李先生为乡前辈，年虽长而精神健强，不类常人，身长而黑，面带麻，表面观之，即为一出众之人才。予以前虽未见过，然李先生亦知予，而予亦敬佩其才学经历，果断刚毅，丝毫不苟。不惟在乡，为人仰望，即为当今之人，且无不钦佩之。计寓苏已十年，有田园，有庐墓，且代苏人谋幸福，故苏人士无不德之。相见后予等以来意见告，希请指教。李先生极为谦和，劝勉备至，以为吾等此次冒险精神殊可佳，但前途所因注意者有二：

(1) 天时不宜，刻正暑天，瘴气极大。

(2) 云南人种复杂，然以南段所谓之野佧佤性质极粗暴，其蛮横不可理喻。

天时问题，无论如何，不能以生命往拼，待秋后天凉去，可以少阻碍。野蛮一层，须设法求各方面之帮助，或可避免，不至有危险。至

① 汪懋祖(1891—1949)，字典存，江苏苏州人，教育家。历任国立北京师范大学教务长兼代理校长、国立北京女子师范大学哲学系主任、国立东南大学教育系主任、江苏省督学等职。

此段界务及滇缅界务，实根本坏于薛福成[1]之不明情势，不作（掌）〔斩〕钉截铁、一刀两断之手腕，始贻此纠纷。后又因总理衙门之因循，误坐时机，难于挽回。又谓辛亥革命时，主张与英不即划界，因观法、美二国皆以革命至国强，俟国强而后，则争执挽回，实不费吹灰之力。然知今民国成立已廿余年，国力如此，前之主张，已不能不变更。即目前无论如何困难，须设法划界，吃亏在明处，则可保存者尚多。否则，藕断丝连，将来之纠纷与危机，更不堪设想。此实为我等所赞成者，而且大多数同乡所同意也。

又告予等对人接物，须谦和则于事始无碍。其开诚布公谆谆诚恳之态度，不能不敬其为乡先进之伟大处。留在山上午餐。午后二时策马至木渎镇——苏邑之一大镇市以产石著——搭小轮返城即搭夜车赴沪，已十一点矣。李先生送其关于滇边之著述多种籍资参考，不能不感谢之。

日来因接洽奔走，日间应酬，夜间整理，至早午夜一点始能就寝。一事之难如此，既而思何况担任全国重任者其苦更不堪言状矣。

六月十三日　赴杭州拜访童师仲华先生纪略

先生为苏之淮城人，旅滇已二十余载。清末游宦于滇，随后即教学于滇，予始得受教诲。先生性爽直而恭俭，笃实好学，长于考据地理之学。对于吾滇情形，极为熟悉，掌故亦博，以公私关系不能不访之，并求见教□。然因船期迫切，仓促于是日午后三点搭特快车赴杭，七时一刻到，即至九曲巷七号即会晤，陈述来意。长者和蔼可亲，先询此去各方意见，并告以滇中近印行之分县地图可供参考，及[国]

---

① 薛福成（1838—1894），字叔耘，号庸庵。江苏无锡人，中国近代著名的思想家、外交家和资产阶级早期维新派代表人物，历任直隶宣化府知府、直隶布政使、湖南按察使，出使英、法、意、比大臣，曾参与众多外交事务谈判。

民政府及交涉署皆有案件可寻，且有先生个人之意见书皆可作参考。希望予甚殷，能将实际状况为他人所不能者，详细考察，以宣告于国人。予一一受之。□以酒食，便至图书馆访学友陈叔谅[①]兄，谈至十一点返西湖饭店。童师偕来，又谈至一点钟始归，其盛意殷情之处，所不能忘也。次晨约早点，饷以浙江米饭，以为似家乡风味，极可口。八点一刻又陪送至车站。童师之真诚影像，留于脑际殊深刻也。到沪已十二点矣。

海轮上之日常生活

岳州轮为英商太古公司新造轮之一，与北洋班之新顺天同为姊妹号，而此轮系专航上海及海防间，约按月来往一次。

来——上海……汕头……香港……广州……香港……海口……北海……海防。

往——海防……北海……海口……香港……广州……香港……厦门……上海。

上海、海防间直航之轮船，沿途各埠皆停，时日稍长，对于旅客似觉辛苦，且天热，轮中定房舱住者，殊闷，难支，往往晕船。虽然定大舱间住者，亦觉精神疲乏。然实则急在香港之麻烦上下行李。事不急迫，则以搭此种轮为经济。兹将该轮之各舱位价格列下：

外国大餐间（中部上层）	\$155.0
中国大餐间（中部下层）	\$70.0
官舱（船尾中间有床位）	\$36.0
房舱（船尾两侧有通窗）	\$30.0

---

① 陈训慈（1901—1991），字叔谅，浙江慈溪人，历任上海商务印书馆编译所编辑，中央大学讲师，浙江图书馆馆长，浙江大学史地系教授，浙江省博物馆图书资料室主任。当代著名爱国人士，知名学者，文史学家、图书馆学家。

统舱(船尾下层亦可在舱面上)　　　　$16.0

岳州轮外国大餐间有限制,仅有房间两间,最多能乘四人,含西餐。中国大餐间,共有房间八间,每间二人,能容十六人。以三、四、五、六号房间较通气,其余因接近机器房,空气不十分通畅。冬季定此房间,则可蔽寒风。官舱人较杂,舱位人数稍多,故不宜住。

房餐间食中国饭菜每日三餐,招待尚周到。所苦者香港检查行李极讨厌,翻箱倒箧,丝毫不假借。若无英人监视,则□索随之,视行李之多寡,愈多者所索愈大。可以讲价还价,多则十元,少则亦数元。大约在香港之检查,船到时一次,几名香港之监人,更为讨厌,目的在索钱。船离香港时,又一次,则较为严密矣。论理香港之检查,目的在查违禁品,为军器鸦片等物,然对于旅客之返往,实不胜其繁。今后改良,应由政府通令,若有切实身家作保,则可以免验。如此于旅客得不少之方便。不过英人保守,恐不易做到此。则凡旅客返香港者,将吃苦殆尽矣。否则吾国应收回香港,则一切束缚,一切不正之待遇及所受之气,可以铲除。如此方知国家之不能不自立、不自强。

此次同船来者,曲木藏尧[①]君与予同一舱,谈笑风生,不嫌枯燥,随行者有李元凯专员、殷寿增[②]、魏雄(梅县人)、王玺[③]、沈……等十一人。有时停航期长,则作牌消遣。尤以曲木君谈办理夷族教育事,甚为投契。曲木君之夷汉联合为出发点,以文化教育为开辟之入手,予极表同情而希望其应先从挑选有为青年入学校,俟造成后,再使之

---

① 曲木藏尧(1905—1940),又名王治国,彝族,四川越西人,民国时期四川凉山彝族的杰出人物。毕业于中央政治学校蒙藏华侨班,曾任夷族党务宣传员、西昌行辕上校副官。抗战期间,在修通连接滇缅公路的乐西、西祥公路时,任筑路三支队队长,动员了许多彝族参与修路工作。著有《西南夷族考察记》、《平津归来》等。

② 殷寿增,赴滇缅边界调查随队医官。

③ 王玺,字用之,赴滇缅边界调查参谋本部陆地测量局测量员。

入深山传布，则势力始能扩大，力量始增。此次入滇，机会难得，必得滇省府之赞助，予亦愿力为之助。（此段系停于海口港时写六月廿三日午）

海防杂记

据姜绍初大哥云：个旧大锡近状甚详。锡每张五十片，每片重五十斤，共重2500斤。价每片约值港币75元，是每年出口为五千张，实合值港币一千八百七十五万元。而鸦片则双倍之。此为云南大宗出口，实不在少数。

又法人在越南对华人身税，男子每年纳14.5[元]法币，女子1.2[元]法币，安南[①]人每人每年纳二元。华人凡过十五岁者皆属成年，照上数完纳。自六岁至十五岁则仅纳1.2[元]法币。此外门牌税（营业税）年纳168元（内包[括]商会、华商会、市政、自来水、照相、街灯各项）及代理人身税等。至于经营大规模之商业，开设商号四五处者，仍照数完纳。故华侨在越南每年所缴纳之税不轻。

此外如转运公司之代理人，对于法国海关中主脑人，在从前略送礼物，籍表私情之谢忱。但近来则成通例，凡七月十四日法国纪念日及十二月廿五日耶稣圣诞节两次，须送干礼，每次例送法币一百元至三百元不等，依所经营事业之大小而报效。至于其他代送信件或报关之文件安南仆役，亦须送三五元不等。此种法国越南政府之黑暗政治，于今始知之。

---

① 安南人，即越南人。安南一词，最早见于唐代，南宋淳熙元年（1174年），李朝国王李天祚遣使入贡，南宋孝宗正式诏赐国名安南，封南平王李天祚为“安南国王”；次年八月，又赐“安南国王印”，“安南国”之名自此始。清嘉庆八年（1803），清朝改“安南国”为“越南国”，册封阮朝创立者阮福映为“越南国王”，“越南”之名一直沿用至今。

滇越铁路车价表：

（一）海防……河内

头等——5.0

二等——4.08

三等——1.2

四等——0.85

（二）河内……老街

头等——17.81

二等——11.9

三等——6.81

四等——2.46

（三）河内……昆明

头等——44.18

二等——30.15

三等——17.01

四等——6.52

至于所携行李，头等得带五十公斤，二等得带四十公斤，三等得带三十公斤，四等得带二十公斤，余须照磅另纳运费。

河内观访记

河内为法属越南总督驻在地，亦即法属印度支那之首府，故人口较密，约十二三万。市街较整齐而清洁。街两旁皆种树，绿荫遮蔽，行人车马并不暴露于阳光之下，故虽盛夏，亦不苦炎氛。以广东路及接剑湖之市政公所附近最繁华，广东路以杂货及绸缎商店最多，市府附近以法国之银行大商店为最多。予承江绍初大哥之介绍，得识中法工商银行华买办梁立泮君。梁君，一青年有为之人也，曾在越十余年，去年自法留学归国后，即继其父之后而任斯职。凡东京及越南华侨与该行之往来，皆由梁君一人管理，故其事甚繁剧。午后六点钟散工，始来旅馆。倾谈之下，知其为一新青年，安南话最为流利。陪同游览全市，路过剑湖公园，湖水澄碧，绿树交枝，湖旁建一塔，掩映其中，景致殊妙。据梁君云，湖上之塔，相传昔有一妖狐，害人至多，后安南王始建一塔以镇之，其怪始绝。湖旁建一庙。湖形如剑故名。每晚游人甚众。游玩其中，不啻身入世外矣。湖头为市厅大厦及各大商店，建筑尤壮丽。经兵营附近，天已黑，而兵房内，不过萤灯数盏，昏暗莫辨。讯知法在河内，驻兵约二千人，自二十年安南革命爆发以后，用换防方法，将非洲兵调驻此，将安南兵则调至非洲，如此可以消除乱事。法人政策善固善矣，然此种兵，如何可以用命。且待遇如此，则在越之非洲兵，亦徒具形式耳。法本国之兵，数量较少，凡来者退伍后即不返国，多在此经营谋生。至于法人对于安南人之严密防备，则有过之无不及。安南青年留学法国者，数已不少，当其在巴黎时，极为自由平等，待遇亦不歧视。但若回国后，则无事可做，法人亦不愿给以相当位置。虽给以相当位置，然待遇则歧视。此种精神上之痛苦，则为安南青年所不满，故革命之空气，弥漫全国。法人之对策，表面上给安南人以发言之机会，或各县官吏，尽委越人，然实际大权，则握于法人之手。越人之头脑清新而有思想者，不过少数。缚鸡之力，如何以斗豺狼。据予之推测，安南之解放运动，非继续努力，或得我国实力之援助，难有望也。予等每经过海防或河内时，已受尽帝国主义之痛苦，然处处见安南人之表示，则不胜羡慕之至。是晚并偕游西湖，分里湖外湖，中隔一堤，柳树垂荫，明灯万盏，灼灼照耀。法[人]越人之驱车来此乘凉者，道为之塞。清风拂拂，万虑俱除，较处斗室中，已霄壤之别。与梁君立堤上，望碧波与灯光，颇有自得之意。畅谈国事，梁君立论甚正，以为中国所缺者，大工业之制造，政治则主联省，自治，各省应切实建设，彼此不必争，则国力恢复不难振作。尤注意于国内之富藏，何不建设开辟，锑、钨二矿，为中国有数之矿产，大可有为也。梁君热心实业之心，于此可见一般。盖梁君在海防附近经营一煤矿，煤质极佳，在广州设有分销处，每周必往该处视察一次，工人数百，年可出煤十余万吨，销路均有希望。无怪梁君注意于国内经济之开发也。又谓云南为一至富之省，将来实不可轻视。惜货弃于地。今后拟觅一机会考察一转，且熟友甚多，久欲相晤。盖梁君为广东新会人，久寓海防，与黄子衡大哥为知交，从前与子衡之公子曾同受业于云南之业师，故普通话亦极流利。至九时相偕返旅舍，次日晨又到车站送行，梁君之热忱，殊可感可谢。予意此行机会难得拟请介绍参观河内法人所设东方语言学校，以时间仓促，留待将来。梁君亦极表欢迎。

第一次谒见龙主席[①]

七月三日　午后两点半钟偕建德[②]兄乘人力车至省政府，将名片送至副官处，副官长为李华鹏，以前保定军校毕业，体尚强健。导至主席会客室，予与建德兄对坐。龙主席为第一次会见，体格虽瘦，而目光锐利，精神饱满，谈话声调极有力。且层次亦颇清晰，见解极充分。而对于国家领土观念，尤觉恳切注意。先讯予等履历甚详，次讯此次来滇之任务，予等一一告知，并谓此次所负使命，即准备与英人勘划界务之工作。中央因不明了南段未定界实际状况，屡次交涉，均难于说话，故此次实欲明确实际状况。而欲明实际状况，则调查测量工作为要，而测量尤要。此次之测量，虽普通三角测量，因□测经

① 龙云（1884—1962），原名龙登云，云南昭通人，彝族，彝名纳吉乌梯，字志舟。国民党滇军高级将领，时任云南省政府主席，云南陆军讲武堂校长。

② 李元凯，字建德，云南保山人，曾任中央训练团军事组组长、办公厅主任，河南省保安处处长，湘鄂川黔边区绥靖公署参谋长，陆军总司令部总务处处长，天水行营参谋处处长，曲靖、宜良专区行政督察员，时任参谋本部派赴滇缅边界调查专员。

纬度非天文测量不为功。此次由中央陆地测量局派定之人员，即注重天文测量，而所携来之仪器，亦属于天文测量之仪器，实可谓开我云南测量之先声，龙主席似未注意及此。建德兄将此次蒋委员长之嘱咐及中央注意国防之点告知，主席均觉满意。随即发表自己主张，谓自此事件发生后，多方研究，使略知其大概情形。地方守土有责，不能不注意。故除对滇省英总领事抗议外，同时转报中央，请向英公使交涉。中间曾经第一二次之局部土人对抗。英方探矿师认为矿源及矿质，无开采之价值，又引起中国之抗议，故已将所带之兵队，完全撤退，仅留少数士兵，驻守炉房。最近在六月中旬，因班洪王之增援反抗，故又引起第三次之激战，英方略有损失，谓此次有中国兵在内，提出抗议，又略增兵于边境。后中央所接仰光领事报告，谓英方似有调动军队之举动，中央接此报告，电滇省府务必制止军事行动。实际省政府并未派一兵一卒，此或班洪王私人之事情，与地方政府无涉。同时驻滇外交特派员王占祺曾往英领署，洽望领事讯问详情，则谓缅政府并未增兵，不过因第三次之战事，将原有部队调回。目前因气候的关系，无论如何，绝不至扩大云。至于中央界务，英方已愿意划界，但在划界之先，须确定原则，然后再为实地勘界。目前云南省政府已将有关案件，整理送部决定。目前英国仍反对中央派人赴班洪调查，故一时请暂时休息再为讨论进行方法。约谈至四点半钟始辞出，后介绍见参谋长孙渡[①]即辞出。

---

① 孙渡(1895—1967)，字志舟，云南陆良人，滇军将领，曾任云南烟酒公卖总局局长、云南省宪兵司令、省主席龙云参谋长、新编58军军长、第一集团军军长、东北“剿总”副司令兼第六兵团司令、西南军政长官公署副长官等职。

大事记 [民国]二十三年(1934)

四月十八日 收到外交部委状。

十九日 午后三时赴外部先见刘司长琴五及科长胡湛云，参部派员亦在，同时会商经费及预算事便呈拟具之预算及意见书。

廿三日 午后在外部开会委员第一次。

(1) 徐常务次长主席

(2) 欧美司长刘琴五

(3) 科长胡湛云

(4) 内政部土地司长

(5) 委员张莼鸥[①]

(6) 部内专门委员一人

(7) 奉派专员李君及予

(8) 外部科员记录

五月廿日 同乡会滇缅划界促成会上午八时假学会开欢送会。

廿一日 外部约去谈话，谓速预备起程款，即散时午后三时。

廿二日 所编《太平洋问题》一书稿费三百三十元由孙楚才兄转来。

廿四日 外部会计科填写支票发款。

廿五日 再赴外部科长某出言讥诮。

廿八日 赴外部办理护照。

六月二日 法领事对于所携带之仪器留难托词须向驻华法公使及越南政府请示，电报费由我方担负。

---

① 张维翰(1886—1979)，字莼鸥，云南大关人，曾参加辛亥革命，后任云南都督府秘书、国民政府立法院秘书长、内政部政务次长等职。去台后历任“监察院”副院长、代院长。

四日 参谋本部贺耀祖[①]次长约全体出发人员训话，晚宴于励志社[②]。午后四点约定谒汪院长[③]及兼外长，因会山东省主席及马占山[④]无暇改期。

六月七日(木曜) 下午三时约定时间往铁道部官舍谒汪先生。

十日(日曜) 上午八时搭京沪路[列车]启行，送行者叔禹、可庄、少尧姊丈及策侄，随行者为殷寿增、王玺、韵康侄三人。一时到苏州往十全街，谒乡前辈李印泉先生，因已赴小王山庄舍未在城。小王山距城约四十里，近灵岩山。

十一日 晨八时雇马骑乘赴小王山，十一点始到。天热极苦。李君勉励至再，不失前辈风度。谈话要点：

(1) 该地极野蛮。

(2) 该地瘴疠可怕。

(3) 对各方须虚心于事始无碍。

夜车赴沪，十时半到寓民国路泰安栈，沐浴去尘，夜二点始寝。

十二日 赴富滇新银行[⑤]会乡友董述九兄接洽汇款及购物事，

---

① 贺耀组(1889—1961)，原名耀祖，号贵严，湖南宁乡人，曾任第40军军长、京沪卫戍司令、国民政府上将参军长、徐州行营主任、参谋本部第二厅厅长、军事委员会参谋次长、济南行辕主任、兰州行辕主任、军事委员会办公厅主任、委员长侍从室主任、重庆市市长等职。

② 励志社，1929年1月成立于南京，社长蒋介石，实际负责人为总干事黄仁霖，有职员、社员一万五千余人，社员多为军队、军警机关和军事院校的官员、学员。励志社拥有为国民政府首脑及官员提供后勤、日常生活及娱乐服务的场馆，设有多功能的礼堂、剧院，宾馆式客房以及大小高级餐厅等。

③ 汪精卫(1883—1944)，名兆铭，字季新，号精卫，广东番禺人。时任国民政府行政院院长兼外交部部长。

④ 马占山(1885—1950)，字秀芳，汉族，吉林公主岭人。“九·一八”事变时，任黑龙江省政府代理主席兼军事总指挥，曾率领官兵奋起抵抗日本侵略军。

⑤ 富滇银行，1912年云南开办的地方银行，曾发行滇币，1932年6月因贬值停业。1932年8月龙云政府成立富滇新银行，1950年3月由昆明市军管会接管。

今后沪上各事得君之力甚大。

十三日 午后三时搭沪杭车赴杭往请教于童仲华师，七点一刻到，谈至夜分一点始别，童师爱后生之心极诚挚。

十五日(土) 午十二点上太古公司之新轮“岳州”直放海防轮，午后两点启舵，偕行者除李专员所带之人外有夷族青年曲木藏尧君同行。

十七日(月) 夜十二点轮停汕[头]港外。

十八日(火) 晨六时轮泊汕头卸货。

十九日 上午一点船抵香港，下午一时□乘小轮赴九龙，三点三十五分搭广九车赴羊城，七点一刻抵达，已万盏灯火矣。

二十日 下午四点由羊城偕曲木君乘汽车往河南太古码头登岳州轮，七点开，夜一点返港。

廿一日 九点偕元凯、曲木君上岸，寓平安栈，天雨不止。

廿二日 上午赴先施公司购物，物价较上海所差无几。下午一点返轮，六点开行。风雨不停歇，波涛较大，船簸甚，然予尚可支持。

廿三日 下午四点轮抵海口港，统舱客已完全上岸。

廿四日 上午停靠于海口港下货，下午七时开船。

廿五日 上午八时到北海，十时登岸游北海港市，午后一时搭海关小轮上船，四点开船。

廿六日 晨六时半到海防港。验护照毕，八点始得登岸交涉行李。法海关特别待遇，除手枪外免验。十时到旅馆天然栈。

廿七日 十点整顿行装，包货客汽车各一辆赴河内。约行两小时，午后一时抵河内。天热而闷，仍寓天然酒店。梁立泮先生晚间来会，偕游各名胜。

廿八日 晨七点廿分自河内搭车往老街。气候炎热。晚间七点半抵老街。河口督办署王检察长、党部执委何□□皆来会谈，情意甚可感。

廿九日 晨七点半自河口开车，送行者李秘书、何同志诸人。十点车到大树塘车站知前方车路已断，系桥梁一座昨夜大雨冲毁，车不能前进，冒险与李参谋渡河约行卅余里，抵腊哈地车站待行。适值阿迷州[①]车亦到此，客人不能前进。内有青年学生数人，及同乡李君启禹，东大教授袁公积先生与夫人，亦来路警局休息。承警局长赵传璧盛意招待，并玩牌。夜间在客车中暂息一宵，不能成寐。

卅日 上午九时在路警局早饭，在座者有袁君〔和〕夫人，及其友人共七人。拇战[②]豪饮，所饮独多。十一点钟，车由三议河来，始北开。晚间约六点半钟到阿迷(开远县)。

七月一日 晨七点卅分在车站与实业厅缪厅长[③]相会于车站，承其美意，告以该地之矿产状况，谓铅矿较有希望，银实不重要。并谓前曾派美工程师赴该地实勘验，有详细报告，俟到后检寄。因仓促不得多谈，卅分车行遂分别。下午五时十分到昆明车站，到站欢迎者，有王特派员、陈科长及省党部陈秀山委员。相晤之下，极为欢洽，并致谢意。是日暂宿外甥王子麒家，李[元凯]君则住马市口昌新旅馆。

二日 往谢访省党部陈委员及交署王特派员，并便道至实业厅，拜访友人，并托搜集材料。夜在实若府谈天。

三日 上午接随行诸人自阿迷发电，今日可抵省。数日来所望之行李等可以放心矣。预定赴车站照料，但龙主席忽差人来约下午两点半会见，故午后偕李君同往省政府，由副官长招待至会客室，龙

---

① 阿迷州，即云南省红河州开远市。阿迷州历史悠久，约在二千多年前就与中原有联系。西汉为益州郡属地，西晋后属兴古郡和梁水郡，唐初为黎州州治，元为阿宁万户地，明初置阿迷州，1913 年以后改为阿迷县，1931 年改称开远县，1981 年设市。

② 拇战，即猜拳，酒令的一种。其法为两人同时出一手，各猜两人所伸手指合计的数目，以决胜负。

③ 缪云台(1894—1988)，原名缪嘉铭，字云台，云南昆明人，曾任云南富滇新银行行长、云南锡业公司董事长兼总经理、国民政府行政院政务委员、国大代表、立法委员。时任云南省政府委员兼实业厅(原为农矿厅)厅长。

主席始来谈话，约至午后四点半始完结。后并晤见孙参谋长诸人。随员及行李今日到。

四日 午后赴外交署拜望王特派员并会见陈、李两科长，谈甚久。至实业厅见吴科长，将抄录簿送去，托抄。

访秦瑞堂老师并借来陈崑山[①]所刻之《宦滇文稿》一书，托实若觅人代抄。

赴铁局巷访三堂兄，未在家，仅见三嫂六姊及段姑母诸位。

五日 午前十一点访王特派员及第三科陈科长，阅南段未定界档案，以陈灿及石鸿韶[②]两人之存案较有关系，托陈科长代觅书记抄誊。三时至实业厅晤实若及吴漱泉先生，谈请代抄关于档案事。

六日 是日将所拟呈外参两部之电报发出。午后并至富滇新[银]行办理关于汇款之事。四点赴土主庙巷应吴漱泉之邀。七点半赴云南外交后援会之欢迎会，各界代表约十余人，地点在省党部，予仅报告此次之任务。

七日 午后二时拜访民政厅丁兆冠[③]厅长，有实若同去，不知何故，未得会见。四点赴文庙街口海棠春应王玺君之邀宴。夜在实若处谈天至十点半钟。

---

① 陈崑山，名灿，字崑山，贵阳人，光绪三年(1877)进士，初任吏部主事，后任云南按察使、布政使。光绪二十五年(1899)，与甘肃西宁总兵刘万胜一起与英方会堪滇缅边界；光绪二十八年(1902)，单独与英方再次划界。

② 石鸿韶(1853—1923)，字晋卿，广西象州人，清光绪六年(1880)进士，历任翰林院庶吉士、山西长子县知县、云南永昌府知府、云南迤西道(即腾越关道)道尹。光绪三十一年(1905)，清政府委派其与英方委派的驻腾越领事列敦上界查勘，后因此次勘界失地革职。

③ 丁兆冠(1881—?)，字又秋、幼秋，云南石屏人。历任云南法政学校校长、蒙自普洱道尹、云南高等审判厅厅长、云南省政务厅厅长、云南省政府委员兼民政厅厅长。

八日 十二点访顾仰山[①]先生，谈佛法三性三无性一段。又访陈一得[②]先生、李老太太、张文白兄之老太爷，并送交张老太爷国币五十元（合滇票四百七十元）。天雨。偕实若定做照相套。晚五时赴农校秦秉中及昆华中学夏耀南二君之宴于昆华民众教育馆内桂香阁上，席两桌，有袁代厅长及采集标本之陈、吴二君。夜到实若府谈天，至十点返寓。夜不成寐。

九日 晨九点起床，殷君寿增来谈待遇加薪事。予愤然与之谈，并将概算与之看。觉此人言谈态度之可鄙，其欲壑实难填。结果予忍痛加以五十元，月合薪二百元，付一个月薪。

下午一点偕秦仲泉兄拜访秦少元老先生谈滇缅界务事。据老先生云：北段界务世人多归罪于石鸿韶，而陈小圃[③]先生特参之，愈使世人信之愈坚。实则所谓小江源之界，并不起于石道，在石道以前□此说者已廿余，此皆有案可稽。而石道对此参文，并不反驳，只举以前之人所说以小江源为界者廿余则条陈于上，理由甚大。实则此人才干甚大，唯媚外则有之。因其信小江源，故勘至此即无路可走。而

---

① 顾视高（1877—1943），字渔隐，号仰山，自署“署石居士”，清末状元，云南昆明人。光绪二十九年（1903）殿试中二甲第一百二十三名进士，朝考钦定一等第二十三名，钦点翰林院庶吉士；后从日本法政大学留学回国，任翰林院编修、资政院参议员。民国时历任众议院议员、云南东川矿业公司总理、富滇银行总理（行长）、云南省政务委员会监察委员等职。

② 陈一得（1886—1958），原名秉仁，字彝德，云南盐津人，因创办“一得测候所”，即以“一得”为名。他自创全国第二个私人气象测候所，首创《步天规》，绘制出了云南第一张“昆明恒星图”，1936年任省立气象台台长，是云南近代气象、天文、地震事业先驱者。

③ 陈荣昌（1860—1935），字小圃、筱圃，号虚斋，又号铁人，返里后，更曰困叟，别号逊农，亦号桐村，云南昆明人，光绪九年（1883）进士，授翰林院编修，督学贵州，迁山东提学使，后任云南自治总局局长，资政院议员。工书法，著有《虚斋诗集》、《文集》、《桐村骈文》、《滇诗拾遗评选》、《剑南诗钞》、《东游日记》等数十种。

滇缅界之最大吃亏处，实于尖高山之界桩。该桩因偏在东，相差约两个山头，以西即无天然界址，遂只得循小江源而北。

至于南段未定界，亦吃亏于此。最末一界桩，不在南丁河口，而在其上。将来对此起点，应特别注意，并示以卅余年前所得之英国陆军部云南地图见示。予早已在京见过。然此图秦老先生早得此，其眼光实超人一等。

访杨履端君，后王启周兄约至其家晚餐，亦八年未见之老友矣。七点半返寓。

十日 接外部阳电谓此事须与英领及省政府磋商之处甚多，望仍候部示前进等语。竟日天雨。午后三时乘长途汽车赴大观楼陆军测量局之宴。被邀者除予与李君外，有曲木藏尧君、沈文侯[①]君、殷寿增君、王玺君等，宾主共四桌。天公不美，不能行游远盼。七时返城，先至实若处坐，十时回寓。十二点夜半二外甥吐血倾盂，家人皆慌乱，予极力镇静之。子麒往请绍章四哥，不来，仅告以如何止血法而已。后血已止，闹至天光始得卧。

十一日 文白兄尊翁及施维三君来党部坐谈，午后一时偕李参谋往海子边访卢汉[②]师长于其新第，畅谈两小时。此人谈锋甚健，思想亦清，见解亦正大。身裁短小精干。先谈界务，后谈国家大局，云南情况，及其个人所办之事，皆恳切坦白，眼光远大，云南有为之青年军人也。畅谈约两时半之久，始辞行。五时赴外交特派处王禹枚处长之宴。陪座者有省党部陈委员、李秘书静华、陈科长等。惟财政厅陆子安厅长未到。宾主至八时尽欢而散。交涉处地址在海子边市礼堂，房舍尚整齐新洁，陈设亦不差。往看实若病。十时返寓。天雨。

---

① 沈文侯，随李元凯赴滇缅边界调查的参谋本部陆地测量局技士。

② 卢汉（1895—1974），原名邦汉，字永衡，云南昭通人，彝族，辛亥革命后随龙云加入滇军，时任滇军第 38 军第 2 师师长，夫人龙泽清为龙云表妹。抗战时曾任第 60 军军长、第 1 集团军司令，1945 年入越受降，后任云南省政府主席。

十二日 十一时到省党部,实业厅雷代厅长德三偕实若来谈,对于此次予之任务,称扬甚多。并述前赴京开国民会议时亦提此案,当时王正廷[①]任外交部长亦参与会。提案本有关于此事者,奈众人不注意于此,竟未议决施行。予亦以中央事繁,只能头痛医头,不能事先准备,致机会错过。约谈至一小时之久。此人亦平正,所谈尚有见地。后连襟丁少川来坐,极疲,勉为之应酬。请十四日晚餐,予辞之。后送去略睡。三时半偕曲木藏尧赴富[滇新银]行取款,四时半返寓,约明日上午访班洪之夷族应之。在实若处晚饭。

晚间访黄子衡及其□弟谈片刻即辞出,赴铁局巷三堂兄处,见其襟弟方某、觐威六哥、段姑母诸人,谈家庭琐事至十时返寓。今日上午天晴而热,午后三时起微雨。

十三日 天雨。上午十时接省政府转来外部电令,皆住昆明听候[指]示前进。曲木君、寿增君、王玺君三人来坐,被雨隔,略休息。一点钟偕曲木兄往翠湖往经理李景森君谈班洪事。据彼云前后共到过四次,此次事件实由于政府对于汉奸马美廷、宋忠福驾驭之失策所致。马美廷系班弄之回教,亦汉人也。宋忠福则为前清镇康之秀才,亦夷族,赋性聪明,而有干才,对于班洪之开垦水田,极有功。因班洪自来只知种旱稻,因见平畴旷野,可以引水灌田,遂竭力引导夷民播种,辟水田甚广,因此班洪一带夷民皆信任之,颇有号召之力。平日尚有民族国家观念,但欲得政府之官衔以固其位置,而效忠于政府,巩固边地,其势力足以捍御英人。英人虽有精兵器械,然此一带地恃险可守,英人所顾虑者此二人,今见对中[国]政府不得用,因威逼利诱收买之,致染成此案发生。然将来导之以理,晓之以政府之威信,

---

① 王正廷(1882—1961),原名正庭,字儒堂,号子白,浙江奉化人,曾任国民政府外交部长、全国体育协进会理事长、中国红十字会会长。他是近代中国著名体育领导人之一,曾发起组织“远东体协”,并担任第2、5、8届远东运动会会长,1922年被选为中国第一位国际奥委会委员。

彼必内向也。李君年少英才,立志坚决而诚实,一实行家也,据其意见有三点可注意:

1. 炉房是否在黄色线内抑在黄色线外,应得一确切之调查。

2. 用如何方法团结葫芦王使其共同抵御英人。

3. 对于汉奸马美廷、宋忠福应如何晓谕使其归顺内向。

此皆对英勘界所应注意者也。谈约两小时,三点半赴特派员处访问,四点廿分由省党部赴金碧公园共和春应方□□君同学之宴。三、六、十三堂兄皆在座。夜间在实若处谈天。九点半返寓。写家信及叶少农[①]信各一函。

十四日 上午晴,下午天雨。

起床九时。十时偕李专员往拜会陆子安财政厅长。陆厅长身材不高而瘦小面黑,尚谦和有礼。因有县长在座,略寒暄即辞出。由陆厅长处知昨日省府会议对于中央此派来之任务仍赞助进行,由王特派员负责向英领事疏通,中央派员之任务与使命,但结果尚不知如何也。家叔静江及继侄、少川襟兄来谈。对于光琦弟与侄之事,分别告之。至于少川之事,予实无法解决。向予借款之事,予允助之。晚应廖品卓兄之宴,在座有金铸九、詹质斋、孙总参谋长,及同学实若、伯超,及子蕴、李专员等。尽欢至九时散,到实若处谈到十一时返寓,又谈到一时始卧。

十五日 上午晴而热,午后四点半落雨。

李景森君来约赴大观楼赏景,时上午十点。到大观楼旁桓约两小时。略食饵块。因正午不能拍照,一点即返寓。大姊由中乡来,相见甚欢,叙别情,问安好。大姊六十许,而精神康健如四十许人,真不易得。与姊略谈因头昏闷而静卧休息。三时醒,随赴党部,至四点尚不见所约之人来,服阿司匹林一粒即出。遇实若弟,相偕约沈文侯君同赴陈一得先生之宴。在座有部□显、聂以南、李君(沪震旦学医)及其昆仲四人,民众教育馆周君后到。席散已七时半,又偕部兄乘人力车到长

---

① 叶嘉穀,字少农,时任江苏省立南京中学自然学科首席兼化学教员。

春坊，部兄赴省教育会听讲，予赴黄道生兄之宴。十时返。天大雨。

十六日 十时起。十二点顾仰山先生偕其公子来谈。一时理发。三点往测量局晤赵局长谈此次测量工作计划及经费。返党部检阅书箱及气象仪器。四点返寓。晚餐后出小南门散步。八时归与子麒甥同往观滇剧未演，改看电影。滇中电影院面积太小，座位也差。演外蒙豪杰，剧本旧光线亦欠，座上客寥寥无几。十二点在街上夜点。返寓二时睡甚安。

十七日 天晴。上午九点起床，记日记。古董店送钱南园[①]先生书对联一副及直幅一张来，索价在滇票一千数百元。赴党部，丁少川襟兄来谈杨岳丈家身后事。稍寐养神，三点半偕曲木君出，至售米粉小馆各吃米线及凉饵块一碗，花生一盘，付滇票一元四角，其值甚廉，合铜元五十六枚，国币二角不到，而曲木君已称赞不置。可见滇中生活，除衣料及外来物品外，一切凡本地所产者皆不昂。顺道至达文学校访李校长及柏希文老师。柏老师五点钟始到。仅与李校长略谈片刻，并介绍曲木君，遂出小西门应省党部诸委员陈秀山、裴存藩[②]、张西林[③]、陆子安等之招宴于大观楼。在座有周惺甫乡长、胡蕴

---

① 钱沣(1740—1795)，字东注，号南园，云南昆明人，清乾隆三十六年(1771)进士，历任翰林院检讨、国史馆纂修官、江南道御史、通政司副使、湘南学政、吏部尚书、协办大学士。其诗、文、书、画、联俱善，犹工楷书，擅画马，楷书代表作有《枯树赋》、《冒雨寻菊序》、《守株图诗》、《端阳竞渡序》，行书代表作有《桂花厅记》等。著有《钱南园遗集》、《南园诗存》、《南园文存》等。

② 裴存藩(1905—1995)，别名寿屏，云南昭通人，黄埔军校第三期毕业，历任云南省党务指导委员会书记长、省党部代理主任委员、云南省政府委员兼社会处处长、昆明市市长、军事参议院总务厅中将厅长、国民政府立法院立法委员等。

③ 张邦翰(1885—1958)，字西林，云南镇雄人，参加过同盟会发起的镇南关、河口起义，曾任云南都督府外交司长、无线电报局局长，并筹办云南大学，后历任云南省政府建设厅厅长、民政厅厅长，省党部指导委员会委员、主任委员，中央政治委员会外交专门委员会委员、中央监察委员等职。

珊省委、孙参谋长渡、无线电局长萧君、教育厅长袁丕佑[①]及商会长某君。六时入座，七时半散席。予与曲木君、沈文侯君与主人袁厅长对饮并拇战。饮酒为到省后第一次过量者。昏夜乘人力车进城，赴达文学校拜访柏老师。此老发须皆白，而精神甚健。对于中缅界务认为与阿尔萨斯及洛林两州无异，土人并不愿归缅或归中，此亦观察甚当。因柏老师须上课，恐耽误时间，约定每日上午十点钟后在其寓候谈。遂辞赴实若处，谈至十点返寓。一点钟始寝。

十八日　上午九时起，早膳后，访李专员即到省党部。二时略卧休息。三时起整理文字，至四点半钟曲木君由外县来。五时实若来偕外出至甬道上便餐。随赴三星浴室洗涤，周身畅快。因已有十余日未洁身，汗垢藏身甚厚。访李剑秋兄于五福巷，谈至九点辞出。到罗振华表兄处，略谈即偕赴逸乐影戏院看有声电影《决战舰队》，情节并不甚奇，为表示德国海军之失败与之英国海军之战胜情节。大雨倾盆而至，声音难辨，人尚不十分拥挤，至十一时散。到镶门口面馆夜点即归，与三姊及子麒外甥谈闲话，至两点始卧。

十九日　晨八时半起床。六叔母偕七姊来谈。叔母已衰老，发白苍苍，近日因患疟疾，面色显仓黄。历述遭十五弟妇之吵闹，使家庭不睦，为之不堪，望予设法。予极力安慰之。七姊亦诉苦，扶持孤儿，今幸长大成人，性格尚纯，望予代谋事。予此次归来，本出于家中老幼意料之外，亦予所不及料者，而家庭迥望之殷有如此者。然自问此次归来，所负使命甚大，而予生平无多积蓄，如何有多钱或大势力可以安慰家人弟兄者。所幸我精神健壮，立志甚正，希望于将来，得有出头之日，以慰家人及告慰于九泉之祖先耳。今日子麒甥及甥媳热肠留六叔母及七姊，因叔母服药忌口，仅七姊进早餐，后即辞去。

---

① 袁丕佑(1893—?)，字蔼耕，云南石屏人，袁嘉谷次子，曾任云南省教育厅厅长、省政府秘书长代理民政厅厅长。

一时赴党部,命佣人送气象仪器请陈一得先生代校正,即赴教[育]厅访袁代厅长及各熟友何逖江及邵子柏。天忽大雨,辞出,在途中猛雨骤降,雷电交作,街中忽成洪河。至省师门口问李校长未在,即待雨歇,约一时之久。乘车至实业厅访实若,便访李松如森林局长,谈至四点半即偕实若出,赴甬道便餐。遇李梅轩,短行至公园,小坐于公园管理处。七点至实若处谈,伯超亦来,畅谈予此行之抱负与实行计划,以做事为前提,并不问一切,因此事不仅关系个人,实于省于国之将来有极大关系也。至十时始返。

二十日 晨九时,曲木兄来寓呼起。因今日为党部全体工作人员游西山,邀同游,十一时下船,故即披衣起,整理行装,留曲木在子麒甥处早膳。预备携带之照相机等物装一小皮箱,送至省党部,即包扎行李。至党部偕曲木出外购得一短筒胶皮鞋,价滇票十九元,价殊昂,在外各阜,至多一元已足,此亦因滇省路远程繁之故。十二点乘人力车出小西门,至杨表兄杂货肆中略谈。杨表兄于[民国]十三年(1924)丧弃姨母,于[民国]十年(1921)丧偶,有子一人,今已群孙满堂,亦老成实在,故生计可告不缺,而家室得以继续也。下午一点由篆塘搭小木舟趋西山之路,遥看太华华庭,三清阁在望。天清气朗,阳光照耀,温和可爱。舟与池波相击,荡荡有声。舟略摇曳,不觉其苦,而觉神采之焕发。盖予记幼年随长兄于民[国]三四年时来游,今已相隔二十余年,山河不改,而人物已变,不胜感慨系之。予于民[国]十五年(1926)及民[国]二十一年(1932)两次返乡,久欲来此一游,皆因时间与人事之两重关系,终无缘来。今幸有缘,亦幸事耳。三点半抵山麓,山中森林葱[郁],较之以前已不枯焦矣。寻山路而上,久未爬山,行步已觉吃力。自山麓至太华寺相距五里,坡度尚不为峻,中间已休息四五次,始至目的地。寺位于太华山之阿。寺位置为北偏东,高度二千一百八十米,较昆明城高二百米。寺塑弥陀像四大金刚,进门后两旁有走廊,作西北及东南向。东南有鬟镜轩,为云贵总督范承勋所题,有碑志可考。北面为正殿,供大佛三尊。其后台较高，为缥缈楼，亦系今龙主席捐款新建。工程建筑均不甚坚固。缥缈楼有二层，为太华寺之藏经楼，然该寺则无经可藏，惟供游人之下塌处。滇天气温和，故游人任处可陈铺位，惟遮蔽风雨处即可。大殿之左旁，建一椽客房，两层楼，内部虽宽大，而工质则甚差。此次党部来人，共五六十人，各客室俱住满，极热闹。有唱歌剧及玩麻将及斗纸牌者，无不欢笑。予独与曲木君散步寺中，领略寺院中赏月景，另有景界，另有幽契，此正合诗人哲人之境界。五点半晚餐，在露天席地坐，别有风味，予拍一照留纪念。晚饭后始知气象台筹备处设于此，义堂亦在，此为予所不及料者。黑夜中始与其相会，握手甚欢。盖又隔三年之友人，径谈别情，予又将行李寄存于彼室中。介绍曲木藏尧于彼，彼此意趣亦相投，畅谈甚久。因拟明日游山，故特早睡。夜间畏寒，三点起来即不成寐。天光忽忽睡去，至八时始醒。披衣起，幸所受寒气不重，故精神尚佳。

廿一日 天晴朗。八点起后服伤风药片。早点后即偕同义堂兄登气象台。台建于寺后太华峰巅，台凡三层，相联一排，中下层皆六间，上层则为三间，最上为露天台，所以装置测风及云之仪器，方向为北偏东。墙壁皆石垒砌，间以钢骨，故尚坚固，但台址甚高，云南冬春两季风皆大，不能不坚固，否则如何以经久。台下两旁建职员宿舍两栋，今落成一栋，外观工程已达七成，今年十月间或可完工。闻此台工程为安南人所包建，监工亦一安南苦力，此不能不为吾滇人士羞。今盖造一较近代之建筑物，即无此项人才，尚仰赖于亡国之安南人，是吾滇人安南人不如也。据予所携之高度计测得太华寺鬟镜轩高为2180公尺，气象台高2340公尺，较太华寺高160公尺，但坡度不陡，途程曲折约三里。在台址处拍照二张，留作纪念。

十二时偕张君及随从一人引导赴三清阁。阁距太华寺五里，因上下登山之故，中途必休息一二次，时间一小时可到。沿路所见，则美人峰为红土岩层，过此向南至西山三清阁一带，则为水成之石灰岩。石林差错林立，面滇池而背安宁县邑，其峰特显高峻。实际测得高为石室处2210公尺，太极宫2215公尺，较太华峰为低，惟其巅或较高，俟明日下山时再为比较之。三清阁建于西山悬崖中，阁楼相联共七椽，上下均可住客人，外有石栏。阁下走廊有木栏皆可凭眺。昆明全境，历历在目，沙洲丝披参差，眼界较太华寺为广。下瞰湖有名长堤者俗呼老龙河，传为龙主席以前因与胡张之争，失败生还处，亦一趣闻也。阁址上排为三圣殿，左右为玉皇殿及孔圣殿，再上一层为五老殿，其上为老君殿，更上始称太极阁，起屋甚小，近有人以铁栏围之。老君殿之下，即号称绝境之西山石室之入口处。石室入口处题曰普陀胜境，循山凿石开通。曲折入至尽头处，建有石栏，防游人之危险。石室有两进，因岩层系石灰岩，故年远并不见侵蚀作用之显著，今仍保持其胜览。在该处拍影二张即返三清阁，命住持道人代热米饭及火腿罐一听供午便。后遇品卓大哥自山麓游泳归，握手甚欢。饷以咸菜，甚可口，得多啖一碗。三时循原路而返太华，已钟鸣四下矣。五点晚餐，饮酒不少，几醉。夜间听南京及本省之广播音。十一时半记日记即寝。

廿二日 八时起床，日光已照耀窗上。催气象台之佣人起来热水，洗面后收拾行李，九点半早餐，全体到太华寺大门口拍照，即偕藏尧兄及张君往华亭寺游览。迤逦下山行五六里到目的地。寺位于太华山之阿，被丛林所遮蔽，系唐继尧[①]主滇时，请虚云和尚来主持后重装修建筑，规模殊大。山门悬唐立靖国云栖寺直额，塑护法神像于两旁，有木栏围之。门内立四大天王像及弥勒佛韦陀像与其各寺同。门口有藕池，椭圆形，植荷渠于其中，周以石栏，为放生池。旁建一钟阁，为入寺之正路。大门内院落甚宽，台基甚高，为大雄宝殿，建筑不亚于普陀之佛顶山后寺规模。金佛庄严，两厢塑五百罗汉，相小而神采尚工。在寺中摄影二三张。寺之高度测得为2018公尺，较太华寺

---

① 唐继尧(1883—1927)，字蓂赓，云南会泽人，曾任贵州都督、滇黔联军总司令、云南都督兼民政长、云南督军兼省长、广东军政府总裁、东陆大学校长等职。

之位置约低160公尺。大殿之后为藏经楼(题曰两华台)亦高大。此外两旁僧寮约五六十间,闻住僧平日在二百人左右,可想其消耗之大。该寺于廿四年(1935)旧历正月至三月拟大开法坛,此一僧人敛钱之无上法门。佛法末运,殊堪浩叹。该寺为唐以来有名之梵刹,寺门悬有明西蜀杨慎[①](升庵)之对联一付,文思超然,录于下:

一水抱城西,烟霭有无,挂仗僧归苍茫外
群峰朝阁下,雨晴浓淡,倚栏人在画阁中

为其自题,字迹秀健。在山饮茶解渴,旁桓约一小时。天气忽变,黑云骤起,遮盖天际。雨急降,逗留山门,待雨略小,始徐徐缓步而下。山路未经修整,雨水冲过,泥水浸渍,滑而难行。且走且雨,终到山脚苏家村。登小木舟,因尚待后至者,舟未即开。约一小时党部陈委员等始到,始命舟子返棹而归。当时测得滇池高于海面为1870公尺,因之测得太华山气象台之高度为2340—1870公尺,为470公尺,高于南京之紫金山约七十公尺矣。舟因扬帆顺风,行一时半至午后三点即抵大观楼。予偕曲木藏尧乘人力车返寓。略事休息,即起草明日省党部纪念周之报告。将成一半,往实若处商量,归后又续成,已夜过半钟鸣两下,始就寝。

廿三日 因须赴省党部之纪念周,故八点起。略进早点,即赴党部。往约李君元凯,彼因无预备不去,但后又由党部派人往邀始到。由彼演讲国内政治、军事及国际局势,东拉西扯,勉强应付,约半小时毕。予因恐时间太长,有碍办公,故托由下周再讲。十二时偕李君往

---

① 杨慎(1488—1559),字用修,号升庵,别号博南山人,四川新都人。明正德六年状元,官至翰林院编修。嘉靖三年,因多次进谏开罪嘉靖皇帝,遭廷杖被贬谪云南,终老永昌卫。杨慎是明代文学家,与解缙、徐渭合称"明朝三才子",其著作达百余种,后人辑为《升庵集》。

访王特派员[①]，探交涉近状。中央有电来，要云南省政府派员赴京参加商定界务原则，闻人选一时尚难决定。英领对于予等之去，仍多阻挠，一时似不能去，予对此事，心感焦之。便在特派员办事处看文件，二时返党部偕藏尧君同拜会陆亚夫[②]市长。陆市长谈随总理奔走革命经过情形，自民[国]九[年]回乡以后，即未外出矣。斯人身体强健，精神饱满，谈锋亦健。约坐一小时，并谈及开化夷族情形。已三时半即赴实[业]厅访实若，彼已外出，即返寓始相会。偕往洗涤，即先赴卢先生之招饮。席将终，即辞赴孙仁之亲家处便餐。今日由三姊先代送礼，为新会之新亲，不能不如斯应酬。九时返寓，张君及曲木君又来访，谈留曲木君之手续，及张君往边地办教育。予贡献生产、教育之意见。约一小时彼等辞去。十二时始寝。天热，夜间落雨一刻。

廿四日　九时起，天阴雨。午饭后送书请石庵二兄代译。与二姨父坐谈久之。又至梁府少坐即趋车访全义堂兄，同至商务书馆看照相机。义堂托代看牌号，其牌号故不差，而结构与予在沪所购者略有别，价较廉。随往邀约李君于午后二点同访测量局赵局长，始得见民国十四年（1925）该局派[员]所测南段未定界之编撰图为十万分之一，虽系大概情形，然已比较予等所见者，有精粗之别矣。与赵局长商量决定根据此图，将来再测点，以校正之。图拟请总指挥部即印，闻至少需经费滇票五千元，若加入北段，则须一万元。若总指挥部不出，则由中央担任。坐至午后，赵掖池先生饷以大同春之包子，因降雨，至四点始辞出，返寓晚餐。偕子麒及曲木君往群舞台观剧，十二时散戏，剧不十分佳。

---

① 王占祺（1881—?），字禹枚，浙江绍兴人，曾任云南交涉署科长，1930—1949年任外交部驻云南特派员。

② 陆亚夫（1889—1949），云南鲁甸人，彝族，曾任盐兴县县长、江川县县长、大关县县长、云南省禁烟局会办、昆明市市长兼警察局长、国民政府立法院立法委员。

廿五日　天气间雨间晴。上午记日记。赴东门大街云香阁邀请杨府亲属晚餐。与杨焕章稍坐即赴省党部，偕曲木藏尧趋东寺街拜望胡军长蕴山，因已外出未遇，仅留一名片。进城后雨骤降，在西院街大东书局躲雨。三点半钟至金碧公园共和春候客。四点半以后到者有杨四舅太及萧汉文表侄，其余杨府上人未到，便中仅将杨岳丧事向彼等一提，请为疏通。此外被请之客如杨二姻兄、三姊丈、庄实若、丁少川襟兄、曾二姨父及王子麒外甥均到。畅谈至八时始散席，返寓，又畅谈至十一时实若等始去。一时入睡乡。天已变，竟夜小雨不歇。

廿六日　天气竟日绵雨不断。二时到党部加衣。与裴存藩委员及曲木君谈天。实若打电话来约，五点同往金马大街南丰餐馆应李剑秋、郭子蕴、张树屏、丁士源、庄实若[①]诸君子之约。系安南人开之西餐馆，所做菜尚清洁可口。六时半入席至八点半始散，到文明街张先生商号上，十时往得意春，谈至十一点半归，一时卧。

廿七日　晨间竟卧至十一点始醒。早餐后，李景森君来访，谈赴边地应预备之物品，予一一允之。随赴翠湖通志馆访周惺甫[②]先生，谈编通志之缘起。当时自订条例，请编修，然各机关之所谓参事，皆不肯负责，措辞推托，故一再催讯，即搜集材料后，尚须编辑，故已延长一年。又谓辛亥革命，云南起义，当时总督衙门之档案，失于保管，先后遭火化。设当日保存，则今日之修志，省力多矣。惺老云：有一师范生，在校见火化档案，跑去捡得一卷，今呈交与惺老，乃当时多尔

---

① 庄永华(1897—1966)，字实若，云南昆明人，曾就读南京高等师范学校，后辍学，与周光倬为结拜兄弟，干亲家，曾任云南省建设厅水利局局长、富滇新银行行长缪云台秘书等职。

② 周钟岳（1876—1955)，字生甫，号惺庵、星甫，剑川金华镇人，白族。曾任滇中观察使、(代理)省长、省长、盐运使、民政厅长、内务厅长、通志馆馆长、国民政府内政部长、考试院副院长等。

衮与吴三桂之书，辞意委婉，为九通中所未载，实不可多得之史料。予不(尽)[禁]为之惋惜，此亦可见吾滇实无人才，果有学识者，建树保存于今，则三百年来滇省之变迁，可以一目了然。而当时竟无一人道及，诚为可羞。又与惺老谈云南文化事业，务请其提倡。谈约一时辞出，便至图书馆访秦朴安老师，谈云南印丛书事及对于整理意见。予对于印书意见亦略有所贡献。向馆中借得关于界务书、志书共十二册，其中最有关系者为黄云生[①]《滇南界务陈牍》、薛叔耘[②]《滇缅划界图说》二书，拟觅人代抄稿。谈至四点始辞出。步行至篦子坡脚乘车返。偕子麒同赴曾二姨父之宴，于平政街八十号寓所内，男女三桌，皆亲友。捷三、子麒等皆去。七时辞谢拜归。因一时高兴，偕同三姊丈及小孙女等六人赴群舞台观滇剧。清风亭一幕，因老生唱做欠工，故大为减色。迟至十二时，因疲劳早出，在镶门口夜点，遂归。谈至约二时始卧。

廿八日　上午降雨，不能出门，殷寿增兄来，取滇票一千元作为八月份支薪。曲木及王玺君来谈，便谈及殷寿增在党部发牢骚，真使人怄气难过。斯人而有斯行，实为人所不料，亦给人以交友之一种经验，惟有忍耐一步再说。随整理呈文，加入测量计划。晚间在寓便餐，有曲木、捷三姊丈等饮酒双樽。晚间偕实若赴五福巷访萧汉文，随到李剑秋处谈天。家中外甥来告得意春李专员处有电来望速去。因大雨如注，冒雨而往。电到知中央已允许李专员先往迤西永昌。陈科长在座，谈界务交涉甚详。至十一时返寓，与三姊谈至十二点半卧。

---

①　黄诚沅(1863—1939)，字云生，号芷萍，广西武鸣人，壮族，曾参与滇越界务勘办，后从事教学，先后在云南陆军讲武堂、云南高等师范学校、广西省立第一中学、广西省立第三师范学校等任教，熟悉经史，著述甚多，其著作有《云南通省舆地图说》、《滇南界务陈牍》、《隆安县志》、《上林县志》、《广西建置沿革表》等。

②　薛叔耘，即薛福成。

廿九日 八点半钟振华老表来访，即披衣起。邀游到小西城月城内吃牛肉，味甚鲜美。吃毕步行至一丘田访苏维三，谈一刻即辞归。因天气晴明，实若及捷三来，同约至火车站偕赴小街子老家。先到四甲春大姊家拜望杨亲母，即往家宅。入门见墙壁多已破旧，室内灰尘满屋，不胜感慨系之。回想廿余年前先大父在日何等清洁有条，今已改观。上大楼拜神及祖先灵位。杂物陈列满楼。少坐即拜望六叔母，即偕家堂兄到小街子一览景物。在民众教育馆小憩，吃午点，即赴大姊家晚餐。情意甚殷，恳切留住一宵，因事不能留，即辞谢到索珠营车站候车。六时半抵省，趋车回寓。晚间实若走后，学庵姊丈及其□弟来谈，欲同赴边地。予诚恳允为代留意，俟有机会，即行告知。十一点吃夜点后送行。一点钟卧，睡至天明。

三十日 晨八时起，因须赴省党部演讲，不能不早起。天雨，仍冒雨到党部。九时振铃开会。予于上周即备有讲稿一篇，内容除开[场]白说感谢之辞外，分三点报告：第一回滇的使命；第二到滇后的感想；第三今后吾滇人所负的责任。约讲一小时之久。提出精神演讲，听众幸尚不疲倦，无论何人皆表同情，觉得周到而有条理。讲后返寓午餐，今日外甥家讽经还愿，吃素。午后小眠，将未完之呈文抄腾。五点实若来约至甬道[街]便饭，即分手而往西蜀会馆斜对面罗少竹表兄[处]，幸一觅即见。表嫂后来。大家谈家常事约一小时。少竹表兄先后在开化邮局及去年无线电局，均因失于精细而失败受累，数目均在数万，殊为可惜。至今犹偿欠款月二百滇票，弄到移做黄子衡家产业，月受津贴滇纸二百元。予亦劝之。八时返寓，即抄腾呈文及测量计划。约十二点半始卧。

卅一日 起十时，天晴朗多云。饭后一时偕李专员到市礼堂访王特派员谈勘划界务情形。王特派员主张此次贡献中央意见之困难，外部来电一切须呈省府核准后再电呈，此亦尊重地方意见之处。第一第二殖边督办均有电陈意见，以第一殖边督办李子畅先生意见较有办法。并谓此次划界只能先定大纲，细则须实地勘测，然后斟酌边地实情，依该地民情向背而定归中归英，虽稍有出入亦无甚关系，应双方处公平态度处置，始无纠葛。此种主张，与予相同，此次划界绝不能蹈覆辙。约谈二小时。随赴民政厅拜会丁兆冠厅长。丁厅长颇关心于此，最近依据边民之咨询，拟于附近适宜地点，设沧源设治局于勐角董，以备联络边情，立法甚正，并将边民所上意见书赠送一份作为参考。时已三点零即辞出至民[政]厅访实若及李君谈京中友人所拟成立之云南科学研究社进行计划。李松如君极表赞同。以时间已迟即返寓。外甥媳购米粉作午点。天忽雨。五时赴永宁宫坡杨三姐处(先嫂之妹)晚餐，在座有黄道生姻兄及房东姚君。饮酒四杯，头脑已昏沉。略与道生谈家庭琐事，即偕返寓。约谈半小时，始辞去。予写信二封与友人。十二点预备参加教导团第四周纪念祝辞。即卧。

八月一日 今日为云南教导团成立第四周年纪念，请去参加，预备简短讲稿一篇。八点半起床，十时即往。约待至十点即乘车赴教导团(旧讲武堂地址)。十一点开会，主席为唐继麟[①]副团长，报告开纪念会的意义。其次龙主席训话，周惺甫先生训话，党部裴同志致辞。十二点参观军事器械。宴会即开始表演，因予所在地位太后，不能观看清楚，且亦无多大兴趣，即偕往赵汝舟兄府上一谈，即归。精神极疲，小卧一时。四时醒，略翻《永昌府志》。六点夜饭。三姊四姊同来谈家庭琐事。七时偕实若访顾子正[②]先生，坐谈即归。即研究南北段勘界划界之办法。十二点卧。

八月二日 十时始起。早饭后已十二时。往访袁代厅长，因事已走未得谈，约明日上午谈。随赴得意春访李专员亦未在，即到省党部。客人李景森君来坐。略看薛福成奏折，预备意见书。到大同春

---

① 唐继麟(1894—1958)，字建侯，云南会泽人，曾任龙云军事参议、第7师师长、云南省政府委员、云南省绥靖公署中将总参议。

② 顾品端，字子正，云南昆明人，出生医生世家，著名教育家，书法家，同盟会员，滇军总司令兼云南省省长顾品珍之弟。

午点。大姊由乡下来。晚间应何世昌兄之宴于南兴餐馆。夜间未出门。

三日 起较早，十一点半往访袁代厅长未在，即赴李专员处。遇华木生君，知在教导团任教官，相谈尚欢。偕往访李达夫，谈其对于国家前途非军事统一不为功，而欲军事统一非军事教育不行。李先生议论俱有见解，知世界大势。二点半辞出，又往访黄裴章[①]先生，未在，即返得意春。予辞归往海子边翠海春酒楼，应顾子正先生之招。在座有李谷荪父子、殷寿增、庄实若诸君。六点半尽欢散。便道赴李谷荪处一歇。七时归，即赴农校访施仲言君及陈、吴二君，又转铁局巷三堂兄处坐。十点半返寓，与大姊及外甥谈至一点钟卧。上午晴，下午阴雨又止，至十一点又降。

四日 八时起。十二时实若来，继又少川、三哥、六哥来，说嵩明山场向县衙门起诉之事，予亦心不安，何以竟不问予之调停而起诉矣。三哥又谈小板桥六姑太家被县财政局罚款滇纸一千五百元。论写纸时期未逾限，竟小题大作，如此敲诈，不胜愤愤。写信与张莼鸥。一点出外理发。偕李专员同走街至合香楼对门觅食豌豆粉，已成过去，终行至卖线街而归。五点偕子麒甥同赴三姊家晚餐，谈至八点半辞返寓。实若来谈，十二时始卧。

五日 九点半起床。十一点早餐。李松如先生、实若、三堂兄、六堂兄均来坐。三堂兄谈小板桥六姊家出售田地一百工[②]，因已向昆明县财政局申明在先，立白契成约，未向财政局登记，致罚款现金三百元。此事实财政局故意敲诈，压迫乡愚无知，故买主极表不满。

---

① 黄毓成(1884—1958)，字斐章，云南镇沅人，民国陆军上将，曾留学日本，任讲武堂教官，参与发动昆明“重九起义”，后任陆军第一师骑兵联队长、护国军第三军挺进军司令、滇军驻川师长、云南禁烟特派员等职。

② “工”是民国时期昆明地区约定俗成使用的田地面积计量单位，三“工”等于一亩。

家乡首善之县分如此，其他各县更为黑暗矣。予殊为不平，特托人代写信说明理由。闻买主亦因此事大不满云。便与李松如谈南京同人拟组织之云南科学研究社已渐成熟，现在须邀约省内有志科学之士同时准备设立，李兄极表赞同，拟于短期内进行。谈时甚久始散。随偕实若外出访王绍辛四哥，及李子廉君未遇。又赴牛角坡访罗锦堂先生亦未在。便到崔伯超兄处约外出，至南门外小酌，李剑秋兄亦在座。六时半至剑秋兄处小坐，即偕往碧鸡坊茶楼内听戏曲。其内人声嘈杂，空气龌龊，烟榻横陈，吞云吐雾，极尽云南人之丑态。闷至气息不通畅，汗湿不支，即走出返寓。一点钟卧。

六日　八点半时起，九点赴李建德处。因未起程不能往访胡代表。返寓午饭后，看薛叔耘《滇缅划界图说》。三点实若信来约到实业厅与雷秘书德三、吴科长淑泉、李处长松如、张服真兄等四人谈南京乡友拟组织云南科学研究社，目的在开发云南，将来以所得贡献与省当局，求采纳。计划分三步，第一搜集研究，不论中外凡有关我云南之著作，一律搜罗，或翻译，或参考。第二步实地考察，集合科学方面有专门研究者前往省内各地考察。第三步将所研究及考察之结果，拟出计划大纲，贡献与省政府采纳施行。据观察，无人不赞同。此事当再设法。约谈一小时即返寓，仍整理档案。晚饭后曲木来约同出东门步游。返寓看薛使遗稿。十二点卧。

七日　九点起。天阴。恐仍降雨。肆中闻乡妇叫卖米面粑粑之声，令小外孙女出外看，已不知去向。此予幼时所最喜欢常吃之饼，今已隔二三十年，亦欲一尝其风味如何。人之生性如此，亦之奇矣。晚间在寓谈天，至一点钟卧。

八日　十时起身，照例看报记日记。十一点早饭后，李子廉兄来坐，谈家乡事甚详。闻龚仲钧[1]之夫人病逝后，今日开丧。邀约实若

---

① 龚自知(1896—1967)，字仲钧，笔名春水、致志，云南大关县人，曾任云南省政府秘书长、省教育厅厅长，1935年受龙云委托创办《云南日报》。

到实业厅写挽对。李松如先生介绍杜碧澄先生(海秋之同乡以前曾任河南省立农校课务十九年始返滇),日本学林业者,人甚敦朴不华。下午四点偕赴龚府吊丧,行礼便餐即归。与陈一得先生谈昆明天文测量经纬度事,予极乐意赞助。偕实若至南丰餐馆定座位。晚间赴逸乐影戏院看《璇宫艳史》,较之京沪一带声音既不嘹亮,且有剪断处。九点散归,与曾二姨父步行至华山街口而别。夜与三姐谈家屋事甚多。约一点始卧,辗转不成寐,蚊虫又扰,掀被起逐蚊已有四五次。精神愈不宁愈难入睡乡。夜间偿昏昏而已。

九日 九时起床后,华应乾偕陶汝泽来访。陶君新自中大农科毕业归来,故约赴甬道上便饭。即归。约定午后五点在小富春街秦府会集往大观楼游览。予返寓午睡。四点卅分醒,即赴大观楼。小西门外晚景甚佳,空气清朗。在大观楼拍照二张。在该处便酌,秦君、陶君、华君、窦君及项君等六人在座,吃至晚间七时步行归。看《滇缅界务图说》至一时卧。

十日 上午十时起。午后一点偕李君赴外交特派员办事处一谈。参谋本部有电给李君,大意说允准意,但须赴耿马,顺便调查英人侵扰情形,及班洪、蛮老、永邦、勐角董情形。此实于情于理殊多不合,实令人怀疑。三点便访秦瑞堂老师,即往约实若,同赴南丰餐馆晚餐即归。

十一日 晨曲木来坐,偕往三牌坊下吃过桥米粉。至李君处,始得知参部来电内容。大惊,一时殊难决。午后在寓整理旧档案。薛书已完全看毕,南北段之争点,大体得一了解,于办理及陈述意见极有关系。四点半偕实若沐浴于望钟街三新浴池。五点半赴公园内共和春应李君时清之宴。因须再约,故略坐即去。赴两粤会馆对面雅园内小酌。李梅轩[1]兄意致情殷,特约小家女三四人作陪,用回席。畅饮至

---

① 李梅轩,云南昆明人,曾任宜良中学首任校长,继任督学,后任邱北县县长。

八点半始散。又偕往其家请坐，谈天至十二点始归。为时已迟矣。

十二日 晨五点四十分起。见晨光尚明，天气不致大变，始决定赴大观楼应观音山之约。予略进面，即偕曲木君同出城。到大观楼适七点，仅窦君重先到。略待，李君时清亦到，共四人。购上层舱位，票价滇纸四元。七点半启轮，约十点即抵观音山。十二点游山寺，二点半下山。三点半轮到，五点半钟到大观楼。赴海棠春应李子廉兄之宴，在座有中华书局经理赵子仪君及其友人、地方法院邓院长屏洲、昭通中学校长李君、实若、寿增、文侯等共十人。谈至八点散席。

十三日 夜间为李君单方接参部电报，命其前往耿马，调查各方事，心中异常焦灼，不能成寐，故起床稍迟。十一时即往外交特派员办事处与王特派员禹枚商量。特派员亦以为此事不能不注意，于外交恐多阻碍，拟请示主席后决定办法后，再为电部请示。相约五时再会晤。午后往则因今日主席未上山，改明日开省务会议前往谈再为拍电。六时始晚餐。即赴实若府偕往访王启周兄，其岳丈熊廷枚亦来谈，直至十一时半始返。

十四日 起身较早，子麒甥妹出阁，移装奁于盖忠寺坡聚胜堂甲组，代为照料。十一点在客堂早餐。午后四时偕实若赴李颂鲁府吊其父丧，又赴海棠春应中华书局赵子仪之邀。十一时自客堂返寓。李君命人来请，始知要电报本译电参谋本部稿请来电通知省府保护。约谈一刻。彼性固执，不能商量即返。又与六叔母谈家事，十二时即卧。

十五日 八点半起，即用早点，赴得意春送电报本。与李君又赴省党部看信件。今日为王惠书予归期，代表绍尧往主婚。五点赴贡院街金铸九①先生之招饮。客人为周惺老、袁树五、王竹

---

① 金汉鼎(1891—1967)，原名凤鼎，字铸九，云南江川人，历任滇军旅长、滇军代理总司令、兼代云南省省长，后任国民革命军第3军独立第16师师长、第9军军长、第1集团军第31军军长、军事参议院上将参议、全国禁烟委员会主任委员、云南省参议会参议员。

村[①]等一般所谓之家乡老辈，两桌分坐。九点始返客堂。十二点返寓。

十六日 昨夜大姊、六叔母在此间寄住，故起稍早。赴李君处谈李君发电与参谋本部请通知省政府沿途保护事。李君将外部边密电码抄去一份，予亦不便阻止。随赴党部即转客堂。午餐后玩牌消遣。晚间要予陪吴高等法院长恢亮，性趣不十分相投，故晚饭亦未尽兴。八点半往三堂兄处谈家屋事。继康侄欲外出学石印，予允之。至十一时返，欲整理关于滇缅勘划界意见，十二点卧。

十七日 起甚早，即整理稿件，十时完成，即到省党部写蜡纸版，十二时即完成五十份。早餐俱不能吃。伯超来谈，李君来至家内，两点同往省府大客厅开会，到者二十余人，龙主席因病，仅致开会辞即由周惺老主席。民众团体代表及省教育会代表、李君皆先后发言，予则报告此次中央派来之任务及自己之主张办法，惟至今到滇月余，未得前进，殊为惭愧。此或由外交当局之不明瞭情况，深恐予等前往，滋生事端，其实予自有办法前进。综观各人发表之意见，皆主张先调查，然后对于勘划界务始有办法，否则必定失败云。故全场空气对于予所谈意见，皆有极好表示印象。会商至下午五点始散会，即赴两粤会馆对面雅园贺曾三姻兄之婚礼。晚宴后又至聚胜客堂看外甥家之收拾。绍辛约往其医寓玩牌，至十一点辞归。又谈至一点始卧。

十八日 七时起，因欲访周惺甫先生看滇缅案档案。后以午后尚去赴宴，遂决意不去，整理书籍，写家信一封。曲木兄来本约往看李子廉兄，后接其来函云有事改期遂作罢。曲木兄辞去。午后偕实若往看崔伯超兄，彼赴外县清丈局办公，境况极不佳，送旅费卅元，友

---

① 王九龄(1880—1951)，字竹村，号梦菊，云南云龙人，曾任云南安平同知，呈贡县知事，景东直隶厅长，云南造币厂会办、厂长，东陆大学董事、名誉校长，靖国军总司令部参议官、军法处长，云南禁烟局督办，云南省财政厅厅长，富滇银行总行长，蒙自海关监督等职。

朋之谊，不得不如此。二时归家小卧。四点半醒，往公园共和春应何逖江先生之招饮。略坐以必须应酬两处，向彼申明辞谢而出，即至玉龙堆涤园周惺老公馆。在座有黄公斐章、叶公湘石、徐保枚先生、李河口督办、由夔举先生、金公铸九等及李专员。饭菜极可口。宴毕已八时。拜谢偕往王竹村先生公馆，拜领招饮之厚意。便遇胡郁荪（道文）先生，乃四川代表，省政府秘书长。人有见识而具活泼精神，相谈甚欢。省府派赴班洪代表窦少怀君亦在座。谈约一时始辞主人而归，与建德兄同往华丰楼沐浴，身轻体快为之一爽。返寓又与三姊及子麒夫妇等谈至一点钟卧。辗转床上思虑各事不成寐。

十九日(日)　十时始起，故曲木晨来，均未晤面。午后偕实若访罗锦堂、窦少怀、张竹轩、由宗龙[①]、由夔举[②]、夏朗君、张四维、李梅轩等，自大西门乘车到南门香宾夜饭，共用去廿五元。又往访黄道生，即返寓。

廿日(月)　八点半送沈文侯君出大西门而别，予力争必须带天文测量仪器，仅允将来再说，气愤之至。十时偕李君访赵局长，即赴牛角坡胡郁荪公馆午宴。一点半辞出送别，李君已动身矣。午后拟电文小卧。夜间译密电十二时半卧。

廿一日(阴历七月十二日)　今日为习俗接祖之日，本预定早七时下乡，因天雨未起，十一时早饭后，往铁局巷寻三堂兄同往，天已放

---

①　由宗龙，与由云龙（夔举）是兄弟，为姚安县书香门第由氏家族五子中一子，其余三子为驿龙、人龙、化龙。

②　由云龙（1877—1961），字程孙，号夔举，晚号定庵，云南姚安人。曾任云南督军唐继尧秘书长、滇西军政协理大理等五府一厅自治总理、永昌知府、云南教育司司长、政务厅厅长、省议会议长、代理省长等职。1927 年后，潜心著述，历七年编成《姚安县志》，辑有《越缦堂读书记》、著有《定厂诗话》、《定庵题跋》、《石鼓文汇考》等。雅好楹联，有《楹联录存》、《定庵楹联》存世。善书法，初学颜柳，篆摹石鼓文，隶临石门颂、华山碑。间写墨梅、山水。酷爱收藏，除了先贤书画，有图书 12 万册，后均捐赠云南各大图书馆。

晴，东北略有雨。出小南门雇骑由饵块营返里，时已一点余钟。略坐，即相偕至九龙庵与二四六甲晤谈。予提出乡中应注意乡村教育、乡中生产，应鼓励乡村青年之升造，以造就乡中有用人材，乡中农作，大家应特别设法增进出产；一切应兴应革事件，望自动起来做，千万不能等待政府代庖。予表示意见后，各村村长二十余人皆注意静听有喜色，然实际恐起而如此做者难矣。并告以村中公款，应求收支有规律有预算，不可乱来。后遂辞归。四时接祖，即晚餐，二堂兄始由城内办公归来。因时迟遂辞往索珠营乘车，入城已灯火照耀矣。

廿二日 昨前两日所拟电报，今日决拍发，字数甚长共三百七十四，将最近所得消息，及李君起身事详细告呈。故早餐后特别往王特派员处商谈，大家对于李君之为人极为怀疑。二十日中央来一电，亦交予代为译看。夜间译后，始知部中来电阻止，仍望留住昆明，但李君已不顾一切而去，将来不知如何结局。晚间偕实若赴无线电局拍电报，即往商务酒店访柳法堂先生，彼已出外未遇。返寓。十二时卧。

廿三日 九时起，饭后十一时往访柳法堂先生，彼亦未在，留一字于旅第即返党部，会陈廷璧及卢迪生谈此次不能起程之理由。订民国日报一月，写一函与外交特派员告以参谋本部来电情形。午后四时，外甥媳陈壎来，是日为复门之期，王府上全家人皆到，予为之拍照。五时半摆席，与四姻兄五姻兄拇战数巡，饮升酒约七八杯。饭后玩博具，至十时终，输滇票十二元一角，一时卧。

廿四日 八时李梅轩兄来坐，便偕子麒及孙女往三牌坊下[食]早米粉，路遇解君，梅兄亦约同去。食毕分手，予赴岳家及干岳家行礼，从俗也。十时余偕实若徒步往小街子老宅送祖。沿盘龙江实若便查河岸。到小街子已十二时零。在民众教育馆休息。偕张主任等到安国寺参观幼时读书处，寺内已改为区公所，第一高小设有两级，并有女生一级。内部已修理改观，尚整洁。区长为毕天佑，官渡人，出外未归。略休息，予当先拟一演讲稿，即回至莲德镇民众馆内演讲。听讲人皆乡中父老,约百余人,为馆主任所召集者。演讲大意分为三层:(1) 改进农村生产。(2) 发展乡村教育。(3) 要中乡八堡团结联络,利害相关——出入相友,守望相助,疾病相扶持。听众皆表示敬意,皆不觉倦,约讲一小时至四时散。与实若同勘金汁河倒口处填补工程,即回到姐夫府晚餐。菜颇可口。返家送祖,已五点半,仍回至姐夫处,匆促赶车。是晚家中六哥、七哥皆约予住一夜再入城。外甥及姐夫、大姐、老亲母皆留。因以公务常变,不能不转回城。七时便道访柳法堂,适在旅舍,相晤甚欢。谈此行经过路线及考察情形。因彼赴邮务长之宴,仓促辞出,到李剑秋处一坐,几为其房东所蓄犬咬,幸举步快得免。夜间月光甚明,清澈如镜。仲渊亦在,相率四人游大观楼,在楼外楼品茗。十时乘人力车返寓。

廿五日 昨日疲倦,早餐后精神不足,即不出外。四时曲木兄来约,同往赴西林大哥之宴。五点实若来,三人偕往。客人到者党部陈秀山[①]、裴存藩两委[员],司法部派来之杨视察员,王禹枚外交特派员,黄子衡姻兄,高等法院吴恢亮院长。略谈柳视察员法堂(邮电)亦到。与杨视察员等略谈,便与王禹枚先生商量界务问题。李专员之走,彼必拍电与中央。与黄子衡大哥谈并介绍外甥杨骏于永丰银号,彼已答应,须先会面决定。八时即返寓。

廿六日 是日约定殷仲渊及李剑秋、实若同游筇竹寺。八时半起,即预备行。甥媳炒鸡蛋饭早餐。天气似有变,带雨衣出小西门外车站候李、殷二兄。至十一点始到。乘马而行,马劣不能走,勉强前进,至黑林铺休息。继入山路约午后一时始抵寺。寺位[于]山巅,入山途中只能遥见半山草亭。路系新辟,尚宽平。乘马缓行,上山甚平。寺有三进,入寺门两侧为五百罗汉塑像,闻系光绪年间所塑。艺术甚高,像极别致有神,栩栩如生,且极庄严。高不满三尺,为三排供

---

① 陈廷璧(1899—1951),字秀山,云南昆明人,黄埔第一期毕业,曾任云南省党务指导委员会委员兼训练部部长、国民政府监察院监察委员。

列。大殿供佛。两廊亦陪塑五百罗汉像，大小与第一层殿之罗汉像相当。大殿内壁镶有元赐藏大藏经碑文一块。此寺源于唐，而盛于元明，清以来始渐衰微。大殿后有华严阁，阁后为僧人入禅处。予拍罗汉像三张，合摄风景二张。循山而下。天微雨，冒雨归，至大西门外雨渐大。友朋咸欲休息，予独主前进，免被雨阻。至小西门已五点一刻矣。返寓与绍辛四哥饮酒五杯，头脑为之昏乱。后与三姊丈、子麒谈天至一时卧。

廿七日 午饭后与曲木同出，至东门访品卓大哥及实若，又访王特派员告以次日须赴华宁应金铸公之约，若遇事请为代表，未遇而归。译来电一通，对于李专员命予切实查报其行止，对于已回之省方调查人，望再详报。夜间又打电话，与王特派员始打通。

廿八日 晨六时起。早餐约六时四十分。子麒甥送予同行，至大观楼有人满之患，不易上楼。后品卓[①]兄亦到。是日有法人男女各八人，系赴观音山游览，在该处住宿者。品卓与之谈法语，觉感情尚佳。有一法妇系予七月一日回滇时同车到省者，活泼而有精神，年卅许，相见招呼，予以英语答之不能通。十二时到昆阳，下驳船约一里远始至昆阳城边，故交通尚不便。昆阳城小而不洁。是日为街期，城内甚挤。在小饭馆内午餐。午后三点零始乘滑竿起身赴六街，出行不数里，予所坐滑竿，竹竿有断意，一夫返城另易。徒步向前行，马驮已赶到，有一人下马让予乘。谦让再三，予感其盛意而乘之。不上五十步路，前马入沟中饮水，予所乘马急趋之。入沟中不甚平稳，从者皆曰坐稳不怕，奈何马夫不中用，拉马尾，马虽倒于沟中，予亦倒于沟内。左侧衣裤皆黄泥浆，以水冲洗之，后无法将外裤脱去，晒至下午六时始干。予一日中着水泥鞋，故隐已伤寒气。越一山甚高，以后

---

① 廖行超(1890—?)，字品卓，云南人，毕业于云南讲武堂，后留学法国陆军士官学校，回国后曾任广东大元帅府中央直辖滇军第二师师长，广东大元帅府禁烟督办署帮办，1937年授中将衔，1946年退役。

则循溪谷而行。天已渐黑，路不明，泥泞载途。幸有带电筒者，勉强照耀。奔走至大街，宿一马店之正楼上。疲极，洗足而卧。金、廖二公虽呼唤再四，亦不能起，故夜饭未吃。深睡至天明，五点余钟即醒。

廿九日　六点半行装已预备好，随用早餐，惟咸菜可吃。随即出行。十里外步行三四里。中越一下陂岭，坡度甚陡而弯曲，至谷底始循一山谷溪涧而行。十一时至温泉，中间无耽搁，已行去五十里。温泉系一大镇，合三寨人家，约二百七十余户。温泉水自地下流出，夏季天热不觉温，冬令则似有气熏然而起，故此地水温度并不高也。十二点起行，由星云湖边逶迤而南。适日光正射。天热。午后两点余到小龙潭，该处即入华宁县界，设有女子小学一所。略休息，待后到之队伍。步行约五里始抵铸民中学[①]。予即与金、廖二公同寓于校长办公室内。夜间蚊虫太多，嗡嗡不已，下半夜使人不能眠。予又因伤风未愈，微畏寒而发汗。朦胧入睡乡而不熟，惟望天明，六点即醒。

卅日　七时起。十时早餐。午睡。间与铸公、品卓两先生谈天。四点晚餐后即偕品卓同赴大街一游，田间风景甚佳，归已天黑矣。七时又谈天至十时卧。

卅一日　九时起，今日在铸民中学内休息，看杂志及吉编《环球旅行记》。午后来人渐多，校中亦纷杂矣。幸寝室内仅三人尚不烦。夜间滇戏开台，略看即卧。

九月一日　今日为铸校开学之日。昨日各村客人，来者甚多，前后耳房皆已在满。盥洗毕即预备开学典礼之祝词。铸公为主人（校长）兼董事长。培觉预备甚忙，在外室不停笔挥。予与品卓兄亦伏案思索，约至十一时大略始定。予演讲大意，分三点：（1）引言。（2）中国教育之过去与现在趋势。（3）希望。饭后微有增减而已。校中本订于十二点行礼，因闻杨县长来，特延长时间，竟至午后三时

---

① 铸民中学，由金汉鼎先生创建于1934年8月，现为玉溪市江川县第一中学。

零始举行。地点因为对民众讲话,改在大门外侧边露天戏台上。各校小学生,则围在前,民众则分排各处。予俟金校长报告又致训词,及教职员宣誓后即为予讲。予声音甚大,汗流满腮,约讲半小时以上始毕。听众尚高兴。继后为品卓大哥等即毕。予代拍影三张。晚饭后校中职员来告,要挟点戏,予等辞之,因为戏班惯例,只得分点两曲,名义上铸公与展处长合,予与品卓大哥,实际则出赏赐,仍为铸公代出。是晚戏尚佳,尤以李君品三所客串之……为最出色。十一时始散。

二日 晨间起身较迟。盥洗毕。早点糖鸡子。即偕同铸公、品卓兄往小庄宣府。因前日请柬,代其祖若父鸿书。宣仲良之父景明君字春城,于民[国]十二[年](1923)之二月十九日遇害,为盗匪所戕。当时地方乱如麻,竟有人诬告为匪者,诚属冤枉。春城办地方团防甚力,又热心公益,凡教育、公路、森林无不代地方举办。俟君殁后,地方遂无人以挽回此大任,匪患愈深,各村寨俱为匪焚毁。近两三年来匪患始稍平息,乡人迁归者多。最近铸公办学行开学典礼演剧,四方来观者众,特借此机会以追悼春城先生。予等九时往小庄。早餐后,即请书主。予系第一次代人书主。此地礼节隆重,有陪宾,予书一字孝子必叩首一次。书两主,约百余字,而孝子皆跪,此宗法社会之遗制,至今获保存者。书毕由铸公典主,时间稍短,否则于室外阳光烈日下,殊难受也。不久来迎牌位乡人小学生皆到,予等亦回铸民中学校。下午二时牌位到,又在乡先贤祠内举行追悼典礼。铸公主祭。华宁县长亦在。先后予与品卓均有演说。礼毕已近四点。晚饭即设席小龙潭寺内,今晚更加增江川县新旧两县长,更觉热闹。夜间观剧,十一点始散。夜卧不成寐,天微光即醒。

三日 七时半起。精神甚不振且喉痛极不自然。上午仍在小龙潭村宣春城追悼会筹备处早餐,同桌江[川]、华[宁]两县长及铸公品卓。饭后代追悼会筹备诸君摄影。是日晚饭后校中集合各生请予讲话。各生共约七十余人,立于院中。予本拟在讲台上有黑板较方便,然数日来会期已拉乱，故只得在院中讲演。予大要分为：(1) 生活——简单化。(2) 思想——恶化腐化皆不宜，要纯正。(3) 行为——纪律化。(4) 责任心——要切实养成。(5) 公私——要养成有鉴别力，不能含混。(6) 求学——利己所以利人。约讲一小时，各生均能静听不懈，觉印象甚佳。天黑上灯，华宁县杨县长来坐，谈天甚欢。对于学术之研究，云南之政治，地方之利弊，个人之言行，无不谈到。每晚本照例出外观剧，是晚因大家所谈皆投机遂未往观，仅江川县新旧县长在外。约八点钟，有人来报告铸公，谓予等所坐位之后排，有四人形迹可疑，且携带手枪同坐于一凳上。铸公命捉拿，但恐惊动县长，特措辞请两县长入校内。县长走后，同时嫌疑人二惊觉而遁，后仅捉着两人，一手携手枪，皆认为系经商者。观客略惊而已。闻次日送往江川县署核办。予与品卓兄次日须转省，特别到各处辞行。即卧。

四日 五点半醒即起床，收拾行装，天已大明。候肩夫及舆夫用膳，即起身。滑竿两乘，挑担一，学生排列门外送行，铸公亦送至门外，握手向玉溪路上而行。予到此五日之新环境即分别。朝暾已上。另有宪兵七人护送，盖今日所经为十余年来著名之匪区，且蒋世英匪首之家乡所在，与宁海区结下不解之仇。予等决定走此路，有人且劝不可轻行此径，然予与品卓兄，以为予等系客籍，且蒋在十年前，为伊部下，感情素洽。而予又系中央命官，该地不论何等人，决不敢对予等有所揶揄也。以路平而短，可省疲劳，故决定走此路线不改。蒋匪之家乡为普妙，系一约千户人家之数村落而成，距宁海约卅里，中隔数土山，不高峻，约十点即到达该处。品卓兄约予特到其家中一行，闻其有老母，欲往慰之。至则屋内无人，且楼板有一部已被人拆毁。邻居之屋前被其侵占者，今亦不敢过问矣。为匪作恶之结果如斯而已。徘徊其室内者久之。同时在该地区公所内休息，又派团兵二人护送出境。该地山势极劣，土质疏松，多被雨水冲刷而致枯燥之状，此或无形中影响该地人民之不务正而必走狂道乎。行行重行行，经过数山丘及溪涧，日正午而炎热，入玉溪县境，青山有水有树木，又一天然境界矣。牧牛羊者有矣，种烟草者有矣，多工作于山野间。即土质亦觉肥沃。渐下至玉溪坝子，稻已渐成熟。玉溪县境为狭长型，周匝以山，中有城邑二，南为州城，附郭乡镇略密；北为北城，周围土城，两城相距约二十里。商务尤以北城为最。省溪汽车路，自州城经此以达昆阳，交通均极便利。予等一行约十二点半始抵州城，即寓城关西门内一旅店（□□客栈）后进楼上，为招待上宾之所。室内陈设榻位四，而空气秽败不堪。予支行军床，即偕品卓兄外出午点。玉溪以鳝鱼著名，特食鳝鱼米线。到民众教育馆游览，为原旧孔庙所改，现有一部保存，规模粗具。本欲入内一观，门上锁不得入。其旁为学宫，为玉溪县立两级小学校，房舍四进，两旁皆有楼，学生住宿于内，布置有条。此可见玉溪地方富庶，人才不少，教育自来即已注意矣。灯上后即高卧，然蚊虫不少，虽燃蚊烟，效力亦微，无法，以汗衣覆头部，彻夜受苦。至天明即起身。护送士兵送予等上汽车后即返宁海，予个人给以滇票十五元，使彼等欢喜。

五日　晨星方晦即起而整理行装。每人各食昨夜所预备下之鸡卵三枚，即动身往汽车站。玉溪汽车有三，二为商人所办，一为建[设]厅所办。商人所办者，营业发达，公家所办者，乘客寥若晨星，则可知管理与经营之不善矣。予所乘者系安达汽车公司，车尚大客货俱载，有马力十二匹，故行山路较优，一为昆湖汽车公司，系玉溪李某（李玉廷之弟）所办，营业稍次于安达。从前每日省溪间各开汽车一次，自夏季雨水多，公路多损毁，泥泞载道，仅开至昆阳为止。是日本规定七点半开，竟延至八点钟。途中经过北城及茨荷关两站皆停上客货，以北城所上客人独多。沿路路基毁坏不下十处，有一山岩已崩隧，车十分难通过。所经各地，山坡度尚不大，风景殊佳，来往之马驮络绎不绝，此亦可表示玉溪商业之繁盛。晨间肆中妇女兑换布匹者极拥挤，可以见玉溪妇女手工业之发达。约十时始抵昆阳车站，雇二挑夫肩行李至湖滨候轮。在牛肉馆早餐。因时间尚早，特登城内高处玉皇阁，为民[国]十六[年](1927)新建之楼台，可以眺览昆湖及全邑。然游人甚少，昆阳城邑更小而不洁，人口恐不满一万，城周恐不过一里。下午一时始雇渡船送至镇海楼候省开来之小轮。天闷热难当，约候一小时之久，小轮始到，乃登轮。两点半启行，郁热渐消。神倦欲睡，勉强支持。气候特热，轮中火炉，蒸发熏烧，倍增感触之难堪。幸有时海风拂拂，略有快感。且四围山色，因阳光之正反，当晚景时，各山之背景各殊，实使人领略不尽。予与品卓兄用望远镜瞭察，别有风光。只以轮机轧轧，行动迟缓，心理上之烦躁，愈觉轮机之无力。故迟迟复迟迟，太阳逐渐西坠，辉映渐沉渐没，四境山色暗淡而朦胧，村野灯火或明或灭，星点甚稀，方位难辨，摩挲前进，微闻轮声与水声相激荡，觉其迟滞如此，几木舟之以桨橹推进者不如矣。因此之故，乃至夜八点钟始抵大观楼，相率雇车入城，抵寓将鸣九钟矣。惫极而卧甚早。

六日 昨夜睡眠不宁，晨间神态不甚爽朗，约九时始起。段姑母来探予之消息，谓三堂兄已来过两次问予归否，因六姊拟请客，特候予转省举行耳。留姑母早餐，即往访王禹枚特派员，藉探离昆明后之情报变迁。据谈参外两部来电二通，一为边密，一为棋密，皆转交与予及探转李专员者，前一电为叙述接省方漾电，知已得英方同意，只要由麻栗坝往，不由正面入班洪，亦未始不可，但部中怀疑此意与英使表示不同，望予可秉承省方意旨前进，但后王特派员又接部电，谓此电(俭电)不必转，诚不知部中意旨何在？且末尾怀疑予已与李专员有意见，其实何意见之有，予平素宽宏大度之态，绝不肯因小事而有伤大计也。是日上午又接参外两部歌电，系用王特派员之密码转交者，大意与俭电同，惟末尾略有不同……兹由参谋本部另寄调查要领，著李专员于会查后，遵照办理，周专员应否偕同续查听候电示……等语，愈不解其故。曾与禹枚先生表示如何应付，彼云：此事惟有晋见龙主席请示办理。因省府所发电文，并不知其详，予亦以为然，约定俟俭电译出后，再为决定见主席之意思，遂辞出，约定次日午后再晤。随往实业厅晤实若及吴漱泉兄，漱泉告以班洪矿石，据化验所化验之结果，知所含银色为万分之八（0.08%），在银矿中，可谓中上者矣。但其它质量，并未见化验告知，此外铅或占百分之六十左右，成分必多。并将全国地质矿物展览会所征集之稿《滇省矿产之分布状况与产量》见示，予极怂恿之，劝其先完成，必代送登地理杂志。便中谈云南科学同志联络进行事，请先与弗真兄等一商。即偕梅轩、实若同赴钱局街梅轩兄府小坐休息，转往守愚[①]兄处，一见谈心甚快慰，各叙别后情况及此次归来之计划。留在伊处晚餐，即辞出。访耀龙电灯公司[②]总理华晋三先生，未遇，仅留一名刺而已。至三新浴室沐浴，人甚拥挤，赵子文兄同来一谈，九点始毕返寓所。甥媳以老苏梗、薄荷、生草等煎来吃，因予咳久未愈且声带略变。服此药剂后，补记日记，约一点钟始卧。

七日 七时即起床，即补记日记。王玺君来，讯其测量局地图印就否，并催其将所绘地图赶出，托彼将党部寄存之皮箱三只命佣人送来。一点小卧，后访王特派员，晋见龙主席向其请示，因部电来要予秉承省府意旨进行也。到省府即会见，彼问予何以尚未启行，予告以未得部中许可亦未来请示，故未启行。即报告接电报后究应如何处置。彼谓此事仍本以前英领所口头说者，与英领切实交涉，再为决定。约略谈半小时，因彼须会客，故即辞退。闻刘绍卿[③]先生近日尚

---

① 王锡睿，字守愚，云南邓川人，毕业于南京高等师范学校文史地部，与周光倬为结拜兄弟，曾任澄江县县长。

② 耀龙电灯公司，宣统元年(1910)由云南商会总理王筱斋出资与官府合作筹办，因官方认股不多，改为由民间集资商办，建设石龙坝水电站。“商办云南耀龙电灯公司”后改名为“云南耀龙电力公司”。

③ 刘永祚(1890—1953)，字绍卿，云南昆明人，曾任云南陆军第二旅参谋长、驻粤滇军总司令部副官长、国民革命军第二军第六师师长、中央军校办公厅主任、教育处处长、国防部编译局副局长等职，并负责筹建中央军校第五分校，任主任。

未抵省,便约王特派员至寓所一休息。甥媳未在,点心等招待殊欠周到,实不胜抱歉之至。一刻即走。予拟发李专员电稿。五点甥子麒归,遂同赴金碧公园,应六姊之宴。到稍迟客已齐,男客二桌,女客一桌,胡应祥先生在座,便请其代绘直幅一条,围屏一堂,胡先生慨然应允。夜间杨宜之内侄孙偕其族叔等来坐,告以丧葬岳丈事极感困难,最近已将所余田四十余工,仅以二千七百元之代价售去,甚可惜也。此事予不得知,亦惟有听其自然而已。实若来,约明晨十点在小西门内聚会,即赴安宁县转石龙坝。此行亦有意义之旅行,予极兴高采烈也。整理电稿,至一点时寝。

今日决定与电灯公司总理华晋三先生明日赴石龙坝[①]参观耀龙公司水电。午后二点偕王特派员往谒龙主席,报告予接密外两部电报,谓前进事须秉承省府意旨决定,不能不请龙主席之示。据答复由特派员先向英领谈判,目前以英领所持之理由(1)天气炎热,麻栗坝官吏撤回,今天气已渐凉,当然回任。(2)前两方对峙,今已无冲突,不能认为敌对行为时期矣。便谈南北两段界务事即辞出,约禹枚先生到寓所略休息即辞去。

夜间杨增义、杨煖等来谈杨府事,实若亦来,宵夜始去。予略预备行李。

八日 起甚早,捆卷铺盖,十时余即偕实若同赴小西门搭车,至则小汽车已停候,华晋三先生及其友人张先生已到。登车后即出北门,循迤西公路而行。间有路面已铺好者,大部皆正在整理,故车行甚慢而振荡。约午后一时始到安宁县,耀龙公司因先有电话通知,故街兵及其队长皆到站等候。即乘滑竿赴石龙坝,距离约二十华里,行

---

① 石龙坝水电站是中国第一座水力发电站,位于昆明市郊螳螂川上,从德国西门子公司引进技术设备,自宣统元年(1910)7月动工,耗资50余万银元,于民国元年(1912)4月建成送电,当时装机容量为480千瓦,可供照明电灯6000余盏。

两小时始达，已钟鸣三点。沿途所经皆土山，不高峻。渡螳螂江，江面宽约二十公尺，以渡船——两岸系铁索以为曳船之用，人车马皆可载于其上。水流尚不为十分速，及抵石龙坝公司地址所在，则瀑布声响震天，对面讲话，非高声不能得了解。江上跨一石桥，有孔洞三，过桥即为公司所在地，其北为第一及第三机房，其南为第二机房。晚饭后略到机房参观。上灯后约八点与华、张、庄三人谈天。十一时即卧。

九日 本定上午七时先往滚水坝参观，后因时间太迟，未果。早餐后约九点，即起身，予乘滑竿，天热以伞遮日光，循螳螂江岸而行。约十二点始到海口（螳螂江源头处）观中滩此段予与公司另有详细记载。下午两点始自中滩乘舟返公司，因下水舟行较速，四点半始到公司。晚饭后，又往公司水机源头观放水开机情形。夜间与华、张、庄等谈天，至一点始各就寝。

十日 六点即起床，约七点在公司早饭。予到郊外拍影，即收拾零星物件，与实若各给佣人廿元，乘骑返安宁汽车站。到达已十一时，略坐，省车始到。照原订计划往温泉一游，开车至中途，因路泥泞不易通过，遂折回。途中曾修理车两次，于一点钟达昆明，至电灯公司门口下车，飞小雨，即返寓。知参部于八日拍来一电，系催予启程者，拟明日往特派员处商量。夜应由夔举先生之邀，在座有不认识者三四人，八点散，予便访徐保权先生，因其子赴宴，始知其住处即在对过也。谈天至一点始卧。

十一日 因夜间谈话至一点又加以旅行骑马劳顿，故睡至十点半钟始起。访王特派员讯与英领交涉事，并将参谋本部贺次长来电告知，始决定三点往会英领，俟有结果明日复知。予因腹泻而痛，返寓休息。四点零出东门外至岳家，客人尚不多，略招待并谈琐事，至八点入城，到实若处谈，约出发电与李专员，只通有线电，不能减半且加收费，未拍成。十点返寓。

十二日 今日为岳丈发引之期，予八时半起，九点早餐后，即赴东门外岳家等候,迟至十一点始发引。托由甥子麒预向公安局接洽,临时又送名片,灵柩始得入东门,循三牌坊出南门,至护国街回灵。予托子麒命一法警随内弟先乘车至呈贡送灵柩上祖茔。十二点余往访有线电局邱局长,商洽拍发电报请照价减半收费,已有结果,但以后望向省府接洽用印电纸发报较妥。予拟见主席后,再为请示办法。又往访测[量]局赵局长谈所印地图,知于日内可以印出。并谈此次李专员之种种谬误行为,致使社会人士批评不满。又往前水月轩故址,及火车站附近访刘绍卿先生,皆不得要领即返寓。夜饭后七点,陈日新科长来告以日前王特派员往英领署谈判结果,英领谓若私人资格前往,不反对,但仍不能过红线,大体已不成问题。予拟于中秋节后即动身,即须准备一切行装矣。陈科长谈至九点始辞去。又与子麒商量一切准备事,并写家信一封。十二点洗足卧。

十三日 十点半始勉强起,曲木、王玺、守愚、实若俱来谈。一点赴省党部晤裴委员告以行期大致决定,民众公论上所载迟迟不行之中央专员,内中讥诮备至。予亦便以告王特派员及丁民政厅长,皆谓此由于不明真相之故,听其乱说耳。今日王特派员谒龙主席告以对英领交涉情形,并予起程日期。丁厅长极愿帮忙,望予书一公函见告,以便办理公文。并往看测量仪器,与沈太太谈妥装订木箱事即返寓。夜间拟呈部及李专员电稿,又拟与民[政]厅公函,至十二点半卧。壁虱跳虫扰人,至夜钟三点始入梦乡。

十四日 九点起,实若来坐,同偕出赴市礼堂访王特派员,谈此事已与部电报告,予亦将所拍电(部电及李专员电)告之,随赴水月轩访刘绍卿先生,略谈即辞出。偕实若访陆亚夫市长,告以借用李景森君,承应允。约守愚、实若往南门外购黄斜纹布二码五,价十五元一码。晚间在公园街吃烧鸭,并赴篦子坡定滑竿,送布去做马褂。约来寓谈,后打电话问,始知王特派员今日午后已见龙主席。据所表示,则与前日予偕谒见时谈话意思相左,谓如此前去,有何用处,岂是想报销而已,语气间是含不赞成之意。并谓其无成见，须由予再请部示核夺等语。予殊为诧异。夜间精神上刺激甚大，心神极不定。使予数日所盼望实现之事，竟又受阻碍。夜间睡眠即不足。

十五日 晨九时起，寿增、用之、实若等来。予即赴王特派员处访谈。据彼所表示，亦出乎意料之外。谈后结果仍由予电部请示。又往访周惺老，因其染风寒未起，拟改日再访之。归后即拟稿。写信约实若来谈。彼外出，直至七点钟始来。相谈之下，彼亦劝予不必在心。晚餐后，偕出，访陈日新科长。所谈亦谓此事之复杂原因，劝予不必因此烦恼，[给]部电不妨明白表示态度，否则精神上受痛苦。坐片刻即辞出。又访王启周兄，亦未在，殊怅然。八时归寓。予与实若再斟酌电稿，略有删减。是日客又多，精神极不振，闷闷不乐。九时客渐散去。得二姐丈函，知内子于八月廿六日夜十点患霍乱症吐泻不止，幸得张校长[①]夫人延校医代诊视，即渐平复，后仍服药，不知最近隔两星期，已渐痊[愈]可否。心上又增一事。予尤念儿辈无人招呼，大人生病，如何照应。因此事变动无理，愈欲回京完事。十一点半实若宵夜后始辞去。予又看电稿始寝。

十六日 昨夜睡迟，故十点半始起，精神仍十分畅快，即写信约启周兄。早饭后，赴实若处偕往访启周未在，随赴守愚兄处一谈，约出外量马褂。到实若处谈天。四时约守愚来寓看电文。予晚餐后又偕实若往访启周兄，谈至十二点始归，约定明晚同赴胡代表(郁荪)处探听消息。本是托骏甥往外卜卦，得睽损两卦。云卦占行动，先睽后损，初有阻隔，终达目的，西方逢贵，动则必吉矣，是一吉卦。予精神上受刺激，此一无可奈何之办法矣。

拍发外部及同乡会各一电请示办法。

十七日 天晴。十时起。予于一点钟偕曲木同去翠湖访周惺老，因礼拜一馆中例假即回寓，看《顺宁府志》。晚饭后即偕实若访王

---

① 张校长，即张海澄，江苏镇江人，时任江苏省立南京中学校长。

启周。今晚之餐系王姻兄绍辛请于海棠春，六点半吃毕，到绍辛开设之仁济医院闲谈，有三姊丈外甥婿等。七时始到熊府，启周兄幸在，谓约胡郁荪代表，因其有应酬不在家，须改日再约。熊老者到启周兄处，便告以此次调查阻碍之经过。目前已向部请示，一切仍望其指教。熊老者很客气和蔼，告以外界舆论，不必注意，不能因社会无谓举动即灰心云。坐谈至十一点始辞归。又与甥等谈天至一点半钟卧。日来精神不振，一切觉无意味云。

十八日　日来精神不足，起身甚迟，天又阴雨，早饭后已十二时，略坐即卧。三点实若及守愚来。因精神差，看《顺宁府志》，又朦胧睡去，因之受凉，神气尤疲。晚间留在此谈天。十时始辞去。

十九日　十一点始起，昨夜甥媳热姜汤吃及代包手，起后略好。曲木来坐。谈话代抱不平，劝予不必介意。看《永昌府志》。刘灿然及何季兴两兄来坐。五点约出外至南门内香宾便饭。饭后至宽苍[巷]刘君寓所谈天。有王肇岐君在。谈至九时始返寓，胸中闷气略为开展。三姊来又谈至一点始卧。入被后又思量此事之变化与将来之结局，予之心灰意懒，已不得入梦。服伤风片。

二十日　起床稍迟。午后未出门，看《永昌府志》，顺手摘录，所搜得材料亦不少。惟精神仍欠缺，脊背犹微畏寒，似风寒未解尽。晚饭后四肢无力，服伤风片二枚。并约同子麒夫妇及元书甥、三姊丈、小孙女莲生赴逸乐影戏院看《春水情波》电影片，系胡蝶主演，无声片，情节叙父为官迷，子为色迷而不专，结果皆失败，归于开发西北。劝世之意味，勉强说得过去，不能谓为一等影片。九点半放毕返寓。得叔禺兄自京来快函一件，告以促成会向外部探听消息并催促仍前往调查之事。不过据另外之意，则以为此事外部究难处理，不过外交方式如此，恐结果亦将受英方之骗耳。予拟于最近作书答之。

陈谋君自鸡鸣山采集标本已返大理，知李专员及沈技士已于九月六日由大理转永昌。刻彼拟在大理附近采集，问予何时起程，以便同往。予本于月初告以月终可以西上,但因中途事变,又不知何时可以起程,拟以部电到来再说。

廿一日 晨六点半即起,随同子麒甥捷三姊丈赴车站搭滇越车往呈贡转罗家营勘案游玩。八时半车始动,至呈贡望朔村站已九点,略饮茶即步行绕转罗家营,距站七八里,约行一小时始到。即概量田亩,原告得三工,被告得四亩,已分划清楚。即至两佐堡午茶,又步行往官渡,会见段姑父及表弟等。在茶铺午便。以官渡炒饵块最有名。顺[便]游览文明阁小学,已扩充至七班,实为难得。五点到西庄车站□□□□。

廿二日 七时半起床,略休息,即赴得胜桥附近兴仁街 12 号访刘绍卿先生于其私邸,谈离别后情况,并告以此次不能即行前往之理由。彼以为此次非去不可,否则如何以对京同乡及家乡父老之期望,虽有所阻隔,当亦不顾一切以赴之。予为之感动。畅谈至十点半钟,始辞出。彼对于此次回滇抱定在使地方与中央接近,各方面俱应委曲周全,不能以个人之不满意,而即妨碍大局。检阅军队定于双十节举行,至办分校事,尚未谈到。然予与彼地位虽不同,所感觉者为云南之无人才耳。早饭后特拜访周惺老,谈不能前进之理由及最近中央地方报电之往还,结果毫无,拟请其代在主席前申说,务望其帮忙。予处此环境,对于事务之进行,亦惟有求乡前辈为力之一法,目下盖难设法也。谈毕即辞出,便与秦老师谈,将最近原委告之,彼亦为之怅惘不置。并劝予可向内幕中人一疏通,使当局了解,或者阻碍较少。予亦告以难进行之苦衷。两点往晤王特派员,知外部又来一电,转知予一切仍须秉承省府意旨,不知部中是何用意,对于我所发之电则不复,而同乡会公然亦不复,由此可知此事部中亦感受困难,否则亦早已答复矣。与王特派员商妥,下周内先由彼往谒主席,告以最近部电,并向其请示,俟观其态度后,再为决定方针。四点始辞归,疲倦已极。略卧一时。守愚来约明晚到其家内过中秋节,予尚未应之。六点晚饭后,实若亦来,遂相偕往平政街访卢迪身先生,谈最近时事。

刘震寰[①]来滇，及共党窜入贵州铜仁，均为目前云南重要问题。七点即同出。卢君赴党部，予与实若同返寓。予作复叔禹长函，约写二时余钟始毕。实若不耐而去。天晴月明，又赏月即卧。

廿三日　八点即起床，记日记后即看《永昌府志》。一点偕子麒访实若，彼因赴顾仰山先生处，未同去沐浴。三点特至仁济医院请绍辛四姻兄看病，试热无热，谓系胃弱之故，给以胃药五小包，即返寓。觉疲倦休息睡眠一小时。实若来即同往守愚处晚餐，有任铸安兄在座，分别五载，又于故乡相聚，谈论甚畅快，并□饮酒一杯，即辞归。约实若同来。二人在寓所，月明照空，提起往事，旧恨新愁，涌上心来，不胜感喟，何况予于中秋节尤可纪念者，果若此次之任务，若不能完结，则将何以立世做人。窗前皎月可爱。谈至高兴处，忽三姊及姊丈等均来。围桌过节，外甥等共十二人，亦予十五年中所未遇如此胜景也，何况今又有同胞姊妹在，更为欢娱。然予心中，故乡本已不思念，然家又不能不想念也。过节后已十二点半，大家高兴，又偕步出小西门，买舟泛游大观楼。斯时人声嘈杂，熙来攘往，并不觉其寂寞。白马庙边，船只拥塞，不得通过。约停一刻始得越此前进。舟拍大观楼，经行一周仍返棹而归。已三点半矣。

晚间得陈、吴两君[②]自大理发来快信一件，讯予起程期，及托代购黑芥二三十斤。予尚未定行期，如何以答复之。

廿四日（阴）　小雨。在寓看《永昌府志》，今日精神略佳。夜间杨大权姻侄来坐谈，夜十二时始去。予与彼在少年时交情最好，只因

---

① 刘震寰（1890—1972），原名瑞廷，字显臣、显承，广西马平（今柳江）人，曾任柳州民军第一支队司令、柳州讨袁军总司令、粤桂联军司令、广西巡防营副司令、广西绥靖处督办，陈炯明叛变后，曾任中央直辖第二路军总司令、西路讨贼军总司令、候补中央监察委员等职。

② 即陈谋和吴中伦。应中央大学张海秋建议，中央大学和中央科学社派出陈、吴两人组成植物采集团，随同外交部专员赴云南边地考察植物资源，采集标本，到昆明后已先往大理考察。

彼家境较予为优，而性好玩懒，竟不能读书升造，今年已卅零，而赋闲在家，仍须仰给于父母之供给，诚不能不令人感触也。

廿五日 天晴，但下午微雨。十二点早餐后，即赴市礼堂访王特派员。彼因为尚未往谒龙主席，故情况尚不能确定。已决定于次日往探消息，并略谈滇越铁路最近五六十年来交涉案件。

1. 军人乘车记账之损失，现尚有四五十万法洋未清结。

2. 路警保护费照章程规定太少。

3. 民[国]十五年(1926)蒙自大龙潭车翻死伤赔款案。

4. 过境运输军火之要挟。

便中又与周慧生大哥谈天，二时即出，赴翠湖访曲木藏尧兄未在，即赴农矿厅会实若。因王特派员问及秋冬季衣服未带，何不在省添制，予无法，只得约同实若到三牌坊购得毛呢绒衣料一件。在滇省置备衣服价值太昂，计约费去滇纸三百七十余元，而雇工尚不在内。探滇省缝西装一套，须洋四百廿元，或八百元一套者，似此公务人员如何可以备衣服，穷人更无论矣，将为之受冻。四点左右飞雨，即偕实若赴香宾便饭，并约子麒甥来。食将终，陈公宪科长偕眷属及友人来，二人又拇战数杯，酒兴甚豪，互有胜负。然自抵昆明以来，以此次之酒量为最多。予并一共结算馆账，陈科长属谦虚，无论如何以人情羁之，彼始允诺。楼下又会见绍辛四姻兄，楼上会见李泽之大哥。返寓略休息，即偕往逸乐影戏院看《归来》，为阮玲玉主演，情节尚佳。十一点半始归。

廿六日 天阴雨，下午又放晴，略看书。午后两点半钟偕子麒及捷三姊丈同雇车(滇票五元一架人力车)往古幢寺游玩。因今日为大彰上人之节期。车由南门转聚奎楼循迤东公路去，至何家园下车，即步行上土丘，寺宇已倒塌，外面牌楼已圮，二殿亦朽。后殿为古幢祖师肉身坐化处，石龛开口一方，可见古幢祖师之像。肉身或已化，装一金身，盘坐。像甚庄严，膜拜者多，香火极盛。拜者皆摩其石龛，以为可以不出手汗，亦愚矣。归化寺在其侧，规模很大。惟大殿已于十年前被火焚毁去，今尚未复旧观。两廊为罗汉像塑，工尚精。游人香火亦众，寺外卖零食者拥塞不通。五时返城，距离约七八里，昔交通不便，步履亦难，自公路通后，来往亦极便矣。同往香宾晚餐，门口遇绍辛四姻兄约共饮。饭后归。启周、实若、守愚及陈子明科长皆来谈。陈科长去已十一钟矣。夜间飞小雨，旋亦止。

廿七日 天晴。十时始起。胡瑞清六叔送来所绘山石四帖，为其礼品，予甚感谢之。静江六叔及堂弟来坐谈，允与周立斋兄一述介绍事，并谈到光琦弟学费事，当尽力为之设法。十二点半六堂兄来，偕往胡瑞清书馆看所收藏字画，其中以钱南园先生字及元梅华道人吴镇[1]所绘之竹子最可宝贵。问尚有赵孟頫[2]之手卷一帙更有价值，约另日再看。三点赴外交特派员办事处访王特派员。因数日来主席未上山，不得晤面，无从谈起。并谈到滇中外侨及中法交涉事，皆觉政府之不觉悟不彻底，诸事难办。随到四牌坊理发。晚饭后访庄实若，并送衣服去裁。十一时归。伯英[3]先生来函称述此事必彻底办到，望努力去做。陈、吴二君来函[欲]知月终动身事，予拟决定后再

---

① 吴镇(1280—1354)，字仲圭，号梅花道人，尝署梅道人，浙江嘉善人。元代画家，擅画山水、墨竹，与黄公望、倪瓒、王蒙合称“元四家”。精书法，工诗文。存世作品有《渔父图》、《双松平远图》、《洞庭渔隐图》、《墨竹图》等。

② 赵孟頫(1254—1322)，字子昂，号松雪，松雪道人，又号水精宫道人，浙江吴兴(今湖州)人。元代著名诗人、画家，善篆、隶、真、行、草书，尤以楷、行书著称于世，其书风遒媚秀逸，结体严整、笔法圆熟，世称“赵体”。与颜真卿、柳公权、欧阳询并称为楷书“四大家”。传世代表作有《千字文》、《洛神赋》、《胆巴碑》、《归去来兮辞》、《兰亭十三跋》、《赤壁赋》、《道德经》、《仇锷墓碑铭》等。著有《尚书注》、《松雪斋文集》十二卷等。

③ 李宗黄(1888—1978)，字伯英，原名绍唐，云南鹤庆人，曾任云南护国军都督府驻上海代表、云南都督府参谋处处长、云南省市政公所督办、广东军政府交通部次长、驻粤滇军第二军军长、河南省党部特派员、甘肃省政府委员、云南省政府委员兼民政厅厅长、代理云南省政府主席等职。

为复信。

廿八日 晨八时略飞雨。十点半始起,精神似欠佳。早饭后看关于界务杂书。一点沛群来谈。彼出外参观已两月余,予抵省后伊始离昆明,时间之易过如此可想。谈到京后感想,沛群以为反不如北京军阀时代,腐化程度更甚。在京之活动分子:(1) 留法留美最有势力。(2) 因贵族之姻亲关系。(3) 在革命时期曾经摇旗呐喊而有背景者——否则绝不能立足云。予为之感叹。在京留十日,多与叔禺谈,很少会见同乡。并谈及时(机)[局]如此因属悲观,然决不能作悲观想,应仍努力才行。予表其同情。彼本欲升造,因必须供给弟等之读书费,无法解决云。谈约一小时即匆匆辞去。予谈农[业]厅吴漱泉兄询问班洪矿产分析化验之结果,与实若谈至四时始出,又访车华庆兄。五点偕往公园共和春应李鸿翻(剑秋)、苏树德、朱健生(北平某校毕业,现任南菁小学职)、车华庆四人之宴。殷寿增、顾子正、杨宜之夫妇、张家栋皆在座,饮酒拇战至八点始散。予几醉。归后与三姊及麒甥谈琐事,十二时始卧。因想起对于界务之意见书,不能不呈文,前后思索,竟不能入睡乡。昏沉至半夜后三四点始朦胧睡去。

廿九日 天晴。起已九点半钟,整理文件。早饭后访沛群及龚县佐均未在。返寓看农厅档案,并预备第二次呈部文。觐威六兄来,约往东门大街上吃蒸肉,子麒同往。六时返寓。李景森兄来谈不久,陈科长(子明)亦来,送参外两部俭电,命予前往永昌,会同李专员调查。接阅后心事大定,为之欣喜。旋省府又送来公函一件,阐述龙主席转电,系参部阳电。令由永腾大道往腾冲,转澜沧,由新平取道返省,并令勿稍规避。对于予之铣电与李专员之寒电而发。但所怀疑者,参部之阳电,何以早不转知,竟延至今日,其中道理,实令人思索也。此事当再与王特派员再为商讨。李、陈二君不久辞去。实若来,谈话并约明日偕往黑龙潭扫墓事,便开预备西上购制物品单。一点始卧。

卅日(日) 九点早餐,十点偕杨二姻兄、实若、子麒、莲生等乘人力车赴黑龙潭,十二点零始到。一点零即步行至花衣沟扫墓。先父母之墓因受风吹去墓顶一半。据杨二姻兄云,此地不对,犯忌甚大,必须迁移。予亦不喜欢此地,决定请杨姻兄代觅一较佳之地,另行择葬。在黑龙潭下观饮茶,吃晌午。四时又乘原车返城,入城已灯火明亮矣。随往萧府应客。因觅门牌不易且巷中狗多,吠人讨厌,决返寓。

十月一日(月) 午后访王特派员,并将电报请其看。由电话知陈副官长向主席约定接见时间,即返。晚饭后偕实若访华晋三先生于电灯公司,未在。晚间应赵汝舟兄之约。夜间与子麒预算各种用费,实超过原来之预算,拟设法收缩。

十月二日(火) 天气已转,风变,天凉。予十时起。李景森君来借三千元付之,并发殷、王二君九月份薪。午后决定佣人一。晚间守愚、实若、李景森、蒋子□诸兄来谈。收家信第七号,述家中平安。

十月三日 天忽阴忽晴,转寒。今日仍未见有函通知龙主席谒见期。下午约实若、守愚同购物件。今晚实若将新制衣送来。

十月四日 午一点访王特派员,谈此事须由予另函陈龙主席。予又往实若处谈,拟发李专员电文。

十月五日 今日予请亲友吃晚便[饭],托捷三及子麒甥买菜。抄拟与民政厅丁厅长函一件,请沿途保护及饬各县地方援助。又誊写呈龙主席函一件,意思相同,并请定接见日期。二函皆请守愚修改稿件,并抄拟发李专员电稿一件,系转电及述带测量仪器事。下午三点以后客渐到齐。请张止真先生因重客未到,偕王启周往访胡道文代表,未在,留名刺即归。夜间与姊辈及姊丈等谈天。睡前抄电文密码。约一时半卧,三点始朦胧入睡乡。是日天阴微寒。

十月六日 九点即起,往访党委陈、裴二委员,并交人送呈龙主席函。三时实若、守愚来,同往访王启周,未在,即赴张止真老伯处,约同往南门香宾晚餐。饭后购办零星物品。十时陈日新科长来谈关于本市日刊载予函市府聘李君景森事。英领函龙主席质问。此函交外部王特派员办理，所拟办法系解释原函意见。作为报载漏去班洪附近之镇康、耿马及孟定等字，一方由报馆更正错误，一方另换市府原函以备英领之再提质问。予对此事殊为愤恨，中国人之无知识如此可想。李景森君亦到，并命其复函。谈至十二点零始辞去。予又与甥等谈至一点始卧。

十月七日 本拟今日往岗头村扫墓，至十点光晟堂兄尚不见来。十二点偕实若拜候顾仰山先生，告以最近交涉状况。仰山先生亦为之不值，勉以丈夫做事，必先有以磨练之。对于测量事，以为仪器不能不带，李某如此，须设法带去。予亦为此极忧虑。约谈一小时。又约守愚同往大西门荃麻巷访王云九（鹤□）大队长，谈调周振康事。彼意现在军队中极严密，此事须得总指挥之许可。彼个人实不能为力，暗中设法，将来结果于双方均不好。无结果而出。又访陈一得先生亦外出。又访秦老师，允借沈祖滋编案事篇，为以前陈小圃先生参石鸿韶时所察之陈案，但关于界务一端为多。因时间已迟未觅出。五点始分手，即赴公园内共和春应殷氏三弟兄之宴。洪梦麟兄亦在座。八时宴毕返寓。实若、景森均来。谈购骡子事，已觅得三匹，并约马主来当面谈，决定明日午后三点看骡定价。一点卧。三点始入睡乡。今日天气又较热。天晴。

八日(月) 今日天气亦闷，午间阵雨即晴。

昨日接李君自永昌来猷电一件。分两点：(1) 述边地不清，须有兵保护。(2) 测量绝对办不到。自得此电后，心中悲愤万分，想种种方面均不能解决。午间特访王特派员请彼设法。彼代说出若勉强携去，所应顾虑者三：(1) 仪器一路不能保险，恐有损坏，反负责任。(2) 带到后，彼与沈技士系一鼻孔出气，可以说仪器不能用，则亦不能测。(3) 彼不等候先走，则带去反受累。似此情形予实无把握。以其居心如此，万难挽回。若当时决定，应将测量费共同负担，则较有办法。今彼为(1) 省钱，(2) 省时间，(3) 省力气，照来电已不顾一切矣。

王特派员又将外部来电(寅)交予,说李某电部说日内即起行,问予何以不与彼商洽,免两岐。予为此事亦为不安。予与彼谈此事所受之苦痛,实所难堪。谈至结果,万虑涌于脑,排挞不开。对于仪器天文测量,遂决定放弃矣。二点始辞出,赴市府访陆市长未在,由李参事代见。告以市政日刊所登新闻一则之反响极坏,请彼查讯,并交彼启事一则更正,以免英人之误会。又转赴日报公会请转知各报,关于此类新闻请不能登载。返寓约石庵姊丈、王甫之、李景森同往顺城街长顺祥看骡子。外观身丈较小,还价一千六百元不售,后由李景森与王玺再谈。夜晚回信二千零八十元价,先付定金二百元。

夜与实若商量拟呈外部电文,十一时实若始去。一点半钟卧。

精神之痛苦极大。上午曾访蒋子□兄。谈彼之为县长,至此已无可忍,今日坚辞,并在罗锦堂府早餐。

九日 早饭后往制革厂,请学庵姊丈往大东门外珠玑街选马,购得驮骡两匹,一价为630元,一价为530元。后见永善一青年学生(邓姓)拉一黑马出售,气宇轩昂,索价一千元。予与学庵皆喜欢。先还价四百元,因知其为一年轻学子,系自家中来省读书,特携此马来,原系代人购者,今须还账,其人一时无款,只得出售云。予听其言,知其为有为青年,增价至六百元,彼尚不肯售,予怂恿之,似仍不能。予因疲倦即进城,交托王玺及李景森君二人磋磨,最后以六百卅元购得。三点在马市口南京理发店剪发。归后略休息,即赴正风餐馆应李默陶(景泰)兄之邀。客人十,有其同乡及特派员署陈、何等三科长。吃葡萄酒,所饮特多。大家欢畅至八点半而别。偕陈日新科长来谈,实若及梅轩亦来。留梅轩多坐,讯其在边地卫生情形,因梅轩亦曾到香橼一地约一年,知边情较熟,并允借手枪一支,十一时始辞去。夜间所感,至二时始卧。是日天晴略热。

十日 九点零起。王玺、李景森等来,将购马款九百元付与王君。十二时守愚来,偕访实若。彼已出,又返寓。二时偕往访杨静涵先生，闻赴巫家坝[①]参与阅兵未在。又访陈一得先生亦未在。甚疲。守愚等吃晌午，予腹略痛，而不思食，遂不敢多食。此由于晨间起后六堂兄来谈家中琐事，使人极感不快，饮食大不舒适。四点偕实若等三人往蒸肉馆便饭。饭后访廖品卓大哥，谈自华宁归来一月未见面之苦衷。谈后即赴实若处休息。偕出取簿子二本（一元五角）即归。抄录电报（灰电）呈复外部，告以行前与李君商量结果，测量已无法挽回。并告以约会李君事，恐系李君别具心思，始有此与部不相符之话云。共三百十五字。又贴三月来之中央电文，恐遗失难查案。又托付夔甥骏甥等代购办物品。夜两点零始卧。整理案上积物，及誊账日记。天气晴，中午微热。

十一日　民政厅丁厅长复函一件，谓对于西上沿途保护事，已通令各县长官代办。又接陈策侄南京来信，谓家中内人患病，承张校长代延医诊愈，望去函感谢。此事已办。策侄如此殊属难得。又接大理陈、吴二君来电托陈廷壁委员代问起程日期。已复电准于十五日动身矣。午间访袁代教厅长，将电文与其看，并请其代探上主席函，究如何答复事。便访周惺老未遇。访王特派员，略谈即辞出。李松如代拟赴鸡山路线，告以若去，可借宿于其家中。盛情可感。偕实若往沐浴。夜间谈天并与子麒甥计划行装及行期。段丕昌[②]表弟到差，言明按月照送薪滇票二百元。此事于彼甚得助，亦可以慰段姑父母二老矣。天晴。午后甚倦。

十二日　天晴，无云，中午略暖。往访周惺老，告以最近中央电令前往情形，但久候拜望龙主席，均未得回信。至于测量事，李元凯

---

① 巫家坝，位于昆明东南郊，清光绪时辟为练兵场，建有兵营。辛亥革命元年，云南都督蔡锷在此发动“重九起义”，推翻了云南的清政权。1922 年，云南督军唐继尧把兵营改建成飞机场，并成立航空学校，招收飞行员，建立了云南的第一支空军。二战时巫家坝机场成为飞虎队的主要基地。

② 段丕昌，字质斋，赴滇缅边界调查随队办事员。

既固执成见如此，实无法挽回，只得向各方表示自己态度，并向中央报告而已。李沛群兄来谈，并请其代向赵澄甫秘书处探听消息。谓予所递上之函至今未曾呈与龙主席阅。约定明日下午四点半钟到农校演讲，并来一请帖。约与赵秘书会晤。

下午极疲倦略睡。晚间守愚、实若、陈科长等来闲谈。与子麒甥斟酌此行预算。又续拟上外交部文。

十三日　竟日未出门，略看档案。午后四点往双塔寺农业学校演讲，题为东北问题与世界第二次大战，予分七段解说，最后勉励学生应设法挽救，死里求生。经李沛群校长介绍，予即从容上台，口讲指画，约一小时许始毕，殊受学生欢迎，听众不倦。随到沛群府便餐。李、王、庄、罗、秦、中华书局赵君皆在座。七时偕沛群往介绍拜访赵澄甫秘书谈请其代为帮忙事，代向龙主席定日期接见。略坐即辞去。又偕守愚、实若往庄家绸缎店接洽绸缎事。又访徐建业未在。归后拟电文。至二时卧。夜中天变有雨。

十四日(日)　九时起，十二点实若来，一点[偕]守愚往访李松如先生未在。又往访丁士源学兄，亦外出。即赴中华书局结算所取货物。三点返寓。五时又赴中华书局应赵子仪经理之邀于南门香宾。八点半往公园观京剧。十时因心上有事即返寓。十妹婿来约明日早餐。夜间拟稿至一点始卧。

十五日(月)　今日天变忽小雨。本定今日欲谒龙主席，不知能办到否。但候至午后五时尚未见来通知，则今日又无望矣。

早间赴十妹婿之约，十二点返寓。段表弟来，知所购马无法售出，有一病骡，更将垂毙，此亦无经验中之最大损失。晚间实若、守愚、崔萍村先生来谈，九点萍村先生即去。随磋商用马夫问题，决另换二人。又略整理行李。十一点实若等去。一点整理呈文始睡，但夜间湿度加大，天无晴之望。

十六日(阴历重九)　天阴，不时下小雨，温度降低而寒，市中见有女性已着长毛西统者，云南气候如此，亦殊致云。晨间因欲按时记录起床较早，将日记记后即函致竺藕舫[1]师，将来滇情形详告知，共十二页，写了两小时以上始完。午后两点实若始来，将呈部文交其代为斟酌。因他们都认为文中对于李君之话语过于露骨了。午后命随行往共和春订房间，谓无客位，今日已包满，无法，命转至城内海棠春订。是晚所约同行诸人均到。并约守愚、实若作陪，子麒甥亦同去，因彼等均帮忙不少。晚餐后又约往观电影，阮玲玉主演之《小玩意》，宣传工人阶级之苦况，并宣传玩具之重要，国产玩具公司已组织成功。其意含爱国观念。九点返寓。段表弟年轻大意，对于事物仍多不可靠。今日省府仍无复信，心甚焦灼，闷极。临睡前卜一课，中下，上上，上上，似乎顺利。一点半始卧。

十七日 天阴仍寒，予候拜见龙主席于今已两周矣，杳无音讯。久欲使人难忍。八点半即起，午访王特派员，因赴海源寺陪宴外宾未在。与陈科长略谈即辞出。返寓殊纳闷。对于事物方面加以纠正。段表弟年轻难信。疲极小睡一时。晚餐后本欲往观剧，因临时有客串，故客座已满。守愚、实若先后来，遂商办法，并上部呈文。十点三、六、十三堂兄等来坐，命人往购夜点心来，招待略谈即去。

十八日 为会龙主席事，已候二周未得要领。又不能不准备起程，故上午命将所携行李估称重若干斤，计重约五百斤。饭后即往访财政厅厅长，未到厅。会刘纯五先生，将汇款办法告之。彼云须将用款地点决定后仍望做一公函来，次日面定。于是辞出。又赴王特派员处，告以今日午后二时赵秘书来转达龙主席意旨，谓主席已见呈函，不见亦可，并且无话可说，至于各县，已电令保护矣。予向之索取印电纸及护照，彼已允代办，于日内送来。王特派员对予言及既如此亦不必谒龙主席请示。故已决定于二十日出发。又往告实若准定行

---

① 竺可桢(1890—1974)，又名绍荣，字藕舫，浙江绍兴人，曾任南京高等师范学校文史地部地理系主任，浙江大学校长，中央研究院气象研究所所长，当代著名地理学家、气象学家和教育家，中国近代地理学的奠基人。

期事。偕往访梅轩，同出外香宾晚餐。即访徐梦麟兄。返寓后又整理行装。拟稿财[政]厅及部电、李君电、上部呈文。谈至二时始卧。

十九日 向各厅辞行，惟民[政]厅丁厅长在，谈话时间较长。

向财政厅拨兑滇票新币三千六百元(合旧币一万八千元)，分由大理、永昌、腾冲、镇康、澜沧、普洱等六县分兑。此款系刘纯武兄向财[政]厅长说明，得允许即缴交于库藏科。说明次日发给印证。明日先行起程，须预备。子麒约守愚、实若等来为予践行。是夜预备一切。至三点始卧。

二十日 八时起身，外间佣人等已纷乱预备。予所盛衣物之两箱挑夫嫌重不能担，只得将衣物减除，零星物品则交与轿夫。九点半始出动，予送出小西门汽车站。予因今日病体不支，入城往绍辛四哥处看病。彼将泻药及退热药给予即返寓。小卧休养。二点半始醒。托三姨丈赴财[政]厅往取拨兑收据，因须手续太多，只得折回。服泻药后泄三次。七时仍似疲倦，呼呼欲睡。任竹江、守愚、实若来谈一刻即去。后陈科长又来，探问何日起程，以便报部。予告以电部系皓日出发。索编撰图以一份交彼携出。夜间十一时即睡。

廿一日 昨夜睡眠尚足，故起后精神佳，吃米浆一碗，包子一个。偕沛群、实若往访杨静涵及王启周。晚间启周、沛群、守愚、实若均来谈至十点始去。

天阴不寒。

廿二日 上午往请绍辛四姻兄续诊，谓寒已除，惟胃中有余病。今日精神反差。小腹下脱难受。早饭后小睡，三点起仍倦。服苏打明片略舒，但仍打嗝不止。晚饭后略好。决[定]于次日起身。至省府之护照及印电纸托由李沛群兄代索。夜间守愚等七人来谈，十时辞去，即收拾行李，约二点始卧。

廿三日(火)阴历九月十六日 晨七时起，吃饭。八点即赴小南门外汽车总站搭建[设]厅公车起行。沿途经安宁即到禄丰。已午后二时矣。

乘滑竿(价二元)至县城。因支路被洪水冲毁,行人渡水不便,须乘轿或人背始得过。即径赴县署访李县[长]寓县署中,相握甚欢。百陶兄竭诚招待,情意甚殷。本县户口六千,城内人烟约六七百户。闹街有一条北辰街及南门外一带。坝子并不见宽敞。夜间略收拾行李。十一时卧。

廿四日 早晨五时永康侄即来唤起,天色微明,即起来预备,收拾毕已六点,天渐明矣。七时早餐。为百陶小孩及家人合摄一影。随即偕百陶出西门外,至星宿桥上看全县景物。晨曦初上,空气新洁,精神甚畅快。桥跨于星宿河上,故名,为道光时建,阮云台书。两头建坊,一为石,一为木质,皆伟志。桥长一百五十步,宽十三步,共七孔,皆以巨石镶造,亦滇中钜工也。据百陶云:相传明王又山,浙江人,随建文帝来云南,特看地脉至此。羡慕邑之东方五台山形如莲花,即葬于该处,饶风水之胜。有青莲寺位于上,其下为其墓,即号青莲主人。星宿江形似之字,盘绕于邑境,为全境水利所系,在西山巅俯视,弘形如旋蛇状,迤逦清晰,首尾可辨。

登山十里至净莲寺,为一休憩佳地。外层恐系被匪毁弃,中层为五楼五楹,颇高大。后为大殿。两廊有厢房。测得高度为1620公尺,高于县城220公尺矣。县城为1440公尺,较昆明低四百余公尺,故该处较省气候为暖。再行,概为山岭,谷地曲折,经行不绝,似皆高不可攀。路亦崎岖难行。因原来路基已坏,恐年[久]未修始如此。行二十里,至大慈寺。测得高度1870公尺,更为高矣。该处寺已坏,仅草屋数间,供来往行客于此休息饮茶而已。再行十五里为响水关,至此为至舍子之中途。因山箐水声甚响,终年水不断而得名。从前民十五六年,土匪窝藏于此及附近一带,路上行人绝迹。近年来筑有兵舍,为盐务队所驻,得以镇守,故行人始得安然放过。又行约五里至新铺,草屋两三家,一年内始迁来者。田中亦植有稻。由此再行廿五里,即至大舍。测得高度为1925公尺,又较省城为高。下瞰山麓,舍子房屋,隐隐可现。昔有茶舍,今亦荒残矣。行人至此息足。自此至舍子十五里，虽近而山路更险陡，步行艰难。予不敢乘轿，下来步行。似此等路据行人谈，为往迤西下关间之一最苦站，伕马俱难行。下午四点钟，即到舍子。舍子为一小镇，因来往迤西所必经，故为要站。住民约百余家，约略可数。有肆街一条，今日为街期，赶集者极挤。予借宿于公路处，尚清净。此亦李颂鲁先生之故也，否则宿处难觅。测得高度为1630公尺。在一狭长小盆地中，仅及禄丰县平原之三分一。

予肝门烧痛，大便不通，请寿增代置药品。

[路程]：禄丰县城……10……净莲寺……20……大慈寺……15……响水关……5……新铺……10……大舍……30……舍子镇

廿五日(金) 八时起行。六点即起床整理行李，诸事毕已，天大明七时矣。李颂鲁兄来谈，约过隔壁早餐，顺便谈到此次前往，对于测量失败之经过殊为可恨云。颂鲁兄亦极表同情。即将路工处所存之平板经纬仪愿借去用。局部测量颇精确。随召王测量员来观，问其能用此项仪器否，彼云能用，并将应用书籍英文本二册同借用。此事可见人同此心，心同此理，凡有学识眼光者，无一人不承认此行测量之重要云。饭后即起身，颂鲁及该处处长皆送至外面，情意可感。颂鲁为土木工程专家，数年来专重精力于桑梓迤西路政。今日云南公路得有此成绩，李君之功特多。论李君学力及经验，不独吾滇省之人材，亦国内有数之专家也。离舍子镇不远约五里，即循西面山谷中行，渐次登山。至山顶为勒马关(高度1780公尺)，建有关圣宫一院，香火甚盛。匾对悬满，一般人因其多，传说数不尽。关距舍子约十里，位其东北隅。此处为往广通阿陋井及……之分路。

再行十里至黑苴，为一小镇，住民约百户左右。茶肆有数家。附近为一直径约二里之小小平野，故村落约略可数。再上山行十里，系一陡坡。过此坡即至蒙七铺，此距舍子卅里，为今日一半站，有小街道一条，店户廿余家。高度测得1770公尺。此卅里路约行两小时半。

再行十五里，至背阴寺，概为山路，至此为下坡路，十五里即可到广通县城。寺已毁，仅破屋两三家。因山径崎岖，素为匪出没处，现驻有广通县保卫队廿名以资保护。然就外表观来，队兵已有三名架眼镜，其恶习由此亦可想见矣。该地测得高度为1980公尺。下山路坎坡极大，人马难行。予上下山皆步行。不过其坡度较舍子者为缓矣。午后两点半即到广通县城，宿于义和栈，局促暂宿也。实则城内应以广兴栈较整洁。

三点半晚餐。予五时即携望远镜至西门外远眺。遂见山中一寺，隐约可见。以镜观之，山中林木葱郁。寺甚高朗。据邑人告以此山名重台山，寺为吉兆庵，庵有三进，最后为玉皇阁最高，乃本邑之胜境，距城七八里。广通城周约四里，围以土墙，已多圮处。人口约三百余户。学校除小学数所外，尚有乡村师范学校一所，学生约四十人。城门有四，北门沿习不开，东西门外沿河，各有桥一座。东门外桥上生二槐树，系□造，根由石桥中层生根，而发育向两旁，且极茂盛。邑中之特点。西门外桥名濯缨桥。桥隅有碑刻，有杨升庵旧作，已蚀削不清。城之北面靠山。街道只有东门至西门之一条为热闹，但就以茶馆马店旅店为多。大街上有伯特来布道处传教机关一处。外人之足迹，不可谓不广矣。

途程经过：舍子……10……勒马关……5……黑苴……15……蒙七铺……15……背阴寺……15……广通（县城高约1600公尺）

廿六日（土） 昨夜蚊虫甚多，不能眠，移睡于行军床上，久久始朦胧睡去。夜半两点又醒，又睡。五点即起，天尚昏暗。一切收拾毕，吃晨饭。等待护送团兵，无法，约七时只得先行。离城出西门不数里即登山。山径虽陡，不似舍子之险。循山中土路另登一小山头，称曰回蹬关，与东部之勒马关遥相对峙也。关距县城十五里，高1920公尺，有□楼一座，上部为土墙，已被风雨所吹蚀，下层为石脚，高约一丈，甚坚固。相似者在其西面山上有一座，今皆闲置不用。此一带山上，草木丛生，最易藏匪。闻团兵云，三月前就有散匪数人伏此劫杀路人，官府无法应付，仅将山上松木砍伐一部，以便观察匪踪。且回蹬岭附近最近每日均有民团数人守于路口，以保护客商。然行人稀少，犹有见财起意之辈出现。然广通全县地面多山而平地少。人口约六七千户，以直径不满三四里之面积，分配当然不够。据朱县长对予言，人民性懒，耕又不力，故生产有限，地瘠民苦，良有以也。再由回蹬关前行十里，即到石涧铺，已入平地。外观似地方尚丰，不似附[近]县城之情况者。再过一里为将军桥，即为广通与楚雄分界线。

再行十里到腰站，言其为两县之中站也。实际地名凌虚镇（高度1670公尺），有街一条，铺户四五十家，来往人午餐休息之地。饮食茶馆店甚多，零食摊亦极热闹，生意颇盛。由广通至此，路已无绝径，已渐坦平。故虽为卅五里，实则行程较快矣。午后十二点半自腰站起身，即命团兵回广通销差。因以后路平，无风声鹤唳之刺激与担心，即无须乎护送。二点至老君铺，已行十七里。此地为赴各地之分点，然仅有茶馆一家，迤西公路亦自此相交。午后三点始到县城，寓西门内味耕园。每人宿食，不分等级，一律滇票二元，其生活之优裕可想。

总之，广通与楚雄，在外观之，有天然之别。土地之肥瘠，一见显明。人民之忧乐，亦判然各别。且乡间建筑，亦整齐参差不同。山河风景，触处使人感慨系之。

上午九点，天忽变寒而雨。幸为时甚[短]暂，否则行路难矣。午后又转晴。明日决留楚雄休养一日。

路程：广通县城……15……回蹬关……10……石涧铺……将军庙……10……腰站……17……老君铺……18……楚雄县

廿七日 今日停留楚雄休息一日。八点始起床。早饭后往访马县长，知系马伯安①先生六弟，季勉之老兄。谈来极为亲洽，且同系

① 马骢（1896—1961），字伯安，回族，云南昆明人，护国运动将领，曾任云南省军政厅、财政厅厅长，云南回教俱进会领导人，爱国民主人士。

昆明籍，更为相得。因季勉兄系好友，当然以兄礼事之。谈季勉所托之事，未得在省面达，极为抱歉。又谈到鞠老表事，因为地方款项手续不清，致系县府囹圄，此由于其因循之故，请其缓办准予请保速了。马县长谓此事非出于本心，实因缴款不清，又牵延时日不能不如此做。所以警其他效尤者，不久当有办法。予本不愿代人说情，因系至亲，不能不破例说情。加之其七十老母，又来叙苦，更使人难于为情。鞠府送来糖果一包，予未预备礼物，仅以火腿罐头二盒送之，籍表薄意。

午间偕用之、濬甫、质斋三人往游云泉寺及其旁之西山公园。云泉寺供佛释道三圣，房屋已多陈旧。西山公园为旧寺所改建，尚新洁整齐。乃旧县长周继武所兴创，为邑人游憩之所。下山顺便购得布鞋一双，供步行之用，价为六元。又偕李君景森往参观楚雄省立中学。校址在城内南部，占地面积甚广。该校初创才两年余。校舍系龙泉书院旧址，原设有县立中学，今改设归省办。现有初中五班，高中二班，学生共三百余人。尚纯诚用功。校长孟立人君，东大毕业，成绩优良，故特委办此校。教职员十八人，精神尚难得。洗衣及修路皆学生自动，此亦学生劳作之表示。民[国]十八年(1929)，在福建从事军队工作之毕，项得君及邓永龄君皆在该校任教。邓君未会见，殊一憾事。便参观该校图书仪器设备。以两年之历史而有此成绩，亦颇难得云。四点回旅馆，马县长亲来访坐，后又命人来请晚餐。沛群舅父赵少鹤先生又送菜来，予心实不敢当，无法收下。晚即赴县署应马县长热情之招饮，在座有科长、收发及公路处主任、徐团长，及查案之周委员等数人。便中谈及此次测量事，无人不大不满意，为之怨恨。六点辞谢回寓。孟校长及毕君皆来闲谈。约半时即去。

鞠府老太太来送糖一包。予以老年人数次来，不能不往答拜并安慰之。

是日天晴。测得楚雄城内高度为1720公尺。夜间拟发大理陈、吴二君电，告以明日起行，免彼等忧虑。

廿八日(日) 晨七点半自楚雄城味根园出发，马县长派团兵六人护送。天气晴,已出太阳,四山雾气笼罩,气温微寒,路平坦,出发即乘轿。行五里至金蝉寺,附近村庄数家,即在此上滇西公路,西行。[路]极为平整,路工正装修木桥。又行十里至三村略休息。所谓三村者即东村、上村、下村三部之合称,人烟稀少,此为小丘陵所环抱之冲积地,或称曰扇形地。此地高度为1720公尺。向西皆丘陵地带,起伏不大。约十五里即至大石铺,为楚雄城至吕合之一半路。为时尚早,才九点半钟耳。路两旁有店肆廿余家,有茶馆数家,来往客商休息地。再行十五里到清源哨。哨与大石铺人家相当。亦休息一刻,仍前行。约十五里即抵吕合镇。住张姓所开之福来客店,尚宽静,予住后面房内。店主因李景森君之关系,殷勤招待,并送鸡一只,晚餐颇可口。

饭后出外散步,览附近山景。四山草木青葱,并不觉枯燥。且有河流自东来,流向北去而往县城北。河身甚宽,夏季水盛涨,故水利不差,民尚小康,不患衣食。

吕合镇大街成南北向,铺户两旁约百家左右,街道亦整齐。以开设马店者最多,不下二三十家。街北头建有吕祖阁,有三层阁楼,今为初级小学校及区公所公安局等所在。据碑文则此阁为一镇名胜,系吕祖度张王二仙之古迹。附近名胜,东南五里有新鲜寺,又十里有大成寺,西南五里有天成庵,皆别有风景。镇南土丘上设有高级小学一所。盖楚雄县境,亦可谓滇中教育发达之地也。

本日路程:楚雄城……5……金蝉寺……10……三村……15……大石铺……15……清源哨……15……吕合

廿九日(月) 晨七点廿分起行,雾气甚重。出镇步行数里,始上轿。实则予于五点零即起床矣。雾约一小时后天晴日出始散。行一点半至张家湾,系行过一山坳,又登一丘陵,绕至汽车路即抵张家湾,已行十八里矣。山岗在其南面环绕,尚远甚。测得高1790公尺。适值赶修公路,自此下岗又上坡行。循公路至镇南县城,城垣尚高,入南门即为大街,县署在中段已破旧,即在县署牌坊下菜馆午点。十点到,十一点半即起身。测得县城高度为1770公尺。又行十五里至水塘铺,只距沙桥十五里矣。村为旧大路所经,来往休息地,今汽车道即筑于村后。户口廿余家。有小学一校。村系位于谷地,高 1840 公尺。又行十五里,已入山岗地带,公路正修,极为难行。午后三时即到沙桥镇。沙桥铺户较多,约多吕合两倍以上,惟街道之整洁,则不及吕合。此亦可以观两县生产之肥瘠也。是日为街期,赶集者甚众,驮马及人,殊为拥挤。街东西向,长里许,西部靠山岳。

今晚旅店人满为患,故借宿于沙桥镇公所。饭由旅店代做,菜则以自带之火腿罐头及咸菜佐餐。六时往拜候沛群老母及其舅,遂归,早睡,备明日早起。

[本日途程]:吕合……18……张家湾……7……镇南……15……水塘铺……15……沙桥镇

卅日(火) 今日路为下关昆明间最长之一段,故特别提早起身。予四点半唤永康侄起,预备洗面水及早餐。时月色正明,予亦随之起,整理一切。晨餐后天始明,即出发,向西面山岗行。约半小时抵山麓。随山谷转折,循新辟公路,抵新铺,有人家十数户,概居山麓。计已行二十里矣。至小孤山处转上坡。小孤山有一村落,人家不多。由此已入山僻径,距新铺五里。自此由山坳曲折以登,到山坡上,有店十余家,来往休憩于此。距小孤山五里,再上越一山岗,其下坡处为左里铺,可以饮茶,店户十数家。测高 2140 公尺。有小学校一所,因农忙放假。继续攀登,坡度虽不陡而长,真所谓羊肠鸟道。谷道排列之山,皆草木茂盛,转折又多,有十数步外即不能见前后。加之枝叶遮道,游匪潜踪于此,极易发生危险。因彼暗客明,彼守客行,万难提防。故自来号称匪区,旅客视为畏途,非结伴不敢行。迟迟复迟迟,行行重行行,终达岭巅鹦鹉关。关当三支山脉之总合点,分谷为三,为交叉形。西支山谷为往普棚路,东南支山谷为往沙桥路所经,为关之主干。北支山谷斜出,无路可行。西支北支之山较此关为高,约高过三四十公尺。予等于上午十点半到。五十里路仅走四点半钟,亦云速矣。客人特多,极为拥挤,予等待马驮到即行继续前往,已钟下十一点半矣。此后为下山路,路行略易,然精神较之上午则差。行十里抵天生塘,察之无塘而徒有其名。住户十余,为山民,瓦屋两间以泥土房。由此又上一岭,称七里坡,言其长度有七里也。坡头高2335公尺,与鹦鹉关前后相望,而高度亦约略相等。然在此两高点间,一上一下,亦极行路之苦。自此下岗,行二十里,至大哨。破屋三四家,售茶兼售零食。然至此者亦少饮茶云。测得高度为2200公尺,此一段山岭蟠结甚大,在大哨坡底高为2160公尺,再至谷底又测得高为2025公尺。似此高度虽似不显大,而坡则极长,由坡头至此已十里矣。自此下至坡底为普昌河。附近村庄零落,然外观屋宇尚整洁。河流由南折东再向西流去,现在秋季山水本已渐枯,若在夏季,恐溪涧水常患满也。河上跨一石桥,工尚坚久。桥北有关灵庙,庙甚完好如新建。由此向西,西上冈峦,距普棚仅十五里矣。至冈顶,望四点,焦土色红黄,露表面。似附近山岳,因系沙岩,大部受风雨之侵蚀作用甚大,故山岭除有矮树布置外,皆显被雨水冲刷以去矣。由此眼界渐开展。李君濬甫指西面之高山告曰,最远最高色青者为点苍山,为之神往。自此渐下坡,至谷底即为普棚。普棚为姚安一大镇,原为县佐[①]地,今废。有街一条,约半里。住民尚密,约二三百家。有镇公所及两级小学,设于镇南寺院内。闻尚有公安局。街内店户虽多,然不遇街期,则甚冷落。镇形长,为西北东南向。西北高而东南低,故成一坡形。马店极多,盖供迤西马帮之过路歇宿也。

闻迤西以普棚轿夫善走,今至此地,始证明环境之影响于人甚大。普棚附近皆山,惟山谷中有田地可耕。设生此之人不能行跑,如何以应付此环境矣。

予对于旅行经验较丰,尤对于陆地旅行,更知所修养。夜早眠,而晨早兴即起,预备起身,宁早起早行早达目的地,予心始安矣。故

① 县佐,官名,清朝和民国初年设置,为县知事的佐理,设于县内要地,掌管县知事委办的各项事务。

每日每晚均告佣人注意。然言之再三，佣人殊漠然视之，此亦不谙旅中之生活耳。

本日途程：沙桥……20……新铺……5……小孤山……5……大佛寺……10……左里铺……10……鹦鹉关……10……天生塘……5……七里坡……5……大哨……10……普昌河……15……普棚

卅一日（水） 今日七点一刻始自普棚出发。予五点半起，六点零催王君速看气象。自普棚普西顺山麓行半里登山岗。小路较近，然登山稍陡。故怕上山者，则稍绕大路略平坦。廿五分钟即达巅，路即平，成为高地。抵距普十里之关圣宫，门扃闭，似无人居。离此不远西行即接汽车公路。测得高2100公尺。再行五里，至小铺子。系新建之铺户三楹，及旧屋一小间而已。测高2150公尺。抵水塘铺，又已行十五里矣。附近住户约十家左右。此一带皆行汽车路极平坦。自此行不久，转西北登山槽路，起伏高下难行。至岗顶转南，过一窄路，多矮树荫蔽，即至安南关。关址虽在，而关口则已陈毁，仅有住户五六家，售茶与米饭及饵块耳。高度2220公尺。此地登临可远眺云南驿平原东部，并可远眺鸡山①。以望远镜窥之，隐约可见最高峰之塔及山中寺宇。予在省时曾请李松如先生作书于其家，拟借宿于大波那村，次日赴宾川，再登鸡山作竟日云游。今日已问明，可自安南关下落马箐即至该处，不过四十里。然以事务如此迫切，偕行人员又多，予实不放心而去，故鸡山云游，待之来日。许念在此，将来终有一日饱游鸡山。且以为时间甚短，心绪又不闲，虽去亦不过走马观花而已。惟松如先生之盛意，则未免拂之矣。

安南关以下，路渐低下，然尚平静，微有一两处坎坑较大。大部

---

① 鸡山，即鸡足山，一名九曲山，又名九重崖，其山宛若鸡足之形而得名。鸡足山位于云南省大理州宾川县西北隅，海拔3240米，共有奇山40座、险峰13座，崖壁34座，幽洞45个，溪泉百余处，庙宇古建筑群遍布危山峡谷中，是享誉南亚、东南亚的佛教圣地，中国十大著名佛教名山之一。

皆在山脊上行。迂回行十里，始下坡而沐滂镇已在目前。下坡路甚峻，乘骑均不易，故下轿下坡，反觉轻便。于十二点一刻抵此。距安南关20里，高为1910公尺。镇在平原之南山坡脚，镇有三四十家住户。自普棚至此共行五小时。用午点后（吃饵块），即循公路自南向北行。为数日来最平整之路，因系云南驿[①]平原故也。

十五里抵云南驿。驿位于北山坡脚，有街一条较长，约半里，成南北向。店铺众多，马店林立，人家约三百余户，极稠密。有公安局，两级小学校，公路处众车等。北山顶有白马庙，殿宇两进，已朽毁。外有戏台。云南驿各处皆瓦屋，茅屋几不之见。外观似甚整比，但内容则甚不洁。此吾国遍处皆然，只顾外表，不讲内容。云南驿测得高度为1915公尺。

云南驿平原面积次于昆明。南北约宽十五里，东西约长倍之。惟自高处观之，无一河流。北部尚有水塘点缀于其间，东部则少。形势极为平整。四周土山环绕，似一侵蚀盆地，而不类冲积盆地。据云土壤本不肥，尤极缺水。此祥云县拥有此平原，觉仍枯燥不肥。惟其间村落星布，且聚族而居，村落皆甚大。公路贯穿南北，经平原上约廿里，略偏于西部。公路之西筑有一大飞机场，占地殊广而平，约二百余亩，可以容飞机百架。因土地面积丝毫无障碍，对于飞机之起降，尤为便利，亦云南西部空军之良好飞行场。惜目前仅一广场，尚无设备云。闻楚雄北有一机场，惜未得往参观。

云南驿四周之山，已大部侵蚀，多为土质。较之远山，不啻培嵝，实表示地形之衰老矣。

---

① 云南驿是我国古代西南丝绸之路的重要驿站，位于云南省大理州祥云县，西汉时在此设置了云南县，蜀汉时置云南郡，唐时置西宗州与宗居县，元时置云南州，治理机构均设在云南驿。明朝时云南县治由云南驿迁往洱海卫城南，另筑新城于今祥云县城，结束了云南驿从西汉至明初近1500年间作为行政管理机构县、郡、州所在地的历史。

普棚镇今日派护路团兵六名，较昨日减两名。闻以后之路，匪风较减。

予等所宿马店极不洁，人马猪同在一处，秽气熏鼻。本欲借公路处一宿，以处长不在为推辞，是亦可见旅途之困难。

本日途程：普棚……10……关圣宫……5……小铺子……10……水塘铺……5……安南关……20……沐滂镇……15……云南驿

十一月一日(木) 今日路程略远，故晨七时欠一刻即出发。街上店户尚未开启。出驿上汽车路而行。不久过一村绕山坳而行，至火烧桥已十里矣。略休息，附近有村庄，以后概循车路，全系平路。又十里即至晒经坡。前为者海营，系山中一小湖。在坡东看，为坡所遮，只能见湖之一面。湖中有渔舟，甚小，只能乘两人。鱼以青鱼、鲤鱼、细壳鱼为多。祥云县在过去以鱼肠著，即产于此湖中者。湖面成东北对西南为长形，所谓腰子形者。闻冬春水枯时即干涸，且除产鱼外，对于农田水利无裨益。因其所在甚低，不能车水于田也。晒经坡之石崖上，纹路显文字形，相传昔唐僧取经过此海，遇风经典尽湿，遂在此坡晒经，印出字迹亦于坡上故名。湖之西为祥云县城。予等循南山麓而行，即至清华洞。洞距县城南五六里远。是日苏县长特率其夫人等来此欢迎。因苏为剑川人，为周惺老之侄婿，乃李沛群之儿女亲家。沛群母及其舅同来，顺道尽地主之谊。特制荤菜酒肉，并煮饵丝饷客，情意甚殷。便偕游清华洞，并合摄一影以留纪念。洞为石灰岩所成，侵蚀甚深，其深不可测。据苏县长谈，曾偕小学生旅行至此，提汽灯一盏入洞，约行二里尚未止。因内中光线及空气不足，人数又多，遂折回。洞上刻石者约略十数方可见。洞前有一小塘水，色混浊。相传唐僧至此，孙行者以棍搅过，故至今塘水不清，所以传会太甚耳。

留清华洞时间稍长，故十点到，十一点半始到耳。洞旁年来已新建一阁，凡三层，尚未完工。从前学官过此，例须招待，即在其侧之屋内，今已倾倒矣。此地距云南驿 45 里，约为今日路程之一半。

由清华洞过一岗，即下岭。迂曲至谷底，过大白桥，当两山脉中，甚低。测得高1835公尺，较之清华洞之高1900公尺，已为低降矣。自此处起，上岗下岗，升降亦大。继至李家铺，为一山谷口，有住户七八家，距洞约五里，有售茶者。自此又登一坡，又顺上汽车路行。皆傍山腰。下瞰箐甚深。车路断处，又向对山登陟。循五里坡而上，为祥云县与凤仪之分界处，有巨碑一立于坡头。过此又为下凤仪县平坝之坡路，坡度虽小而长。至谷底即加买铺（近改名为龙仪坡），有住户六七家，茶铺两间，供客人之饮渴。高度为1665公尺。降坡头恐差四百公尺左右。由此向西犹降坡，至平原上为1650公尺耳。坡脚在平原之北端，红崖在南头，迂回行约两小时始到。

红崖为凤仪之一大镇，人家二百余户。街市颇长，约半里。惟全部房屋皆矮小而破旧。附近乡间草屋多瓦屋少，此与祥云县大不同处。夜间晤施县长（鹤庆人）谈到，始知红崖地方，人烟似稠密，土地亦并不为瘠。但十分之七八为弥渡之佃户，故收获上场，即上租与佃主，几成产米而米不足之象。烟捐上纳甚重，全县年约六七万，而以红崖地方所纳最重。今之购田地者，先须问明有烟捐否。若有烟捐，田几无人敢购。因此虽不种烟，而捐不能不付。乃至田已售去，而捐册上之姓名仍在，必须纳捐。因此售儿女以纳捐，拆毁屋梁木售以纳捐者。若迫于不得已，则出于不得已而自尽者，比比皆是。今县署为催纳，尚囚禁之人甚多，六七月竟无款缴。此实云南万年所洗不清之污点。但执政者又何知此中苦况，盖只知敛财，不问其他矣。相与叹息者久之。苏县长人尚豪爽，并欲研佛典。予为此欲结佛缘，允回京后购赠入门经典数种。故谈来情趣尚相投。

夜间因坐谈时久，迟至十时始卧。

本日途程：云南驿……10……火烧桥……10……晒经坡……25……清华洞……5……大白桥……10……李家铺……5……五里坡……10……加买铺……15……红崖

二日（金） 晨四点半起，待至天明即出行。约半里即登坡，约行两小时始达岭巅。岭名定西岭，高度 2200 公尺。有寺曰云涛，面东南而立。三进，第一进为山门，二进供关圣，第三进供弥勒佛。后层两厢皆建楼。寺左侧下有瓦屋一座，约四五楹。附近似有山居之人，以耕牧为生，群羊放于山阿。天忽雨，登陟甚滑，幸未大雨。盖路在两山夹间，渐升渐高。岭甚险要，为历史上有价值可纪者。据门右侧树一碑，高四尺许，宽二尺余。其文镌定西岭三大字于中间，两旁则叙云：

明洪武十四年，征南将军颍川侯傅友德，副将军西平侯沐英，永昌侯蓝玉，率师入滇，梁虏自沉。十五年师至大理，段氏出降，遂平金齿腾冲鹤庆北胜诸路。十六年师旋于白崖，立石纪功，大书曰定西岭。古所称昆弥岭是也。辛亥九日源以末学从同志之后，赖多士之力，定光复之功，会有事西南，率师经此。求三公纪功碑，已不可复得，使我汉业没而不章，心滋惑感。乃复立石志其处。又奉三公栗主于关忠武庙，庶几来者知称名之有自，更千百世不□先烈云。云南光复后四十七日腾越李根源议剑川赵藩书。

由此可知岭之起意矣。寺门左侧亦立一碑，系清乾隆十三年南昌朱凤英所题定西岭咏古诗六首，为七古。门上有木对一对，其辞云：

云白山青真佛地　涛声月影透禅机
邑人尹克宽敬题

自岭向西下行，即入汽车道，较为平整，然间续仅有一段，至大哨止，十五里。哨处仅有住户两三家。再下为中哨，距大哨约一里，住户约十家，可就饮渴。其下为泰国寺，称灵安山，内供关圣及释迦。

再过甚近为小哨，住家约二十家。中途尚有灵宝庙，闻内供张良、韩信。至白马寺下岭已十里，两谷渐开展，山田亦宽而增辟。由白马寺循山麓田间埂上行，即至大香溪村，聚落甚密，村民约三百户。自此至凤仪城约十五里。是时已近十一点，天又骤雨，予取雨衣披行。顾到赶路，不能不下轿以节省轿夫气力。略坐一刻，终步行至凤仪城。城甚矮，绕以土垣，高丈余。自定西岭来入南门。大街仅有一条，是日不遇街期，极形冷落。予等到时为正午，是六十里程，实际行六小时，亦云速也。城附近平原，宽不到五里，只及红崖平坝之六分之一。但四周山峦尚秀，不似祥云之枯燥。测高得1900公尺，较红崖坝为高，低于定西岭三百公尺。红崖高不过1660公尺。

在凤仪县城内用午点。炒菜三盘，用膳足一饱，继行约六七里，经许丹山隐士故里，仅立碑志而无其他遗迹可瞻仰。继至飞来寺，内设小学，距县城七里。此地已可遥见大理城及双塔高峰。再循南山麓行至旧铺，茶店两家，下关已在目中。据云尚有十里，路中多沙砾。至午后四时即抵下关，借宿于腾商洪盛祥堆栈内。屋宇宽广，占地约四亩，两进有正房有耳楼，天井方形，各一百步。此系货栈，始有如此宽大。该号主人董姓，年不过卅左右，然好客而甚谦逊，招待周到。专办批发业，丝茶烟为大宗。对于英印则订有采办石磺之合同，每年所出入货价不在少数，近年已大为减色矣。

到后拍电与实若请电汇款至下关，以备急需。因旅费实超过预算也，并写家信及与李濬庵之函。主人又招待夜点，至十二点始卧。

本日途程：红崖……15……定西岭……15……大哨……1……中哨……4……小哨……5……白马寺……5……大香溪村……15……凤仪城……7……飞来寺……13……旧铺……10……下关

三日(土)　今日在下关休息，八点始起。昨夜睡眠不足，十点早餐，理发，即赴烟酒消费税局取款。办事者均为昆明人，故到后即不成问题。天适小雨，路难行。随访赵少鹤先生及李伯母未遇。返寓写给友人信及家信。午后小睡一时，恢复精神。三点应店主董儒臣先生之邀宴，有其同乡熊、杨二君等在座，菜数尚多，饭后天已黑。永昌祥袁先生及同来之杨先生，消费税张局长（嘉桂子仲山）来坐。谈移时袁、杨二君先走，与张局长谈甚欢。又晤朱耀东先生（履东之弟）并请其帮忙事，人亦爽直。午后三点零大理中学校长李浚[1]（濬庵）派刘君介屏来代表欢迎赴榆。予感其盛意，决于明日上午赴榆游历。

下关位于点苍山之尽头山麓，山脉横扫而去，洱海在其东北，大理在其北，相距卅里，来往甚繁，且汽车路亦已筑将成，实平坦大道。下关为云南之西部商业重心，四川之丝、云南之茶及特货、西藏之物品、英缅之货物，无不辐辏于此。五年前之商业状况甚佳，近年大减色，不及以前三分之一，其衰落可想。闻商会从前有五六十家所组织，今年存者仅二三十家而已。商号以腾、丽、鹤三处人鼎足而立。丽、鹤以康藏商业占势力，腾帮以对缅占势力。货品以黄丝、棉纱、匹头、石磺为大宗。往年特货销数亦颇大，近已一蹶不振。黄丝亦大为减少，只放少数。石磺则为洪盛祥所专利，自有矿区，自行开采，自己谋销路。与英、印订有合同，专供给印度，获利极厚。每年销数即四五千驮。棉纱近因关税修改之故，印纱因税价不能入口，几全数由上海自省城转运而来。

下关人口在关内约近千户，关外约八百余户，总数两千户不到。

四日（日） 上午八时接部电，谓以后呈报部及省府外，不得与任何方面通讯。予殊怀疑，不得其解。起床后交代各人清楚。约十二时起身来大理。至观音堂休息饮茗，觉寺中茶水味极甘，与下关绝不同，是可见下关之饮料极不洁，而大理苍山之水特别新鲜也。出下关循苍山东麓而行。是时天虽微雨，山涧中水声潺湲，极清澈而纯洁。观音堂以后，汽车道已筑成。路两旁砌石为基，中铺以土石，非常平整。闻此段路已接下关商埠，为驻大理之刘旅全旅士兵所筑。此亦

---

① 李浚，字濬庵，云南邓州县人，1928—1937 年任省立大理中学校长，后调任云南永善县县长。

兵工政策之表现，殊为难能可贵。最近凤仪县属二段，将请刘旅代筑，不久俟检阅后即兴工矣。

晚餐即在濬庵兄府中就餐。赵少鹤先生及陈、吴二君皆在座。予与濬庵即畅谈云南前途之危机，及彼此对桑梓之意见主张，皆同认为须从科学研究着手。便告以此事在京时与叔禺等有云南科学研究社之发起，至省后因环境关系，始终未敢谈及，仅与三五友人略提而已。约定以后仍本初衷，切实去做，务须达到目的。至十点消夜点始返大理中学，即宿于濬庵校长室中。

五日 七时即起。为允康侄拍一全身照相。适濬庵由其府来校，谓今晨纪念周请予演讲。予慨允诺尽友人之义务，题仍为东北问题与世界第二次大战，分析解释，最后鼓励青年须努力奋斗，绝不能存消极悲观之思想，并申感谢之意。约讲演两小时之久予并未饮一口茶，故濬庵对予精神，大为感动，对学生特别训勉。随即介绍傅先生相会。傅先生系武高毕业，为川籍，而在滇生长，与濬庵兄先后同学，特聘来担任英语教授及教务事宜，得臂助甚大。随偕濬庵访刘旅长于其私邸，承其接见，谈边地情形。对于土司之感化及主张腾冲应驻兵一团，丽江驻兵一营，以资扶持边地行政，极有见解。又偕赴绥靖处访史主任华三、参谋长、秘书长，谈此行经过，皆对于李元凯认为荒谬云。又访赵钟麒道尹，人尚和蔼可亲，谈班洪矿产事。远因由于[民国]十九年(1930)缪云台之处置失当，派美国工程师卓柏往调查，仅由缅甸往班洪，随即由缅出省。其所上意见，以为无开采之价值，即其地亦应属缅甸。事干边界，妄事定论，影响不小。此其内容必系勾结缅甸工程师伍波澜之故。近因则由于东北丧失，英人观此，始乘机侵入。实则果能于北伐军胜利时即着手经营，先下棋一盘，则当时英人退谦，何致蕴染至今，而引起此恶果云。据其云：

班洪当乾隆时吴尚贤开矿轶闻一则。吴原为石屏之无赖，流徙于边地。一夜，该地土人梦有神人指示，谓明日财神降临该地，此人系肩扛旗者。次日土人互相惊异，以为财神降临，必须守候。但来往人甚多，无所识别。吴尚贤适来，着长衫，须渡一溪，尚不浅。吴睹溪须没膝始可过，不得已，脱去长衫，以竿卷挑于肩上而过。土人见状，暗中以为此人即系梦中所谓神人相符，共捉之归。用人服侍照应，异常周密。饮食供奉，极为恭谨。吴欲逃不能。土人防范甚严。问以财神何发财，吴既无学术，茫然不知所对，又不知如何以应付，无何。一日，吴出外小便，随侍者仍追随左右。小便时又请求其如何发财。吴愤极而言曰，我的生殖器即发财矣。土人误会，以为即其所小解处为发财地，乃掘土开坑，果然即得银矿。由是银厂大发，而吴亦因之富豪一方，为土人所敬服。至今土人仍相传如此云。

此一段轶闻，亦殊离奇，特录之以供饭后茶余之谈资而已，但亦非无因也。

午后殷、王、李、段四君皆自下关来大理游览，濬庵兄皆招待于大理中学校内，宿于一处，心甚领谢。夜间睡于校内。是日天朗气清，大理因□神节特于北门楼演剧。予偕赵君（系子衡弟）旧同学往观。归顺道访赵子衡老师未在。是日接省电汇款六百元于洪盛祥，心稍安。

六日（火） 晨起天气清爽。以[望]远镜望苍山中和峰顶，见已有微雪覆于上。山顶亦有土质，想系被风化者。起后本定于八点演讲，因濬庵兄有事，改为饭后。遂偕殷寿增兄往访赵世荣（吉堂）老表。来往街头，转讯路人，终得指点。至则未在寓。使人请来，略谈一刻。又转往仁厚里路原宅，见馨吾三姊之母，相见欣然。遂请见其侄阿善，眼疾左右皆难医治。遂相与寒暄一时即辞归。早餐后，又拍照，与校中女生及男生小学部共摄三张，予亦便自摄三张，摄毕已十二时。略休息，即演讲，题为中英滇缅界务之纠纷及西南问题，自十二点半讲至两点半钟，听众尚了然于心。随即偕往三塔寺旅部营房参观。投刺入不久即引入,会见刘旅长于会客室内。谈移时即引导参观各处,士兵住室、讲堂、厨房、厕所等及团部、营部等处办公室。旅部营舍完全为刘旅一人修造。后有苍山,又有三塔寺,形势威然。前可瞰洱海,正对象山,形势位置天成。其后为原来之寺刹大门地址,今为军医院。寺院所存者已零落,今皆为驻军所在,然大都得刘旅之力,特加整理,修理花园,井井有条,人置身其间,别有一番感想。随在旅部便餐。餐后略休息,即在该旅官长沐浴室洗涤。予自省出发以来,得此清心之洗濯,极为畅爽。洗后赴营部访各营长。见余营长铭新及张区队长惠知等。余营多曾入耿马派人至班洪,此次交涉有关系者。予叩以目前可到班洪否。彼谓可以前进,绝无问题。又将此次李专员之不带仪器事相告,在座六七人,无不愤然作色,怒目,频加叹息。大家鼓以勇气,愿作自己之后盾,予心为之释然。随赴旅部,刘旅长与参谋主任及参谋皆在座。便中谈以国家及世界大势,加以推测判断,刘旅长甚为赞成,并自己亦加批评。约谈两小时之久,因时宴,辞归。天雨路湿。由营部来城,相距二里。刘旅长殊满意。濬庵兄约次日在校招待。返校已十一时,校门早上锁矣。随偕往濬庵府,谈教育政治及个人主张竟至午夜四点余,并用夜饭,始就寝。

七日(水) 晨九点始起。赵吉堂表弟来邀请早便[饭],意甚殷勤。予勉与濬庵兄偕往,至仁厚里路旧宅。做四样菜,待酒。予不能饮。坐饮未久,室中壁上石垩忽倾下,予与濬庵兄大惊,往屋外跑。幸仅表面一层,否则将被压盖矣。予所恐怖者即地震耳。此非地震,系十年前之地震后,墙已朽矣。举座为之不安,主人为此亦特表歉意。予以为此系自然倒下,与人力无关。饭后因即返校。予以夜间未得多眠,遂即昼寝。直卧至午后两点半钟。起则陈参谋已到,即偕到校轩中谈,事先濬庵兄已布置矣。约五点刘旅长、徐参谋等均到,县党部张县委亦到,即入座晚餐。宾主相聚一室甚欢,八点始散。留锡康侄在寓。写与叔禹及望翘信各一件,告以在榆情形。又绘余营长所绘班洪图至十二点卧。

与大理中学教职员和中学女子部合影(前排左五李浚校长,左六为作者,左七王玺,左八吴中伦,右三殷寿增)

八日(木) 晨起又绘图一幅。九点半到濬庵兄寓早餐。谈邓川朋友如叔禺、守愚及李鸿业诸人家庭状况。以叔禺为最优。鸿业死太可惜,论家境亦不差,其尊翁略觉吝啬耳。守愚为一苦学生,现在家境亦丰。饭后拜访大理建设局李局长。此人年虽老,精神尚健。向其索大理县志书一部,慨然允诺。并摄该局一相。随至大街看皮货,无好货,请濬庵兄代办一切。斯时已迟,即匆匆离榆。濬庵兄必送行至观音堂,雨中情意如此之殷,实使人感动。在七里桥圣麓公园拍照并休息一刻。该处经理李先生特饷以元宵团,味极可口。又行赴观音堂,在寺内饮茶。濬庵精神饱满,告以该地古迹为观音大士显圣之处。与僧人合摄一影。然雨仍霖下不止。分别时各加劝勉,勖予对测量事及李元凯处应特别注意,予应之当努力前途。予亦告以大理天然环境,地方事业切莫放弃,留下一点名誉，遂握手分袂。予为之深有所感。雨中前进，觉濬庵兄对友人情感之厚，令人依恋不舍。到下关时已钟鸣六点。沿途耽搁留念，到时已迟矣。

夜间作书与濬庵兄及刘旅长，并发给李景森君护照。卧时已一点矣。雨□滴漉下。

九日（金） 天雨留下关。

十日 天仍雨不止，使人心中愁闷，欲行不能。店主亦谓不必忙，路上难行。旅店又差，无法，只得听之。作书与李伯英先生，而董儒臣来约玩麻将。应之先四输，后四转本。晚饭后已五点。遂写信数封，实不能不写。迟至十一时卧。七时以后风起，觉气候有转晴之望，甚喜。

十一日（日） 今日天已放晴，浮云虽有，似不致再雨。九时早饭后，因主人之邀，偕殷寿增、王用之、段质斋三人赴下关西南隅之董园参观洪盛祥[①]所经营之庄子。新屋一座，坐南向北，正三耳四，皆有楼。东厢尚另建一阁。下为小花园。大小屋约十余间。门外有地，正培植中。盖庄据西山阿，较下关为高，故可俯视。惟园被东山所阻，眼界不及洱海，为其缺点。大门额曰董园，及对联一付，为陈国叟所书，系铜质。山东际有水舂两座，山上植果树，其下之田亩，皆为董姓所有。将来过十年后，此地之经营，殊可观耳。主人情厚，特在此小宴，味殊可口。旁桓至晚，日已将落。附近村落，炊烟已起，即步

---

① “洪盛祥”是云南腾冲、大理著名的商号，由腾冲人董绍洪于1888年独资开办，从事中缅印进出口贸易，经营的滇、川、缅、印、上海、香港业务，分别由其五个儿子负责。三子董耀廷曾任下关商会会长，当年商号在下关的商铺堆店整整占了一条街。1915年至1936年是“洪盛祥”的鼎盛时期，商号年利润均在银元百万之间，至1935年，其资产已达银元1000万元左右，并在国内外购置有大量房产。此后，因抗日时期存放于缅甸、腾冲的大量商品遭受损失，加之其它多种原因，至抗日战争结束时，这个曾活跃于滇、缅、印市场半个多世纪的商号，从此一蹶不振，衰落下去。

归。顺道特谒下关万人冢[1]，有岑襄勤[2]纪事题诗碑刻。拍影一张作为纪念。夜间因应酬主人之故，写一对联送之。日久未着笔，且第一次写宣纸，欲贯行成章，颇不易也。收拾行李。将藤箱留下一件，托洪盛祥号代为送省。又作二书始寝。

大理下关途中有感

一

人生聚散本无常， 那得追随共苍山。
西云书院方叙旧， 观音塘前别情去。

二

烟雨绵绵罩苍峦， 路上行人依稀还。
十里程途鞭声影， 憧憧征夫梦里寻。

三

兄为育才天一方， 弟负重命走山泽。
来日相逢话往事， 生平抱负自有托。

四

苍山之际洱海间， 湖光山色朝夕变。
鸡足隐隐接天际， 云岭雪峰更重重。

十二日(日) 晨起尚早。收拾毕早餐。主人仅算马店账，客人账则奉送。后给佣人费，主人无论如何不收。此亦主人好客之意，只

① 万人冢，即李公祠。唐天宝十年(751)及天宝十三年(754)，唐玄宗派鲜于仲通及侍御史李宓先后两次率兵十八万征讨南诏，皆全军覆没，李宓战死。战后南诏王阁逻凤下诏收唐军尸骨，“祭尔葬之”，筑了万人冢。

② 岑毓英(1829—1889)，字颜卿，号匡国，广西西林人，先后署理云南宜良县、澄江府，后迁云南布政使、云南巡抚、贵州巡抚、云贵总督。曾参加中法战争和会勘边界。病逝后清廷追赠他为太子太傅，谥号“襄勤”。

有领其情，留待将来再为图报耳。

洪盛祥为腾越巨商，以开石磺矿起家。矿区在距下关百里之凤尾山，属凤仪县所管之插花地。该矿开办已久，未见成效，于是腾商董耀廷先生转租开采，原约三年，期将满之半年前犹未见石磺。适有英商来迤西办毛皮货者，途经下关，宿于董姓店内，闲谈中谈及此事，该英人愿往参观。至则下洞，向董君指示开采路线，不久遂得矿。以租期已迫，日夜加工采取，为数堆积甚多。至期原主又租与十年期，成效大著。且与英印商人订立售卖合同，每年运至加尔各答出售，十年来获利甚丰。至今该号资本闻已将近千万以上，亦可观矣。因采矿获利，原采矿人颇不满，欲争夺此矿，最近向省府涉讼中，尚未解决也。

矿区有洞六，今董姓开者仅三洞，工人约百二十人。闻已开之矿石，尚可供给印度若干年。矿洞刻有已罄者，但欲再取，洞深已达二三里之远。工作期只能于冬月至三月为止。因过此在洞内即不易工作云。

十时自下关动身。中经天生桥。所谓之天生桥乃原来两山间之岩石，被洱海出口之西洱河所冲毁其下部之软柔部分，上部坚硬所不易侵蚀者，则成为石梁架空。下面河身收束，宽不及二丈，故奔流湍急，水声浩大。谷之两旁皆高山。东为苍山之尽头处。高阜上建有城垛状，称曰江天寺。江之西岸有一岩石。中通一路甚逼窄。两岸山际虽均有路，而为狭道。故有一夫当关，万夫莫当之概，称为大理天险。地距下关不过三里。由此皆循西洱河谷西岸而行，升一坡又降谷底，以石泉铺为界，已距下关卅里。可以在此午点，然只有矮草房二间，其污状不能入也。由此下坡路极难行。五里至茅草哨，附近为山谷中之大村落，人户约廿家，在此休息。前行三里即到新村，人户不过数家。渡跨西洱河之铁索桥，长约十丈，宽约四丈，为迤西道中，向西路中之第一座铁索桥。过至谷东，仍循河旁约十二里，转一高坡即至合江铺，时下午三点。今日路甚短，一说只四十五里，一说只五十里，实际路程甚短。不过自天生桥后，上一坡岗，下一坡岗，显其长耳。此段路坡度本可减少，沿西洱河，若开路线沿江亦不致难行耳。至茅草舍路始低而入深谷地。如在晓桥铺为顶高点为1950公尺,在茅草舍高1555公尺,相差345公尺,两地相距不过15里耳。故茅草舍以下较下关为低。此一带地谷中满生芭蕉及竹,气候亦略变,气压高,山上森林亦较下关附近为密茂。闻以产核桃及果品(柿最多)著,几遍山野皆是。故此地之核[桃]油产量极富,凡蔬菜及点灯尽用之,洋油已绝迹。但所苦者,沿途皆矮屋破房,极现荒凉之状。予等所宿店,亦勉强修葺,仍系上漏下湿,风雨所被,夜间寒气殊甚。于月色明亮中,闻山野中猪□声,犬吠声,睡之不安,非常凄凉。命主人烧火一盆以暖房间。

是晚段质斋及佣人二皆失道前行,心中极为焦念。本已命团兵往追,终以不及而返。

本日路程:下关……3……天生桥……7……晓桥铺(塘子铺)……10……石泉哨……10……茅草哨……5……四十里桥……10……合江铺

十三日 昨夜畏寒发热出汗,心喘喘□。然以身体尚健,静安处之。天明后约七时起。饭后不过八时,即循新辟之汽车路行。至平坡街为西洱河会合漾濞江之处。西洱河水急声震响,激流湍石,故特激发而为怒声也。惟山中草色青葱,处处不显其枯燥耳。平坡为两江会口,流量更增水更急。漾濞江较为宽广,扩约五六丈,其冲积处较甚者则又倍之。惟江中岩石杂出,流亦急而速,其状似闽江在崇安以上。惟闽江上流水色澄清且可通行小舟,此水则水色混浊而流量小更急,故不能行船。河谷亦不似闽江之陡峻而险。山岭已现侵蚀之痕迹甚著,作陂陀状,无嵯峨形耳。竟日沿江逆流而上,至金牛屯始遇杨暄,不胜震愤。金牛屯以上沿江行路窄而较险,凡遇来往相遇,以马匹不易相让。金牛屯以后系走新修公路,已极坦平而到漾濞城。

本日途程:合江铺……5……平坡……20……金牛屯……10……马厂(普光寺)……10……漾濞

平坡与金牛屯之间人烟稀少,鸡邑铺人五家而已。此外仅山阿间茅屋一二间耳。漾濞江对岸亦然。金牛屯以后河谷渐广，两岸人家亦略增。

普光寺——高 1450 公尺。漾濞县城——高 1480 公尺

县城分上下二镇，隔河而立。东南之部称下街子，文庙一所，甚新洁。建设局亦在此。河之西北为上街子，现县政府及公安局在此。商店众多，马店林立，街市每日均赶。此二镇中跨木桥相通。上街子转西南，跨漾濞江上，有铁桥一座，曰云龙桥。宽约八尺，长约三十丈，以铁链八条系于两岸，铺木板于其上，两廊再各以铁链一围之，似甚坚久。人马行其上亦不觉震摇。此为自昆明出发以来之第二座铁桥云。县城全部人口约三百七十余户，全县为五千余户，人口二万九千余，故甚稀疏。县原属于永平①及蒙化②，自民[国]二[年]（1913）始改辟新县。地虽多山，然极殷实。上街子之东临漾濞与小河之间，辟为苗圃及公园民众教育馆。适值团兵在公园内工作，整理，亦殊难得。苗圃中有亭子二，新建，为县城增加风景，市民亦得有赏玩之所。

漾濞县原以雪水河分界，河东属蒙化，原设巡检。河西属永平，设千总。故河东称下街子，河西称上街子。

十四日（火）　上午八时起行。由漾濞城过铁索桥，向西南即上盘山路。铁桥系光绪丙午年重修，计长四十公尺半。山岭甚陡峻难行。依漾濞城高离海 1440 公尺，登至第一山顶测得为 1600 公尺（实高 160 公尺），登第二高峰顶为 1830 公尺（实高 360 公尺），以上二山头皆在漾濞南方。转西又登一山顶高 1965 公尺（实高 525 公尺），达至大路之最高点为 2200 公尺（实高 760 公尺），名曰花椒园，有一平坦地，茅舍二间，每日由花椒园村妇来此售茶及午食，距县城卅里。

---

①　永平，即今大理州永平县。

②　蒙化，即今大理州巍山县。南诏置开南县，宋时属大理国开南郡；元设蒙化府，属大理路；明设蒙化府；清设蒙化直隶厅；民国设县；1954 年改称巍山。

沿途山坡无人居。自此看去，西南山岭重叠，森林繁茂。松为主，杂树次之。即在此地休息，将所预备之饵块供饥。休息半小时又前行。即为著称之小滥坝。山中森林果木茂密，山路极迂回弯曲。山被风化，表层几完全变为土壤。森林崇高，荫蔽之处甚多。流水浸渍，即成为烂泥塘。人马行走，雨水时，及马腹，不能通行。雨水少时，亦颇不易经过。又以山深箐密，伏匪极易，自来以匿匪著，旅客每视为畏途，登陟亦难。再行廿里，始抵茶香铺。测高为2350公尺，又较花椒园为高矣。途中已人烟绝迹。远处山谷林间所俯瞰仰观之处，虽有人家，亦寥若晨星，有者不[过]三五家，少则只独家村耳。且皆以原木建屋，小木片为瓦，其简陋处，恐为文明都市中人所想不到者。生活之苦，衣履不全，足底破，则以线用针缝之。此所谓人生之乐趣者何在，完全受环境之压迫。在此高山大岭中，求勉强维持生命耳。以茶香铺而言，共有五家，尽木房。所产者皆山中粮食，了无生趣。然在此辈人觉处之泰然，并不见其苦耳。儿女绕围，皆不著裤。山中寒气，亦不见侵入毫毛。此亦可见环境之养成，抵抗力之强。下午两点半钟抵太平铺。太平铺为半山腰之一站，住户廿余家。旅客马店同在一处，且大部颓圮，无一间新屋。附近概为山地，除森林为天然林外，所种植者皆杂粮，以包谷为大宗，米与马料皆自下关运来，稻米所产者甚少。

据予观察此一带山地，非尽无用。宝藏如林木，虽无巨材，然以供建筑及燃料，正未可限量，价值亦不可计。所怪者因交通之缺点，无人经营，货弃于山。路旁山坡，松木合抱而成材者，砍伐弃置，殊可惜也。其它杂木，可借器用者甚多。至于矿产，尚未经发见者，恐尚不在少数。吾滇人如此，□得不设法乎。

本日路程：漾濞云龙桥……30……花椒园……5……小滥坝……20……茶香铺……15……太平铺

十五日(水)　今日山路又长，故五点半起，七点一刻即行。循山腰路行，尚宽阔，故乘轿。至近牛坪铺附近下山坡，路略难行。至牛坪铺尚早，才九点，人家约五六户，皆贫寒，以核桃出售。距太平铺已廿里。继前不远约十里即至江边铁桥。为迤西之第三座铁桥,名清连桥,一名盛备桥,长卅公尺,宽二公尺六。住户二家,一为守江桥者。测高1400公尺,较牛坪铺之1650公尺,低250公尺,较太平铺之2140公尺,低740公尺。自此路虽在山腰,弯曲较多,然尚平可乘轿。十二点至黄连铺。由牛坪铺到此已行卅里矣。高1510公尺。黄连铺房屋大都倾圮,照原来之基地,所存者不到一半,此或遭匪患欤?住户仅廿余家,客店马栈均有。予等即在此休息午餐,一点半又行。渡一山涧,即上高山,高100公尺(1510),继又登一高山,1800公尺(实高390公尺)。此上正对旧白土铺路娘娘庙。犹觉略低于彼。又上一岭,高1910公尺,已较对山为高矣。继续上升,极难行,坡度又陡。一路除上山有三四人家外,阒无人居。至腊烛地,已下午三点半钟,距此又已行廿里矣。

蜡烛地为山顶聚居之七八户人家,木瓦屋相间,人亦寒苦,而极污秽。黄牛山羊均蓄有,水须向箐沟中挑来,饮料均不便,饮食非自办不可。佣人以铜锅热饭,初试竟不熟。予与随行三人即卧于一室,亦上漏下通,以柴火御寒气。天上明月澄碧,无云。

本日途程:太平铺……20……牛坪铺……10……清连桥……20……黄连铺……20……蜡烛地

十六日(木) 晨五时半起,漫天星斗,惟已渐放光明。夜间十二点以后,犬吠声惊醒,即不能成寐。又一小时余,始得入睡。五点即醒,唤随行人等起。然无论如何早,仍迟延至七点零始成行。心中对于表弟之办事太疏懒,极表不满,然途中亦惟有不多说话。

据测,蜡烛地高1900公尺,自该地出发,即转弯向西南越岭。至距新白土铺附近之山头,最高为2280公尺。新白土铺距蜡烛地甚近,约三里。依其地基,则旧日之盛况可查,必有人马店数家。今已无人家,住房完全倒塌。此受政治恶影响之结果。一路行去,山坡连接不断,幸不十分高大。至小水井为止,以下即转入谷中行,为下坡路。蜡烛地至小水井约25里。小水井为山上之有泉水可饮处,因其泉涌不大,故称小水井。井在路旁,行人所必经。附近有山民三四家,然苦无茶水卖,须由此转过一小峡,始有一家茅屋售茶。由此独家村右方,即为下谷路。此路坡度比较小。然在雨季,恐将被水淹,且泥泞载途,实难行。干天较为容易耳。下坡路不险,至梅花铺,仅茅屋三家,饮料及午饭须临时预备,绝无人出售。深山之中,其生活之苦,观其状与蜡烛地无别。然轿夫须在此煮饭,不能不俟其饱再行。十二点半自此继进。一带山坡,大都已受西南风所侵蚀风化,成为堆积之土壤,为红砂岩所变。其转弯处,因雨水冲刷,最易倾倒。有壁立者,下瞰又极高,故颇险,而人马行此若遇雨季,其困苦危险性极大。下坡度一山涧,始循山麓转至苏屯。苏屯无市,人口百余家。略休息。由田亩间大路至永平江边。木桥已冲毁,须徒涉,水深及上腿,宽三丈,幸底为沙砾不陷,否则难渡矣。闻水涨时,此处不能过,须绕过原永平县址(老街),则多走十五里矣。

曲洞[①]为自民之迁来之新县城。住户四百余户,十分之九为回教,汉教不过十分之一。然市街不整,修洁之建筑,不过一二处耳。其整齐不及老街,繁盛亦以老街为最。闻两处人民皆欲将县署移,然曲洞则不愿。至于回汉之冲突,仍暗中极为激烈。因过去曲洞有一绅士,对于其他各地甚形压迫。今此绅已死,各地人甚忌恨之。

曲洞之名,始于传说,一云本处西北方有小狮山,中有一洞,弯曲数里可通,故名。一云此处为头,龙街为龙尾,龙头在此,欲化此处为龙潭,故名。曲洞测其高,离海面 1510 公尺,地势殊卑湿。

本日途程:蜡烛地……3……新白土铺……25……小水井……5……新梅花铺……20……苏屯……4……曲洞

十七日(金) 曲洞小匪最多,偷窃之手段极高,民性强悍,故虽有人明知其为窃,然无人敢说。人力气又大,虽重至百斤者,闻可扶持而走。但大部分仍贫穷,易铤而走险,为患地方。至于曲洞附近坝子并

---

① 曲洞,即今大理州永平县曲硐镇。

不大，而四山逼窄，森林已尽，童山濯濯，闻系开矿者砍伐之故。河中沙金，至今仍有人淘洗，年可产百余两，此或土人采洗之法太旧耳。

今晨七时起身，由西南行。桃园铺起为山麓，即登山较陡，至坡头高1860公尺，由此循山巅之平坦地而行。约行七里至小花桥，为一村庄，附近有水田可耕，水利亦佳。外观住户约三十家。再行五里，又至一山脚，始至花桥镇。镇上人烟六十余户，有街期，市场沿山坡而上，铺户尚长，有各种物品供附近之消耗。自花桥起，又为登山路，弯曲极大，且正路被山水刷洗，石砾甚多，不易行走。约走一点半钟之时间始达山顶，高2380公尺，继进至升庵祠（状元祠）附近，高已达2500公尺，较曲洞高900公尺矣。至此神已疲乏，略休息。只见丛林满山野，自山下到山顶，皆行夹道中，两旁高丈许，不能见及外面，须至转峡谷处，始可目睹山景也。故两旁皆可藏匿匪人，为旅客之害。下山之路，更较山阳面为陡而难行。路中尽为沙砾阻塞，举步落步皆着地不自然。坡度又大，步行不得停留。盖此路之失修，更甚于下关至省之路难行也。下山半有一寺曰永国寺，高度降为1960公尺，寺已倒毁，闻僧人已散之他方，只剩一僧。然睹此萧条景况，古人之建立此寺，所不可料也。即路政之坏至于此，又岂古人所逆料今日子孙之不孝哉！

坡脚附近有村庄约廿余户。坡脚山谷中之水，任便流出，无一定之水道，溪涧中须徒涉者数次。若遇天雨，恐将裹足难行矣。坡脚有售午点者，然极恶劣。本日途程亦似黄连铺之情形，午点更难准备，须在曲洞预备好，在山巅自做。否则起身早，又无午点充饥，极难过一日之长途也。坡脚至杉阳镇，路较好行，然亦非平坦大路，因杉阳亦位于坡脚之坡脚也。

杉阳一称沙洋街，一称沙木河，因河之名为沙木河也。街为东西向，住民已减，只有一百卅家左右。从前为永昌府之分司（巡检司）驻地，衙门旧址今在关门内。闻从前衙门规模不小，共有四进，大小房屋约二三十间，自民[国]十七年（1928）被匪烧毁，无一余存，仅门照壁犹存耳。

街上有关帝庙，现为区公所、农会、小学校所在，另有公安分局及川蜀会馆，周围并有土墙，想见当时之盛况。因遭匪患，大非昔比矣。予等宿中和栈，比较的舒适矣。

本日途程：曲洞……25……小花桥村……5……花桥街……15……杨升庵祠……10……永国寺……10……坡脚……10……杉阳街

杉阳街高度1410公尺，较曲洞为低。附近以产橘著名，其大小香味不亚于金山所产，可称为云南之金山橘。然以交通不便，输出量绝无，因之不足以促进其生产。

闻自小路下山，有七十四弯曲。

十八日(土) 今日因途程较短，故预定起身稍迟。天明始起，七时零即出发。自杉阳街下坡，(青黄坡)其地势为山谷中冲积地带，形狭长，有河，水势潺急，夹紫色泥沙甚多，可见其侵蚀附近山中之泥沙量甚多。由此向西北进，过马沙坝，附近沿土山居民约五六户。地最低，约低于杉阳街约四五十公尺，故气候热。见田中植甘蔗，色红紫。据土人云，甘蔗目前不能吃，吃易染病，须到冬季即可食，味甘。且附近山地产橘亦特多，可销至永昌销售。其土地甚肥沃，此亦由于地势低洼，山中冲积之沃土特多，加以气候又热，近似副热带之物产皆宜也。将来交通灵便，果实再加以改良，不难富饶一方也。

跨河有一石桥，桥旁建一小庙曰永庆寺，再上一坡为湾子村，约四十户，位于山阿，似颇殷实而整齐。沿途所见之牛驮甚多，又数十成牛帮者，载重可一百四五十斤，多走夷方，亦山地运输之特别处。循土山边登山，即入于澜沧江河谷方面之分水岭。至坡转弯即到坡头，路系夹道，忽现一关门状，即关帝庙，即分水岭之界。庙颇崇高，测其高度为1490公尺，较高于杉阳八十公尺，故登山尚不觉陡峻。但自此处即可视沧江河谷，高耸齐天之概，山势之盘大，真乃山脉中之洋洋大观也。由此下坡路，因循山之一梁，壁立如堕，数之有十三弯曲，始达江边。路既险陡，山水所经，早已被流水所冲坏。乱石堆积，惟其坏状，尚较博南山之西麓路为好行耳。据予推断，山路若陡，虽修石路，亦必不经久。须使山路成大弯曲形，或可免路被水冲，成为乱石难行也。

沧江东岸之路中间有名小铺子者，住民二户，可以休息售茶。沧江河谷峻峭，成V字形。河谷侵削极深，水色清碧但不能见底。据水准之痕路，则冬夏水量相差殊大，约有十五公尺之差。故若在夏季来此，确江河之洋洋大观，水流必格外急放。今所过聊见者，亦滚滚有声，此其所以不能船、不能泛舟乎？其霁虹桥[1]图如下。

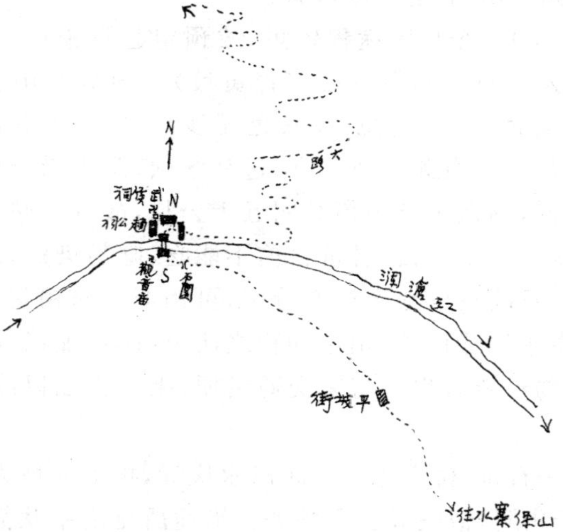

① 霁虹桥，位于云南省保山市与永平县交界处的澜沧江上。此处为西汉兰津古渡，东汉曾流传“渡博南，越兰津”的歌谣。东汉永平年初古渡架起藤蔑桥；元贞年(1295)改架木桥，得名霁虹桥；明代成化十一年(1475)改建铁索桥，清康熙年间重修。霁虹桥是古西南丝绸之路云南博南古道上现存最早的渡口桥，也是我国最古老的铁索桥。

北岸大路之倾斜度约六十度。铁索桥为予自昆明以来之第四座，较前三座为大为长。工程亦颇巨，系建于江流之窄处两峡间。两头各建阁楼，自楼下过即经桥。桥以铁链十二列排窜于两岸之大铁柱，上铺以木板。惟观桥上木板已朽坏。最近应须修补，方保渡客及货马之安全。桥在清末亦曾修造数次，以在光绪廿八年(1902)重修，用八千四百四十九两四钱八分之工程不小。今桥北有碑镶北岸阁楼下壁间，镌功德人名。又民国二十年(1931)保山县又重修，用一万一千六百二十四元零。然距今不过三年，木板已洞穿，则亦可想来往之繁矣。北岸有一广场，方约四亩地，东有阁楼，堆积木料甚多。北为楼房三楹，或昔日建为戍关之兵杂所宿处。西为赵公祠，已污圮不堪，亦不能入内。西北山岩下，建有诸葛祠。桥长 55.6 公尺，宽 3.6 公尺。江在桥附近处，流向为自西向东，桥成南北形。北岸树立李印泉先生民之剿办以西军事碑文，仍完好无损。北岸所立之木匾甚多。“百二雄关，经□禹贡——李印泉题”；“步捷云程”，“李宝书立”；“西陲锁纶，光绪丁未年保山县知事林志恂立”。南岸之匾亦有“西南第一桥，光绪壬寅豫康张赓飏题”，“利涉西南，光绪壬寅国学生赵湍、恩贡生李文溶立”。

其修桥有碑可纪者，乾隆十六年(1752)及光绪卅年(1904)。其他石刻甚多。如永昌郡守屠述濂及乾隆五十九年四月楚澴屠耀德辉氏所题缅甸进贡使随赴京师事，及渡此桥之诗，字迹清婉(口占纪事未及抄录)。而南岸岩壁间，大小字体镌刻者极多。自此转南有一石□，系邑人所建石圜，以御飞石者，圜口有纪事一篇，特录之：

创建石圜以御飞石记

此间石壁天划，名飞石口，盖岩顶绵亘，树木丛杂，年年冬春之际，樵者纵火焚烧，因而石多脆裂。又有猕猴野驴獐麂之属，聚啸其上，无分昼夜，将碎石抛滚飞下，行人被击，或头脑破裂而殒命者不少。驮货骡马被击，则惊跳奔挤而坠江者尤多。故行人相惊曰紧走三步，遂为此处别号。然虽畏之，终无有能御之者。光绪丁酉及己亥间，前任永昌府曹公罗公皆欲建园以为遮拦，因筹资未就而辍。壬寅春，继任永昌府张倡首捐资，大修江桥，工竣后，建此石圜，俾往来商旅骡马到此圜下经过，遇石飞下，有圜护蔽，石自落圜，顺滚下江，不致有伤生命。非惟可竟二公之志，亦足以体□□好生之德。恐年远事湮，过客罔知□□处非关非城，建圜何益，诚所戴天不知天变者。故勒数语，俾识创建之由云尔。

管事监生赵端　李宝仁督建

贡生魏上暹记事

光绪二十九年岁次癸卯孟春上浣书立

上用墨石镌，方形各约一尺许。今年久末尾已蚀去一洞，故有数字缺。楷书，圜高二丈，宽一丈五尺，人马通行称益。然所谓猿猴者，今日予等在桥上拍照时，犹见北岸一猴自岩端下至江边饮水，随行人等往追之，已攀树而逃矣。此亦可见两岸猿类之多云。北岸山腰有所谓小铺子者，住户一家，售茶，可供过客歇足也。由于杉阳街至将军庙约廿里，由将军庙至江桥约七里，江桥南岸至平坡村约三里。

平坡村高 1327 公尺，江桥高 1088 公尺，此一段路，为宽阔平坦大石路，此平坡之命名欤。住民有五十余户，无赶集期，不过本站中途之休息地，有旅店饮食馆，杂货皆有出售，故在此午点。价钱廉而饮食亦尚可用。由此为登山路，又极峻陡，因路尚宽平，间有雨水冲刷之乱石，亦不觉甚苦。惟山路太陡，登山殊累，至水石坎处，须四十分钟。水石坎者，即自高山巅所流下之一溪涧，因山势崔巍，故水流如倒注，飞流成瀑，击石成声，如巨雷，五步外，相语即不可听，故水声震耳。水石坎有一桥，过桥之岩壁间，有壬子年李印泉先生题“罗岷”二字，盖此即罗岷山之溪水，下坠入沧江者。沧江细小不涓，故成巨流。江水浩涛，宽者约在百公尺左右。转上至山巅，已费一点半钟。

附近有耕田，附近有小村落一。路经一刹曰水云寺，寺门有二，皆穹形，为来往人马所必经。门内寺建于山坡，有二进，供关帝。寺对建屋一楹，有住家一户于此，或即为此寺之管理者。测高为 1810 公尺，是山顶较平坡村高约七百公尺，较水石坎附近(高 1595 公尺)又高过约二百余公尺，较江桥高过八百余公尺，是亦见登山之苦与艰难矣。然相传蜀道难，或有过之矣。

山顶至水寨，一路坡陀较少，相距五里，易行。水寨高约 1910 公尺，街成南北向，系位于山阿。水寨之西北，为山顶之一小平原，面积不大，四围皆三四百公尺之山峰所包。此种平地，不外为风化或冲积地，然冲积之成因为多。四山三水，惟一去路，即由西北方流经水石坎以泄入沧江也。水寨之名，或即以此。住民约六十户，房屋破旧，肆街极不洁。缠足之风，不论乡村，皆极盛行。其西面之新路村，亦在山坡上，相距约二三里，外观房屋，较为整齐。四周之山间，闻居民尚多。水寨之北口，有寺一座曰回龙寺，所谓回龙，或即以山之相回护而命名耳。予等所宿之店，猪、马、人同处于一家，院中马粪、猪粪堆积，予到后即命店主扫除。然猪、马、鸡、人同在，如何而望其清洁哉！实不如杉阳街。吾国乡村之卫生，关系者大，到处皆然，不能不设法改进之也。

本日途程：杉阳……5……湾子村……10……关帝庙……10……江桥……5……平坡……5……水石坎……5……水云寺……5……水寨

十九日(日)　今日路稍长，故起较早，昨夜宿水寨店楼上，瓦盖不密，故通风甚大，寒甚，向店主买木炭，仅买得两斤(每斤价六十文)，烧完即不可得。八时卧，五时起床，六点三刻即起身。自水寨向西谷口上坡，坡度不大。约三里即至长弯村，约二十户。有公共之山泉，供全村饮料。山坡路转弯特长，故名。山林中鹦鹉声甚多。中经独家村名新店，至大栗哨，住户十余家，皆在山坡上，有茶售。距水寨十里，极不洁，未休息继行。又十里至天井铺，系一弯内，住户四家，售茶与午点，高度2310公尺。自此地以后，山中路较平坦。再十里至牛角关，住陈姓二家，人口卅余人，茶、饮食俱洁，饵块新鲜可口。据云山头似牛角，昔诸葛南征，曾在其山扎营盘，实际为牛角弯，而普通传说皆称为牛角关，高2110公尺。自此以下，为下永昌坝之下坡路。路略陡，一段路基已坏，稍难行。约五里，抵官坡。予因欲访明三忠臣墓，往返上下坡，皆不得知，乃问村中人，以语言仍不通行，相隔阂。由村中之识字者问，始知尚由官坡下坡约一里，分路处始见立碑二方，踪迹之字已模糊，细看始认明为中行书大字“明永昌府尽节三忠臣神道”，乃清乾隆四年(1740)永昌府保山县知事闽漳张福升立碑，历时已久矣。三忠臣之姓名——“明永昌府通判刘公讳廷标字霞起号存玉福建上杭拔贡”、“司理王公讳运开字子朗四川嘉定夹江进士”、“司理弟运闳字子远举人，随兄任。等三公”。自官坡下约十里，至福禄地，高度减为1652公尺，住户三四十家。再行五里，至世科村，始入平原地。光尊寺规模宏壮，有四进。又行三里至大板桥镇。今日适逢街期，来往人等，拥挤异常。自福禄地以后，大道宽丈余，极平整，夹道植柳，极形修整，可谓为滇中之模范道。大板桥人口约六百家，铺户百余家，各色货品，陈列满街。赶街之人，不下一万余。闻每五日一街，贸易额在滇省现金十万元左右，其热闹可想。市街为南北向，直形无横街，高1600公尺，可以代表永昌坝之高度，然实际仍较昆平坝为低也。予等在此休息用午点，然后仍赴县城。中经火烧营、上村、下村，皆乡中人口最密集之村落。下村有街市，仅及大板桥长三分之一，街期为大板桥之次日。略休息，又经祭祀堂、北门街二村，即入北门，而至保山城，寓通商巷聚福隆四川人所开之客店。为时已迟，已四点钟矣。

晚饭后王子丰兄来馆，予随拜访袁县长，谈后又往公安局谈。承县长之盛意，嘱公安局代觅宿处。子丰兄谈至十点半钟始辞去。予亦十二时后始寝。

本日途程：水寨……3……长弯……12……大栗哨……10……天

井铺……10……牛角关……5……官坡……10……福禄地……5……世科村……3……大板桥……2……火烧营……3……上村……5……下村……10……保山

二十日(月) 昨晚袁县长嘱公安局李局长，代觅相当地址为办公处。予与子丰兄商量之结果，认定大理会馆为最安静，再请子丰兄商诸李局长决定。昨夜睡时太晏，脑中不净，不得安眠。晨八时即起床，写[信]与李专员约会在保会商。随出外理发。约十一时公安局派员来通知即决定住大理会馆，随即迁入。整理后即拟发给王特派员电报，告以抵此后情形。今日做饭用具缺乏，借诸会馆内，故晚餐稍迟。陈尊三[①]及吴中伦[②]两君来坐谈。论及此次来滇采集标本之兴趣，以经费缺乏，恐有数地不能同往为憾。予允以代向省中借款，以助陈、吴二君。谈久之始去。予本欲出外，因寿增兄谓子丰必来会馆内谈天。候久不至，作家书一封。闻马被山岩所挟，费两小时之力，始将其抬出，腿足部已受伤，此亦照应人之不小心所致耳。因旅虚八点半卧。

廿一日(火) 留保山。寓大理会馆。八时起床。早饭后访子丰兄，已十时，尚未起。略待与约晚饭后，来沐浴。即偕至大理会馆赏月。即往访李百陶之四令弟继成，未在，由其堂弟招待，将所托带之物品交付之。李府房屋形势整洁。在客堂内略谈即辞出。赴永昌中学参观。该校办理年代本长，原第四中学改，今办简易师范一班，普通初中三班，规模甚小，设备亦殊简陋。校长李君，前曾留日七年，留

---

① 陈谋(1903—1935)，字尊三，浙江诸暨人，中央大学农学院森林系助教，与吴中伦一起随外交部专员赴云南考察植物资源，采集标本。因工作繁重，旅途艰辛，积劳成疾，久治不愈，1935 年 4 月 27 日病逝于宁洱至墨江途中。

② 吴中伦(1913—1995)，曾用名吴季次，浙江诸暨人，中央科学社生物研究所练习生，时与陈谋一起赴云南考察采集植物标本。后留学美国，回国后曾任林垦部(后为林业部)总工程师、中国林业科学研究院副院长。著名森林生态学家、森林地理学家。

美四年。然观其人尚诚实，但无大气魄，故对于学校计划，无整个发展计划，图书仪器之设备均差。约略与之谈云南环境及对该校应行扩充之必要，并参观各处一通即辞出。又赴县衙门。县长袁羡公健于谈，将其奔走流徙在外七八年之经过，略述与见告。此人亦曾数经风波，而能善于应付潮流者。谈随叶军援川，在粤代滇军出策，以及革命后对各方之补助，皆不能如意。后在沪筹办天南大旅社，本可不致失败。竟谈至天将晚，始用晚膳。即辞出访子丰兄。因已来县署相寻，遂两相左，后又遇于街头。以访李公安局长又转县署，即留在署中玩牌。至九点半钟辞出，偕李局长及子丰兄同来大理会馆，谈至十二点二人始归。乃就寝。

廿二日(水)　今日仍留保山，候李君消息。天晴朗无云。昨夜睡眠不足，精神较欠。早餐后，李继武兄及其介弟偕来坐，谈李百陶兄事及李一平状况。顷刻，陈、吴二君亦来。谈到李元凯事，并以电报等示之，无人不慨然叹息于测量事之失败，并知李君之在保山，招摇力大，是其做官之架子真十足矣。

午后访保山县教育局郭局长，谈保山全县教育，小学约二百余校，高小约廿余校。教员每人待遇，每月不到二十元现金。另有一县立中学，办初中三班，女生一班。有通俗教育馆一所。在教育局管辖内，经费全年共四万元。局内分三股办事，表面看来，尚整齐有条。并托代访购《永昌府志》一部。木版虽堆陈局内，以经费无着购者又少，竟多年未印，今须向收藏家代觅。随赴牲屠税局访林局长。先收汇款现金二百元，存四百元于该局内。又赴洪盛祥预为招呼，汇款俟用时再往取。在肆中购得铜墨盒一个，墨一锭，去现金二元一角。归即吃晚饭。

饭后永昌中学李校长来谈天，并约以下星期一午后一点请去演讲，并欢迎偕行诸人，应之。随[后]林局长及子丰兄均来，谈琐事甚多。因约赏月之故，预备酒菜招待，大家尽欢至十一点半始散。

今日大理后援会来一电，述测量不能不做，望仍照原定计划去做,否则后援会绝对不肯缄默不言。其语气殊激昂。此事予惟有俟李君来商谈结果再复。

廿三日(木) 天气晴而较暖和。起床已九点。早饭后预备糕饼两种,约两点钟,偕寿增、用之、质斋往登山拜谒同里杨秋帆[①]先生墓。墓葬于保山城内太保山之北支,半山地。墓高一丈五尺,周八人围,以石垒砌,碑为民之蔡锷[②]题:云南首创杨忠毅公之墓。墓为两台,方广各三丈许,甃以石栏,墓前横陈一长方石,为祭桌。墓后高一层为碑高,立碑四块,第一为葬地缘起,第二为蔡都督电文,第三为事迹,第四为秋帆先生遗诗。然就规模看来,初葬时皆整理有条,足以表扬为国捐躯之志,今则亭已倒塌,石栏被毁,石桌亦缺一角。此未免对于先烈太凌视耳。保山人以风水之故,误认先生之墓葬此于地方不利。非惟不保护培植,且任加摧残,实背谬之至。据碑文可考,则当时地方人士,并未表示反对,且极欢迎葬此。而又不平心静想,以求妥善之处理,一意孤行,致诚地方上可耻辱之事也。

便登山巅访武侯祠。山巅甚平,故曰平敞。武侯祠即位于松林深处。外有石坊一座。祠宇共两层,外为三圣殿,即供刘关张之神像。有木匾一对:

功烈兼东西,亦是创业,亦是中兴,一代明良同骨肉。

---

① 杨振鸿(1874—1908),字秋帆,昆明人,云南辛亥革命时期的爱国志士。1903年东渡日本,1905年加入同盟会,1906年毕业回滇,到腾越任管带(营长)。1908年组织起义失败,带病躲避清军追捕,终因饥困,在山野中呕血辞世,年仅35岁。辛亥革命成功后,被追赠为左将军,起骨礼葬于太保山侧。

② 蔡锷(1882—1916),原名艮寅,字松坡,汉族,湖南宝庆人,中华民国初年的杰出军事领袖。蔡锷一生中,做了两件大事:一件是辛亥革命时期在云南领导了推翻清朝统治的新军起义;另一件是四年后积极参加了反对袁世凯称帝、维护民主共和国政体的护国军起义。其遗著被编为《蔡松坡集》。

公侯尽铁心,可以偕生,可以共死,千秋忠义重山河。

来刻题者,颇能描摹三人之出处。后进为武侯殿,仅供木主,无像。对联有三副:

千秋出师表,五月渡泸人。岭南宋芷湾先生旧题,光绪廿二年韦履濂补书。

千秋两表,三国一臣。陕中丞曹竹铭题谢幼侠书。

配先主以烝尝家国怆怀绵竹战,垂大名于宇宙江山遗庙浣花词。浙西王堃题。

祠中断碑尚多,然俱不可考。瓦屋亦多毁败。想武侯南征,其精诚感人至深,功业亦不朽。今迤西一带,古迹所在多有。然地方人士,竟不知所以保存之道,亦多已日就凌夷矣。便由原路下山。在西南隅城墙上,眺望宝盖山及龙潭,腾冲会馆,遂归。

夜间,子丰兄来谈,至十点半始去,即寝。

廿四日(金) 今晨起稍迟。日已照满庭阶,殊为暖和。遥想南京或北方气候,何得如此。予数日来着单衣短装,内衬一毛背心,除夜间稍凉,皆不觉其寒,此亦今年予避寒之良机也。

早饭后赴县署,探问李君消息,仍不见动静,殊为怀疑。李君如斯糊涂,真不可解。惟有再静观一日,以为决定。袁县长藏诸葛武侯著《未来预知术》,特为占一课,问此行结果。得震兑卦二爻,吉,有喜无忧。据袁县长云,此书极灵验,一生行事奉之为师。不论大小事件,问卜均应验神妙。此书本已绝版,原存于越南,某君系得之巴黎法人手中。闻亦极风行全法,故又翻印,行于世。但予久在江苏,此书并未得见。是此书亦颇有价值,偕去之陈、吴二君及寿增、用之均占,各人无不称赞。袁县长前日允将旧木盆一只修好,今日特在署内沐浴,浴后身心畅快。又饷以米花茶,吃后即同偕往李继武府,应招宴。酒席为保山之上等者，闻每桌合现金十元至十四元。菜之样数不少，先有菜碟及冷盘，以汤刨肚及烧肉有名，其他亦通常做法耳。火锅甚大，盛菜亦多。八点始毕。辞谢盛意，便约子丰兄来谈天，至十点始去。予记日记后即卧。

廿五日(日) 今日星期，约好子丰兄往游梨花坞[1]。因昨夜一点后钟始眠，晨九点起后即早餐。为时尚早，写信给实若及子麒甥。子丰迟至午间十二点始来，即相偕出龙泉门(西门)，循山麓而行。登一山岗。始至目的地。

坞为明末清初所建，为境内名胜之一，在西南隅，距城约六七里许。寺建于山隈，远可看见寺壁，白垩洁净，横额曰“梨花坞”三字。有一石对：“一树梨花千点雪，两堤杨柳万条丝。”为程少尹所书，对亦能写意境。入照壁后，行数十武，始见寺立于岩隈，在箐之对面，楼阁高耸，画栋雕梁极壮丽。亭亭于山际，万松杂□其间，别有风致。后面之山即九隆山，多森林，与附近之山不同，峰峰挺秀。登寺须循箐沟边渡一桥，迂回始到。闻此寺原为王端简公所创，手植菩提树，并建一观音像。因咸丰之兵燹被回禄，后又重建，然原来规模不大，后逐渐扩充，近又修理。殿宇均新洁，上层为观音阁，塑像甚精工，阁下为客舍及客堂。两廊均整齐各配一厢。堂上有围栏，可以凭籍远眺，饱餐山景与野色。夏季来此，实一避暑胜地。阁右为寄云山馆，系小楼一座，为承北先生讲学处。楼上壁间有黔南杜辉所题长歌，数十年来仍完好无损。其意气与书法均有保存之价值也。甚长特录之：

噫吁嘻，敻乎高哉！九隆之山，何绵□浑如鲲鹏振翼万里特

---

① 梨花坞位于云南保山市西南约3公里的九隆岗下，是清代尚书、保山人王宏祚所建，为保山的佛教圣地，已有300余年的历史。因其地势四面凸出，中间凹下，又因种植有大片梨树，每当春天梨花盛开，雪白如云，如花似锦，而得名“梨花坞”，也叫大梨园。

飞来，又如□纩垂□正金阙□笏罗列明堂开纱帽连延接笔架，清华九曲纾潆洄，曾言此地有王气，武侯到此亦徘徊。一澜哀牢之裔衰由唐而明世产才。蒙段割据历千载，迄今遗业犹巍巍。我闻此山久向往，常拟孙绰赋天台。天下名山常驻马，南来复见此崔嵬。此中胜境有梨坞，梨花时嘗胜蓬莱，王朗曾种珊瑚树（此庙创建于王端简公，曾得神人授以菩提子种此山中，时红光灿烂如一树珊瑚）。昙花时现红玫瑰，我来正逢清秋节，松柏浓翠碧苍苔，石磴盘曲登绝顶，禅阆空寂绝尘埃。上有万壑如奔马，下有急湍走怒雷，留连西山不忍去，更有良友日追陪。庙中道人尤解意，摇取黄花酿绿醅，一饮菊酒增感慨，入耳籁籁松涛哀，怅望六王今何处，江山空遗好楼台。为语后来英雄辈，六诏遗踪莫乱猜。兹今神州大一统，安边勤求栋梁材，食茅践土当思奋，二三隐沦相挽推。山川钟灵原不偶，天地生材笃栽培。吾去也，唯留梦怀，时与烟云缭绕山之隈。

光绪丙申仲秋月，偕程若川先生、陈寿竹表兄等素吾孝廉，范小泉英畏游大梨园，留连数日仰看峻岭，俯临深谷穷幽绝，凭吊古今，亦与范文正公之赋岳阳有同感慨，因制长歌于壁，以志游踪，后之登斯楼者亦将有感于斯言。黔南一白山人杜辉草。

阁左为菩提楼三楹，相接向北为卧云楼，即厨房所在。山后泉水，用石漕□来，清澈无埃，实此坞之特点。院内刻石题吟甚多，镶入壁间。若春夏之交，梨花柳茂，实保山之世外桃园。故写其景者以杜辉最切。一联云：

何以寄幽情，趁满地梨花，一溪杨柳，邀几辈诗客琴友，茶神酒仙来，大家畅饮狂歌，消却些风尘龌龊气。丁亥仲秋月。

不堪怀往事，看龙池月古，象岭云深，安得有黄石赤松，白猿紫芝者，相与谈禅访道，也学个江湖散澹人。黔南杜辉题书。

适值县人魏君扫墓，约在院内便餐，并访古迹纺绩岩于院后。得知此地之景物沿革。归城太阳返照，寒气满山。至大理会馆时，公安局、电报局之林、李各局长皆来谈。对于测量事，皆愤然作色。吾不知李君将如何以善其后。各人早散。予于十时即卧。

廿六日 上午起甚迟。早饭后迤东同乡会扫公墓，便欢迎予等。因事先省立永昌中学特邀于前，遂派王用之及段质斋二人代表前往致谢，予偕寿增则赴中学之约。予以时间尚早，特写二函，一致实若，一致子麒外甥，告以抵保山后情况，且待此数日。递送李专员之信，又杳无回信，特拟一函，托由公安局李局长（昆阳籍）派一得力人跑送施甸，催问信息，亦已正午出发。予与寿增于午后两点始往永昌中学，到后即到礼堂讲演。先由李校长致欢迎词。予先讲，题大意为中国国情及与国际关系，将民国以来中国所受之病在政治及军事不统一，遂不能用全力对付外侮。其所以不能真正统一之原因为交通之阻碍，故目前之需要，因从建设新中国着手。然以“九·一八”之故，各国对于中国之侵略更甚于前，因均势之局已破。各国为本身利益，不能不求保持，是以短兵相接之机会更为危迫。继将各国之立场加以分析。而[总]结到世界第二次大战实难避免，其冲突不过时间问题。最后说到本省所处之地位，更为危险，受英法帝国主义包围。目前救中国救省，所希望于青年者甚大，青年将来所负之责任亦重，尚望青年彻底觉悟。觉悟之道，即在根本上谋立道之方，此方须彻底，即科学救国，如此始可谈得上根本上之救国云。并告以南京云南学会之内容，若家乡欲求升造者，可以向该会通讯云。

殷寿增讲砂眼，分：(1) 病因、(2) 症状、(3) 预防、(4) 治疗四层解说，系有关重要之普通常识，闻者颇为动容。讲后已将届五时。由李校长偕至玉皇阁翠微楼欢宴。本约陈、吴二君，未到。有该[校]教员四五人作陪，李继武君亦被请之一。宾主尽欢。谈至九点始辞谢而返。至则同乡四五人已来会馆内谈天，不论国情及同乡旅京状况，皆尽情告之，拉杂倾论，至十一点始散去。又与寿增继谈，至一点始卧。不能成眠，天将晓，始入梦乡。

廿七日（火）　早饭已做好始起床。饭后即抄诸葛武侯著、邵康节演绎之《未来预知术》一书，系从前所未经见，今由袁县长处借来，认为不可多得且亦有价值，不能不留存身边一份者。该书虽为上海国粹保存会所印行，然予久寓京沪，并未得睹此书。抄至下午四点半，抄及全书四分之一。因全书根据卦爻，共三百八十四变化，文义均有哲理。五点晚餐。即出外访陈、吴二君告以李专员来函。问及出发期，此次由吴君偕农校学生一人于廿九日先赴腾冲，予亦赞同，可以先行多得采集标本。略坐即赴县署与袁县长谈并将李专员函告之。以应袁县长之宾，玩麻将牌一圈即辞归。因先约好子丰兄来会馆内谈天，不能不回寓。七点半到寓，子丰兄已在，又谈至十一点始去。予亦略整理即卧。

昨晚李专员派人送回信来，告以因骑马受伤，须四五日后始能来保[山]。予以测量及追加经费事，不能不待其商量，以图挽回，否则予实不耐烦相候至一周之久，于正事丝毫未做。

廿八日（水）　八时起，即将被褥全套搬至室外晒。无事拟不出。写信给胡亚衡、程豫生、叶少农、朱庭茂[①]四兄，告以跋涉滇省之苦况。适师范学校老同学万人杰（寿昌）兄来，相见后，握手甚欢，各道毕业后十六年中之过程。彼于毕业后回里，曾在地方上服务两年，即偕同志数人于民[国]十二[年]（1923）去广东，依滇军谋生。失败后即在朱军部下做事，留江西数年。十六年（1927）因北伐去南京一转，又回江西。后滇军北调，遂离开军队生活。于十九年（1930）自新加坡绕道于缅返里。近数年来即仍执教于乡里，刻任郎义村两级小学

① 四人均为江苏省立南京中学教员，胡亚衡，名国均，字亚衡，物理教员；陈豫生，名学伊，字豫生，外国语学科首席兼英文教员；朱庭茂，生物与卫生教员。

校长兼教员。地方待遇特优，生活甚安定。将来尚欲再行出外，然以家中无人照应，老母在堂，出外之心本有，于环境上障碍殊大。予亦以寿昌兄从前相聚一堂时，勤读有志，毕业时名列第一，而并不骄傲，殊可敬佩。今得来保山相值，亦有缘也。亦便以十六年中曾多番劳苦，经过数次之波折，最后始死心踏地从事于学业之专攻。今年被同乡界务促成会所推荐，亦属意想不到。为想念旧窗友，故屡访始得于郭教育长处探知，而特函约来城叙谈。略坐一时，遂偕往晤王子丰，亦系予此次来始相知者。同出北门外游双林寺。寺顺大路旁，距北关街约一里，有小学一所设于内。寺院两进，尚清洁。因子丰兄云寺后松木林中时有白鹤栖止，予等去时，正当午后三时，白鹤皆飞往觅食，故未得见。遂循小路转小北门入城，即在三牌坊菜馆内晚餐。菜味尚可口，其菜价值甚廉，较昂者现金二角，以小碟盛之。惟菜下多装酸菜，是为保山之特别处。予等三人并有一随行，共四人仅费现金二元一角耳。菜共六样，较昆明为廉。饭后万君势必返校，予勉强留其来会馆内畅谈一夜，彼仍不肯在，竟去。约定次日游卧佛寺再相聚。予至子丰兄处坐至八时返寓。李继武偕姓沈者(保山任教者)来谈。将朋友中之认识者如李一平及由少熙谈其近状，并告以目前中国国家之危局，国难当前，一般人并不觉悟。畅叙至十时始辞去。予收拾卧已十二点矣。

廿九日(木) 昨夜决定游卧佛寺。七点半起，晨餐后即偕王用之同往。予乘轿而用之骑马，出小北门，路上行人尚稀，沿山麓而行，路甚平坦，于十一点即到目的地。寺位山麓，有三层，外有一池，曰龙潭，面积约等于龙泉门外之易罗池三分之一，出水约及其三分之一，四季不涸。池不甚深，可以见底，惟西南隅略深，为地下泉涌出处。池中建一方亭，有木板可作通路。蓄鱼甚多，大者长尺许，小者三五寸，或即为人所放生者。洒米在其中，鱼群飞跃争夺，亦有自然之趣。寺内最后进，系就喷出之石灰岩所建。卧佛即在西南角之岩底，身长丈余，外以木栏掩之。有联云：

望穿千八百国未尝合眼，睡到十二万年乃大翻身。弋最山题。

其北有一岩洞甚深不可测。闻有好事者，燃炬入内，多不敢深入。据岩外所立一碑，为大明成化六年(1471)千户阮洪等所纪寺产之文考之，则知此寺原名金岩古寺。称“金齿城北三舍许，有一石佛卧于岩下，古无所考究始于何时。洪武初，土居好事者建寺以栖之，甚隘陋。永乐间，钦差内官段公来事南番，住节金齿，因其山林清胜，古迹幽然，意甚奇之，乃捐资财以建之”云云，是此寺之宏模，盖始于明初。至于附近僰夷[①]每年结队来此焚香顶礼者甚多。有远自盏达干崖等处而来者。则此寺之兴起，与碑文中所谓之土民者，想系渊源于僰夷之崇敬而起矣。今壁上以夷文所书之字甚多。寺后环山，林木葱郁，亦保山名胜之一。闻每年阴历正月初八之节期，各处来游会者约二三万人。龙灯狮子，热闹异常。洞外尚有一联，字亦秀劲，但无题名：

千岩竞秀，一窍通灵。

是日，远乡来进香求福者，不下二三十人，男女老幼均有。是平日之来香火，亦并不冷落云。

十二点循原路归。特至郎义村访万寿昌同学，已早为之预备欢迎。寺内清洁，虽为乡中小学，布置亦井井有条，书报亦购置若干。此亦可以视万君对于任事之认真处，对于新知识之研究不放松。又偕游村后约二里许之圆光寺。寺位于山阿，远处即可以看见寺外之照壁，白垩所涂，排立甚庄严。据云此寺地方人士培植所费，约在六

---

① 僰，中国古代西南地区少数民族名，元以后也称傣族先民“百夷”为“僰夷”。

七千金。寺亦三层，最后一进，即建于岩石上，地势较高亢。入第三层上阶处，有壁石一，镌“松风水月”四字，为草书，相传为担当和尚[①]所书，故锋利有力。其两旁有两块相陪，闻已被人窃去。后殿供千手观音，系白石所刻。阖像庄严妙好，高约二丈以上，最近三年前始完工。为一四川工匠，姓杨，现落籍沙洋矣。其一人之工作，菩萨宝座之花纹及围绕之龙，雕工均极精致，实世所罕见之技术。为之拍照即返校。

予为小学生讲演，要怎样做人，要怎样救国。大意做人应以孔子为模范，修身、齐家、治国、平天下为根本。修身即在学校内训练之智育德育，要切实身体力行去做。救国要有方，此即科学救国。最后鼓励学生要立志。讲后即欲回城，因坚挽留晚餐。因村中有迎亲者，遂由村中开一桌菜来。味甚清新可口，尤以炖鸡之味最新鲜。予由此亦得知保山乡下并不俗，较昆明乡下为高一着。饭后即行，万君情意至厚，送至村外始别。予坚邀其再入城聚，彼以家事校事恐难于入城云。太阳落山，寒气渐增。予披大衣始稍暖。至大理会馆适将昏黑。陈君来谈，九点始去。予以熨斗整理今日所洗中山装。十一点零卧。

保山坝子内，南面有三哨，北部有四哨，各为一区，与城内共占三区，其余七区即多为山地矣。南部缺水，北部自山中潜水，流出者甚多，每年田亩栽种即势此种水源。南部则天干之年即不能种植，较为苦，而所有之水皆归入东河。南部因地势较高，东河之水流经于其地，然不能利用云。

卅日(金) 九时起，天晴朗无云。早餐后，即偕王用之赴特种消费局访林局[长]。取出存款现金四百元，由王用之送与陈尊三处之存金二百元。与林局长李宝臣先生在后楼上小谈。辞出转赴公安局

---

① 担当和尚(1593—1673)，俗姓唐，名泰，字大来，法名普荷，又名通荷，号担当。云南晋宁人，明末参与云南土司沙定洲倒云南统治者沐天波的活动，失败后出家，结庵鸡足山，是明清间名噪一时的诗人和书画家。

访李子衡局长。适用之亦在，托其代觅麝香，彼云今年夏间曾由办山货之熟人处分得一块，价不昂，仅十八元。予强以十八元分得。彼欲送予坚不肯而仍以原价得之。麝香在滇省以出于云龙者为上品，较丽江产者为优。且不识货者，往往受骗，因可造赝品。据谈此种动物体小，比鼠略大，多栖森林中，而性最灵，猜忌心甚大。虽遇风吹草动，略有声息即逃走。即在小便时，尿淋于树叶上，叶作声，不待小便完即惊跑。因此其肾囊内尝积有此分泌物品。人捕此种小动物后，即取其肾部之物而用其皮包盛之。大者最多一二两，小者仅四五钱。若零购，其价甚昂。医药及香料等皆用之，功用显著。性寒而猛，虽数分力极大，不能任意吸食。

随赴县署访袁县长，谈李元凯事。袁县长始知以前电报之由来。一切措置亦认为李之如此糊涂，将来何以善其后。予告以风闻彼已将随员遣散，沈技士已返省，测量已无挽回希望。彼云传闻或不可靠，待见面证实后，再作计较。于自己做事，亦应先占一地步，否则责任谁负，并劝予再写一信约其来保山城会谈为是。予亦以其言为然。谈久之留晚餐，以写信办事辞。彼意诚恳，谓办事饭后再做，以其情殷，即在县署晚餐。饭后即辞归。约子丰兄等夜间到会馆内谈天。

归后命人预备菜点，以备消夜。六时半李继武兄来，并带来《永昌府志》。内中因搜购不易，尚缺五册，拟另设法再补。谈天约一小时，张搢臣先生（予师范时之博物教习，此次随任李元凯之秘书）来，告以盼望之切。彼因金鸡村扫墓事及家事耽搁故转城较迟，予即讯以李君近况。彼云沈技士、魏医生及副官等已遣散，殊为之惊讶。何以蛮鲁如此，竟不顾大事。以后本欲向其挽回，又怎能哉？是测量技士既走，则此行直等无用耳，予为之剖辩。彼云照参谋部组织上未谈测量，故遣去。予反诘参部此种办法，是否永久命其在施甸做官，抑专为此事而来。照此说，则由南京派遣时，亦早已处置错误矣。则当时测量经费，又何必另列为四千元乎？彼欲瞒混上者，欺骗父老，实自造坟墓无疑。做官如此容易乎！张先生默然无以对。予愤愤不平之气实难忍，肚子将要气破。又云：李意对于指定路线太长，费时太多，欲与我商量分头进行，征求予之意见。予以其为人如此奸滑，不能向其明言，仅谓予拟转镇康后再作道理。若李专员认为不能去，可先回京，予慢慢再做。并立即将所拟好到保山后给与之第三封信交与彼，并申明请代转达事三件：(1) 会商以后进行事。(2) 挽救天文测量办法之可能。(3) 因预算日期已过，以后须请求追加经费。望其见信后应明白表示态度以便进行。予为公为私，待命十余日尚未见其踪影，于情于理，未免欺人太甚矣。彼亦无法答复，略坐即辞去。约一刻李、楚、王、潘诸同乡均来，又有一番议论。十点消夜，大家均有酒兴，尤以子丰兄善饮。十一时毕，予即拟电稿，至夜两点钟始入被卧。

十二月一日 天晴。睡至十点。县教育局郭局长、财政局庄局长二人偕来访。急起盥洗毕，邀入座。于心殊愧之，告以迟眠迟起之由。即谈至《永昌府志》及永昌物产。庄局长年事较长，对于保山之物产，颇能历历话出，便请其代征求特产数种，以备将来到京后开一小展览会。谈至十一时始辞去。予本拟潘电码，适袁县长又来，迎之入内。不久张搢臣先生亦来，谈其当民十六七年时，洱源匪张结巴祸乱事甚详。图谋为害地方，极残忍，结果仍遭惨死，人之因果报应历验不爽也。三点半偕往隔壁迤东会馆，应同乡之招宴。袁县长亦同往。酒席尚清洁，至七时始散。予归后再整理电稿发出。张搢臣先生又来，以为欲觅一谈话之机会，因人多不便谈。予即告以李元凯处置乖谬，将如何以善其后，如何以缴此命。彼亦以为然。予又劝照此做去，对于张先生数十年来在教育界之令誉亦大有关系，应多番考虑，不能孟浪随其奔走也。坐谈一小时即去。

予补记两日日记，觉头昏眼花，精神过疲，即理床褥而卧。

二日 天晴。十点拟大理后援会电文，随即亲自送去。电[报]局内有二人抄发电报。潘局长未在，即赴子丰兄处。略谈即看上海小报。至午后两点半钟往县署应袁县长之招宴。客尚未齐。约五点即入座，除予之随员外，有地方绅耆及各局长作陪。坐后上头菜，予即请于袁县长对两座同客略演说。大意：(1) 对保山之赞许，为云南第一大县，亦可称中国第一大县。(2) 对现在中国政治之建树，以县为单位，保山若能从县自治着手，何患无进步。县自治应自下而上，由保山父老起来做，无有不成功者。(3) 对袁县长之办理精神，殊堪钦仰，望全县于袁县长领导之下努力于地方事业，则保山之前途未可限量。(4) 提到杨秋帆之墓地，应表彰其人格与首先实行发难之精神，切勿为风水所迷惑。饭后予因李专员派人来在大理会馆相等，即辞谢而归。系其勤务汪伯智君，乃为李专员特派来迎予赴施甸一行。予以李君对此事实办理太不成体统，将沈技士遣散，应通知予并须命沈君与予相会，乃不顾一切并命其由蒙化小路[走]，不使与予会面，其人之荒谬绝伦有如此者，予已大不满意，焉有再向其会商乎！故对汪伯智言不能去，望其能来则来，不能来则再求将来之会晤。又据汪君告予彼亦认此事已失败，屡有言相劝，亦不听，种种自作主张，以此愤事。即在施甸楂邑村对于同来之随员，伙食待遇极苛，颇为人所不满。闻其随员杨少白已转回南京，大为宣传其劣迹。《中央日报》且公然登出。黑幕揭穿，将来此人如何下台。汪伯智亦大不满其人，刻在家行所无事，其人真不配做事云。

随写与李濬庵兄函并装入大理之合影以赠之。十一点卧。

三日(日) 预定今日游金鸡村。七时半起。八时张播臣先生来。

早饭毕已九点，即起身。出大北门循和村距城约十七里。跨东河，有木桥曰天心桥，长约四丈。市镇即在其两端。铺户约百余家。五日一街期，来集者等于板桥三分之一。各种货色俱全，以布换[棉]花者甚多，即在桥西旁顺龙寺内。寺有三进，极整洁。办两级小学校。校长方君，系大理中学第五班毕业。谈后知与叔禺及濬庵兄俱同学而又系兰交。觉其人亦颇精干也。随向东北进。一路垂杨未枯，路道整齐。约十三里即至金鸡村。

村位于哀牢山之北，相距约五里。其后之山尚秀，据谈原为象山所包围，因明时邓子龙将象鼻凿断，故所谓之地脉即受影响。村户数甚多，约千余户，亦保山大村镇之一也。村有街市，五日一集，与和村街大小相等。村原为汉时吕凯之故城邑。村中有插戟石，系天然之岩石两块，传为当时吕凯插戟之处。旁有一小温泉，以石血镶，口径及尺，出温水不绝，色黑，味带硫磺气，然成分不重。距此约半里，北头有温泉，方各一丈二尺，以石砌成，出水量较大，为男浴室。每日村人前往沐浴者络绎不断。可容二十人，然水色极污秽，闻夜间水略清。此亦由于地方人士之不知公共卫生云。闻其南尚有女温泉，似不便参观未去。村之西北约一里，有一寺曰云台寺，又名大将台寺。门前有大树一株，系一种□树，粗可两人抱。树下有一小土堆，言当日未建寺前，此地为吕凯养兵之兵营，其拜将台即此。今察寺后尚有土墙基可寻，则此处亦一古迹也。村中有一公共集会场所，在四方街内。有文宫，内设完全两等小学校，共有三进。校中设备尚不差。是日未上课，不得实地参观。随即迎至张府休息。餐后即辞谢而归，至城已灯火明照矣。

九点闻李君到，住县署，约往谈。予观其态度未改，主张倔强，以一切话俱不可就商，隐忍不言。对于测量事竟不负责任，对于各方之表示，以为做官人不能过问，其人之种种举动由此亦可以观之。不必与之深谈，谈亦无聊，乃决定即将赴腾。

四日(火) 九点起，县署来邀早餐，予以事忙，不愿往辞谢。随拟一电发沈文侯君，劝其仍再来，作实际工作。随拟讲演稿。早饭后略休息，县中来人引路。校址在北门街，原为永保书院故址，尚宽，惟房屋稍旧。在客厅略休息，学生已集合于礼堂，邀予等入座。先由郭教育局长致欢迎辞，予即登坛演讲。县中[学]生约一百五六十人，高级小学生约一百余人，共三百名左右，严肃整齐。讲题为现在青年学生求学之目的，分三层解释之：(1) 解释题旨。(2) 在中国目前环境所需要的学生是什么。(3) 真正的求学目的——怎样的做人，怎样的救国。(4)我的希望于县中者。讲演约一点钟毕。继有陈尊三君讲植物与人生之关系,殷寿增兄讲花柳病,均使听者为之动容。三人讲毕,由郭局长又致答辞,勖学生注意于此。讲后已午后三点。偕全体小学界同人即赴太保山西麓鹤云会馆晚宴。主人五:财政局长庄应麟,年已近五十,性情和蔼,为地方正绅;教育局长郭有贤,年卅余,亦谦下有礼,颇得地方倚赖;县中校长张绳规,年约卅余,人表面上有精神,干练处较差;县教育会会长张金沅,年约近四十,尚老成,但不多言;管理处处长万毅夫,年亦卅零,似善接应,言辞亦善长,颇活动者。予席间特别感谢各主人之盛意。县长及教育界人士,地方绅士皆在内,共三桌,济济一堂,欢叙至八点始散。

李建德[元凯]约来谈,彼意次日回里,再赴腾冲相会。对于意见丝毫不肯下人。测量事彼云由彼负责,予云当然不成问题。其臂部创伤,行动困难,恐一时不能起程云。十点辞去。后寿增等又来谈。至十一点始就寝。

五日 晨间起较迟,起后即早餐。饭后拍发沈技士电一件,挽留彼再来。午郭局长等来谈至四点始去。晚饭后出外访李继武兄,因赴金鸡村未在,略与其堂弟坐即辞出。往约子丰兄来谈。夜拟写为修葺杨秋帆先生墓地募捐启[事],并与电报局潘局长商量以后办理杨公坟墓事。十时始去。予又写与同乡会报告函。头脑昏闷,至十二点始卧。

六日 天晴。惟早晚已较初到时为冷。八点起,即写呈部第三次呈文。午后二点出外,将洪盛祥汇款取出一百元,余二百元到腾再取。随赴烟酒特税局访林局长辞谢。未在,即赴县政府与袁县长谈甚欢。袁县长年已六十,经验甚富,对于予赞许有加。谓观予有才干,不浮躁均有希望,将来尽从处事,实在磨练着手,此亦难得之领教。而袁县长能于如此相推爱,亦见其能看得起。谈至五时饭后返大理会馆,整理行装。子丰、耕云两君来坐,遂将对于杨秋帆先生墓地捐款事,先由各人自愿捐,予捐现金卅元,此款请子丰兄代垫,余由省请实若代还。

又写信与郭局长说补印《永昌府志》，又写信与赵掖池先生及写家信报平安。十时早卧。

七日 今日为阴历冬初一。晨八点一刻自保山出西门（龙泉门），循山麓过梨园村至永腾大路。约行一小时一刻钟，至卧狮窝，为山麓一村镇，约四五十家。为保山之南部，距城十五里。由此即转登山坡，坡旁距村半里，有一石灰洞曰石花洞，钟乳垂吊，内部甚黑，白昼以电筒射入亦不甚明。洞口牛力堆满，气味甚臭。有李印泉先生题额及赵樾村[①]、由夔举诸先生之刻石，皆镌于岩上。皆壬子年春。其他尚有题诗者。由此上坡，路不十分陡，但路基已坏。由 1550 公尺渐至 1830 公尺，再至 1910 公尺，最高为 2050 公尺，较窝狮窝（卧狮窝）高出 500 公尺。至凉水箐为一山谷，高 1980 公尺，低于高山 70 公尺。此处人家约十户，房屋破烂，民极穷苦，距城 35 里，有饭及荞面可吃。至此以下为下坡路，路尽砂所变之土坯，大部系经风化者，坡度在 45°，极难行。又十里，至孔雀寺，其来历问土人不知。有一寺三间，一家人住此搭一草棚于寺门路侧售茶。至此以下，可乘轿一小段，即经一段坡度更陡。孔雀寺高 1700 公尺，距蒲缥 15 里。

蒲缥[②]为一山谷中之平原，南北窄，不及五里，东西为两山所夹成之谷，约十里长，地势甚低，仅高 1270 公尺，低于高山 780 公尺（东部山），低于保山平原 230 公尺。故气候已较热，下晚并不觉寒，甘蔗已出产矣。此地以腌大蒜（味甜）出名，又产手杖刀，制作亦工。镇上

---

① 赵藩（1851—1927），字樾村，一字介庵，别号猿仙，晚年号石禅老人，白族，云南剑川人，曾任四川盐茶道、永宁道、按察使等职。清末民初，参加辛亥革命，护国、护法运动，曾任南方军政府交通部長。1920 年辞职回滇，任云南省图书馆馆长。晚年致力于文化事业，著书立说，编撰《云南丛书》，是云南近代著名的学者、诗人和书法家。

② 蒲缥，今为保山市隆阳区蒲缥镇，距保山城 32 公里，是古代“南方丝路”上的重要驿站。

有住户三百余家，富户不少。高楼大厦之建筑亦有多所，间架甚大，木料甚坚，布置亦宽，工程亦可观。梁金山即此地附近人，以幼时在乡赌输十余千钱，遂逃往缅甸做工，今为邦海银厂大工头，已廿余年，成为蒲缥大户富室，拥资百余万。年尚四十余，但性质亦豪，虽不知书，殊明大义。闻英人欲利用其以开采班洪矿产，彼不愿，谓关于中英交涉事，彼不能过问。

予等住云和栈内，为蒲缥唯一之大店，可宿百余人。从前曾极清洁，近因店主二人先后丧亡，遂衰落云。所谓之上官房，板壁通洞，上面木板不全，邻房笑语声清晰可听。适由腾越来之戏帮，男女杂沓，吞云吐雾，多夸其炊烟所得烟灰、烟具陈设，无一铺无之。云南号称烟国，其此之谓乎？夜间洗足后九点睡。

距镇北二里，有温泉一所，分男女堂，亦已经改造过，亦有名。今晚店帐区长李琛（世臣）先生来代付，并送鸡一只，肉二斤，大蒜一小坛，手杖一根。情意甚殷，却之不恭。晚饭后往其府拜候，招待吃烟茶，并享以菠萝。谈其二子在上海私立中学读书，其长子忠厚，次子稍乖，望将来转南京后代其指导升学。予当然应之，以其兄静臣相交深，不能不代为照应也。

本日途程：保山……15……卧狮窝……20……凉水箐……10……孔雀寺……15……蒲缥

蒲缥设有两级小学，镇头有万寿宫，为最大之公共场所。门外广场有剧台一，闻常在此处演戏。镇上街有南北及东西各二条，成井字形，其热闹闻不亚于大板桥之赶集云。

八日 今日本拟天明以前早餐，明后即出发，以店主做饭太迟，七点半钟始起身，已日升三竿矣。附近有雾。自镇出发，不一里即上坡，以土色黄故名。坡尽处有住民五六家，亦售茶，距蒲缥五里，产黄烟叶。自此以后，沿山半湾转，以达放马厂，皆可乘轿。中途距黄土坡村十里处，有一寺曰观音寺，山上松林尚茂。予等自保山出发以来，满山重重森林已砍伐殆尽，即在蒲缥周围高山所见者，亦稀疏可数，可见林木之缺乏。此观音山秀而润，寺院两进，后进有厢楼，设有两级小学校，为附近村落儿童受学之所。自观音寺至放马厂约五里，为一山坳，溪涧在其后流出。人户二十余家，房屋破烂，民不殷实。五日一街期，来集者三四百人。附近隔半里，尚有一村，亦名马厂，人户十余家，此村设有大马店及旅店。

又由放马厂行十里，至打板箐，为一分水岭。东北之水流往蒲缥，南流之水至怒江。附近为两山夹槽，有山田可耕。燕子群飞于田垄间，为予自省出发以来所未得见之小燕，亦快事也。人户十家，旧日建筑石基及门墙规模，可以推想从前必有大族居此，经乱变而遭破坏之情形，其时间必甚早，因石基经侵蚀已陈旧矣。此处设有保山烟酒特税潞江分局。至此再下五里，抵柳湾。皆循山谷中下坡路，人户三四家，极枯寂，极贫寒状。有牛马店一家。再下坡，下瞰溪谷，水声甚响，而亦甚峻险。路则已经山土落下，多毁坏，难行。道旁岩上刻有“此名哑泉”四大字，系“光绪己巳冬景山奉告”等字，泉已干，惟留此痕迹而已。其湾处新建一石桥，对于来往客人受益甚多。自此以下，行约十里即至山脚，溪水□声甚响，山脚住有三户，皆系冬来春回，以地势渐低，夏季气候不宜，故不敢寓此。皆竹竿草棚，供驼马牛之歇息处，牧猪者亦多住此，故生意不恶。闻地租每月纳二十元，新建草屋需工本百余元。炊爨亦在露天所砌之灶。可以经营半年即完，闻其他二家亦然。屋周遮栏随便，实等于风餐露宿耳。售茶及晌午。平常人所云“若过潞江坝，先把老婆嫁”，即自此以下之说法。

由此至潞江[①]边，江桥当有十里，路平坦更为低下矣。江幅较沧江为宽，河谷亦开展，惟流速则似过之，水奔腾如吼。桥为去年腾冲商会新造。北岸甚陡峻，坡度约45°之角度，但以人之用石镶成阶级螺旋形，可以减少倾忽之势，上下较易耳。桥分两段，中有天然之岩石可

① 潞江，即怒江。

据，亦以石砌成尖角形，容积亦大，可以歇息，或便人马来往之一缓冲地段，且马匹等亦可在此调节顺序放行，免拥挤发生危险。

北段桥可称花桥，工程亦不赀。上面两旁各以铁索六缆系於两端，皆用钢骨，三合土筑扣。缆上扣箸铁柱，每柱径寸许。两柱下端横锁铁杠，然间1.2公尺有一孔铁柱，共有六十五孔。宽为2.6公尺，又以铁条铺以上，其上再以横木钉于上端。中间再钉于梯形之木条，以免马匹行过时不致滑。共长七十六公尺，工程以此桥为浩难。岩端题"惠人桥"[①]三大字，因新修之故，字迹焕然可观。字又大，虽在南岸登山坡上数里亦可见之，与整齐洁白之桥头相辉映，更觉美观矣。

南段桥工程稍逊而简单，两旁未以花形铁条配置，亦较短，仅四十五吊钩。实长约五十三公尺，宽约过之为三公尺。冬令水浅，南桥下即无水，仅北桥下水流急而色碧绿，因水清而深之故也。江之形如石槽(图略)，桥南岸有住户十余家，大都为摆夷[②]居此，其形状极似越南人，齿亦染黑，声音亦近，身体甚弱。服装亦异，着青衣，而腰间及裤皆绣花。汉人当清明至霜降，皆不敢居此。闻汉人于三日前始迁来，可想夏秋此地之枯寂矣。

保山糖捐房设此，独路也，无人可以偷漏耳。并建一镇江寺，摆夷祷祝之所也。

过桥即上一岗，路又平坦，约十里至山麓。沿途草木不凋，且多

① 惠人桥，位于保山市潞江镇坝湾莫卡村怒江上，始建于清道光十年(1830)，落成于道光十九年(1839)。其后一百多年间，先后毁修6次。1952年保腾公路通车，改于下游东风桥过江，惠人桥从此废弃，现仅存三座桥墩和南岸的关楼等遗迹。

② 清朝时期称傣族为"摆夷"。"摆夷"乃明代"百夷"之同音异写。汉族把明代的"大百夷"称为"旱摆夷"，也称"旱傣"，把"小百夷"称为"水摆夷"，也称"水傣"。另外普洱府和新平、元江的一部分傣族被称为"花摆夷"，也称"花腰傣"，三者之间在语言上存在地方性的差异，生活习俗和服饰也有所不同。但从元明清至近代，傣族自称仍然是"傣"。

热带植物，树木亦硕大，草亦特长，蒙盖山谷中，仅可通一行道。田亩土质黑，亦极肥美，种稻称软米，较粳米为软故也。带粘性，食易饱而味香，色洁白如玉米，可爱。稻穗极饱满，可想其土质之肥与气候之特惠矣。然汉人每视为畏途，故至今尚未尽地利云。

自山麓登山，又较陡难行，中有一段可以乘轿。约十五里至济我桥，渡溪谷后则又登坡，更为陡峻，呼吸令人急迫。路系新修，尚不难行。至滴水落，有住民三户，售茶。又上一里余始至攀枝花，为往腾新道之一站。住户五家，旅店一家，可容一百人。旅店为蒲缥人所开设，生意甚盛。客费供饭不供菜。收三、四、五角三等，饮水、燃料均便。惟住室均为竹编成，以土石砌者甚少。予等所住之处较缓，然风伯亦不免，温度尚不寒。

高度	观音寺	1330 公尺	惠人桥	约 600 公尺
	放马厂	1290 公尺	攀枝花	1190 公尺
	柳湾	1129 公尺	柳湾山脚	722 公尺

攀枝花在山之谷南坡。

本日路程　蒲缥……5……黄土坡……15……观音寺……5……放马厂……5 ……打板箐……3……柳湾……25……稻秸坝（山脚）……10……潞江桥……10……河口……10……攀枝花

九日　天初晓即起床。饭后大明，太阳照山顶即行。尽属登山路，路由山腰渐渐上升，极盘曲迂回之至。大山岭中，尽属森林密茂，路即砍伐树后新辟。行一山嘴，又一山坳，层层而进。有数处因山中涧水冲流，极易冲毁。即山坡淋泞而下之雨水，流行道中，亦极汪积损路，故每年必修，每年必坏。山坡泥积冲下，道又填塞。或被水浸后，路基不稳，已现龟裂。此路若夏秋雨季，行途所经，易遭危险也。

【自】攀枝花寨户口二十余户，皆散居山坡，耕山为业，开旅店者，仅予等所住之一家蒲缥人而已。此地旅店业生意颇不恶。予等所歇之店，女主人年四十许，极干净有本领。昨夜照应顾客三四十人，饮食，用温水，井井有条。将来此店必发达。宿者多主顾，皆蒲缥保山人。收价亦廉，供膳。由此上登距五里，即至华菜坪，人家约十户，摆夷与汉人合在。再上五里，即至老寨。老寨位于1350公尺之山坳坡，有瓦房一所，有楼，能容住客较多。其余概为竹篱房，疏落约十数间。由老寨以后又五里至黎苏寨，高测1529公尺，住户十余家，竹房较大，在山之北坡。继续登测得1970公尺，2150公尺，即转一丫口，路已平整。向北去约半里为分路处，有指路碑。应注意向西走，始可至小河坪，否则向北则走入歧途。约五里即至小河坪。所谓之坪者，即山中之较平处耳，已距攀枝花35里，高2262公尺，为本日所登最高处。然距山峰以目测尚差一千公尺左右。小河坪，亦尽为竹篱房，以开马店者最多，亦售茶及午膳，人户约二十家。在此段路之形势如下：

予等到达小河坪，已十一点半，共行五小时。登山路有如此之难，实际不过行卅五里耳。在此午点，俟后面挑夫到又前进。予精神疲，略卧，醒后见有人家，亦皆竹房而居，颇简陋。然一路较北面居民为多。下坡行十里至岩子头，住户两三家耳。以上路较整，以下路已经破坏未曾修补，但系土路，且山之西面，山岭已不似山之东面岭峻难行，故缓缓下，其较陡者不过数小段耳。又五里至岩子脚，高度降为1800公尺，住户约四五家。再下五里至后头田，仅有草棚一间售茶及饼饵之类。以下路又整齐，皆石砌成，甚整齐，间有倒塌失修处，以迄江桥约十里。桥跨龙川江，故称龙江桥，亦系腾商捐修。工程与潞江花桥大同小异，外观形式亦相似。长51公尺，宽3公尺。桥下江水色与潞江同，流亦速，声甚响，亦可见其水深矣。桥架之方向，为西南与东北向。西南岸壁立，江水向此边冲来。东北岸有一短市街，铺户五六家。桥上每次只许马二匹通过，违则处罚。

过江后上一缓坡约十里，即至橄榄寨。已午后四点半矣。

本日途程：攀枝花……5……华菜坪……5……老寨……10……黎苏寨……15……小河坪……10……岩子头……5……岩子脚……5……后头田……10……江桥……10……橄榄寨

十日 晨天晓即起，预备仍早动身。七点半即行。龙江坝云气笼罩，如白浪堆叠，四山雾甚薄，真自然之大观也。橄榄寨高，离海1383公尺，渐自登高。路系石镶，尚整齐不难行，坡度亦不陡。迂回至山梁上，高1925公尺，最高点为1945公尺，距二台坡甚近。二台坡高1890公尺。二台坡为山中之一村庄，约十余户，皆竹篱瓦舍，惟有一家系木柱土墙，乃新建不久者，售茶及午膳。附近山地可耕，土质亦沃，虽无水田，然已非山坡难耕也。在此处遇一保山来之担夫，系贩卖经营小生意者。篾箩内装鸡蛋千余枚，运到腾冲销售。讯之谓在保山现金一元可得卅五枚，挑往腾冲，可获利百分之四十，即每元售廿四五枚，利益尚大。然一人每次肩挑八十余斤，仍按站挑至，登山越岭，亦不易获此微利。由二台坡至甘露寺一段，相隔十里，均系山中起伏不大之山地。甘露寺人口十余家，亦多竹屋，高1915公尺。又五六里到湾坝上，人口三四家，又转为上山路一段，始至芹菜塘，高度又增，为2045公尺，为今日途中所经最高点。论来与高黎贡山高度似相差不大，实际则相差甚显。因高黎贡山地势盘礴，须一日之力始能将一山岭穿过，而其峰尚不可攀。至今日所过之龙川江西之山，则已达山梁矣。芹菜塘住民十余家，概为土墙瓦屋，已近腾冲坝。其地位于山岗，路作南北，东西向，有马店，售茶与午膳，为西来必须休息之处所。

自芹菜塘以下，为往腾冲坝之下坡路。路基石质铺未经十分破坏，坡度不陡，曲折以降，长约十五里。到达山脚玉壁堂，村落约卅户，有马店。自此以下即腾冲坝子。到城约十里，为时尚早，适午后一点半钟。直驱第一殖边督办公署，李督办外出，未在署。见生庄[①]，握手

---

① 李生庄(1904—1945)，云南腾冲人，李生萱(艾思奇)的哥哥，曾执教云南省立一中，并兼任云南《民众日报》副主编。1930年随父亲李曰垓回到腾冲，出任云南第一殖边督办公署秘书兼和顺图书馆馆长，开办了腾冲女子中学，创办了简易师范和《腾越日报》。

言欢。盖相别六稔，今又得聚晤于腾，实一大快事。邀入后院畅谈，并问现在腾之老友。谢锟兄来，李贡三先生后来，竟谈至十二时始辞去。

署内有思茅陈寿虞(字伟伯)先生长住此，性情见解均颇投机，亦缘法也。生庄亦并未放當年态度。各道别情。予於十二点卧于督署正堂内院。

本日途程：橄榄寨……10……二台坡……10……甘露寺……10……湾坝上……10……芹菜塘……15……玉壁堂……10……腾冲

十一日　昨夜李贡三、谢少卿两兄畅谈至十二时始散去，得卧，故今晨起身已十点。早饭后往拜访腾冲县张县长怀三(镇南籍)未在。县署为前□□□□机关，自民国后新改。建筑布置与楚雄县署相差无几，其新洁处则過之。后予以其未在，即顺路出东门游行市中，虽不遇街期，然热闹则为迤西各县所不及。便道访谢少卿教育局长，又赴五保街洪盛祥商号坐谈。适杨克诚[①]兄路经相值，喜出望外。因克诚兄别来已两年有余，新由美国游学，取道欧洲，自缅甸旅行归来。各道别后情况，天涯相逢其乐无穷。随赴其本号永昌祥[②]坐谈，将其在英所搜集之北段界务，英人之论文以告，以北段界务之图相赠。谓在伦敦时已见登载予之消息，极盼此行努力切实做去。予亦告以此

---

① 杨克诚，曾任云南省政府委员。

② "永昌祥"商号，由云南商人严子珍、杨鸿春和江西商人彭永昌集股白银11000余两，于光绪二十九年(1903)开办，总号先设于下关后移至昆明，在大理、昆明、丽江、腾冲、昭通和四川成都、重庆、叙府(今宜宾)以及上海、香港、缅甸、印度等地设有庄号二十多个，主要经营茶叶、生丝、布匹、绸缎、猪鬃、洋杂、山货、药材、烟草等土特产及金、银、锡、外汇，创办有茶厂、染织厂、矿山、农场和中小学校，以及大理苍逸医院、苍逸图书馆等。从1911年到1931年，商号资本增值30倍以上，达到鼎盛。1947年随国内通货膨胀加剧，商号将经营中心转移至香港和缅甸。1949年底昆明解放，商号接受公私合营。

行之主张计划，当本诸平时之研究所得，务达目的。但因天文测量可谓已告失败矣。晚间生庄约县长及旧友一聚，少卿、贡三、协之、张县长、杨克诚诸兄均来，畅叙甚欢。八点均散去，惟贡三在，谈至十一时始去。予今日特索督署[①]案卷参看至夜半后两点始卧。

段雄飞兄来函约将在耿马会齐。昨夜由七点即降雨，然天上星斗犹在，夜间六时降[雨]时止，天明又放晴。

十二日 天晴较寒，十点起，即看档案。始知最近外部已得英领表示，南京会议，可不必开，今年内应组织联合会议，请国联派一委员长，同时上界实地勘察。但委员长不能发表意见，俟查实后，再为开会解决。故外交上又略有变更。予此行或不无代价可言。午后二时偕少卿、生庄、用之同赴南门外龙光台看瀑布。出南门约二里，即至太极桥，水声似吼。桥以石造，有三孔，建于岩石上。桥上有石亭一，石桌一，可以眺览瀑布。大盈江之水，由南山麓迂曲而来，经桥下后，流愈急，水量又大，即倾倒入于峡谷底，白花巨浪，飞驰而堕，如棉雪，洒入潭底，瀑布悬崖，一巨岩喷出，故激流水成奇观，下坠高约十丈许。潭周约十丈，深不可测。其下风掣袭不可当，飞花湿衣。在岩上观，细雨点丝飞，斜虹隐显实奇观也。今将其略图列后（图略）。

---

① 国民党政府为了加强中央集权，1929 年废除道制，实行省、县二级制，云南因顾虑边务，报请国民党中央批准后，在边疆地区同时成立两个殖边督办公署，直隶于省，专理边务。第一殖边督办公署治腾冲县，辖中甸、维西、兰坪、腾冲、龙陵、镇康六县，阿墩子、菖蒲桶、知子罗、上帕、泸水、干崖、盏达、陇川、芒遮板、猛卯十行政区。附近丽江、剑川、云龙、保山、顺宁五县如遇关系殖边事务，亦得直接指挥。第二殖边督办公署治宁洱县，辖双江、车里、澜沧、五福、佛海、镇越、宁洱、思茅、六顺、普文、江城十一县，临江、猛丁二行政区。殖边督办公署主要负责防守、界务，实边、交通、实业、文教、治安、慈善卫生及省政府委办事项等，成为边疆高级领导机关。

龙光台前岸上赏玩，瀑布全景毕露。有一石碑，为明万历乙卯孟秋望日年假司马俞朗题诗。写描亦真。

瀑布萦回下有湍，潜龙隐□在深渊。青露紫雾蒸腾气，喷雪惊雷日夜喧。

瀑布琼瑶数百尺，奔澎入江无□息。万古长如白练飞，一泓界破岩头碧。

其西之高岗上，建有龙光台寺。台作月牙形，环绕于外。台系石建，高约丈五尺，周以石栏，据此可以凭眺。瀑布显现于前，更为了然。其上外层为客室，有楼。内系僧房，有厢房。其东之一尖山，森林茂密，顶建一白塔。塔之南为毗卢寺，一古刹也。夕阳渐坠，遂缓步而归。赴张怀三县长之宴于县署。在座者有大理杨君，省派来腾龙一带催收救国捐者。此外杨体仁(克诚兄)、谢少卿、李生庄、宋日章诸君，畅谈甚欢。宴后偕赴永昌祥商号与杨克诚兄话别，并索其夷族名称表而归。

十三日 晨七点半起床。方洗面而杨体仁兄已来，遂与少卿、生庄等分别摄影，并赴五保街永昌祥送杨体仁兄行。早饭后已近十二点零，即首途赴奎甸。逾城墙向西北行。山路平缓。中途至张家坝，附近山坳中有住户四五十家，村落不大，亦不甚殷实，距城约二十里。再进皆循绕山中，所幸坡度小，惟将至奎甸前五六里，山坡起伏稍大。抵奎甸时已近午后五时矣。奎甸村在山坡，谷底为利生垦殖公司所在处。草屋数间，所以为堆积草料及杂物，并工人养马之所。另有屋一小座，正房二间，为木质，甚矮小，有楼，其旁有竹篱房两楹，水碾一。山水即流自院中经过，碾即利用此天然水力也。楼上即督办室，寝食即在其上，下为办事人所住。两旁之竹篱房为佣人及厨房，故甚简陋。公司内新聘一印度工程师，略懂工程，刻即管理指挥钻洞工作。公司之南，新建篱房一栋，以灰粉墙，即为招待外宾之所。总经理即李督办[1]子鬯老伯自兼。

奎甸距城约四十余里，村中约有人家四五十。山中耕田周环约数里，故仅可供衣食，然甚贫寒。

李督办约六点钟出，天已黑始归来。予出门外迎之，握手甚欢。盖李督办年事已五十四，精神甚健。其长公子[2]为在京之交友，甚厚。从前当民[国]十四[年](1925)时在京亦常会谈，故予以长者礼事之，同桌共餐。餐后予即以此行之意见告之，并将所拟之意见书及提案各送一份，请其指导。约略谈界务问题，至十一点就寝。

十四日 奎甸较腾冲高一百四十五公尺(奎甸 1670 公尺，腾冲 1525 公尺)，故较寒。夜间重被不暖。晨九点起。早饭后由李督办引导赴工程之上源处参观，距公司约三里远。该处系一山沟，水源一明一暗。明水源自西北山中流来，涧流极急。暗水流自山中潜流而出，亦极粗。二流相等，汇合后量更大。据谈原订计划即认为暗流水源可靠。因明流当忙种时期上流之田亩需水溉田，故为之减少，故不能不以暗流为主，遂将堰筑于其下面相距二十公尺处。堰形弓，向上弯，为石建，即依据两旁之岩谷，故甚坚固。堰设两闸门以司启闭，系人力活动机。堰之中部低二公尺，其下成坡式，以便水畅流，并减其冲削力。由闸门以下沿山筑堤，皆相地势之高下以开沟，沟之坡度殊缓，其砂土疏松处防漏水则以石镶，迤逦而下，绵长约六里。为减少短沟之距离，故特规划凿一山洞，洞长三百数十丈。原用人工开凿，因觉工程迟缓，近始办到一德国钻洞机，安置于南洞口。每日则以八小时之时间，作钻洞工作。有工人三名，工程师一名，司机一名。机

---

① 李曰垓(1881—1944)，字子畅(又作子鬯、梓畅)，云南腾冲人，中国民主革命家、学者，辛亥革命及护国战争元老，著名哲学家艾思奇(李生萱)的父亲。曾任云南军政府军政部次长、民政司司长、云南护国第一军秘书长、云南第一殖边督办公署督办。

② 长公子，即李生庄。

用柴油，月耗柴油约六十箱。北口则仍用人工凿洞。两洞于夜运石于洞外。据目前之工程进行，因受经费之限制，尚须两年后始能完成。自南洞以下，尚须延长十余里之沟，始能接济缅箐之干田，可以利耕也。目下已用经费十五六万，将来尚须经费十余万始可告成，则可救济之水田可耕者，约十余万亩。每年增加之生产价值，约数十万。此种工程，实为中国水田之新事业，所少见也。然无李督办之坚苦实行监工并切实亲自设计之精神，实难经营。故李督办之精神堪令人敬佩。闻地方上人士及公司中人殊怀疑，于是一切设计皆遭反对。然李督办务须设种种方法以解除之，至今无日不亲自奔走于山谷中，指挥工作。然非此亦难于感动地方人士之信赖也。该段内之工程略图如次：

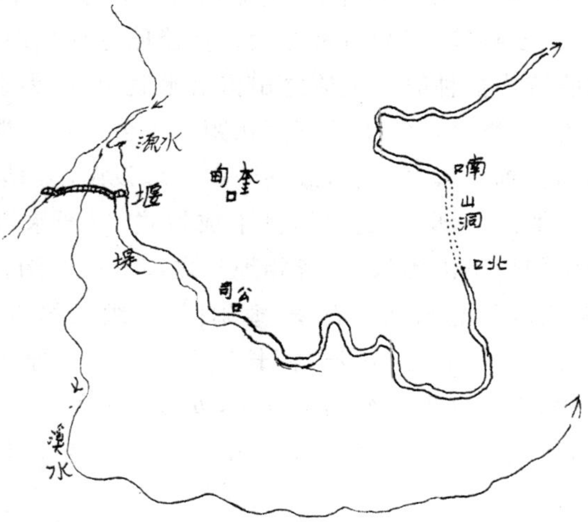

是日予等越凿洞之山，上下约十里，坡度甚陡。往洞内参观，则洞内概以木桩撑持，人可立行其中。洞内甚黑，而温度则渐近渐高，概为石灰岩，且皆易碎裂，工作时则燃汽灯。南洞之附近，有温泉一，温度适宜，为铁矿泉，一次可供十人浴。泉水自侧边山中伏出。

夜间与李督办谈边地实业政治及教育。有令人发噱者,有令人愤懑不平者,有令人抱悲观者。然督办权力薄弱,时时受牵制,无从做起。又讨论未定界事,对于予之提案甚表赞同,亦主张以(束)[速]了为要。北段目前态度,不能不提,不提即为默认。应定为一中英悬案亦可。又谓据此次班洪之事变,原于班弄之酋马美廷、户板领袖段子光(保山人)、贵概厅土司杨文炳三人为主,又加一宋忠福,相连一气向银公司献媚,为之动心。由马美廷先运动班老,已接受。再向班洪、永班疏通。班洪本为长房,见此事于己不利,遂与班老联合,誓不承认,乃事先讨伐班老。马美廷遂率兵进攻班老,烧毁其寨子。而[后]进攻班洪,占炉房。斯时又恰遇李占贤[①]出兵,大受损失,对方所得不偿所失,于是杨文炳首先退出,而老银厂不料受此挫折,颇为懊丧。英政府深怪马等之[人]欠斟酌,皆受申斥,遂告失败。实则此事之起,皆由于班洪之攻班老也。

予便中告以殖边应注意开发,此次愿意代为向中央各方宣传。鼓吹中央方面应注意于云南,投资援助云南,则将来之希望实大。李督办深以为然,告以边地最有希望之实业为棉业及铁矿、银矿,燃料亦不成问题。此亦为予此行中所问之最好参考材料。二人竟谈至深夜始寝。天寒夜间时醒。

十五日 晨八时即起。霜堆积甚厚,日光照耀,顷刻消释。又谈及本省唐氏时代之阔人,今皆渐凋零成末路。李督办为之感慨。认为此般人之下场亦不过如此。早饭后约十一点,与李督办合摄一影,并代摄单人一影,以纪念其苦干精神,并感谢此次招待之盛意,并告以所付托之事,当到京后负责办理。至此行请其放心,自己当本平日之主

---

① 1934年4月,景谷盐厂老板李希哲(又名李占贤)组织西南边防民众义勇军1200余人开赴班洪参加抗英,经过持续半年多的浴血奋战,义勇军和班洪民族武装夺回炉房、南大等地,把英军赶到了滚弄江边,后英方向中国政府提出交涉,外交部下令云南省政府主席龙云,责令李希哲撤兵,解散了义勇军。

张细心努力去做，决不致覆事。祝其健康与事业之成功，始握手分别，向归途进行。顺道往腾中名胜宝峰寺游览。寺据宝峰山，最高处较城邑高出 365 公尺，在一山坳中，有道院两座，佛刹一，皆修整不破圮，亦可见地方之殷实，始克臻此。山半有寺一院，山脚一院。三时循山麓返城。保山转来王特派员电一件，谓沈君决返京，因李专员谓得部电取消，始遣散，其蒙蔽社会人士有如此者。予拟明日发一电再申明。

夜间谢少卿兄来谈天，对于尹泽新事亦愤慨，并论及人生忠厚之吃亏处。予以三日未暇记日记，特一并记之以备忘，约夜一点始卧。

十六日　昨夜又与少卿及生庄两兄谈话时间较长，故迟迟睡而不熟。晨八时即醒。起后预备拟发电镐，斟酌再三，始决定。大意谓李专员遣散测量员并非部令，实自作主张。翻电码至午后两点始毕，乃偕王用之起行。出西门，循小路赴硫磺塘[①]温泉应张县长之邀游。距城区约卅里许，至则已午后四点半钟矣。

自腾冲县城至硫磺塘路线——由县城出发，经过上下绮罗村，约七八里，又向右方循梁家凹、兰家寨村前，计十里。再前经过倮梳冲，约五里，至忠孝寺约二里，又向右边山麓行，渡一山溪，经刘小寨，约一里，即抵硫磺塘约五里，共卅里。

沸泉水沸度如釜中水，蒸腾不已，蒸汽弥漫。泉系圆形，周匝四丈余，直径约丈余，必系原始火山喷口之遗迹。其火山管甚深，与地中熔岩接近，地下水浸入管中，经高热而沸腾。其腾高点约高出水面二尺许。喷腾点有三四，以中偏东之一沸点最大。由此可以推知此点之喷口必大，其他两处之喷口必较小矣。泉周所铺满之硫磺极厚，成乳黄色。所出泉本不多，大约地下水所浸出者，被蒸发为汽者占大

---

①　硫磺塘位于腾冲县清水乡，距县城约 20 公里，是腾冲最负盛名的地热温泉，我国著名的地热风景区。最大的锅形沸塘，直径 3 米、深 1.5 米，水呈沸腾状，底部温度 100℃—102℃，水面温度 90℃，俗称“大滚锅”。塘内有三处喷水孔，日出水量 85 立方米，含硫、矾、碳酸钠等，属高温硫磺喷泉。

部分。一部分则自东面流出于男女浴室内,供沐浴之用。

浴室分男堂女堂,皆以石建。长约丈五尺,宽约六尺。池上亦以石建墙遮蔽之。其后即为客室,以竹篱搭盖,极其简陋。故此地实呈地层之奇观,又有温泉,实无人工之设备。故浴室非预先清洁不能洗浴。沿山坡皆出蒸汽,以山谷至沿溪涧处,地层受高温之蒸发,温度亦极高,遍地硫磺气味甚浓厚。对于此地地质之结构,皆有研究之价值,不独在全中国,无此地层,即全世界亦少此景况也。

硫磺塘高度为1360公尺,较之城区低165公尺,且在峡谷中有山包围,故温度较高。予等即宿于竹篱屋内,一排横陈四人。晚间初次沐浴,全身爽朗,精神焕发。其硫磺气味不及南京汤山温泉之重。水之温度,可以调节。置身其中,约廿分钟即将出汗。略摩擦身,尘垢即下,不必加肥皂也。

腾冲硫磺塘

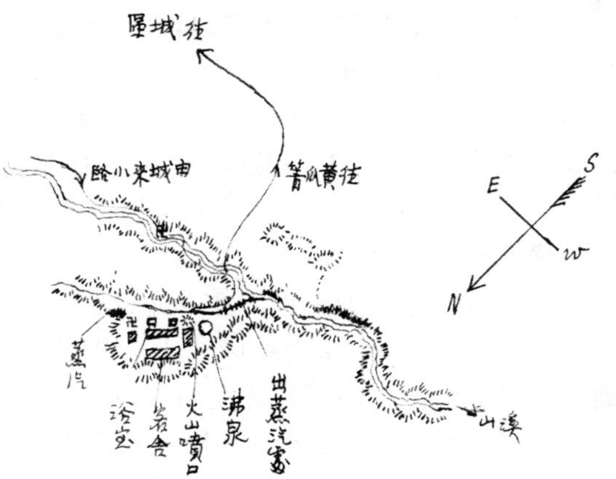

十七日 晨八点半起床，洗盥后即下池沐浴，始早餐。餐毕已十一时。偕张县长、杨督催员等及村童七八人即步行赴黄瓜箐[①]。箐在硫磺塘之东南，相距三里，须下山溪渡至对山，沿山坡，即至其地。惟路少人行，故甚难行。箐以其形而得名，亦在一山槽中，其高度较硫磺塘为高，约1440公尺（高于硫磺塘80公尺）。该地沿山谷偏坡而下，地址并不宽敞，与硫磺塘相似。惟此地以蒸汽著，即温泉亦系先放山涧冷水于其中，池且较硫磺塘大四倍，水满后即以地下之蒸汽蒸热，故热度渐蒸渐高，由池中可以见气泡之向上滚滚起也。约两小时后，全池水温即已足矣。此外茅棚搭盖已数处，一棚中可容二人卧。以草席铺于上，人偃卧其上，衣服不能着，仅以一毡覆身，不五分钟热气熏上，其灼热程度，肌肤亦不能支持，须辗转仰卧或侧卧或偃卧，相交换，至多不能卧半小时，可想其气温之高也。其气味含硫磺味重，闻凡染潮湿症，或瘫痪症，周身筋骨疼痛难支，或不能步履者，来此养病，以此温气熏蒸之，至多两三月即可痊愈。故天然之治疗，

---

① 黄瓜箐为腾冲另一地热温泉，是保山市四个高温温泉（腾冲硫磺塘、黄瓜箐、澡塘河、龙陵香柏河）之一。

功效殊大，若在交通便利之区，早已传播远近，摩肩接踵而至，变为一重要区域矣。乃在我家乡僻静之区，知其利者少，亦无人以宣扬培植之，今犹简陋如斯，诚大可惜也。似此等地方，在全世界上亦有数也。

黄瓜箐之竹篱房有数排，较之硫磺塘多两三倍，亦较为热闹，有售零星杂物或柴米者，供客之需用也。

予以该处浴池水不甚洁，仅在茅棚内一试蒸发之实情，约二十分钟，即遍身大汗不能支，着衣而出矣。该处住客甚多，各棚皆为之满，闻当正二月间，山坡处皆起盖草棚，来客尤拥挤，约一二百人，川流不息，亦可想其盛况矣。是日以张县长之名，当地棚户及住客特别招待晌午，予便于溪谷中，拾得岩石及矿石约十余种，甚为宝贵。约四点即返硫磺塘，系下坡路，不甚吃力。夜间水极洁，沐浴后畅快之至。十点寝。

十八日　醒甚早，八时即起。天微寒，所幸冬日可爱，当起身时似寒，洗漱后亦觉可以支持矣。因今日预定返城，故起后洗一分别澡。但以沐浴人数次数多之故，水已不太清洁。早餐已近十一点，约待一小时，轿夫始到。一点，即辞谢张县长之盛意，由黄瓜箐之大路回来，寓箐之客人，今日有大部分回家，昨日予等来时招待之团体亦已解散。予偕用之略有所休息，即上坡前进，见来者亦有七八人。途中经过猪心街，街甚短，距城卅余里，为附近山中村落之集场。有铺户廿余家，中茶店即有数家，另有源兴瓷业公司经理，系本地□□君，中年，朴实有礼。引导参观所制之陶器，出品有三种，上等者作青花，较细腻有光；次等者大都不着花，纯葱白色；三等为土质。以正值其中午休息，对于制作未观。又至窑厂，土窑一座，长方形，每装窑一次需时四五日，烧窑一昼夜即成功，燃料以木薪，烧后须三四日俟其冷定始开窑取出瓷器。每次所烧无多，约值数百元。全公司资本万四千余元，工人约十余名，每年烧十余次，可出品值数千元。销路以沿边为最多，每全桌碗，各种在内，最高价约七八元，次等者五六元不等。该厂以资本薄弱，对于改进瓷业，殊难有望。所做瓷器，因欠美观，画花纹亦属粗陋，瓷质仍显粗，故销路尚不广。若能加以改进，或再由江西聘请名工来，对于陶土及制型再求改良，则大有发展希望。此层经理甚表同情，惟限于资本，为之慨叹。予参观毕即返，到城已四点余钟。饭后理发。

李专员于昨夜抵腾，督办署亦招待，今日匆促赴奎甸访李督办，六点始归，生庄兄来约，始相会晤。并不谈公事，予亦不愿与之谈。后来予处烧烟，并约来三角地首领王大兴来谈。王亦寓督办署，年四十七，体甚健，无其他嗜好。问其来历，彼云在江心坡居住二十代，移往三角地已三代，江心坡内以王、潘、李、张四姓人最多，彼在该区亦有潜伏势力。彼对各处山头人，皆有号召能力，即边地人民无有不知王大兴者，英人平时亦极注意之。其对于英语颇纯熟，对于汉语，亦略略能说，最近要求督办准其子来内地读书，督办已允许矣。谈至十二点零始散。

十九日 九时起，即整理日记，并将档案选抄。十点早饭后，略休息。十二点零偕生庄兄步出南门往和顺乡。乡在城之西南隅，距城约八里许，系自叠水河以下，大盈江之又一冲积小平原，直径约六里，周围皆低山小丘陵环之，其中则大盈江迂回处，故土地水利丰富。然以地面小人口众多，以和顺乡而言，已达千余户，皆沿山坡而居。建屋墙基皆以石筑，且全乡所据地势亦占幽胜，潆水绕其下，饮水与洗涤皆极便。

乡有小肆一，两级小学校一，校内设有无线电收音机。电力三盏灯，皆自制，用一大喇叭管收放音，夜间收南京播音极清晰。全村男妇老幼，将一周内日期，分配来听，对于乡村之常识，增进不少。迤西各县自设者固少，然和顺乡首创，较城区为尤开风气之先。最近所得中央报告，皆记下分送城内各机关，殊属难得也。校内又设有普通图书馆一及儿童阅览室，正在扩充中，所有新书报杂志搜罗订购约数十种之多，皆有整洁之杂志布套及报夹以安置之，书籍皆用新方法编号，规模完备。且馆前花木畅茂，阅览书报，甚为幽静。外尚有女校一处，以时已迟，未去参观。即沿山麓村边赴生庄兄府，生庄先辈系明初自四川来征滇，即寄居于此已廿代矣。山坳有一龙潭，泉水只及保山龙泉之三分之一水量，亦有水春一，水甚清，池鱼可数。鱼不大，皆白红相间，水清可数。池亦不甚深，池边妇孺浣衣者甚多。生庄兄府即位于山坡上，楼房一座，殊清雅。去者有张县长、李专员、刘少卿等诸人。五时晚餐后，又相偕向右隅，上一坡，谷中花木密茂，饶山川秀挹之气。鸟语花香，可以观赏天然之美景。日光渐暗，月照东山，三人闲话，抵城已灯火辉煌矣。来署谈坐者有张县长、闵绍伯队长、少卿诸人，至九时即分手，略食夜点，至十二点始卧。

二十日 九时起床，即抄录档案，直至午后三点毕事，又将所采集及征集来岩石数十种用布袋分别装好，备邮寄。后又抄录海关入口货值表(关于云南部分)。晚饭被厨役煮饭疏忽，迟迟未熟，问之知厨子酒醉之故。予今日以午间已吃饵块一枚，故不甚饿。约六点半钟少卿及明建设局长来，谈后相偕出外赴洪盛祥托带饵丝事，赴茂恒托写介绍信事，以腊戍分号已撤为辞，代另设法，汇款至镇康，少数愿意帮忙。永盛源号于腊戍有支店，极愿助力写介绍信，所接洽事幸有办法。又赴税局访刘伯膏姻兄，虽属老亲，自幼未见，得在此间相聚，亦快事也。讯问南京中友人情况，又告以王氏所生之子已长大成人，刻供职腾冲无线电局中。九点半回寓，李专员尚在，又续谈至十二点，生庄兄又命人开夜点心，迟至一点半始卧。天寒，入被后肌肤皆冰。

廿一日 晨八点半起，本与生庄兄预备同往女校演讲，以时迟未往，起后即整理卷宗。饭后无事，先约往女中参观，并演讲现代女子应有的认识，约半小时。告以女子应先谋自立，再求改造家庭，在社会上有自立之机会而谋得相当地位，始能达真正之女子解放云。后即赴腾冲张□□(字木欣)私人所设立之木欣图书馆，参观其所藏之图书。张氏系一有头脑、有思想，曾参与政治革命生活之商人，在外经商年久，故在北平先后搜罗之图书，藏置其中，以供邑人之阅读。楼上藏书，分经史子集分列，大部放于书橱中，有一部分书橱不能装，即堆积于书架上。珍本及手抄本，则陈列于玻璃箱内。有《药会图》[①]一种，为不可多得之传奇本，系十字梆子腔。纸已陈旧，晋省郭秀升先生著作原本，字工整而秀丽。其目录：

第一回	栀子斗嘴	第二回	陀僧戏姑
第三回	妖蛇出现	第四回	石斛降妖
第五回	灵仙平寇	第六回	甘府投亲
第七回	红娘卖药	第八回	金钗遗祸
第九回	番鳖造反	第十回	甘草和国

此书开始有黔南邱世俊先生所作序，约七八百字，叙此书作者郭秀升先生睹当世医药之弊及医生之不负责，特编此书以校正之，亦有心世道者也。自序有云："甲子夏任汴省公寓与原任宝丰县邱公，谈论医药而作此书"但不知此书曾付梓传世否。

又有手抄本《史姓韵编》[②]，纸为上等连杭纸，印有红格，字亦工匀不草，乾隆四十九年(1784)岁在上章单阏仲秋月江西新城鲁仕骥自序，乾隆四十八年(1783)仲冬上浣萧山汪辉祖焕曾氏书于吴兴斋寓，嘉庆元年(1796)岁在康兆执徐皋月丙寅会稽章学诚亦有序。是此书为原著之原稿，殊为名贵矣。因看书为时已迟，生庄兄及贡三兄同往，五时即返督署。略休息即赴城外倚虹楼应张县长之宴。张县

① 《药会图》是我国现存较早的一部中医药科普文学作品，作者为古晋(今山西)郭廷选，字秀升，山西壶关人氏。《药会图》中人物名称皆以药名为准，十回本不但设计了生动巧合的故事情节，而且使用拟人化的创作手法，通过剧情铺叙普及药学知识。

② 《史姓韵编》，清代鲍廷博、汪辉祖等撰，共六十四卷。该书是把二十四史中的人物列传、附传中的人物，标姓汇录，依韵分编，并叙述其生平梗概，以便翻检查阅，是阅读二十四史人物传记的辅助性工具书。作者汪辉祖(1731—1807)，清代学者，字焕曾，号龙庄，晚号归庐，乾隆进士，授湖南宁远知县。

长本请李建德，予不过作陪客耳。楼畔大盈江，旁有石桥一座，远可瞰山，近可临水，实清雅之境。晚餐后回寓。移时张县长等皆来谈，至十一时散去。宵夜后又与陈君、生庄之弟[①]等谈至两点始卧。

廿二日 夜眠迟，早起晏。起后又整理演讲稿。饭后近一点，即赴邻近县党部演讲，听众为自治训练班及党务班约百余人，职员五六人，党委李君登坛介绍，予即先致谢意，即提出云南青年的责任和出路问题，分析题旨及自己之主张，约讲一小时即散，招待点心。两点半偕少卿再往木欣图书馆参观珍藏之宋元明版书籍及名画。据予所见最有价值之书有下列数种：

1.《昭明文选》。宋版，本纸红圈红批四函廿四本，盖有恽毓鼎印。

2.《李太白集》。元版，共十二册。有“学部图书”（最大）、“岭南李氏藏书”（次之）、“拙翁所藏”“拙存道人”四印。

3.《韩诗外传》。明版，书一页上书有“北苏堤问源土屋藏书”、“□谊主人识”等十四字。

4.《新刊埤雅》。明版，一函六册，有“万世帝王之师所藏”、“云圜图书”二印。

5.《楚辞笺注》。明版，六本，书页上有“汲古阁校”，下有“吴郡宝翰楼”盖印（一大颗不明）。

6.《后汉书》。宋版，共六十六册。

绘图所藏亦多，其最名贵者为：

1. 郎世宁绘八骏马图二人骑，或□或逸，直幅一帖，衬以山水，中法西方着色，活现纸上，朗为外国人，乃绘呈与乾隆者，有“乾隆御览之宝”椭圆章盖于上。此必清宫存物流于外间者。

2. 温日观绘淡墨葡萄直幅。

3. 吴墨井（历）绘淡墨山水图一轴。

---

① 即艾思奇（1910—1966），原名李生萱，云南腾冲人，著名哲学家。

看后已五点钟，即赴谢少卿兄府晚餐，县长、生庄、李专员等皆在座。后辞谢偕生庄兄赴茂恒闲坐，返寓来谈之人甚多，生庄佐以可可茶及饼干，谈至三点始卧。

廿三日　晨九点起，今日李专员赴南甸，予偕生庄、张县长到六保街送行，十二点偕少卿赴龙光台应滇缅界务研究会之欢迎，先后耽搁迟至两点钟始开会。少卿兄致欢迎词主席，予便表示钦佩之意，并报告此次任务之经过及自己主张。对于天文测量一事，特别提出，出席会员廿余人皆愤慨。开会后约四点即开席，予略待出至三碗菜即辞赴消费税局刘局长处，应刘局长之招宴。刘局长百膏系绍尧姊丈之妹婿，情意甚殷，不能不去。做家乡昆明口味，极适口。七时辞出，偕用之赴永生源号，说介绍腊戌事，皆已办妥。又赴洪盛祥接洽，无人即归。县长、生庄、刘协之诸人来谈，至一点卧。

明日本定起身，因诸事甚忙，特招呼吴中伦采集标本者再延待一日。

廿四日　今日本预定起程，以时间太匆忙，改于次日。命佣人将所采岩石完全交海关验后寄出，并写家信及友人信各三封。竟日未出整理。四点晚餐后，即赴洪盛祥及消费税局辞行。归后县长等来谈，十时散去。予因疲倦早睡，用之等出外玩至夜两点始归，予已熟睡矣。

是日购得琥珀图章数枚。

廿五日　八点半起，本当即行，张县长亦来，告以昨晚李督办归来，特强邀留一日，参与云南起义纪念。以情意甚殷，故不能起身。大家围坐。早餐后，即赴党部参加纪念大会。到者党义训练班、自治训练班、县立中学、高级小学及各团体代表，约至五六百人，亦盛会。由李督办主席，因督办系参加护国起义者，特将此事经过报告，并希望大家应努力，目前虽悲观，然不能消极，只有埋头做去。继邀予演讲，予续督办之意思，提出云南此次之事件，精神物质之损失甚大，但代价毫无，且国人亦已不知此事，且有欲掩饰贪功为私人所成功者，所发端者,真堪痛心。予等应觉悟过去之失败与成功之由。成功即由于精神与伸正义,失败由于青年尽迷醉于军事,因此野心家麻醉青年,利用以为夺权柄之工具,始致家乡至今受痛疮甚深。望大家要认识此点,不可再入歧途,大家走上建设之一途。末后请求督办系身经此次事变者,请将其经过编为史料,宣扬国人,使知家乡拥护共和之精神云。其后演说者有党委李君。随即散会,约午后二时。

偕张县长出城散步,便道至茂恒股东金府闲谈,即在其府便餐,饷以香槟酒,其意甚厚。房屋甚宽敞。饭后即辞谢返寓,又与督办闲谈,夜间说定购玉器数种,贡三谈笑话,一时始卧,天较寒。

廿六日 上午十一点自腾冲第一殖边督办署出发,送行者甚众。临时向生庄兄借款三百五十元,以供旅费。现金太重,临时交由龙陵腾龙边盐公司代汇,一举两便。在大门前全体拍一送行照。偕怀三县长及生庄兄等出城,在大道牌坊下又照全影,另代予乘轿一张,即向全体送行人握手告别。予留连十六日之腾冲,又匆匆离开矣。午后一点半至罗萍冲,有沟水一泓,水臼一,茶铺旅店各一家,高1630公尺,已较腾[冲]城高一百公尺。自此起渐自登山坡,坡长而坡度甚迂缓,有数段系新辟宽者,称曰关坡。坡脚亦有水碾一座。自此上坡,回环山坳中,极幽僻,故间有散匪出没。数日前曾有三匪以明火枪及大刀伤害人命于此。至坡头已时三点,自罗萍冲至此计十五里,坡头建一小山神庙,以下为下坡路,因山已完全风化,树木稀少,满山惟枯草耳。山为东西之分水岭。山东之水流往猛连,山西之水流往大董。下坡后见附近山坡皆有村落,然人家不多,二三十家成一聚落而已。有小路及大道两路,小路寻一溪水,由谷底田亩中行,大路须绕山岗,时在冬令,小路可行,路程略短。至猛连已五点矣。猛连镇分上下两寨,相距约二三里。上寨在南,下寨在北,猛连街即在下寨。街位于山槽中,约二十余家,成南北向,有铜匠店、染房及杂货[店],旅店三家,高约一千六百八十八公尺。予因李督办之介绍,特借住于镇公所所在地千佛寺,位[于]街西坡头。寺因公款无着,于民国廿年

(1931)所建之厢楼,至今搁置未修完。楼窗皆未装齐,亦可见地方之贫寒,不及城堡远甚。寺内主持女尼二人,一为大厂人,年卅余,一为和顺乡人,年约廿,皆已出家多年矣。属临济宗,但亦只应早晚之功课耳。予宿于厢楼下,房间临时洒扫,有前后门,空气尚不恶。整理后尚觉舒适。主持饷以素餐,亦可口。镇上头人视官如虎,请其来问地方情况,逡巡不敢来,后来一街长,予告以经过此地,一切不敢惊地方,不过既来此,又宿寺中,不能不向地方申感谢之意。彼谈后知非贪财之官,始安然定心。否则似其初到时之口吻,谓要什么,地方寒苦等语,则又变一人矣。

猛连一带,皆火成岩。于沟边见有所谓海粪者甚多,且外观其质亦轻巧而优良。山中间有森林,水分亦极充足。九时卧。今晚饭前服金鸡纳丸二粒。

本日途程:腾冲……25 罗萍冲……15 关坡头……20 猛连

廿七日　夜宿千佛寺,风尚不十分寒冷,但天明时较觉寒。七点半起床,日光已升,主持已早起应早课念经。早餐后适近八点即动身,出街北口,下由谷田中行登山路,溪水甚急,霜甚厚。向日出方行,路难行,至北嘴坡为一小分水岭,高1850公尺,满山森林极密,常绿树,以殻斗科占大部分。自此以下为下坡路,路系新修,坡度倾斜缓。下至半山为暖弄,人家三四户,其附近有山田可耕,但面积甚窄,零星人家亦有。由此以降即至黄泥坎,距北嘴坡约十里,为一小市集。瓦屋两三家,此外竹篱房十余间。附近森林富而多山地,水田殊少,故殊贫寒。每五日一街期,闻春来以鸦片交易最盛。高1700公尺,此处为今日程之中点,亦即腾龙两县之中点。予等到此约十一点,休息午点再进,循山坳迂回,高下不平。沿途所见村落甚稀,且皆不在路旁。

上 ——猛连——上寨——二三十户——大路所经

中 ——猛连——街——四五十家——歇宿地

下 ——猛连——下寨——人口百余家——在其北嘴坡可见附

近梯田多

至清凉山有人家两三户。以下全为沿龙江之下坡路，予等在黄泥坎以后即遥见高黎贡山，即沿龙江分水岭而降。清凉山为一特立之山峦，青葱苍翠。自此以下，约二里即到响石坂，有一村落约十余户，有一赵姓，为该村首户，有楼房瓦屋一座。再下约三里即到蛮岐寨，寨位于坡头，无客店马栈，旅此者惟有预先请人介绍，或临时借寓人家。附近约二三十家，皆散处山谷间。但蔬菜米谷不缺，因近龙江，垅亩渐肥饶矣。到时已两点半，即借寓于坡头吴姓人家之厢楼上，同来之吴中伦君等，亦同宿一处。予今日腹中不舒适，作闷，发饱呃，步行出汗，精神较复，六时因临时做饭，已□饮食。又将麝香伴烟吹数口，气较伸。遮放海关分卡核税员腾越戴起杰(知务)君来闲谈。知彼系大营村之巨族，产业不少，年廿余，曾在仰光华侨中学毕业，初到海关做事两年，于孟定土司境，今又调遮放故同路。赴龙陵。蛮岐地势较低(高 1388 公尺)，且在山谷中蔽风，故气温不低。予九时睡。

本日途程：猛连……15……北嘴坡……10……暖弄……15……吉林坡……20……响石坂……5……蛮岐寨

廿八日　八点欠一刻即动身，昨夜第一次吹麝香烟，夜眠体甚热，亦不易睡熟。晨间龙江坝雾气重，笼罩如云海，约九点半钟始渐散去。结露无霜，此亦由于气温较高，地势较低之故。自蛮岐以下，皆下坡路，殊缓慢而不陡，绕行山岭中，山中村落散漫。以下耕田较多，水不缺。沿途所经，距六七里猛佛寨，约二三十家，又五六里，为团田，人口十家，再下四五里为蛮竹，人家约十余户。森林皆甚丰富，似皆弃材不用，但经一处，有以松木锯为木板者。将近坡脚为桥头街(又名□□)，距蛮岐 20 里，系沿山坡一小街，铺户廿余家，草瓦房相间，然大都破烂。每五日一街，以杂货之盐米交易为大宗，其次为山中土产，专售新鲜果子及槟榔者亦有，旱摆夷亦多背物来售。闻街期远自数十里外而来者，全街可五千人，故亦甚热闹。测得高离海 1223 公尺，与蛮岐寨相差不过百余公尺耳。自桥头街下至江桥，相距约三里，坡度较上部稍峻。桥曰腾龙桥，为腾冲、龙陵两县之来往要道。桥长约六十公尺，宽约四公尺，桥之建筑料及工程，与漾濞铁索桥相似。桥式为南北，江为自东北流向西南。桥离海 1040 公尺，较之桥头街，骤低二百余公尺。渡桥即为登山路，坡度虽不大，然举步亦颇费力，约行三刻钟始登至坡头，高约 1620 公尺，以下似稍平坦，可以乘轿，然由腊掌以下，自龙江支流一石桥起又须再登山，其山路共三重，高 1350 公尺，又 1445 公尺，又 1572 公尺，始为下坡路。似此坡度本不算高峻，但因陟登坡路绵长，总觉其累，下坡亦迂回，约五点始抵龙陵县城，即径赴县政府。

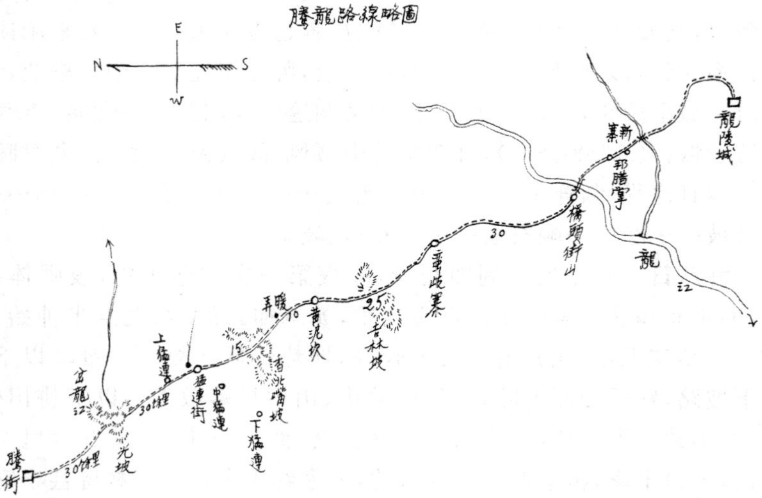

石麟兄县长，适在予到下一刻，由怒江新桥处察看归来，大喜过望，随即招待于县内客厅歇宿，并先饷以牛奶点心，暂充饥渴，饭后又谈。督办署来信谓须十余日后始来，不能不先赴怒江一行。去已五日，今日始归也。夜间便讯以边地近情。予十二点余钟始卧。

本日途程：蛮岐……30……桥头街……10……邦腊寨……5……

新寨……5……曩常村……25……龙陵城

廿九日 九点半起，今日在龙陵休息一日，与邱县长石麟商量，决定于卅一日赴芒市一行。由其先写信介绍通知芒市土司，于今日前往。十二点早饭后，即相偕出城外赵家祠堂观看柏树。赵姓为本地大族，族人在城内及附近成一村落，约三四百户。其祠堂有三进，在县城西隅一山坡，亦占地方一形胜之地，故相信族人甚发达。然自邑人筑一塔于其村后，即已渐微弱。现在塔周围栽种森林甚多，所以欲使其遮蔽塔身者。在四周高山巅即可远眺。龙陵全邑有四姓甚著名，第一赵姓，人多势众，人称赵老虎，言其在地方上均有力量也。第二为姜姓，人呼为姜彪，力量不及于赵姓，但亦可称强于地方。第三为杨姓，皆呼为杨猫，极形容其怪也。第四为郭姓，大家呼为郭老鼠，然其胆极小，怕滋生事端，畏首畏尾，故云。此亦一段佳话也。城原有土墙，系参将所驻地，原以震慑边地者。自改县后，即设治于此。今土城已倾圮，人家约千余户，不到二万人口，故甚冷落，除大街一条约长里余，铺户二百余家而已。平地甚少，周围皆山环抱，南北狭长，不整齐，仅长有六七里，宽不上三四里，山地多，所谓之梯田，一望皆然。所幸夏季雨水充足，虽梯田亦可耕。只种稻一季，粮食不够全邑三月之需，完全仰给于芒市，蔬菜日用所需，亦大都由保山运来。人民殊寒苦，大部经商走缅北，或有为工者，似觉生计亦尚安定。邑中土匪敛迹。龙陵无其他特产。

晚间石麟兄在县署请客，地方绅士到者，赵议长世剑（子钦）、教育局长刘宏仁（子光）、建[设]局长赵殿材（松毓）、财[政]局长段学义（时中）、简易师范校长赵锡禄（寿□）及两高小校长等在座，以赵议长所谈最多，客散后特由刘局长约缅甸商人田幼松君（年卅余）来坐，便讯以边地情况。其所说如下：

邦——夷语大寨之意，又系平坝皆称邦，亦即户口较多之村寨。

蛮——位于山地中小寨之意。

猛——（即大寨之意）指一个地方而言。

凡其地名冠以上面之三字者，可以区别其地方形状耳。

户板——系一平坝，人口约百余家，面积甚大，其境内以住摆夷人最多。

邦海——银厂上工人共三四万，滇人占半数，梁金山为总工头，其势力最大，银公司亦极信任之，此人每年所收入不下数万，为人尚急公好义，今龙陵所修之潞江惠通桥，由于私人捐款购料、包工，共用去五六万，且富爱国思想。

腊戌——系英人所谓遁北道驻在地，实际该地可划分为三区，□由区为政府驻在地，以英、缅、印人最多，距腊戌约三里远，皆有宽大车路通来往。海休区为铁路车站，凡来往人皆在此。至于真正之腊戌区，几完全为华人势力，滇人在此经商者约十四五家，人数平常约三四百人。

滚弄江——较潞江上游为宽广，平时至冬会搭竹浮桥一座，以通来往，外有渡船一艘，现缅方车路仅修至距此20里处之南喳啦街，近已雇来运骡七百七十匹专供运粮之用，工人亦已召集齐，限两个月内，即须将车路完成到江边。至[于]铁路犹准备修造，闻已向包工人商议中，一俟工价决定即运料修建。

紫敢——系在佤城南方之伊洛佤底江岸，英人在此修建铁桥一座，以联贯缅甸东西南北之铁路，从前未筑桥以前，渡江旅客及运输均不便，自筑此桥后，北方之交通更影响大，尤其对于江心坡甚便。闻筑费共用三千余万，桥上除通联火车外，并于两旁可以通行各种车辆。今年一月已正式通车，曾经七年之时间始完成。工程之伟大可想。

南喳啦街——距滚弄江约廿里，人口百余人。

平时英人在此一带驻兵区有三处：(1) 捧线；(2) 麻栗坝；(3) 干猛(在南喳啦东七十里)。

英人所测量路线有二：

(一) 腊戌——猛幽——猛节——干猛——滚弄江

此路坡坎极大，现英人已不注意于此。

（二）腊戌——猛里箐——木邦——尖乌——南喳啦街——那底——滚弄江

此路地势平坦，为英人最近赶修之汽车路，亦即英方侵入班洪之要道。

最近由边地往缅极便捷，汽车路自畹丁[①]河边，过河之木尖地方，即可搭汽车矣。

畹丁河——木尖——南坎——贵概——木邦——腊戌

至于畹丁河边两方之地名如下：

缅方——景养寨，系对江相望。

滇方——蛮满寨。

土司姓名：

芒市　小土司——方云龙

护　印——方克光（御之）小土司之三叔

四老爷——方克胜（善之）

遮放　老土司——多建勋（竹铭）

小土司——多英培（顺名）

予问以上面情况后，又略提出数问题请其返缅后代为调查，田君爱国心切，亦极愿意为力。予与石麟兄谈至夜一点始卧。

卅日　约十点始起，饭后予即命人将县署所存之石碑两方，系关于煺治土司者，印刷下来供回京参考。随即偕邱县长赴赵府应朱师长之五弟为其老人八十寿辰之酬客，予送一寿幅，客有五六桌，予玩牌输五十二元。十点半始返署，又与石麟谈赴土司地应行注意各点，约一点始卧。

卅一日（月）　八点起床，整理后早餐，预定购猎枪一支，售者送

① 畹丁，即今云南省德宏州瑞丽市畹町镇，为全国最小边境城市的国家级口岸。

来看,言明二百卅元,后在署后面试放,子弹不能发出,屡试无效,遂不要。十一时起行,自城南行,石麟兄送到郊外而别。上一小坡,即为下山路,坡称关坡,为龙陵与芒市土司之分界,坡不陡峻,倾斜缓慢。先由山谷左边行,可以乘轿,约二十里,至永安桥,有二溪水交会于此。桥系光绪卅二年(1906)所造,有石碑一方纪其事,其地谷中较宽阔,又称放马厂。桥系石造,对于龙陵芒市交通受益匪浅,否则涉水流急甚苦。高度已较龙陵低约一千公尺以上(测得为1040公尺),有草棚一户,于冬春季来此售茶及晌午。略休息继进,又十里至新桥,所谓新桥者,系跨溪水一小铁索桥耳,长22公尺,铁链上面木板已朽烂矣。由龙陵城至此为程一半,计行三小时,高减为960公尺。溪右岸搭草棚三户,可以在此休息造饭午餐。渡桥后即须越一小土山,转左,即下坡入于芒市平坝矣。一望豁然开展,坝子面积较保山为小,四周山亦不十分高峻。至坡脚为大湾寨,有摆夷村户,热带植物触目皆是,树干分支极密,一树之枝叶,可以盖地甚广,竹林亦富。而体质高大,黄牛成群,今为芒市街期,骡马驮运米粮,络绎不绝。旱摆夷妇女赶街归者亦伙。由大湾至芒市约有十五里,路皆平坦,惟中间经过山水流冲处,较为难行,概以巨竹相联并造桥以济。鸭子成群甚肥美。将至市口,土司署内人等皆来迎接,予一一点首脱帽为礼即偕行,众皆谦和请乘轿,予亦觉独乘对于礼上说不过去。至司署门,放火炮三响,表示欢迎致意,即直至后花园休息。各人陪坐,予略致谢意。有人讯以政府对班洪之态度,予亦坚决以告之。进茶点即晚餐。小土司与护印为种棉事特于五日前已赴仰光办机器等件,未在署。便中讯以地方情况,有杨君者托人介绍来见,报告对于班洪事件之情形,所说尚有可采取处。谈至十一时散。

本日途程:龙陵……20……放马厂……10……新桥……15……大湾寨……15……芒市

[民国]二十四年(1935)

一月一日 晨九点半起,十一点早餐后,即偕出由署内人引导参观三房之住宅系楼房一座,约计前后四大间,楼下隔为四间,分为会客室及食厅,楼上即住室,并有眺台一,外为花园及农圃。建筑仿西式,其旁有冢房即缅寺,系新冢,成立已两年,场面甚宽,为竹篱所搭,内供铜佛,高约丈余,乃自缅甸定造而来,金身,甚辉煌,供佛座、香花,地上铺竹席,凡入内者须脱鞋脱帽,以示清洁。三房内略休息,并进茶点,即出外拍一照片。转至下冢,亦一缅寺,系瓦屋,地板抬高,内供佛,殊清凉。略息,又转至上冢观光,此二处皆为芒市较古之寺,上冢有一僧已老,七岁出家,至今虔心于佛,今年曾往鸡山朝山,途中患病归来未久。略息仍返司署。

司署占地甚宽,规模不小,房屋约百余间。花厅布置亦雅,有池,栽荷花已枯,池上建一亭,池周围皆有花木。正门以内,有大堂二堂,规模俱备。市内人口约五百户,街一条长约半里,有铺户亦整齐,另外转北有草棚街一条,其长亦相等,闻五日一街期,来集者约数千人,颇为繁盛。其商业状况,为内地县份所不及。

午后二时,公立两级小学校欢迎会。校舍系护印御之之私宅,将前层正房及两厢捐办,学生约百余人,分为四级。学生精神尚佳,亦有秩序。今日为新历,全体学生共同在校内聚餐,排队欢迎,并唱欢迎歌。予略休息即向之演讲新生活运动礼仪廉耻四字之意义,约半小时,大家皆能静听。讲后合摄一影,即在校晚餐。餐后返署。闻今夜全体学生提灯,提倡新年。夜间杨师爷及赵老师等陪谈天,至十一点半卧。

一月二日 八时起,不一刻已摆早饭,杨师爷及方君皆来照应。饭后约十时,予表明此次来边之态度,以为芒市进步甚速,建设教育,皆已注意。此后司署对中央有任何请求,予当为转达吹嘘,千万勿以为此次之来为对于土司不利即错误,要认清楚。至土司祖母挽留多住数日之盛意,甚为感谢,因公务在身,急须耑行,俟由遮放回芒市后,再为看情形再决定。总之予此行对于芒市印象甚佳,此后回中央报告,不论从精神物质两方面当力为援助云。

即行,全署人皆送至署内大门。予上轿起程,循汽车路前进。车路在市内及附近略嫌窄,市外较宽。小桥梁皆以竹枝为柱,用竹篱铺其上,再用砂土填筑,均不甚坚固。且路中大部皆砂泥,又未尝经碾压过,路基极易损毁。有数段当小土坡处,则已被雨水冲刷不平矣。此路之缺点:(1)路太狭。(2)于低地未将路基抬高,易受雨水浸蚀。(3)路基全未用碾压过,泥砂疏松。(4)路两旁未曾植林,不能护持泥土及增加风景。

予等中途经过两寨,即讽撒寨,人烟约三四十户,皆为榕林及丛竹所遮蔽,于路两旁不能见人家。蛮波寨约七十户,高770公尺,已属纯粹平坝,不似芒市署地所在之位于高丘上也。此地距芒市约25里,皆平坦,起伏极微。予等在寨中冢房休息饮茶,约一刻即继进,路尤平整,行一时半,至一小土丘,即到帕底,约距15里。帕底系一寨,约百二三十家,有一小街,五日一期。本日适遇街期,由本地赶头及署内送行人伴去一游,街无店铺,仅草棚两排,售货者芒市来者有摆夷人及内地人,皆支小摊,所售物品,棉纱、布匹、绸缎、药品、食品等皆有,赶街者山头人、绷龙人①、摆夷人等,外观似难辨别。细识之,则大有分别也。绷龙之特点为臀部以上至腰间,围满藤编之细圈,着黑色者最多,间有本色者,其数约一二十,不知其用此何用,足不着鞋袜,腿上不围布,着统裙无花,上身对襟衣,头上不戴帽,身体矮小,面孔亦较小。此种人最纯,亦信佛。山头人性极野,无文字,无宗教,常出没于山际以劫人,皆垦山为生。

① 崩龙(绷龙)人,亦称塔昂人,即今德宏州的德昂族,是缅甸掸邦和附近诸邦及中国云南省西南部的山居民族。

故此二种人生活甚苦，仅以山中所产之荞麦及其他杂粮背来至平坝中换米及其他必需品耳。至帕底即寓于村西南缅寺中，铺被褥于地板上，尚洁静。

本日途程：芒市司……23……讽撒……2……蛮波……15……帕底

一月三日 晨八点起，雾气渐散，日光渐起。九点半早餐。十时自帕底起身，仍寻汽车路走，途经户欲寨，人口约三四十家，约距帕底三里，再过二里即到非红寨，人家较少，已近山居，寨附近由芒市司派人防守山头人之拦路抢劫。然论地势并不重要，有三五人在此，亦不过略壮声势耳。自此为入山地，行两小时始抵三台山，为高 1150 公尺之土山，岗上住户皆汉人，约十余家，即在大树下乘凉休息。越岗后为下坡路，即所谓卅六道河地，经行谷中，浓林蔽空，溪水流谷中，冬季可以徒涉，且有数处自石子上可以行过。然迂回来往，极不便，约有七八里长，皆转回于溪谷间。至有两三家夷村处，路始渐平而绕行于溪水之左侧，至破对寨后又转循芒市河行车路上，向西南转角上一土阜，即至遮放市。司署规模，远不及芒市司，且已破旧，此亦地方之富庶人口之比例远不及芒市矣。

约六点潞西设治局长林秀实始来，彼此寒暄，即略谈边地事。据云：芒市人家在万户以上，遮放约四五千户，猛板约千余户，论富足尽数芒市。

传教士势力甚大，木城坡、猛戛、杨家寨皆设有教堂，栗梭[①]概入教，现颇受教会之影响，江东（龙江）之野人山一带，有村寨七八百户，野人甚多，自来禀性极强，不受管辖。近传教士已欲入其内传布，近已曾到山边村寨一次。

---

① 栗梭，即傈僳族，居住区域主要在大理、丽江、永昌三府交接地带，即今怒江州一带，并散居三府所属各州县境内。

芒遮板传教士

李慧英——女。

海□□——女 刻因母病要回国。

李□□——男 已回国,支加弄人。

夜间曾与多竹铭晤谈,其年已五十有零。其子承嗣,年方二十四,曾在龙陵受过小学教育。父子皆忠实,然无英姿,子之诚朴,更甚于父。讯其司内矿产,即命人去采取(在西北距离八十里)。十点卧。

本日途程:帕底……3……户欲……2……非红……15……三台山……35……破对……8……遮放司

戛字冷之意义,猛戛即冷寨之意,为芒遮板设治区域所在地。

一月四日　在遮放休息,九点起床,十点早餐。后偕林秀实、吕亚东等诸人巡游全市一周。街有店面两排,有瓦楼六七间,余皆竹草房。并观土司所正建筑之新屋,为嫌地临河滨,易为水所侵。全市约百余户,大都为草房竹篱,外观已知其较芒市不及多矣。市位高岗下,街附近皆有流水。车路灰沙太大,步行鞋袜皆堆积沙土一厚层。若在春季风起,尘埃更大。行至郊外即返,至署旁新建之小学校内休息。校舍系新建楼房,有眺楼,空气尚透,惟因学校初设立,较小之儿童,尚不懂汉话。学生六十余人,分为两班教授,近聘一永昌中学师范生来此,闻亦怕瘴气,于明年清明前即行回保山。故边地师资缺乏,实教育一大困难。而土司署内则又不加培植,故愈感人材之困难。

午后一点闻附近有温泉。林局长发起,偕吕亚东同往,予与亚东骑往。予骑土司马,向东行汽车路上,经项允,一大寨也,相距约七里,再前进约八里,即至蛮蚌,蚌者,夷语水之谓,言此寨有温泉。故凡见地名为蛮蚌者皆言温泉寨,芒市亦有芒蚌。温泉离寨约百余武,在大树下之岩石间,岩系石灰质,有岩洞二,出水量在一车以上,系山脚,水晶莹见底,为铁泉非硫磺泉,无气味。一洞蹲身可以入水,可以立于其中,沙底分毫可数,洞内可容六七人,水及大腿。温度不高,适合体温,浴十余分钟,即可发汗,全身清澈。予等洗毕,三人合摄一照于洞旁,即至头人家饮茶小憩即归,为时已迟,至司署已上灯矣。始用晚餐。饭后又与多土司竹铭谈天,十时予自后院返寝室休息,即由吕师爷代表土司送来棉枕一个,花被面一长方,夫役送金一百元,屡辞不受,言明为最少数者。予最后经林、吕二君之劝暂收下,将来余款作为购书捐与司署。

十一点夜点,又赴竹铭土司处,说明收礼之不过意。彼觉以此少数,不足墨齿。予亦难却其美意。又继谈时事及劝其对于植棉事应特别注意,将来设法送子弟赴南通专门实习改良植棉事。彼均极满意。予于十二点归寝,约其明晨动身前合摄一影留念。

一月五日 允——凡有官署及机关所在地皆曰允。

养子——为缅甸一族,约十余万人,居于摆夷(掸部)之南,当潞江沿岸。为英人之忠实驯民,最忠于英,凡有秘密,对缅及摆夷不言,对英人则据实报告。而英人亦恃为纯民,特别优厚对待此族。亦有一王治理。庸为战兵。

元子——暹罗之一部民族。

台子——暹罗民族之一,今之政治势力即握于此族乎。

遮放所有语言共有数种:(1) 山头(内分大山、小山、浪速);(2) 朋弄;(3) 摆夷(上坝、下坝口音略有区别)。

英人新于精弄厅之南坎地方(木姐属),在弄岛对面新辟一市场,专供收容中方迁移之民,每家得五十英洋,三年不纳税,现已有千余家矣。边地近因苛税如遮放之户掌一寨,原有五十余户,今搬往缅方,仅余廿余户。

英人对缅行政组织

(1) 佐把——即土司　　(2) 矛杂——即区长

(3) 矛廷——即乡长　　(4) 倾弄——村长即头人

今日自遮放返芒市,八点起,约十点半早餐,与吕亚东步行街头,见村人来集者,多驮米来售,食品杂货亦列满街中,继续来者络绎不绝。早餐后与多土司合摄一影留念。约十一点余即起身，仍沿土司惯例，放铁炮三响。市外有全体学生约百人，整队送行，予下轿向学生演讲，希望对于国家及地方要尽义务，确实训练体力及脑力，随拍一照片即行。时将午，阳光照灼甚烈。约乘轿有三小时至卅六道河附近，见一巨蛇约六七尺长，随行人等皆惊叫，予始发觉，后命让其自去。略休息，予即步行登三台坡，约两点钟始越过，其弯曲之道，实令人易于疲乏也。越过已午后四时，阳光已势弱。幸经行车路，又系下坡路，夫役皆鼓勇气前行。然将至帕底为前日来时宿处，以下即摸黑路，予此时亦不能再乘轿，步行，觉远近虽灯火明灭，然愈行愈觉远，愈感疲乏，心中极愤恨，何以必定指蛮波而始宿，多行此廿余里程，受奔劳之苦。然进退两难，亦只有鼓起精神而行。最后觉仍不见村庄，又乘轿，未几即至蛮波冢寺，筋力软弱不胜支持者，即坐卧于毡上，然事前一切未准备，开水、洗面水均缺，晚饭更不知着落，不得已，将林局长所送之饼干开出分食，勉强可以支持。此实由伴送人之办事不力，故予对于思君极为抱怨。予等六点半到，九点始得饭下咽。予略休息即收拾铺陈卧。

夜间背脊畏寒，冷醒两次，腹微痛。

波——夷音公之意　　蛮波——850公尺

遮——夷音城池之意

弄——大之意

拱——坡之意

本日途程：遮放……8……破对……35……三台山……15……非哄……2……户欲……3……帕底……15……蛮波

一月六日 晨雾气甚重，醒已七时，畏寒，肠痛，八点起床，即服伤风片一小片。太阳上升，光热渐强，一切均整理好，即追村中头人早餐送来，即吃起行矣。沿途所见村人甚多。

幼童——皆着短汗衣，白色，窄裤青色，科头，赤足，裹腿。

少女——上身着白布对襟衣，穿青布裙，托及足面。裙分三褶，在裙之上，腰围布一方，背后臀上系一小竹篮，长七八寸，宽四寸，用以盛杂物。头上挽发辫，两耳悬穿银环。裙下两腿裹以绣花布，以衬美观。

妇女——凡出嫁者，皆以青布包头，而包布极长，有时用以裹面遮日及蔽风，上衣及裙皆青色，有时包头甚长而高距头约二尺。

男子——皆穿短衣短裤，头上打包巾，皆青色，近有效汉人装束者，头发亦剪去。大都到冬季则身上披毯子一床以御寒。

其风俗男女结婚极自由，彼此相悦，先须至冢（缅）寺行□水礼，为订婚，然后即可结婚。当正月十五日各冢寺做摆（即佛节），红男绿女，皆来参拜，此时即男女求偶之机会，女子皆装饰一新以参加盛会。结婚后若双方性情不投，亦可自由脱离。

予等于午后一点半即至芒市司署。夜间与杨文案、赵老师等谈天至十二点始卧。予受外感，请赵老师煎药一帖，夜中不能成眠，亦未发汗。

土司——□头——老幸——火头

贵族：猛——年高德长者

　　　准——年轻后进

一月七日　约九点始起，因司署挽留，再休息一日。起后头脑痛眩，似寒气仍未净，好在大便畅，予亦无所忧忌，惟对于饮食，特别留心。今日口干，□饮。请司署预备马匹，往老缅城一游览。

芒市在摆夷原文，称曰蒙换，蒙字指城市而言，换音为团团之意。谓此为团城耳。

午后一点由司署二人陪往参观老缅城，距芒市约七里。汽车路直接通此。予等分乘马及脚踏车同往。城已湮没，有遗迹可考。有壕沟及土墙，顶上一层为原来宫殿故址，亦有壕沟围于四周。相传缅人据此时，城址甚广，于明时被王尚书所毁，而始成立芒市司。地址上中下三台各占地，以下城为广，约三百亩。今司署农业试验场设于此处，其栽植棉花及小麦之法皆差，故成绩不甚显著。予均以所知者一一指示之。即在其场之棚内小憩，饮牛乳汤，约巡视半小时即归。引导人皆表示殷勤之意，甚为感激。

夜间司署杨师爷及方君等代表土司送来绣枕三个及被面、花布各一份来。予将本意告之，并述明予之主张，既已来此休息招待，已觉破费。代表中央，予实不能接受。彼意其祖母已有言在先，万难收回，不过以此作为开销夫役费等。此亦措辞，完全为汉官向来恶习，为使其代向政府说好话，不能不送款接纳也。予已决定明日至少收其一半，以一半捐与学校作为购置图书之用。谈话已久，又不能即刻送去，暂作不提，杨、方等辞送出。予记日记即卧，已十一点余钟矣。

摆夷宗教完全信佛，不论大寨小村，皆各立寺院，内长住僧人，少者三人，多者五六人。以正月十五日之做摆期为最热闹之会集。佛共有三派，然亦不过大同小异耳。

(1) 冢——禁忌不严，但见生不吃

(2) 朵拟——

(3) 左底——不养牲畜

缅甸之旧有封建制度保存者为：

(1) 佐把——即土司为木邦与果敢之属

(2) 矛杂——即为区长

(3) 矛廷——为乡镇长之属

(4) 倾弄——为闾长之类，又称头人

由龙陵下坝，由猛戛一路，可出猛坂之小街丫口出捧线或往果敢[①]，皆滇缅大路。从前私运驮马皆走此路。自设分海关后，对此路查禁森严，现已不许走此路。

---

① 果敢，位于缅甸东北部，是一个以果敢族（汉族）为主体的自治区，面积约2700平方公里，人口约20多万。1897年英国强迫中国与其签订了《中英续议缅甸条约》，将原为中国领土的果敢地区划归英属缅甸，成为缅甸境内以华人为主体的土司县。果敢现为缅甸掸邦第一特区，又称缅甸掸邦果敢自治区。

一月八日 八时半起床，即整理行装，九点半早饭，予将送金二百元，暂收一百元，其余一百命汇省中华书局，将来作为购书捐赠与学校。予于十一时动身，送行者至小学校门口即转回，予上轿，向东北角行。约行一小时，即转山谷为登山坡路，迤逦曲折，须上升到大草山侧之丫口经过为顶点。沿途皆无人家，直登至老草山始有人家，约四五十户，高为1460公尺，再上为一碗水，人家十余户，测高1670公尺，再上至老木寨为山顶，人家十余户，高1855公尺，皆为山坡地带，耕地殊少，惟林木甚茂，不似坡下面之山陵皆童山耳。山路之西为大草山，耸峙甚高，远看约在2500—3000公尺之间。其东之山坳，面积甚大，为油菜地，人家五六十户，在此山巅，皆可望见芒市坝，皆为芒市所管辖之地界。向北为下坡路，为龙陵界，坡度舒缓，下坡处即有一寨，为大腆子水，山坡一小村，约十余户，完全垦山为业。以下路极平整，不似芒市方面，坡又陡，路又不大，登陟艰难也。予等于三时即抵象达街。购鸡蛋糕充饥。铺户五六十家，长街一条，另在东隅，辟新肆一条，铺户廿余家。五日一期，各山寨来者极形拥挤。每街猪宰廿余头，牛四五头皆可售尽。朱耀东先生之住宅不在街上，予想其未归，先遣一团兵问讯，始知其已回来，后又派区长持片来邀，予以远路不易到边地，以旅程苦况，径宿其府中，相见甚殷。夜间围炉谈天，其长兄、三兄亦在，讯以赴镇康及边地情形，得记录如下：

1. 龙陵每年赴夷方做工者，以象达一地而言，约有两千人左右，赶马者以大小河之宽姓弟兄为最大，合共有马两千匹以上。此方人因垦山甚苦，最近如猛蚌村，原有人家百余户，去年搬去缅甸木邦者已廿余家矣。

2. 边地偷漏税关之马脚极多，概避免大路，经偏僻小路，昼伏夜行，皆为人所不经之地方，往往输入货物售至永昌。

3. 土司在边地之跋扈，由于民国十二年(1923)腾越道李秉阳之错置干崖事，原因土司向人民借款不还，人民后不愿再借，土司即派人去抢，人民向政府控告，腾越派郭一骞带兵去查，遂与土司冲突。

政府恐此事扩大，认为郭某处置错误，系土司有理。自此后土司对边官即存轻视之心理。

4. 芒市土司于民[国]十五(1926)杨刘之变，范石生[①]、罗树昌党羽失败，有杨振怀带一连兵退至象达，系范石生余党，后由小路退入芒市，芒市司由龙陵探得消息，即调练[②]在山梁上拦阻，杨振怀损失枪械不少，皆为土司所得，而政府并不追究。民十五年马某自永昌失败后，曾带兵五六人，饷银万余，退走芒市，土司特别殷勤款待，约两日后即将其全体捆杀，饷械两得，政府亦不问。此芒市土司势力之增厚。

5. 芒市土司，对于人民抽收谷子十分之二，然年可收谷至少七八万石。对于人民之劳役则分配各司其职。如扫地者，送肉者，送马草者，皆由各□练分做劳役。

前年芒市应摊募兵五十名，土司即假此，每名按照七百元之数摊派与人民负担，后来实际一名未送。

又调查户口亦然，每夷人一名皆摊户口捐五角，对于四山之练，为汉人所在，则每户五角，此皆敛财之术。

又借放谷米与各□，先放谷子，后须还现金。

夜间较寒，不能成寐，至两点以后始得入睡乡。

一月九日 象达高度为1555公尺。

芒市区域分为八□四练三猛(猛旺、猛戛、猛尾)。

遮放区域分为六□四练。

象达米价二元一箩(每箩重四十斤)，在芒市每箩仅值一元五角。

---

① 范石生(1887—1939)字筱泉，云南河西县人，滇军将领，曾任护国军第6师参谋长、滇军第2军军长、国民革命军第16军军长、军事参议院参议。抗战爆发后返回昆明，1939年遇刺身亡。

② 练，即团练，从宋代至民国初年，于正规军队之外就地选取丁壮，加以训练而组成的地方自卫武装组织。

每箩十□，每□四斤。永昌以下，计算皆以箩计。

九点起，十一点早饭后，赴街上一行，即返朱府，邀人来玩牌，予输小计五元。托朱区长代雇马匹，决于次日动身，十一时卧。

象达系一山谷间地。狭长形治山，但不甚广，街市即在南山坡脚。朱府又距街里半路。农田生产甚薄，故多数人皆走夷方。赶马经商或做工。故地方并不算贫。房屋无论贫富皆以石灰粉墙，外观殊整洁。四面山峰亦秀丽不枯燥，此象达之所以为龙陵全县冠。惟因地势关系，气候夜间较寒冷，非围炉不足以御寒也。

一月十日 晨六时即起，天已渐明，本预备早起，大家皆睡熟不知时间矣。诸事预备好吃晨餐，太阳已升。动身时适七点半钟。予送主人牛奶罐头四盒，荔枝两盒，腿罐两盒。对于主人之十分殷勤招待，实过意不去，予惟有表示心情之热烈感谢，图报于将来耳。向主人耀东（朱晃）之老母及三兄告谢握别，就道。田野间霜甚厚，寒气重，步行三四里，始上轿。朱区长年高情重，亦难得之老人也。代雇马二匹，驮运行李。耀东先生借用乘马一匹，亦极可感。乘轿至曩洒，有一小街市，铺户十余家，外观似新寨者，市之坡顶有一小学，名明德小学校，房屋有三进，距象达十五里。予等初行，速度较快，故仅行一小时耳。皆顺山谷中路，无大坡坎。曩洒为转弯向东之一村寨，与象达隔一分水岭，象达之水系向西流，曩洒水向东南流。寨户附近山坡连绵，约五六十家。自此以下为渐上坡路，予改乘骑马代步，觉省力不少，精神亦少耗费。予以前并未注意，已吃力不小。今后对于云南之山路，觉乘与轿两者均须备之必要。今日得此马赶路均较速，即稍远亦不成问题矣。上至山顶有小庙两间，为地母寺，往平戛之路即经其下面。郑家寨亦在附近山坳中，户口约十家。至十一点，即在茨竹水，为自象达赴平戛之一半路程，共行四小时，一山坳中，即在此处开稍休息晌午。有溪水一条，向东南流出，其高度测得为 1792 公尺。

到后约一小时，尚未见挑夫及王用之来，甚焦急，命一团兵去看，则随马驮同来，始知已由胡家寨方面之路去矣。临时命人到附近半里山坡黎梭人家煮饭，待至两点钟之久，始将饭吃完。又骑马上一山脉，坡度极急，上至坡头高为2030公尺，再上为2080、2600，2150公尺为最高，与上半天所登之高山[比]略低。因忘记观察，迂回于山梁间，忽上忽下，忽高忽低，将行约一小时，始将山坡登完。约午后三点半钟，略休息。测高为2125公尺。转向平戛下坡，予改乘轿，约一点钟，下到沙寨，系坡脚。住民疏落，约卅家左右，妇女装束与象达略同，皆缠绕白布巾，足上绕白带数匝。老年者身绔蓝布围腰。男女老幼皆甚注视予等者。自此起为平坝，其面积大于龙陵半倍，大于象达三倍。周围山脚即为村庄。由西至东约长五里，南北较长，南为下坝，北为上坝，水即自北流南，贯穿坝中央。水量不小，闻每逢秋季，时染水患，称曰平戛河，向南至三江口流入怒江。在龙陵境除此水外，尚有象达河、曩洒河、帕掌河三水，在帕掌河下边三河相会，水量增盛，人畜不能渡，于三江口上边流入怒江。惟龙陵城之水则汇入龙江耳。

平戛即平坝之意，以产米为大宗，年可收获十余万箩。然大部土地，约有一半被象达及龙陵两地人士所有，论收获本可供本地之食，因此遂不够吃，此实本地贫苦之一因。全坝人口约四五百户，镇上约八十余户，本地人又无远志，不似象达之出经营，可以作经济之活动也。近年附近山中兼种茶，年可收四五十驮，其他即无甚出产。幸此地合属第三区之猛幸，沿江边气候较热，产紫梗及棉花。紫梗从前于民十二三年，每斤价至八角，近年每斤只值五角，且销路不畅。又产西瓜及果品如梨之属亦不少。自此可直通猛坂及猛戛、麻栗坝等处，与镇康划江为界，七道河为一渡口，自此往镇康，山路实难行，且受江之阻，来往行人少出此途。渡口在上，为七道河，有大船一艘，渡江每人二角，其下为仅有竹筏，每年夏季大水，约有一月或十余日不能渡江，以其流过急之故耳。

予等到平戛街，已近四点，为时尚早，先由象达区公所递信。今日晌午在胡家寨预备,予等因走茨竹水,遂错过。到街时蒋区长及董镇长二人来欢迎,即住区公所,在街尾。区公所有正房三间、耳楼一厦,即寓楼上。蒋区长人颇忠厚,待人诚恳,代为计划路线,并以后沿路招待及过江通知镇康界内之人,预为沿途召应。其忠直处令人可敬也。平戛街高为1530公尺,其平坝中必在1500公尺。街在平坝东山坡脚,房屋十之八九皆破烂,以董镇长所开之杂货铺较为整齐。董君年五十余,亦忠厚长者。于其先父自腾越移居于此,在镇上名义为众人所信赖,故推为镇长。予到其家中。

本日途程:象达……15……曩洒……30……茨竹水……40……沙寨……5……平戛

一月十一日 今日预定路线较短,故八点始起。蒋区长已来公所照应。九点半早餐后,偕蒋区长及董镇长合摄一影于区公所前。十时即动身,经平戛街向东南方新修之土路前进,路线较直,然系新由田中挖起之土块,甚松,较为难行。穿过平戛坝,即上坡路。路较窄较陡,迤逦三四里,路极窄而潮湿,有一小段略平。至邓家坟山地附近,可以远眺平戛全坝,与山岭犬牙相错,予特摄一影。高测为1735公尺。自此以下,即为下坡路。初行坡度甚陡,约一小段以后即可乘轿。比行山坡路,于下午一点即到张赛,为预定住宿地。此处距江尚有卅里,中途又无相当地址可宿,与蒋区长决定,先为通知,较为近便也。

张赛村为七道河上山坡间之一寨,人家卅余户,皆垦山为业,人极忠实。借宿于陈乡老家中,木建草屋三楹。老人年已七十余,精神尚健,虽为山农,极讲礼貌。一家四代有二子、一孙、一重孙女,皆同居,亦一快乐家庭也。到后家人即为预备晚饭,自酿山酒,性颇纯,味甘。山菜杀鸡与宰猪,蔬菜萝卜、南瓜亦自有其风味。并与乡长洪姓及陈老者乡人等共谈天。对于地方情形及沿革经过,特别详细。亦考察地方风土人情之最好资料。围炉并不觉寒,且在山之南,气候亦较平戛及象达为温暖。张赛沿革:

雍正元年　设立土舍　雍正二年　兴庄变价

雍正三年　升科报粮　雍正四年　设立五卡五练官长头人

此地原为姓杨者,被人仇杀,其妻往永昌控告,结果允其得变卖山地维持生计。其妻遂将山地变卖一些。当时一山不过得银三五两,但其后人烟渐增,山地变为熟地,价值增高,租价亦渐增加。又经数次转卖,山租愈加大矣。今除杨姓原有山地,已经官厅立案,不许转售,规定佃户每年得收租而已,其他各姓则随地主而有增加,此实本地人贫困之一因。

段家山——每年租收定为150元,山地不得出售,于冬至前后即派人来收租。照例佃户每家对于收租人,摊派米一槲,盐一槲,马料一槲,猪肉十五斤,并建房一间,为其住所。大约须十五六天可收完。若收租不清,则再由佃户摊派供应。段家山佃户共五十余户。

杨家山——原为荒土。原定佃户与地主各出资本一半,耕地收获,一箩各得一半,但后来其议亦变更矣。山主共有六姓,其地区分别如下:

施甸——杨富,段姓(瓦房村)

象达——朱姓

本地——罗姓(石灰窑)、黄姓、张姓(猛兴)

本日途程:平戞……3……蛮钟寨……12……邓家坟山……1……会赊寨……14……张赛

一月十二日　晨六时起,天明吃饭。七点半动身,为下山路,可以乘轿。张赛高测得1320公尺。向下一望,皆白云弥漫潞江河谷中,所谓云海,极为壮观。雾甚厚,大约在1000—920公尺附近,即为多云雾层。至此层内,阳光遮蔽不见如阴天然。此亦可以得知高空与低层之空气压,大不相同。至谷底为丫口田,有河谷一支,溪水殊少,河谷甚宽,约50公尺。夏季雨大,则水盛涨。河谷水为之冲刷矣。所谓丫口田,即由此河谷再上一山,有水谷田,可以种植。闻以前抽收厘金时,曾在此处设厘金卡房。河谷高为780公尺,水系由西北向东南流,与潞江流向相反,盖为潞江之一支流。雨季水大,干季则无水耳。自张赛以下丫口田之坡度最陡，茅草满山，极戳人。予等来之前，曾由地方派人新修补路，并割草去树枝，路线较宽，轿马可以无阻。然路极弯曲，坡度在75度。逾丫口田不高，下坡即至潞江边七道河处。江西岸堆积一大沙滩，渡口即在沙滩处等候。沙滩堆积甚广，沙极细。予等到时，渡船已预备好。由对岸过来需十分钟。船甚大，予等轿与滑竿置其上，行李及人夫约廿余人，一次可以渡过，故船甚大。江面甚阔，约八十公尺，水流平静，东岸流稍急。江甚深，作深绿色。测高江面为488公尺，较蒲缥之惠人桥江岸已低一百余公尺，故怒江之河谷倾斜度甚大，而流极急，不能以通航也。论此地江面本难造桥，然为边地之交通计，于其上流或下流应择一地点造桥也。

渡江后，因镇康临漳乡乡长尚未见到，但据渡船者谓已通知预备下驮马矣。予命永康侄及一团兵在岸上守望行李，予先行。但上坡不久，乡长李明华已拉牲口来接。予乘一骑马，多一骑马，用之骑。命驮马至江边运行李。上坡路殊陡峻，约在75度以上。今日之骑马性纯，得此代步，节省气力不少。到本地寨约行一小时，大约在15里左右。本地寨人家计十七户，皆矮屋竹篱作墙。闾长[①]何姓，年已四十余，乡长年约卅左右，皆和蔼无浮华习气，性情爽直。外面表示似极畏官吏者。边民知识愚蠢如此，殊觉可怜。然中华民国确实对不起此等诚实之人民，丝毫对于边民无助。予今身为国家人，为之惭愧。在本地寨休息，吃晌午，由闾长代做。临行给资三元。闾长托对于渡船事向县长请求，予应之。此地水不甚洁，含沙极大，水色浑浊，予不敢饮。自此以上坡度略缓。在山坡上，以望远镜看东北面对江之猛兴，为山遮去一部。闻有海子，然水对于灌溉无利。其迎江面之部分，系一山顶，小平坝则缺水，有四寨，在其上者为蒋庙，人烟二三十家；在其右侧者为瓦窑村，约五六十户；在其左者为罕怪村，约二三

---

① 民国南京政府时期，云南实行自治，县市以下分为区、乡、镇(坊)、闾、邻，五户为邻，五邻为闾，设闾长。

十家;在坝子中者为平铺,约四五十家,与江东岸之蛮埂寨相对。

沿山坡所见之岩,大部属水成岩,石灰岩、砾岩皆有。路亦为予此次经过,地方上人特别新开展者。至蛮埂寨为时尚早,不过午后三点钟。蛮埂系潞江东岸山丫口之一寨,亦位于山坡上,约五十余户。房屋多为两层建,皆以竹篱作墙,楼上人居,楼下关牛马,与张赛、本地寨各处同,大概山居皆如此耳。然亦有盖平房供人住,在其前面建牛房楼居者,供堆积之用。蛮埂人家五十余户,完全垦山为业,养牛及猪马匹则甚稀罕。因地瘠民贫,多不肯[养]此种消耗过大之牲口耳。此地与本地寨之物产皆相似,紫梗年产五六十驮(每驮在150斤),棉花丰年则在百余驮。棉花色洁白,纤维虽短,然韧力甚强,此其特点。但本地不能纺线,须将花运往平戛换布归来,亦其吃亏处。夜借宿于王乡长家,自己做饭吃。此地山水甚洁。

本日途程:张赛……5……扣寨……20……丫口田……5……七道河……15……本地寨……15……蛮埂

棉花,紫梗,包谷,鸦片,香蕉,大麻,荞。早稻,洋芋,芝麻,蚕豆,麦子。

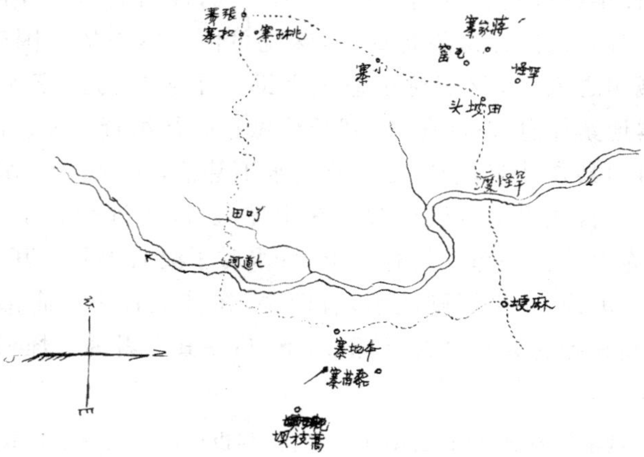

一月十三日 今日欲到达小猛板，故起较早。昨夜不易入梦，幸精神尚佳。六点起，七点半即起行。蛮埂高为1510公尺，向东转一丫口，地势坡岗比蛮埂高多二百公尺以上。严霜堆陈甚厚。上坡得一马骑，较省力。行李两驮因缺骡马，用牛驮一驮。行十五里，即至根基。根基位于蛮埂之东北隅，为山谷中之一冲积小平原，面积甚□。不过在山岭磅礴之地势中，有此水田可耕，亦为沙漠中之水草田，在山耕山，水田实不易得耳。根基分为大小二寨，予等初来所见者为大寨，约四十余家。水分充足。山寨为东边土山所遮蔽，须由田坝中转角始得见。为□乡长所住处，即至其家休息。换骑马及驮马，又耽延半小时之久。十时再前进，向村中穿路。过一丫口，亦较高，坡度亦陡。乡长以其骡马供骑，得舒适度过。下坡路为一石灰山岩，路皆小径，极曲折。山巅相传有一金烟嘴，探手可捉摸，但不可得。至谷底为小桥河，有溪水一沟，高度降至1348公尺，比之小寨已低百余公尺（小寨人家五十余户，高1410公尺）。约行两小时，到董家寨之新寨，新寨在坡后，另外一山谷区域，约廿余家。老寨尚距此四五里之山谷中。由新寨转上一坡，坡之下亦有一溪，出水甚多。老寨约四十余家，岗高1500公尺。镇长王姓，系此地首户。房屋五间对厅，有两厢，天井宽敞。由其家人代做晌午，前后人到，吃晌午，又耽延两小时之久。幸其家中富有，菜蔬亦能抬出数样，咸菜亦两小样，皆可口。老主人王有得年高已八十余，精神尚健。全家儿孙四辈同居。近于后院又建新屋。家屋以赶马起家，在缅甸经营起手，至今犹有马帮在外也。送钱不收。予以主人招待之意甚厚，允于到德党后，书字赠之，以为纪念。临行犹以罐头二盒相送，予辞不收。于午后一点半钟继行。出村即高山坡，壁立陡峻，仍乘骡，得助不小，否则登此又不知受尽多少力气矣。董家寨高为1500公尺弱，但登至山顶测为1780公尺，坡路皆成直线一条，并无大弯曲也。至坡顶又较平坦，有小村一，约十余户，皆垦山为生者。行二里遥遥平路，再登一山，其顶高1890公尺，再转至一山顶，又高2110公尺，称曰亮山，为今日登山之最高点。

其高之一嶙岩，更高过此山顶。下瞰小猛板坝即在目中。其崔嵬拔越之态，殊令人可怖。原自山顶平地处，本另有一路更险窄，而山更高，坡度更陡，下降夫马难，故特绕行大路，走一弓背，为平坦易行计，不能不如此也。自此以下为下坡路，较宽大。中途经过两沟水村、马鹿菜子村、文曲村等。以文曲村较大，而瓦屋亦较多，且高大整齐。坡路甚长，将至山脚处略陡。抵小猛板已黄昏时候，五点半钟。

纳县长亦于今日到，约同宿于新建之小学校内。纳季卿[①]县长来此检阅团防，并参与张姓结婚礼，得相把握，遂畅谈此行经过，极为欢洽。对于测量事极为注意，予将此事经过详细告之，亦代为愤懑不平，谈至夜十二点始卧。

本日途程：蛮埂……20……根基……20……董家寨……15……两沟水……8……马鹿菜子……7……文曲村……10……小猛板

论本日捷径，应自根基起，即行山梁，走象泉水，路亦平，为大路，即直下至两沟水上边为正路。因平戛蒋区长情形不熟，始走此蹊僻小径也。

一月十四日 留驻小猛板，六时起，支付王用之等先赴德党。午间赴张府贺结婚礼。晚间纳县长添菜请客。

一月十五日 起稍迟。午后偕纳县长赴文曲山张家，张家即在文曲山下，地形位置甚佳。对山可瞰北区小村。文曲山村距猛板约十里，村户卅余家，以张姓为最多，亦为张姓发祥地。夜间与纳县长谈人生处世之道。

一月十六日 九时起，早餐后往董区长家小憩，即乘骡返小猛板，约正午十二时。两点参加西区会团典礼。纳县长告民众四大要政（练团、缠足、大麻风、□□）之用意，及唤醒民众，予讲民兵之重要。

---

① 纳汝珍（1896—1958），字季卿，云南大理巍山人，回族，元代咸阳王赛典赤·瞻思丁十九世孙，时任镇康县县长，曾任省公署一等咨谋官、盐务督销分局长、迤西宣慰使署中校参谋、丽江厘金委员、镇康保山龙陵三县联合剿匪指挥部指挥官等职。

到民兵二百余人及各乡镇长，摄影而散。

参加西区会团典礼（前排左四作者，左五纳汝珍县长）

夜与纳县长谈往耿[马]、孟[定]、班[洪]诸地之准备，又谈地方风俗习惯。

一月十七日 九时起床，早饭后休息，偕纳县长赴第四区公所开扩大区务会议。区长及九乡一镇镇长等管理员教员等约廿余人，及猛捧县佐亦出席。由县长报告开会宗旨及讨论事项。对于县政之团练、积谷、防边、教育、道路各端指示极详。予将地方自治之大意说明，并望注意民生问题之衣、食、住、行四大项，将地方情形加以解释。然后由各乡长将积谷事解决及防边事解决。四点散会。今晚董区长请客，仍招待于高小新校舍内。九时赴张泗源（茂之父亲）老先生府及惠之家告辞。归后又与纳县长谈地方事宜并腾冲及鹤庆商人之狡猾。十一点半始卧。

一月十八日 晨六时起，收整一切，十时始出发。出门即乘轿，向西北绕行山谷边。小猛板高离海1C80公尺。渐自低降，约行十里至赛米坝为山谷一村，住户数家，由此渡溪水，木桥在雨季时被冲倒。山谷中有梯田，至溪边则冲积地较平。自赛米坝以上，山路渐倾斜大，予舍轿骑马。马精力欠足，登坡极疲，为小猛板董区长代预备借用者。约十二点零钟，即抵卡房村，村位于山坡之中部，住民约三四十家，皆垦山种植玉蜀黍为生，产米极少，故生活单纯而极苦，妇孺有无衣裤者，房屋极简陋。高度为1750公尺。与纳县长于乡长家烧烟并吃晌午，已行一半路矣。休息两小时之久，继续再行。自此以上，坡度更陡，路僻多弯曲。以减少其坡度，故迂回环绕而上。此一段登坡若无马代步，极为吃力。至顶点高已达2000公尺，高于猛板920公尺，高于犬房村为250公尺。若不爬此山顶，在村之西，有一较大之路，即可以减少其坡度矣。由山顶又降一坡，再上坡至对山，高于此山为卅公尺。翻此坡后，再降一山坳，即经过一村名□□，其人属倳佤种，为熟倳佤[①]，本地人称曰□□，亦垦山为生，芙蓉[②]栽种甚多。闻德党人家所食之蔬菜，此村人供给大半，人口约五六十户。由村中经过，皆上坡岭，至其顶，即可远眺德党[③]。予与纳县长换乘轿。皆下山路，高度为2200公尺。路系最近为附城第一区所修，较为宽大。转向西北面下坡，间有较陡处，坡路甚长，直达德党。德党为另一山岭中坡地，无城池，铺户不过二三十家，住民约六七十家，搭棚约数

---

① 倳佤(卡瓦)，即今佤族。民国时期，汉族把阿佤山区的佤族分为“生、熟”二种，所谓“生者劫掠”，处在原始社会，劫掠财富的这部分佤族，被称为“生倳”、“野倳”。又所谓“熟者保路”，说的是与汉族有较多接触的佤族，欢迎汉族商人去进行贸易，所以对商人进行保护，这部分佤族又被成为“熟倳”、“驯倳”。

② 芙蓉，即大烟。鸦片曾称为“芙蓉膏”，民国时期西南边疆种大烟较多。

③ 德党，地处滇西边陲永德西部，东与大山乡接壤，南与镇康县木场乡相邻，西与勐板乡相邻，北与永康毗邻，是云南省临沧市永德县辖镇，县府驻地。

十，为街期小买卖之蔽风雨而已。县署为新建廿余年之房屋，沿山坡分三进，渐近渐高，形势尚伟大。门外有照壁一座，高约二丈。壁上镶第一任陈县长夫妇殉难碑，皆为纳县长任内所代为追悼纪念者也。附城村庄有上下寨，闻人口亦不多。建设局在附近种茶数万株，年可采茶千余担。茶树甚肥，时正开花。纳县长自到任以来，于今二年余，对于地方绅权恶劣之势力，渐加纠正，近来风气已改观。教育亦力谋推广，筹办县立简易师范学校，四年毕业，为造就师资之所，已成立一年。对于匪风亦已铲除，故地方得安居。城市房屋，比之以前，已增盖不少矣。常到四乡区巡察，颇能开导民智。外交自班洪事件发生后，特别注意，曾往耿马、孟定巡边一次，边民极为颂仰。处理一切事务皆极细心，因此一方得边民之爱戴，一方得省政府之信赖，实不易得之边吏也。

小猛板为西区之中心，区公所在处，为四周山峦包围之一锅底塘。镇上有街市一条，每五日一街，来人约三四百人，以摆夷为最多，汉人大都由文曲山迁来。张姓为地方大族，亦一方之重望者。张文清（泗源）年已八十。幼曾入学，号过目不忘。其次子张茂之为中央第八十一师副师长，范石生之部下，今亦有力于军界也。全镇住户约五六十家，有小学一所，新建高小校舍于镇西北坡头。水田约有四五千亩，产甘蔗，其质不佳，产量亦不多。夏季尚有瘴毒，其毒发于镇中之荷花塘内。此塘面积不大，本甚污秽，地方人士以相传不能填去，因填去即常发生回禄[①]，故只得保留。

本日途程：小猛板……15……赛米坝……15……卡房……15……□□……15……德党

一月十九日 予借住于县之师范学校内之校长室，房间小而不透光与空气，好在冬季气候不热，否则难于居处矣。德党冬令风间有大风，飞沙刮树，故灰尘极大，到二月以后，风始息。日来精神极疲，夜间

---

① 回禄，相传为火神之名，引伸指火灾。

睡眠又不足，脑筋极不舒适。寿增等谓予精神太欠佳，身体亦不如在保山时之佳。心理上觉甚忧虑，然亦惟有处之泰然耳。十时始起，即拟发电稿，竟日整理公事，并命将茂恒自腾越所汇款千元取来。然检查月余来，段表弟质斋所经手用之款在四百以上。看账上所登记者，一切开支，殊令人失望，实令人生气。即寿增亦大不以为然。予计旅费一切，如此开支，将何能支持。予以远客在外，亦惟有隐忍不言耳。

晚饭后赴县署，与纳县长谈发电及对于沧源设治局命朱三威逼班洪盖印事，极欠妥当，政府用人亦实欠于斟酌。十点返寓后，翻电稿即卧。

一月廿日 十一点始起，不及同早餐，一人后吃。昨夜睡眠稍足，精神又较恢复。时外部及同乡会之电发出。午后赴无线电局，访李局长坐，并参观电机。留晚餐。饭后偕出外散步，绕行市街一次。观县署前之碑文。约李局长来寓谈天。纳县长命人来请看李督办之信。对于大竹箐抢劫事，略有申述。为将来作会案外交之准备。提到测量事中央仍主张实测。于发王禹枚之[信后]今日发赵薪传信，并托罗绍臣代送琥珀珠一串。电文略有删改，并同时附名发与李督办一电文。吃夜点后，偕殷医官同返寓。将三日之日记补记即卧。

一月廿一日 在德党休息，上午十时始起，精神经一二日之休养已渐恢复。拟发电外部文，略将最近边情报告，并请追加经费。因时间已延长，随行人员薪工及旅费均不敷用。并发同乡会一电亦告以到镇[康]及请款事。

今日为德党发邮期，特详函报告同乡会，并家信及实若信赶至十点前写毕送去。后略看档案，并与寿增谈闲至十一点即卧。

一月廿二日 十点起，略为收拾房间。因纳县长约于今日来同出外看人。十一点纳县长及陈尊三[来]，烧烟并招待茶点，即偕赴上寨杨总团家。对于约其次子同往班洪测量事，此人为地方士绅，年约近五十，任县副团总，其子曾到腾冲李督办所办之测量学校毕业，成绩虽不佳，然有王用之做领队，可以帮助测量，时间可省。但其家中在地方上略称小康，又任民众教育馆长，不愿出门或做危险事。予勉以国事大家同负责任，边界问题，关系更大，令郎现已学习测量，则对于国家事，理宜勇往去做。何况此次有我同行，绝无危险可言，若危险处亦绝不令其个人冒险去做，气候亦极良好，可担保无虑。彼云只要我调用，当然应报效，近数日来，因感冒正休养，俟其好再说。略谈一小时即辞出。上寨离街约二里路，位于西北山坡，由街往，系上坡路，户口约五十余家。下寨亦有四五十家，即接连街子。街子上亦有四五十户，此外附近摆夷有二百家左右，故德党总数在四五百家人。

镇康以张、杨二姓为大族。在百五十年前，皆各源于一始祖。现张姓则分布于西区最多，势力最大。杨姓则在中区，已有七八十户，故生齿已极繁茂矣。据谈镇康全县在一百五十年以前，人口不过在八百户。于民国廿一年(1932)调查已有二万三千余户，八万余人。是经百五十年间，骤增近三十倍，中国人口之增加力亦可谓大矣。

两点访其侄于街上，此人从前曾为省议员，年约近四十，亦地方公正之绅士，故为地方所重，为老团总之族侄。其家为新建之铺面三间，陈设亦清爽，闻脑筋亦较新。后至湖南人所开设之杂货店，在县府前面，购得呢帽六顶及线春料一匹，添加赠送与耿马孟定各土司官者。又购紫红色人造丝祭帐一个，系挽送与孟定土司之母丧礼者，共合价洋一百四十二元。随即与纳县长分手返寓晚餐，再将在省备办送土司之礼物，重新分配一下。晚餐后公安局罗局长来坐，托到省代向丁厅长关说，予亦应之，即赴县署与纳县长谈。其方接其胞兄在蜀逝世，年近六旬，颇为哀感，予劝慰之，然自己亦有感于兄长死后负累之重，彼亦同病相怜。善后须将胞兄之眷属接回滇省照应维持。请其代写信与孟定土司，速觅侦探派往户板、南大、炉房、户算、滚弄江渡各地侦查，开一纲目，令其依照填报。所垫费用，俟到孟定后付偿，并望其干员能切实努力工作，另外再有奖赏。信件及吊丧礼由纳县长派人于明日前往。此事办妥，于心上之事，又稍为宽慰。明日纳公请宴，便中又谈南京情况，告以同乡之状况，正所谓畅谈。宵夜后又谈,至十一点半始卧。

一月廿三日　昨夜十二点卧,故起甚迟。起后拟呈部文。两点至县署,应纳公之宴,并为纳公及地方人士代拍照。略为玩牌四圈,赢十元。晚宴回席甚清爽。饭后客人等皆玩纸牌,予从旁参观。至十一时返寓。

一月廿四日　十点起,饭后,竟日握笔继拟呈文。商号拉骡来看,索价一百八十元。午后李家又拉驮马两匹来,以年龄太老不合格退去。今日幸将呈文拟定,待再斟酌修正。晚饭后约无线电李台长散步市外。归来县长命人来请,稍息即赴县府谈闲,至十二点半归。一点钟睡。

一月廿五日　夜间睡眠不足,神甚倦,脑昏,幸精神尚可照常做事。饭后以半日之功,加紧赶做呈文,修正完毕。夜间杨区长来谈班洪事数则:

佧佤上杀头祭谷事。杀头祭谷,实有其事,以野佧佤有此风。当二月间为种谷期,由白水大王派三四人出往边界寻觅相当汉人,以出胡子最多者为上选。杀头人多半昼伏夜出,使旅客不备。杀头多者更好。杀头之人将刀连人头带回,到第一寨,则由该寨先献银三百元,牛一头,然后将刀插入鞘中。庆贺村人结团体又送至第二村,[再]拥护送到王家。由王家立一木杆,将人头系于其上。全体人民不论男女,欢跳七日,饮食皆在其下。七日后头内腐朽,斯时即将地上跳舞所起之灰土,扫齐于木杆下。血水滴下,用谷子拌于其内。俟头骨俱干,不滴血水,各家遂将此灰及谷子分得少许,带回家中,拌其谷种中,则洒种于山地上,以为可以丰收。

八月为祭谷期,亦照例砍人头来,照样做。将谷子拌在收来之谷中,冲食。此为祭谷贺丰收云。

一月廿六日　十点起。饭后整精神写信,共写六封。将晚甚疲,因纳县长来略休息。黑后又赴县公署与纳公谈天,并问其分送各土司礼物如何支配。宵夜。十一时归。心思不甚静,欲提笔写信与李伯英,一切已散乱，此真思想之无系统缘故。公安局罗局长送罐头二瓶来，并谈镇康县风俗及绅权太重，为予所不注意之事，皆确凿有据。一时卧。

一月廿七日 昨日早饭后写信与李伯英、张莼鸥等，夜间又始将呈部第四次文做毕包好发邮。又赴纳县长处谈。归后十二点卧，不能成眠，天亮微朦胧睡去而已。

一月廿八日 命整理预备行装。添购骡共四匹。一匹骑骡合价一百七十元，一匹驮骡合一百五十元，又两匹各合一百元，共花费去五百廿元。午后正顿理各事，适纳县[长]归来，共偕赴野外摄合影像，便至县署谈天。又合摄二影。将所代抄卷收来。晚饭后李台长送来烟二筒及罐头二盒。返寓再收拾所采集之岩石标本及零星物件。又赴县署，与县长、李台长等谈天。宵夜约十二点归。

借入县长半开现金一百元。夜间睡眠甚熟。

前排右二作者，右三纳汝珍县长

一月廿九日 七时半醒即起，预备收拾行李及零星物件。九点半赴县署向纳县长辞行。邀同出外送行，余秘书、李副团总及科长科员等皆到，同行至德党街外赴孟定路之坡头。小学教员约廿人左右，系寒假讲习班者排队送行。予临别赠言，向全体讲话。大意为注意建设，始能将云南改造好，而人才为当务之急，镇康处于边地，又界于果敢县及南段未定界边，首当其冲，望大家要努力方可以改造镇康，然后镇康始有希望。并告以大家应体念《中庸》上说博学之、审问之、慎思之、明辨之、笃行之，将来不要做知道事不想实行之人，此中国人的毛病，要痛改为是。遂与全体送行人合摄一影而别。予即就道前进，已十点。

沿德党后山麓行，为往孟定、耿马之大路。坡坎不大，沿途皆有村寨。以户乃为最大，住民约百余家，高度为1430公尺，与德党相等，距德党15里。今日为街期，赶街者途为之塞。本人（即纯佧佤）甚多，尤以妇女占多数。街成弯尺形尚长。略休息继进，即至猛汞寨，人口约五百家，一大寨也，本人占大多数。山坡上有缅寺一座，平地上有缅寺一座。两山之间夹有一小冲积地，完全为水田。故人口密集。有小街一，亦有售卖零食者。此地以段姓为最多，约百一二十户皆段姓，闻汉人皆自顺宁移来。寨南对山，丛林甚密，为石灰岩，有山洞一甚深。有水自山洞中流，其水淙淙，又自洞出潜伏，约距一箭之地，重复流出，为自西向东流。寨西北有温泉，温度甚高，方广一丈，男女妇孺不论昼夜，皆混杂洗沐其中。本人女子着长筒裙，自胸部拖至胫，洗澡时不脱去，亦不穿裤。洗时将裙拉起至胸，然后蹲入水中擦身。闻此地之风俗，男女洗后，可相约至山间歌舞。此地为一半路，约距德党卅里。在村长家中休息。约半小时，便游览山洞即前进。自此以下，略有坡路但不陡。越猛朗山略高，坡亦略大，但经修路后，登临不难。高1920公尺，松林甚盛。越山后即至明朗街。

明朗街附近又系一小平坝，较猛汞之平坝大十倍，故人口稠密。街子约人口一百五六十家（铺户在内，铺户卅家左右）。大寨在街子之西南约二里，本人约四五十家，汉人约一二十家。温泉温度不高，介于大寨与街子之中间，在平坝中间。高度拔海约1760公尺，高于德党330公尺，故气候温和，冬不凉，夏不热，与昆明相仿佛，此亦由于地势高度，相差无几。村中以鲁姓人最多，约六七十户皆鲁姓，亦系与顺宁鲁姓同宗，由湖南迁来，自大理分支者。

晚饭后鲁镇长送纳县长一急信来，谓其侄孙纳分队长自孟定跑信来，因护送予之关系，孟定兵力单薄，不能让纳分队长带兵去后，对于所擒之匪十名难于照应，故已先护送匪回德党，再为护送予较便。劝予留明朗三日，以便纳分队长公毕折回同往孟定。予以往孟定后亦无事可做，决照纳县长所言，留此三日。

德党至明朗一路，皆有人烟村寨，且村寨亦多瓦屋，外观且甚整齐。故镇康虽处边地，并不为贫瘠，尤以产烟著名于滇省。

明朗街平日亦已热闹，五日一街，极形拥挤，可上二千人左右。若到二三月烟会时，则各方来者可到二万人，故街场并不冷淡。予于十二时始将拟复纳县长函并日记完结始卧。

本日途程：德党……15……户乃……15……猛汞……30……明朗

一月卅日(腊月26日) 在明朗休息。十时半始起床。本当将昨夜写给纳县长之信交永康侄带去，因未写好，仅命其牵马送回德党。起后吃饭，即写信仓促间，略有增减，遂交与镇长派人送信去。是日街期，特往街上游览一转。午后未出门，看小学教员寝室内之《民国演义》。鲁老乡长(效用字□□)家请吃晚饭。老者年已七十六岁，精神矍铄。耳聋，讲话不清。此老者曾参与陈、刘与司格德划界时之人。当时带兵，带弩箭，英人甚惧。并对于镇康县改土归流亦有力分子。请客极为殷勤，做菜十余样，一桌堆满。会见唐大志(号端平，蜀北遂宁)署附庸班洪执事。闻此次班洪因闻予到，刘国用等特约其前去参加意见，明日即前往班洪。此人年已六十二，为鲁老者之知交，在明朗安家已廿余年矣。予便以名片一张托其带往班洪，并带口信,命刘国用来孟定相会商。晚饭后即辞谢返寓。鲁家与学校甚近,仅隔百余步耳。

镇长鲁开国(元勋)年卅二岁,幼未读书识字,十一岁丧父,自幼勤恳,为族中所重。人亦苦练,性情亦纯,待人忠厚。特来谈话,便讯以地方风土人情。知此地人民勤朴,鲁姓为大族。镇内有黎梭三四十家,皆在山箐中生活,故较寒苦,性最纯最怕官,善于用弩箭,制弩药。地方团结力甚强,人民亦勇敢。遇急时,可以号召千余壮丁以保护地方。民[国]十三[年](1924)、民[国]廿一[年](1932)两次,耿马地界匪风甚炽,欲来抢明朗,当时地方人即起而防备极严密,各要口皆放步哨,土匪终不敢来。故地方自回乱后,皆未遭兵灾,人民得以安居乐业,皆恃自卫之力,故示人以不弱,外人终不敢来欺。本地镇长前本由区长训练班之学生担任,因对于地方蹂躏压迫太甚,是以为地方所不容而告发于县政府,终由人民公推鲁元勋担任。此人忠直有胆识,且热心公务,地方人士甚听其命令,殊为难得。今晚特来予处请指教。予告以地方自卫很重要,应扩充此种精神,保持此种风尚,不但可以保境安民,且可以为国家之后盾,并鼓励其继续发展地方事务。彼亦颇能敬听,竟谈至十二点始辞去。彼善于行走,一天可以到耿马,由下关至永昌,仅两天,由永[昌]至德党尝天半,由下关到蒙化,一天走到。于孟定之石门坎,曾以左轮一支对匪持毛瑟枪者二,持铜帽枪者四,空手者一共七人对抗,一面抵抗,一面后退,因枪弹告竭(子弹四十发),匪追赶四十里,又得其叔之枪一支,又向匪抗,终将匪毙死二人,得以全身,故亦甚勇敢。

镇康青年,对于现任教育局长极不满意,一致欲推翻之,但以其女婿之力,仍尸位素餐,一般青年只得暂时隐忍,以待机会之来。大家以为纳县长自来只做好人,排解双方,有许多事固然可以解除纠纷,地方上不致多事。然有些事,优柔寡断,反伏恶果,其破裂痕迹更深,予亦首肯。近县长一般人因纳县长欲命杨渭任简易师范学校校长,青年派皆不愿其就,因有李某任局长,一切事受其牵制。若李某改任校长，则又为学生所不公认，必起风潮。闻此事纳县长颇难处置，斯地方官之难任也如此。

一月卅一日(腊月27日) 仍留明朗。十一点始起。十二点早餐吃毕，不一刻，纳佩金分队长已由木厂来，今日即送匪回德党，见面后致殷勤意，并告以此次捉来之匪，系夜间往捕，竟将尖大保逃脱无踪。其人年约卅上下，尚强健有神，一见而知其为精明强干之人。告以恐明日不能即来，有许多事须与纳县长办妥后，拟在德党休息一日，准后日来。予无法亦只得如此办法耳。坐一刻即辞去。午后无聊，命镇长代借麻将牌来，与陈尊三、殷寿增、王用之等三人消遣。李景森之轿夫一名有病，不能再抬，已托鲁府代购得骡一匹，言定价190元。随即下去轿夫二名。予所携款本少，不到四百元，今又用去骡价若干，所剩无几，亦只有到孟定后再说。玩牌至夜间十点半始歇。以麦炒面宵夜。又与殷王二人谈此行用款事，亦惟有再为设法耳。至十二点半卧。

明朗地形，周围皆山。北面山较低，南面山较高。逾山即属耿马地界。东部为一大丫口，为往玉泉寺之道，故路较平坦。西部山岭亦低，远看为丫口。吾等赴孟定即取道于西南面。其中间即一小平坝处。街位于北部山之麓。山野树林甚密。所饮之水，即自山中用竹管接来，不缺而亦不大费事，与自来水无异，且气候优良，人少病症。夏季不热，极为凉爽。德党人患病者，闻常来此养疴云。

二月一日(腊月28日) 十一时起床，早饭后与陈、殷、王等三人合玩牌消遣。午后三点永康自德党转来，言纳县长留其在署中歇宿，骡子已交还与李某，命其退还骡价一百五十元，并命其将赴孟定后要注意事项简略告知。其意均甚可感激。晚间又加入鲁镇长同玩牌，十点停止。宵夜后又休息至十二时始卧。

二月二日(腊月29日) 仍留明朗。十一时起。饭后看《民国演义》。三时纳分队长到来，偕兵士借寓于街上顺宁杨姓商号上。予特往大寨一观。缅寺房屋外观尚好看，内部极为简陋。晚饭后纳队长来谈，谓明日前进。遂相偕往鲁家略坐。适殷、王二人命杨暄往报告欲停留此度岁，并云若前进则彼二人随后来。予非常难受，随即归来告以事情须顾到双方，纳队长特由德党赶来，目的完全为我们着想，若我们不走，他即回转德党，又须迟延三四日，如何可在。幸以好言安慰之，始得大家之同意，谓此事原为说玩话而起，杨暄报告不善其辞，始有此误会。十时即卧。又告知纳队长次日决定动身。夜不成眠。

二月三日　七点半起，即吩咐收拾各事。鲁镇长所代觅之驮马，久不见到，迟至九点半无消息，即将驮物留托后来。予到街头，鲁老先生来同摄一像而别。时已十点，循山箐中行，坡度不大，略有起伏。予出镇后乘轿约一小时，以坡略高，即改乘马。沿途村庄绝影，间于山谷中见放有牛群而已，山中树林亦不大。将抵黑河附近，山岭上向东北之山始见茂林，然不及高黎贡山远甚。上一丫口，高为2200公尺，因正午温度约在七十度左右，即为下坡路，坡度甚陡。途中堆积泥沙厚达三四寸，尘土飞扬甚高，呼吸为难，且飞遍衣襟。下坡后即为黑河，高为1940公尺，时午后一点。予等乘马较快，路程约为四十里。黑河寨住民约十余户，皆木片房，甚苦，衣蔽褴褛。寨位于谷中坡岗上。晌午[饭]俱不能做，未吃午膳。休息一小时，即与纳队长队兵前进。精神疲劳。度一山岗，仍为下坡路，极险陡，灰尘亦厚，直到谷底始为平坦路，予又乘轿。略睡，不意即抵木厂矣。予宿于金管事家，纳队长、寿增等又各住一处，因屋小不能不分住也。寨中各家分摊出米供应。

本日途程：明朗……40……黑河……20……木厂

晚饭后，与纳队长谈遮放司放逐之多三，行动乖谬，对于边地土司，　惑不利。据纳队长言，此次尚来孟定吊丧，以后即长驻耿马。予特飞函与纳县长，请其速电陈李督办，若认为可拿，即在耿马将其捉下。

纳县长于昨日交与纳分队长送转消息二则：(1)李专员已回施甸呈报中央，谓已至班洪各情。此种欺骗手段，闻之令人痛恨。

(2) 英方已提出组织界务勘界委员会事，外部尚无决定办法云。

二月四日 昨夜极疲乏，九点半钟卧后即入睡乡，到天将明始醒，极为酣畅。起后吩咐随行，各处呼唤人员起床。六点半吃饭毕，又催促将各人行李送来捆驮子。甚迟缓，予性急，催促捆毕，予始偕纳队长动身。时正七时，高山巅已见太阳光射照。予计算六点动身，又多延一点钟。此实由于各人散住，殷寿增起特迟，催督三次始姗姗起来吃饭。用人真难，若大家能予听从，何至如此。予等由寨中循大路就行，皆沿寨头溪涧边、山坡稻田中行，实际大路尚在山中腰也。因冬春燥季，行人为省路，另辟路耳。路甚难行，以晨间略寒，特步行约半小时，下坡至谷底溪边。土路尘土积厚二三寸，为之飞扬，此可以代表夷方路。至坡底乘轿殊难，路旁每为小岩石堆所阻碍，转弯不便，予又步行。将至干寨附近，始又乘轿。距干寨二里，过一小石桥，至溪水东面之山坡，行五里，即转上一山坡，坡短而陡。至巅可瞰孟定坝，为云雾所遮，茫然巨观。此处称打卧丫口，高 1910 公尺，口侧建有山神庙一座，闻亦为匪出没区，因为独路，来往客上下坡必经过也。丫口西下约一里，有一村曰打卧寨，村民四五家，为垦附近之山地者。今日为旧历元旦节，村民皆集聚为乐。丫口之东下瞰有一山中小长坝，即为小猛撒。山中水田较多，闻住民不少，但不知确数。然以其耕田面积估计，必有二百家以上。予等不经过小猛撒路，下坡经过老抗寨路，坡陡，又系石子兼沙土路，极难行，而又窄，轿马下坡皆不行，灰土飞扬最讨厌。由丫口到老抗寨约十五里，因老抗寨在山脚，寨之西南隅有一尖峰极秀而耸拔，或即为仙人山耳。

老抗寨人口三家，为老抗人[①]所居，故名。自此以下，起伏甚小，皆属下坡路。然出寨不久，竹林丛生其间，极为难行，且有岔路，若无带路人，极易走错。约五里即至石门坎。所谓石门坎，较打卧丫口为险，匪人易于隐匿于山中竹林内，纳队长为慎重起见，特命队兵八人

---

① 老抗(老亢)人，即景颇族。

预先□山于此，以待予等及驮马经过后再为随后保护前进，其细心谨慎处，真令人感激。如此一县之常备队长，能于精细认真保护，实为难得。最近方由孟定剿办大竹箐匪，擒获十一名而归，不能不钦佩其人之勇敢少年有为也。

石门坎起高度已降低，不过七百余公尺，已属热带气候，温度已增高，汗不觉涔涔流。下坡约一里余，有老抗人一家正用竹搭盖竹屋于此新居。一路矮竹甚密，野草丛杂，弥漫于地上。虽冬大部不凋零，此中伏野物或毒蛇必不少，夏季热必更为繁殖矣。

降至山脚即为摆夷村，曰芭蕉林，因纳队长先到，为村中火头说明予等来意，故由火头招待至其家中休息。火头住房为木柱，横木架立，分上下层，楼上铺竹板。后进隔成一房，为其住室，外边则为休息及食处。中砌一火塘，日夜燃火，饮茶水及煮饭皆利用此火塘，煮水皆用瓦器皿。待客以烤茶，一杯开水，一杯茶，随客人喜欢，并将米及马料等供应。因知予为中央政府派来慰问大员，格外殷勤招待。屋瓦系以野草编排连成，形三角式，外看遮蔽或不圆，通光，实则雨水降落，绝不致漏入屋内。此因取其水易顺流，不致污积以漏下耳。楼上客厅外全无遮拦，有眺台，可以出外起坐。盖气候热，用此于夜间可以乘凉。眺台接楼上客间，无遮拦，以通空气耳。楼口以竹梯一可以上下。楼房下面四周则微以竹围，为关牲畜处。芭蕉林寨约住有摆夷二三十家。新年村中建一秋千架，男妇等皆乐此，甚为欢娱。人种体质不强。女子着长筒裙，上着短衣而已。头上围白布包巾，赤足，不穿裤，形容皆不甚美观。

约半里即至南汀河边。江面宽约四十公尺，水深约二公尺。夏季水较增大，且易泛滥，雨多时皆漫至河岸上，一望无涯。水不甚急。渡口为独木舟，若人多或应公事，则须预先照料，将小船两艘或三艘并连为一，方可(飘)[漂]渡。马匹则以人拉而过，一次仅能载渡七八人而已。船长约二丈，宽不满二尺，故人马过多，费时尤长。予等人约四十人，轿子一，滑竿二，马匹十七匹，亦费时在一点半钟。是南汀河在孟定过渡，若遇军事紧急时，非扎竹桥不可。今日因未走大路，完全由稻田中行，过河共三次，此外小沟尚不在内。驮马无人引路，渡河及小沟约廿余次，故迟予等到已两小时以上。盖孟定坝全为冲积平原，河流皆属暮年，极为弯曲而平流。其他河道亦不少，闻到夏季虽土人亦断绝交通云。六点始到孟定土司署。

本日途程：木厂……5……干寨……30……打卧丫口……15……老抗寨……10……石门坎……15……芭蕉林寨……1……南汀河渡口……25……孟定司署

孟定司署地形路线图：

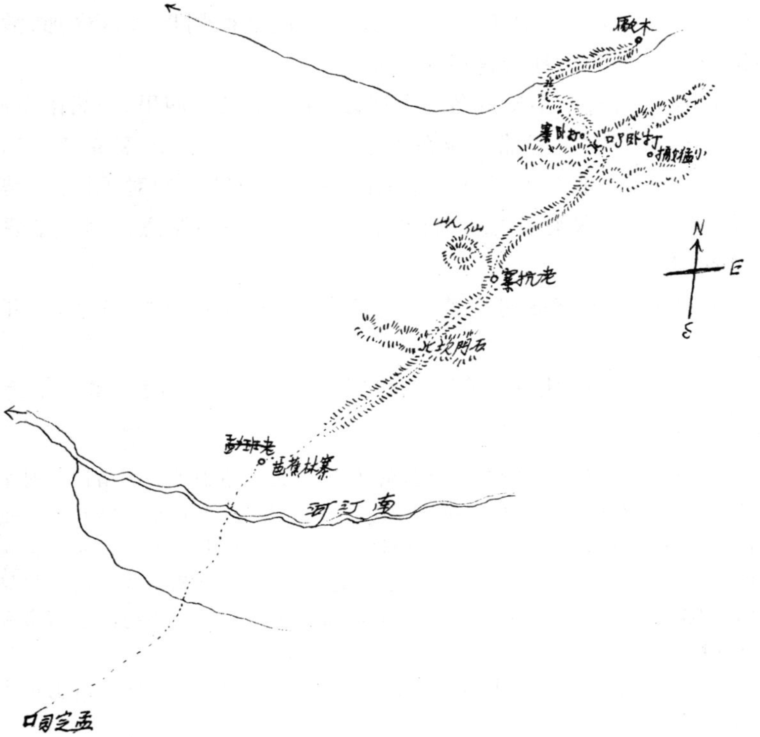

二月五日(正月初二日)　十一点始起，今日在孟定[①]休息。土司署内全体职事人员皆到，请予训话。予将此次到孟定之目的两点(1)调查未定界实情；(2)慰劳土司并便告以边地不能不争。孟定界于其间，关系重要，将来能争得若干土地皆孟定所得。至于英缅方面在目前无可怕之理由，分析英帝国崩离之情况，又告以在一两年内必须勘划界务，司署关系极密切，应注意英人之一切行动，尤须切实查明边界与吾人之关系。调查须务实际，不得浮夸，作为划界之准备，如帕葛山、公明山重要之地位、形势、村落等均须明了，各人皆极注意。并嘱与会之人，不能对任何外人说，以防奸细。予又夸奖孟定司署对于去年班洪事件很能出力，政府对此极为嘉赏。约谈话有一小时之久。罕定国[②]对于刘、陈二人与英司格德划界时曾参加，故对一切情形极熟悉。其所言可纪者：

1. 南汀河有一小支流名琐麦河，距江口上溯三四里，一名南垒河。

2. 陈道当时讯问照约应在工隆渡(即南汀河流入滚弄江处)，何以划界，反入内地至第五道河流之南帕河。我姓陈的对于国土，势不能让，除非国家取消我的资格或杀我的头，我都不愿意。其气节殊令人可钦佩。

3. 陈道对于英员司格德态度坚决，刘万胜则有媚外之处，几仰英人鼻息。

4. 陈为文官，凡有不合，随时呈报政府，即亲自做公事。刘万胜

---

①　孟定，西汉前为益州哀牢地，东汉、蜀汉为永昌郡地。唐南诏国时隶永昌节度。大理国时属永昌府下辖景麻甸。元朝至元二十六年(1289)设孟定路军民总管府，属云南行省。孟定土司府历任 661 年，其中罕氏土司从明正统十年的罕贯起历 28 任。1901 年孟定改土归流置镇，今为临沧市耿马县所辖副县级镇，国家一类开放口岸，距中缅清水河界桥仅 29 公里，与缅甸清水河市和南邓特区隔河相望。

②　罕定国，时为孟定土司。孟定土司府明清时隶属于永昌府，土司为刀姓，后来为罕姓。

上公事，必须陈盖章。

予本约罕定国于次日来署，备咨讯。晚饭后出外偕寿增散步，谈此大好土地未加整理，实在可惜。据所知：

孟定之物产，甘蔗高可二丈，质味甜美。黄果（橙子）甚大，味亦不酸。米只种一季，耕田占可耕田不及三分之一。一因南汀河在夏季泛滥，附田低地，为之淹没。一因人口太少，大约在平坝中者只四五百户，在山中者亦只四五百家，人力不足，只有将耕田荒废。一因交通阻塞，除供给少数与麻栗坝及镇康外，不能运至更远地方，所以虽多有出产，亦无销路，故土司仍称贫瘠。司署房屋仅有瓦楼房一座，其旁有草房三楹，两座房旁盖一草棚，其余四围皆草房，即土司本人所住亦为草屋，镇上人民概无瓦房可住。又偕纳队长等打秋[千]。十时卧。服预防病药一粒。

二月六日（正月初三） 十一时起。早饭后无事，翻外交界务档案阅览。两点钟将送与土司礼物——计花缎马褂料、袍料各一份，毡帽一顶，党国旗，风景片本，总理遗教表解，总理像，徽章，丝绵线、针一包，火腿罐头半打，送去。约半小时，罕土司来坐谈，并谢送礼。予告以系私人送仪，略谈安慰之，晚饭开来即辞去。饭后，看随行各人与司署人及耿马小姐抛包。玩法以绸或布缝一包，方形，四角系丝线，内装棉花籽种，重二三斤或一二斤，距离约四五丈远，男子与女子对掷。男子若因女子方掷来接不着一次为输，输后由女子脱去男子衣服。若男子掷去女子接不着三次则输，亦剥去女子衣服。吾等数人如陈尊三、王用之、殷寿增、吴中伦、纳佩金队长，皆与女方土司之小姐及耿马来之小姐对掷。女方输衣三件，男方输去衣服六七件。予亦被迫掷二次皆输，亦被女子三四人围着剥衣两次。此实予等腕力不练习，又不熟，故时被输去。上灯后即停止。予与海关上缉私队刘某、纳队长、殷寿增玩牌四圈，予输去洋九元。今晚精神不爽快，故无趣味，至十一时卧。

予所怪者，昨日言定要罕定国来，然至晚均未见到。对于予所欲问之重要事件，因之未得一问。特语纳队长，请于明日准定约来叙话。

二月七日(正月初四日)　停留孟定,八点半即醒而起。盥洗毕与纳队长同赴街上某教门家便餐。因纳队长即就食于此家以为常,亦教门在此间居住约三年矣。早起精神爽朗,饭后愈觉自然。遮放多三来坐,述其在腊戌对英人二月半如何说其不能侵占之意,此亦对予骗辞耳。随报罕定国来见。予命稍待。俟多三吹烟后约其至内房请寿增招呼,予始约罕定国到那队长左侧室谈,李师爷亦在座。予将界务详细应争各点,及以前失败原由极为详尽。彼虽年已五十有余,然因年幼记忆力强,且曾参加第一次陈、刘与司格德划界,尤为难能可贵。当日如何争执,如何应付司格德,及陈、刘二人之性情皆言之详尽。另稿录出。问之约两小时始散。

晚饭时,随即又掷包,予对耿马土司家小姐仅掷三次,以手力不足而止。纳队长刘君等皆掷包,女方以一女子力最大。上灯后前写信与司署先派去对方探查之人归来。此人籍糯莪,周润生其名,年已五十零,因时时赶街,故走对方路极熟。予将炉房及英人驻兵区域详讯之,亦另有记载。

随往土司罕中兴处闲坐,彼殊恭敬。予指示其注意事项:(1)自家从速练团,应操练纯熟,此事应请纳县长代觅妥实人来帮助为队长。(2)对于通镇康大路,应加工修筑。中间茶花地属耿马,俟予到耿马后当为督促进行。又特别解释此两层之意义。(3)对于教育,应推广学校以谋汉话之普及。(4)司署所在地为保卫起见,应筑炮楼即碉楼。如此以少胜众,治安及防匪无足虑矣。又便谈许多事。谈到摆夷堆沙节,彼云:据经典上说,从前有人将节令及月份日数算错不合,使人民不便,被杀。其后有四人又将历改正,单月卅天,双月廿九天,一年分三季,十、冬、腊、正,为冷季,二、三、四、五月为播种季,六、七、八、九月为收获季,始将历改好。否则似从前每月整卅天算,竟将热天变为冬季,冬季变为热季,颠倒错乱。但至今人民觉其被杀,彼为众人事而丧身,故于每年清明节为堆沙节,各家以沙包一个,上插(纸)幡一杆,堆于缅寺门,寺中僧侣亦诵经,即跳摆,以代其人忏悔,减其罪云。至于花摆夷与汉摆夷之节,又微有差别。

夜间十一点卧。

二月八日(正月初五日) 停留孟定。早饭后已十一点,往尊三处谈闲。尊三则住于金新爷家,房屋高大凉爽,若住司署则又太挤。约一刻纳队长来,约往下城散步。下城在上城(即孟定司署)之南,相距约二里许。该处住民约六十户左右,比较整齐。土司之叔即居此,予到其家休息,草房三间,极形简陋,然亦已称太爷矣。有缅寺一座,在通缅大路旁,寺较宏壮,比之上城为高大。瓦房甚高,间架柱梁皆整比,惜年久(今已百余年)以无工人烧瓦,无法修理。寺两旁有耳房相庇连,为僧人所居,不似芒市冢房之搭高楼,而僧人即住其后面者。佛像以泥塑□金,像为本地人所开,不甚整齐庄严。中供一座最大,左右各一,较小。僧房有摆夷文写之经典,笔以草杆或毛□写,皆横行,以草杆写者极整齐,经书形式似印度贝叶经。略休息,俟纳队长赴金新爷家吊丧后即偕归,便在寺外邀寺中长老合摄一影。寺门前有菩提树数株,高约十丈,立于其下,极阴凉。寺门彩画甚工,想从前工程殊壮丽,当时必在孟定盛时。若再不从事修葺,将倾圮矣。此亦见时代兴衰之不同云。

归后又约纳队长、陈尊三、寿增等玩牌,以为消磨时间。晚饭后出外散步,至东北面高阜上,见其地位形势甚佳。土司署本以建此,则四方眼界及防守皆极便利,即建筑外观亦敞扬,此必无人指点之故。后则见残砖败瓦,遗留之石狮数对,并有石基一层,始知乃当日之缅寺故址,其规模地址必更为宏伟。大约在清末,被耿马之攻击而遭回禄与土司署同时罹难耳。此种景况诚不胜其感。但孟定无人,将来似今土司罕中兴之懦弱无能,又不知能存立几时。

夜间又与三人合玩牌,赢钱十二元。便与纳队长带来之士兵讲话,告以军人纪律与礼节极有关系,为军人之根本。一所以自重,一所以表示军人之精神,然后即得人之尊敬。至于各人之精神,予殊钦佩纳队长之为人,为大家之模范,不能不庆幸大家之幸事。此次之来,是替国家、省政府、镇康做一点事。大家能本此种精神，继续不断努力，则外人亦不敢轻侮我们。便告以界务之关系，比之自家之墙篱未筑，引起外之觊觎。我们这次即来察看，然后与英人交涉，准备筑起墙来，故大家此来并非为我一人，实报效国家地方，极有价值，极有意义，极可纪念。予对于大家，当永久印入脑中，不致将大家忘记。大家亦要牢记在心，不要将纳队长及我的话忘记，并且要努力身体力行。约半小时即讲完，并奖励每日除司署供给菜蔬外，另以二元添菜给大家吃。

今日司官印太送来大红华丝葛加金盘花绣枕两个，一较大，一系三折叠，皆极精致，不似芒市遮放所送之粗糙者比，亦一可纪念者也。托纳队长及李师爷代为转致谢之意。宵夜吃荷包蛋。李师爷报告，班洪师爷高某（耀恒）今日已到，皆驻于罕定国家，明晨即到。予心稍慰，急欲与其晤面，并决定明日派王测量员往南帕河边视察九十七号界桩，并须到高山寨上，确实观察帕唱山之形势，以便参考。予十二点半钟始卧。

二月九日（正月初六日）　今日为孟定街期，起特早。适高耀恒到，便再详问其班洪情形。高系原籍镇康，迁到南腊住家者，为刘国用之舅，故特派其来接洽。将米摆于桌上，将山脉河流分划清楚，遂得一目了然。予特简绘一略图。早饭后无事，出外到街上游玩。人种复杂，花摆夷、老抗、黎梭、纯佧佤等皆来赶街，形形色色，殊为特别。黄果铜元一枚可购一个，且甚大（每元换铜元六十枚）。币制即用滇省半开与铜元两种耳。无事又约尊三等玩牌四圈。晚饭后，高耀恒又来。予即将送班洪、班老刘国用与其本人物品，托其一并在先携去。忙碌两三小时，始将礼物整理完毕。伊等别后，尊三极高兴玩牌，又玩四圈。吃荷包蛋、糯米粉汤团。明日司署来告午后跳摆。予准备各物。李师爷来谈，至十一点半始去。

二月十日　十点起床，命永康侄预备黄红绸绉彩，赏给今日各缅寺来跳摆之小和尚。早饭后，各村寨人皆渐来，远远即闻锣鼓声，约半小时即到。予出至棚外空地上，坐看跳舞，请吴中伦君代拍活动电影机，又另拍照片。时正午，天极热，用伞遮蔽。各小和尚共到十一人，每一小和尚架坐于一人之肩上，其足夹于架者之手腋下。架者围绕跳，小和尚头戴尖塔金盘绣之帽子，高约二尺，身穿彩衣，腰围奖牌或银圆圈，手上戴银质镯，手中握花巾二方，即在架者之肩上，两手相交换，身子及头皆摇摆，如此跳跃。从人皆叫号呼应，鼓声、锣声、钟声、钟磬声，击柝以近，亦有其情节。是日观者拥挤于司署场内，为之水泄不通，约有二三千人，如赶市然。有售零物件者，极为荣耀。跳至一小时，日光暴露之下，观跳者汗流满面。予一一为之挂彩，即休息吃午点。因来者有至三四十里外，皆极辛苦。架者则每人手巾一条分给之，皆大欢喜。后又分赠各小和尚每人五元，上下寨头人各给十元，如是共发给现金八十五元，手巾五打。休息后予又于河边旷地上拍照二张，连乐器形样亦照在内。所谓之花摆夷，则其裙皆花绸做，与汉摆夷之着黑裙者有别，且内色亦较洁白，眉目亦殊清秀，女子与男子皆然。

跳摆活动

晚饭后无事，又阅石鸿韶复勘南段未定界务之实情。此人于此一段界务，当时尚费心神。对于界上各地实情，颇能细心踏勘一遍。对于应争而不能不争之点，言之颇详。而所勘之山水部位，亦很实在。惜当日未将地图画出，纸上空谈，难于令人捉摸耳。闻耿马司署之老印太，明日即返耿马。予昨夜劝彼等留一日，本已答应，何以今日竟又变计，殊堪令人生气，且又不前来明言相报告，似觉手续不合。经纳队长前去通知，始来辞行。予亦忍气，仅命彼等须通知沿途代为招呼保护，对于予之由猛角董转耿马时，要派团队前来猛董迎接护送，若有疏忽，则责有攸归。特写一函交其带与代办罕裕卿[①]，使其准备。至于澜沧县方面，已另函交彼带去，尽速差人送去，请旃县长派团队预先到双江迎护，免路上有失误处。如此办法，较为周密，一路前进，可以放心矣。夜间分写二信，托罕中兴司官转交，以昭慎重。与司官略谈半小时即归寝，已近十二点半钟。

二月十一日(正月初八日)　十一点始起。早饭后即在寓看外交档案。晚饭后偕尊三往外散步归来。纳队长约玩牌，予玩四圈。与罕定国谈此一带区域分划及沿革。十二点半睡。

二月十二日　廿三年阴历八月十四日，罕定国派人装赏糖，到金厂坝，知英方于初九日用炮击塔田，共发六炮，五炮不炸，一炮炸了，仅死小鸡五个。后来，九月十一日英人又去攻一次，英方死二同伴一人，联长一人及兵三人，队长死一人，兵数人受伤，英人见势即不敢攻击。塔田距金厂四十余里，隔小南滚河。塔田住户约一百五六十家，尽属佧佤，始终不服，不愿英人，其忠勇可佳。曾派人随罕华相赴省请愿。

夜间九点，罕老太爷来告以界务各情，将所绘之界务夷文图译成汉文，其情可嘉，其关心国事难得。谈两小时之久，便将班洪与孟定捉拿尖大保之公文译成汉文带走。宵夜至十一点始辞去，予即睡。

---

① 罕裕卿，即耿马土司罕富廷。

二月十三日(正月初十日)

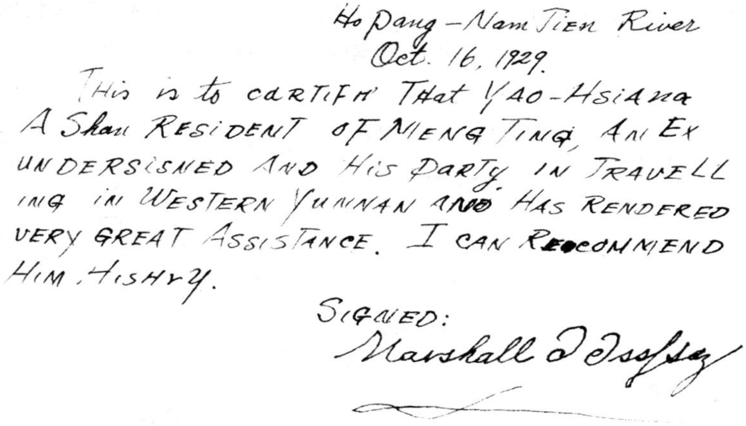
Ho Pang-Nam Tien River
Oct. 16, 1929.
This is to cartify That Yao-Hsiang
A Shan Resident of Meng Ting, An Ex
undersisned and His party in Travell
ing in Western Yunnan and Has Rendered
very great Assistance. I can Recommend
Him, Hishly.
Signed:
Marshall D. [illegible]

此为孟定岳新爷于民国十八年随卓柏[①]探查班洪矿产，得其承认为大头人之字据。

户何有一内地会教堂，牧师为杨思慧字智卿，美国籍，来孟定有八年。裸黑、黎梭入教，共约数百人。

小寨看两洞，距金厂坝 50 里。

炉房——吴尚贤家一洞，南东角(炉房脚)一洞，西边一洞。卓柏以此三洞质量最佳，即说不必再看了。矿渣用尺量其面积大小。当卓柏看矿时，巴尔东则测量地方，到处察看。卓柏年五十岁左右，于八月自腊戌来到孟定，先住于莫牙，通问孟定司官，请派人护送往班洪。孟定司以无政府公事，不敢前去。卓柏乃派人赴省交涉，公事始

---

① 卓柏，美国工程师，民国 18 年(1929)，云南实业厅请其赴沧源炉房考察矿藏，卓氏写出《调查佧佤银矿报告书》，发表在美国《矿物学刊》，称茂隆银矿为"亚洲第一富矿"，含银量高出缅甸可卜公司的波隆银矿 3 倍多。

下来(由德党转来),孟定司署乃派岳相新爷陪往,岳先不愿,经卓柏私自约请始同来。路径走莫牙……70……南简……70……南拉(有街班洪地两寨本人廿余家佧佤卅余家)……70……小寨(两寨每寨十余家)……85……炉房金厂坝……帕谷……班个……户板

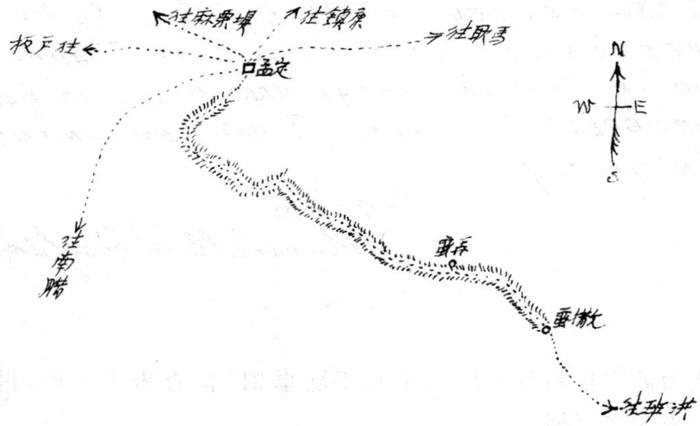

上午十一时,始预备齐即出发,放炮三响,在大门口予几马惊跑踏着,幸退让得快。由河边街后绕转大路,约一里路即为登山路,系向南方行。约四十里山路到蛮弄,今年新修,宽五尺,较平整,否则山路难行。蛮弄寨住民廿三户,皆大摆夷,乃数百年前由猛卯移来者。原前人户计近五六十户,今则向外迁移,始减少成今状。有缅寺一座。住户等皆草编竹篱,结构简单。位山阿之略平坦处,高度850公尺,低于孟定坝420公尺(孟定街为430公尺)。山上林木丛杂,概为常绿树,全为热带森林,草亦极茂盛。过蛮弄寨见有马帮,自猛角董驮来芦子及野佧佤背来橘子甚多,络绎不绝,皆为明日到孟定赶街子者。予等特在此休息约一小时,等候纳队长。久不见至,始前进。至蛮撒寨,距蛮弄约五里。宿于缅寺中,由地方供应食米及肉。寨大小人家约百户左右,闻为孟定之第一大寨。高拔海1020公尺。山中气

候较凉,空气清新,精神并不觉疲倦。与司署派来保护之岳相新爷一路谈天。彼于民[国]十八年(1929)曾引导卓柏等来班洪探矿。彼将从前经过情形详细告知,并谓一生不吹烟,不吃酒,不做坏事,无处不可以对人。至于去年发生事变后,卓柏屡带信及使人来约去,每月许酬以250缅币。彼认为开中国之矿,原为中国人民,绝不愿去。并将当日卓柏氏为急于探班洪之矿,允许其将来若能开矿,当酬以头人之字据,为卓柏亲笔。予阅后特抄存一份,以备参考。岳新爷身材矮小,面有黑麻瘢,能说佧佤话。幼年在班洪附近各村寨经营小生意,知该地实情极熟,且练就一身刀枪不能入身之法,具胆识,为孟定摆夷中之杰出人才。无如司官庸弱无能,不能重用之,实为可惜。仅命其为随从保镖人不离左右,待遇亦极苦。除得耕若干田地外,别无所得,故心存怨望。予以其德性坚定,特嘉奖之。卓柏所写之字据,洋纸长六寸,宽三寸,于金厂坝写。但其字据上,则写为在南汀河边户板。

孟定地势太低,气候特热,虽摆夷亦难居住,加以司署不善体恤人民,及缅方之引诱,迁移入缅籍者甚多,故平坝上觉地广人稀。将来若再禁种烟,则山中居民之生路,更为断绝。移界桩及搬走之事,势所不免矣。

本日途程:孟定……40……蛮弄寨……5……蛮撒寨

蛮弄、蛮撒两寨以致班模,原来皆为班洪所属。因从前孟定与班洪相交甚深,孟定以女妻之,班洪以此地为酬,每年所得平分。但因孟定势强而较有政治手段,逐渐属孟定土地矣。

二月十四日(正月十一日) 昨夜因吃黄果后又饮茶,故腹中不舒适,夜间不睡眠。晨间天初明,寺中和尚拜佛诵经,即闹醒,觉微寒。七点半即起。吃饭即起身,近九时。为下坡路,有一段略陡,不能骑。至南华河,河不宽,水清,深不过一尺。溪水为绿荫遮蔽,极阴湿。由东南流向西北,下流汇入南汀河中。由溪涧又上坡,极立。翻一山,又降一溪水,系由东流向西,亦汇入南汀河中。南华河高离

785 公尺。第二道溪水高离海 640 公尺，较为低下。

沿途芦草丛生，林木茂密，并无村寨。至十二点半即抵班模，距蛮撒不过四十里。班模分上下寨，上寨在西北，下寨在东南，上寨住民共廿余家，下寨不过十余家。缅寺在下寨，予等及宿于其中。缅寺为瓦屋，画栋雕梁，纯为汉人所建筑。内进深约十丈以上，宽约五丈。共塑佛一尊，甚高大，身披黄衣，佛像较孟定坝缅寺之佛像为庄严。东北有三层庭阁一座，东南为僧房。大门开于西南，面临村中。从前规模殊大，村庄亦丰富。闻从前本寨有百余户，近因受孟定司署之苛征，人口遂减少，同时病死者不少。故全村所供养之和尚，由百人减至三四人，已属凋零。此寨亦原属班洪，为孟定所霸占。故班洪与孟定之不和睦，起源于此。

晚饭后偕纳队长、王用之、岳相等赴本村外丫口看班洪附近地位地势，因光线相反，远看模糊，仅将所能看见之地方问高耀恒君。返至村中拍影数张。村人属大摆夷种。

到时高耀恒率队兵十人来迎。

本日途程：蛮撒……40……班模

二月十五日(正月十二日) 晨间起床甚迟。约十点始动身，班洪派来接之人高耀恒率领队兵十人，自班模寨之南走，于坡头大树下远看尖山及金厂坝山，予特摄山形一影。坡路极陡，完全为毛路。枯草极滑，坡又直立，所不失路跌落者幸矣。至坡底，为小南滚河正支。溪水宽约二丈，深及膝，流亦急。此河凡予等自孟定上山以后所经过之小涧有二，皆名黑河者，皆此水之支流。凡干猛大梁子以北山中之水，皆汇入。过河后即上登干猛梁子，大坡亦极陡立。约五里路，始由山东行，横斜而过。至蛮老寨，约户口四十余家，有缅寺一座。又东南行，约五里至大树下休息。树为榕树，约廿余围，枝干甚密，在此合摄一影，又继续前进。约二里至南板小寨，人口十余家，再一里至大寨，约四五十家。自此以下转向东南下坡，约行十余里即到班洪。然山脉支流歧出，弯转极大，四山树木极茂盛。一望附近诸山，起伏重叠。班洪小王[①]本于昨日到蛮老欢迎，因迟一日到，故未出远迎，招待予等宿于其三叔家。是日悬挂国旗并张“铁面无私”之标语以致欢迎之意。予等住处适在其官房之东下面，甚邻近，语言可以听闻。纳队长别驻于其二叔家，岳相孟定新爷则另驻一家。予因昨夜失眠，精神困顿，到后即卧倒休息。于四点钟，始到其官寓会谈，告以此来代中央政府慰劳，所送礼物极微末，不过略表情意而已。至于班洪矿产，惟有从外交方式着手，政府对于班洪事件发生后，边民所受之痛苦，非常关怀。对于土地，寸土尺地皆不让步，必达到班洪地方之希望云。彼亦表示欢欣之感，并述时时受惊之苦痛，不能不望政府求援。李总指挥本人很难得。略坐即辞归。晚餐后，点着汽灯。班洪小官及其叔特来拜叩，予亦竭诚开示一番，其叔性质极冷，无多话。款以香烟果罐，坐半小时即去。刘国用、高耀恒皆来。小官对于予所燃之汽灯，极为注意。事后彼很羡慕，予若多带一盏，本可送彼用。夜间又与纳队长、高耀恒等闲谈班洪各方情形。十二点卧，不能眠，极苦。

本日行程：班模……10……小南滚河……10……蛮老……8……南板寨……20……班洪

二月十六日 予原订计划，为避免英方之耳目计，及行动前方之事变起见，本只想到班洪后之次日即动身来猛角董。及到后观看各方情形，恐一到即走，反引起班洪之疑心。且彼已准备呈文，只有临时变更计划，停留一日，便与小官商量各事。

十点起。早饭后，高耀恒来谈，便讯以班洪所辖村寨，由彼说出，

---

① 班洪小王，即班洪王胡玉山的长子胡忠汉。胡玉山（1880—1934），班洪大寨人，班洪部落第三代世袭王，名“讲宗”，官名“昆钟”。1891年，清政府赐封班洪部落王为世袭班洪总管土都司，并赐姓“胡”，名“玉山”，负责管辖阿佤山葫芦王地的17个部落，每个部落又有小王，称为“大户”，即阿佤山著名的“十七葫芦王”。胡玉山曾率领班洪佤族人民反抗英军入侵，1934年11月去世。长子胡忠汉承袭父职，成为班洪总管。1942年胡忠汉去世，其子胡德胜继位，成为末代班洪王。

予即记下，以备参考，此事不能直接问小官或其族人。因闻前若干时，李督办曾有信与刘国用，问班洪每年所收钱粮税课，引起其怀疑，予对于此亦不能随便提问，以启其疑（边地夷民善疑，几为通例，不过程度不同，土司较好，如班洪尤不可以理喻）。下午三时往其官署闲谈，纳队长与李景森皆在，李景森说话太欠斟酌，往往放言高论，不问事之轻重，关系大小，予警告之，此次来班洪，关系非同小可，凡所说之话，要特别慎重。彼稍稍顾忌。予又告高耀恒君，凡对于李景森君所发表谈话，不能作数，且彼言语有时妄诞，更不足听。高亦以为然。对于售十响枪事，亦必欲出售。高云彼之子弹不能多发，枪又不是德造，故不要，使彼极懊丧，予又劝勉之。对于枪不能售去，亦无关，将来予酌量奖励，彼心稍安。

夜间予又去坐，彼已将呈文做好，予看后，意思虽多，不详尽，文无条理。主笔人为四川人唐大志，年事已高，新由明朗请来者。但有此呈文，聊胜于无，且亦可以到中央后之证据。

班洪寨户口约百家，位于山脉一支之山坡梁上，形势不差，附近皆森林遮蔽，自西来看不见，向东来则可于班半山上一览无余，其山秀而左右皆有环报，故其族甚发达而悠久。房屋皆木架草盖，两层，上居人，下蓄牛马。由外入室，须上梯，皆以竹做，为跳台，再进为外层，又入为堂屋，大者后面隔为三房，前有二房，共五间。堂屋中有火塘一个，火四季昼夜不断，饮茶煮饭做菜皆用之。若一家有内外二火塘，则为分爨。板皆竹做，极平整。班洪官房最大，内宽长各约十丈，且外有门，平民

即无。草房形势为三角形，外面屋角，皆以木成交叉形，木上有三木钉，相传古时为孔明所教，似其纱帽。

班洪小官年廿七岁，已留发，身材中等，眉目清秀，与其族人所谓之拉家，相貌大相径庭，此亦其特点。衣服着短衣，戴外国便帽，着鞋，亦颇不俗。汉话不十分流利，但可以听，可以说，惟不十分清晰耳。

此外妇人，耳环极大拖于肩上，包黑巾，尚黑，一身皆黑，装近于摆夷，亦赤足，而肤色之黑则過之。妇人女子无所谓美观者。然勤于纺织，家人所穿衣皆自纺自织。家中大小事如背水、舂米，皆妇女之事。但不甚清洁，以班洪官[房]所在处，牛马猪屎堆积满地，亦视为常事。所最愚者，有金银财宝，皆埋藏土中，闻老王死后，特将其屋后茶园中之银，挖凿出来。

本地产棉花产茶，自孟定所属蛮弄起即产。故可谓自给自足，又无市场交易，故生活极形单纯。予等由官家供给米、猪肉、牛肉、鸡等，无蔬菜，鸡蛋亦不得购。饮食所最缺乏者盐耳。闻从前窦、杜（省政府派）二人来，盐官家不给，临时以钱购食，其待遇亦大不同矣。

晚饭后高耀恒君来，谈予等来到时，谣传予带来人数三百，班模夜间炮声隆隆，小官三叔信以为真，独小官以为不然。是夷民之心理，真忖测不定。予此行与纳队长言，实冒险而来，偶一不慎，诸事为之不利。己身亦入虎穴，今总渡此难关，问心亦告无愧。

夜间睡后，其族叔与高、刘二君等六人来送礼，计银刀两把，鸦片烟两包，土布一方。予却之又恐其不乐，只得收下，略谈申谢之意。各人辞去，予始卧。

二月十七日　晨六点半起床。行李各种收拾停当，驮马未见到，且派送之人尚未定，予心急，往催纳队长起来，商量各事。团兵仍由纳队长率来之中挑八人同行，驮马由孟定派来之马原送至耿马。与纳队长、岳相二人商量即照办。予加以鼓励马夫，遂决定班洪由高君兄弟带六人随送。直至九点一刻始成行。向小官等辞行走，向东路进。路皆羊肠小道,极为难行。又不修整,听其自然耳。约七里经对山之班半山,有班半寨,约户口廿余家,附近已有耕熟之山田,不似班洪寨之无山地者。此山在班洪看极高大,约一千六百公尺左右。转此山后即下坡路,转弯处多,幸不十分陡。至一山坳,伸出一小冈峦,拉家人称曰来巴闸,为一关口。班洪与猛角董之分野即在此处,形势天成。为班洪遇紧急时,即设防于此处。自此以降,坡路绝陡。弯转至坡底,有山溪自高处落下,据高耀新队长谈,此处匪时出没,最近曾捕捉一次,共枪毙十一名,途中始稍安静,此等匪系在干猛寨擒着。

又上坡约行二里,即到信阿寨,此地在五色线界图上已绘出,由高队长引导至一新爷家,告以速派人护送。其人年已近五十,身材瘦长,其举动似行所无事,其话全不懂。全村约卅余户,皆拉家,与班洪同。交涉护送事无结果,而班洪送来之队兵四名,系班洪村小官所派者,坚持不送,即交代于此处。予闻之愤恨,但又不便生气,婉言劝之,并允若送到猛角,各奖送三元,不愿。又责以小官既派来送,既不送到目的地,实违背小官命令,亦不听,无法,惟有坚请高队长护送,否则如何以前往猛角,予别无虑,语言隔阂,难于办交涉。幸承其盛意,允送到目的地,但予忖度仍不十分放心。信阿位于山坡之一隅,远看梯田绵亘,极美观,与班洪一带山地全不相同。高离海1340公尺。

自此再渡一溪水,水量尚大,登一坡,迂回转至翁定寨。寨位于翁定山麓,村之所在,较信阿为高,户口亦较多,约四十余家,高为1440公尺。由高队长带领至火头老七家住,外样似彼不愿意,但亦无可如何,只得承认。其住宅甚宽敞,外有院落,予等全队约廿人皆住于其楼上。予请高队长代翻译,告以过路借宿,不必惊惶,予所带之人皆极规矩,并问以地方情形。彼言去年招安军来,猪牛全被屠杀,粮食供应甚多,妇女之首饰,皆被搜去,所用银杆旱烟袋亦被拿走,故极惊恐,每家只留一人看守,其余皆远避荒山。遭此厄难,极怕委员到,现如此,当为招待,始将鸡、肉、菜蔬送来。得以暂时安居,然心中殊异常徘徊,将床铺好,高队长又不将行李取来铺,予深恐其借故而走，且其马鞍架亦未解，尤为悬疑。最后其出进数次，始将其被褥等取来，心始稍安。边地情形不熟，语言不通，极为堪虑事。

晚饭后，猛角派到二人，谓系杨新爷特派来，服侍予者，予心更定。特命其征派护送人，准明晨动身。予对于各事，每于无可设法处，总有希望，此亦予平素对人对事，并无欺心之处，凡事无不有转机。夜十一点卧。

本日途程：班洪……6……班半……25……来巴闸……10……信阿……2……翁定

二月十八日 晨八点半自翁定寨出发，由村之东门出，即属上山路，不十分陡。山为翁定山，亦系班洪发来之支脉，高约 1800 公尺。林木与草相间，树不甚高，仅高至丈余，因近村庄，为村人所砍伐耳。上至坡顶，据谈遇紧急时，猛角即扎营于此。去年班洪事变，曾派人约二百名守此，后事渐缓和始撤退。自此以下为下坡路，极平缓好走。转三四山坳，始到困各寨，户口约五十余家，有缅寺一，系瓦屋，金彩绘，从前工程亦不小，今已残破矣。寺中长老，承其美意，送来黄果四个，头人送来甘蔗两棵。来欢迎者有杨新爷之子，及缅宁人杨福星字吉三，系罕荣高之婿，年已四十余，体气尚健。在缅寺中休息约一小时，俟来接之人吃饭后始起行。高队长即由此转翁定回班洪。因到此处距猛角不过十里，又有人来，一切可以放心。予之班洪调查，疑难忧虑之处，可以冰释，任务亦得完满之解决矣。

困各位于山坡，人家皆沿山建筑，房屋甚龌龊，亦多破烂者，此地人之寒苦，由外表可以见之。与信阿、翁定比，完全两样矣。高离海 1410 公尺。由此下坡，又上一坡，循南困河而皆山谷中行，出谷即可望见猛角坝，坝皆肥沃田地，周围小山，皆不甚高，平坝中亦间有丘垤挺峙。此种地形，大约为侵蚀与冲积而成。四山殊秀，因人烟减少，良田大部荒芜，无人耕种。下午二时，即至猛角。

猛角与金弄为上下两寨，相距约半里，猛角在南，金弄在北，户口各约五十家。从前盛时，共四五百家，则今昔不胜其感。猛角为土司衙门所在，从前衙门皆高楼大厦，予等住处地基犹存，可以看出当日繁荣景象。房子共有四进，今已荡然无存。惟茅屋三间，且大部已破烂。原为罕荣高所建，其子现赴孟定上门，即留寓其间未归。杨君为其姊丈，故借住于此。

据问猛[角]杨、张二新爷地方情形，对于传教情形及岩帅扰乱情形，仍不满意，拟到猛董后再为详细查问。夜间十二点始卧。

本日途程：翁定……25……困各……15……猛角

由翁定山以后，山中尚有一寨，始到困各寨。由困各到猛角则所见寨子较多。大约以猛角董说，摆夷多住居分布于平坝上，裸黑[①]及佧佤则分布于四山岭。

二月十九日　晨八点起，饭后即将行李预备好。由猛角所派人领导，约九点四十分出发，经田坝一小段，即过一小岭，草木丛杂，闻匪等时出没其间。至猛丁寨约行十里，即由山谷中穿过，循南董河而行。南董河因猛董坝中流来，河身成为洪涵平原状，极弯曲之致。灌溉之利甚大。水不急流，宽约二丈，水浅处可以徒涉，清可见底。渐转入猛董坝，眼界渐开展。平坝中土地极肥沃，村寨亦密。穿过田坝，建筑已见有瓦房。有石建和尚塔（□堵波），以附近之一塔最大，为往猛董城必经其下。转南即见前面一山特伸出，岭上独立一小塔，其南面即猛董。渡一小溪，转入山之南面，即到猛董。

由头人预备宿于一大缅寺中。予初意觉招待于此，未免藐视不恭，心里颇不高兴。略坐始又转念，万事须心平气和，始可将正事办了，若总意气用事，反于正事有碍。心情较缓，随意而安耳。各头人来齐，予将此次到猛角董之目的及使命告之，委婉曲折，务使各头人心悦诚服，并谓予所问各点，大家不应隐瞒，因外交与英人办，系争土地，争猛角董之土地，各人将所知者以告，若不知者则找到过该处者详细告知。各头人见予态度温和，遂相信从，遂将所介绍来之人一一

---

①　裸黑，即拉祜族。

问明。对于公明山及绍兴两处,所得资料甚多。其有不十分明了者,则又分别补充。实又得满意之调查,出乎予意料之外。

1. 拱云缅寺——摆夷之佛教缅寺,在城之北山坡。

2. 官缅寺——在城西隅,全城共分四寨,官缅寺属于衙门区域,一切供应由官家担任,故称。

3. 高缅寺——为宋新爷寨内之寺。

东北部有一山特高特绵亘,称曰来董山,山寨共四寨,二百户,为绍兴所管,距城区不过十里。东南为永和所管辖之寨,龙能、永和两寨所在,耶稣教堂在其上。稍南即永和王所在,距此不过廿里,一望而知。

官缅寺后特起一山成凸起形,叫龙坎山。高缅寺北面之山,叫完菊山,不高大而绵延。由猛角来路所见之小塔在此。在猛董城向西看见之远山横扫者曰班顺山。再西去即称来母山(公明山),但在猛董城不能见。

猛董位于完菊山坡。面对东,有一平坝,南北狭长,北面为坝尾,城区附近为坝头,长约十里,东西较窄,约四里。城区周围以竹篱环之。大路所经皆从闸门出入。北面山顶以高缅寺为占全城之胜。土司衙门亦颇壮观,虽无楼,然木料甚大,材质亦佳,建筑形式别致。正厅一排五大间,长约二十丈,进深六七丈,高约六七丈。两旁建有厢房,其下有石阶为大门,亦颇高大。大门内有戏台,大门内之两侧有小屋数间,但司署内空地仍多,又未加整理,故不清洁。署之西隅为旧衙门,地址略小,闻系民国六年(1917)初完工时,即遭回禄。以现留存之大门推想,则当时之规模亦颇伟观。此外,高缅寺与官缅寺之建筑亦殊精丽,工程亦细,所费不资。官缅寺内之大佛,塑像高大,前后两位,面皆□金。房屋皆以砖瓴及巨木构成。以佛寺论,为边地各司之冠。是从前初创时期,人才物质繁荣之表现。若以今日情形观之,则不胜其感慨。敌近咫尺,无时不受袭击,无时不在危险状况中。其东面不过隔一平坝,山岭中即为永和所虎视,且受教会之侵袭,另有一种新精神之鼓动,随时可以下山攻杀。何况摆夷人口渐渐减少,以城区论,前十年尚有户口三百余家,今仅留存二百家左右。一般人民,为之寝食难安,民族之懦弱,无有过于此者。岩帅之势力,又伸入于东北隅之来董山,亦举目所瞩,极为接近,无怪该族之人号叫无援。人民原为所管辖者,亦有一部分渐自觉悟,不愿听其号令。故从各方面言,猛角董之处境,极为薄弱。对国防而论,亦大可注意。所怪者土司不觉悟不知振作,挽此狂澜,应积极整军经武,练团保民,方可以自立图存,而省政府亦竟在不闻不问,不加注意,其隐患何堪言。

前两年野佧于猛董城之东门外,杀劫一家而去。去年又在东门内,杀劫一家三口而去。闻该家遭难时,附近人家皆知之,不敢声张,俟野佧走后始通知。派人去追,至山边,野佧说:"你们来,摆夷我不怕。"他们无一人敢前进。野佧又走,他们尾追,如此终不敢近野佧身边。野佧明目张胆结群成队而来,土司官亦已得知,见死不救,人民真苦痛矣。要此土司官何用!人民诚愚诚庸弱无能,以至于此耳。

猛董城,缅寺所在地高 1190 公尺,完菊山巅推测高约 1400 公尺左右。

予宿下缅寺,寺位置最低,在东方。再下即为坝子。寺址甚大,寺院建筑亦伟观。地似三合土填筑,极平整而光滑,门窗皆大。西侧为僧舍,住大小僧人约十人。予等连镇康团兵八人,共十三人宿其中,极显空旷。是夜团兵等又自外面听来野佧佤时来扰乱、割取人头之消息,大家皆慌乱。予心知其可怖,兵力又不可靠,镇康团兵,早已丧胆,如何能有用。予身边携带拉七小枪一支,永侄及杨暄各带十响枪一支,又怎能济事。所谓之周、宋二新爷,一年略轻,一年已高,及地方头人、街长等,虽先将铺陈移来吹烟谈话,但灯上后,先后梭巡走去,予更觉惶然。约两小时内,无一人来,更不能不加疑惑。徘徊行走于寺内,心龃龉不安。百般方法皆在心中较量过,然何济于事。又不能不镇静，故仍宽慰各人心情，尤鼓励团兵，不可存畏惧之念，果佧佤来扑，亦只有拼死射杀之一法。夜间睡时，各人须小心各人之枪支，不可轻易离身。各道门命人严密关闭，马匹尤须注意被窃。同时告永侄今夜分别守夜，若有动静，即招呼全体起来应付，又命人去请杨街长来问话。说觅至其家，大家头人正在商议，俟散后即来。予本欲再问其岩帅方面情况，久不来，愈使予生疑窦。约九点半各头人始齐来，送洋烟两包，枕头一个，申诉苦情，望予原谅。予告以此次之来边地，原系爱护边民，绝不在司官之送礼物。何况猛角董处此恶劣环境，予更不愿意收受，忍心收礼。各头人皆恳求专员如此待边地人民，边地人民感激万分，司官又不在，请专员对此小礼须收下，各头人心始安。予无法只得收下，另将烟一包约五十两，分奖报告新地方绍兴、永和、岩帅之各人，以资鼓励。便问各头人何以地方如此惊惶，各人皆言野佧佤杀人事，现在每晚戒备，皆提心吊胆，难于安寝。予对于此事始证实传说各情形。各头人谓今晚命杨街长陪伴专员，可无问题，予心略定。杨街长回家将铺盖取来已十一点钟，予亦将卧具折好待眠。又问杨街长砍人头之事，杨街长将其邻居被害时所闻各情见告。觉野佧何以如此凶狠，而猛董土司何以如此懦弱。环境既如此，何不想应付方法，摇尾求乞，天下哪有此理，其庸劣诚不堪设想。眼见自己人民被人蹂躏，其心何忍。予对此事，绝对[向]省政府详陈，以便整顿猛角董，否则以如斯纯良之人民，无辜遇害，而又朝不保夕，岂安民设治之道。

夜间睡后，予将汽灯特别将气打足，以增胆气。和衣而卧，除昏倦已极略睡去，一夜朦胧而已。天明即命起烧饭整顿行装，八点即动身。归路未走平坝，系走山路。昨日所走顺南董河流之路，乃如弓背。今日所走之山路，乃弓弦。惟山岭略有起伏，但坡尚不为陡，缓缓而上，缓缓而降，较平坝路近五里，且不僻静，路多修整宽大。沿途村寨亦多，但歧途较多，须有引路人，方可不致走错。山中大部为纯佧村庄。最高处则有裸黑村庄，皆垦山为业。

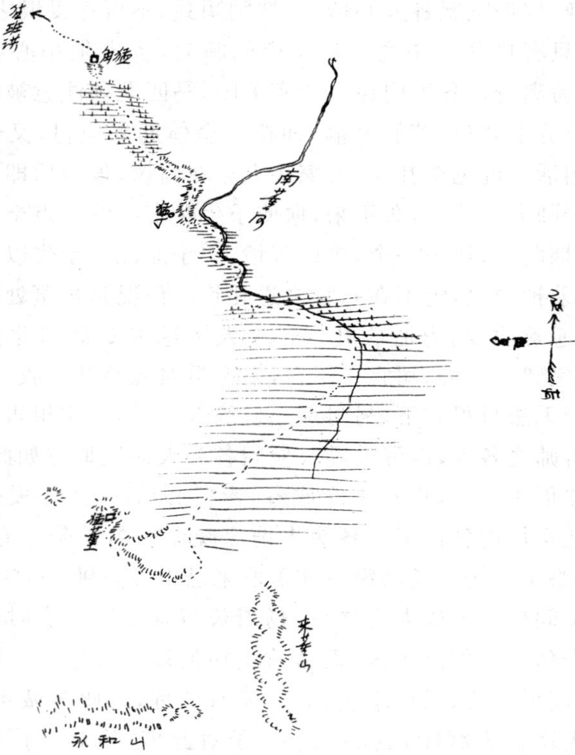

二月廿日 午前十点半至猛角,休息煮晌午吃。约一点钟即率耿马派来保护之团兵廿名,并徐中队长等同时出发。此行论兵力有卅名,已可谓周密,心中颇有所恃而无恐。但过约十里路之蛮令寨,忽闻前方枪声噼啪不断,由耿马方先派兵去探查警戒,同时火起烟突出云霄,予又由喜变为忧虑,又续派镇康团兵增进。约半小时始有人回来报告,谓蛮令村原有两家佧佤人居住,前日猛角街期,有人赶街,至晚未归,特探听知被岩帅佧佤所抢,又有一人失踪,故当晚即捕得抢匪佧佤人七名,今日又来多人欲打劫蛮令寨。寨中即与之抵抗,又擒着二人,随即全体枪毙,放火烧去房子,以绝后患。予等及经其寨之上面路经过，近在咫尺，火光未熄。过后即渐登山，又下一箐沟，极为荫蔽。路又湿，有泥塘，出箐口为山岭中平坝，必过一段烂泥坝，陷塘甚深，予所骑之骡，命马夫拉过，后足陷入烂泥中及腰，屡跃始得起。行平坝中，过一摆夷寨，约卅余家。寨在山麓，平坝随山形曲折狭长，此寨即耕此一带田地者。出谷一季，极丰收。予等即转向西北之山后，约行五里，即达猛卵寨。寨位于一山阿之坡。由山麓起即有人家，渐至高坡山之中腰，满山密林遮蔽。全寨住民十三户，一小村也。予等住缅寺中，耿马队伍住于东面之人家，互为犄角。缅寺为草建，极狭小，有小和尚二人，另由猛角请来一大和尚，为特来此地超度一死者。观缅寺旧址，石基垒垒，砖墙整齐，从前盛时，缅寺必极尽精工，规模不小。闻云昔时人民在百户以上，土地又肥沃。缅寺之位置在最高点，面对对山丫口，为往来耿马、猛角董要冲。自数十年前，被岩帅方面佧佤毁坏后，今不可复旧，殊令人概叹。

予等宿寺中，村中头人送米、柴、鸡来，请原谅地方小，供应不周。予宽慰之。此人年近五十，尚纯静。因汉话不十分通晓，遂少说话。但彼饭后又来报告，谓岩帅佧佤，最近出来人数约一二百，月余以来，不知去向。前月曾抢缅宁商家驮马六七十匹而去，其行踪无定，最近或许归来。大约盘踞在去耿马大路一带，且此一带草深，潜伏其中，极易受袭击。明日特请予不可走大路，走小路虽略绕，较安全。予意此行人数如此之少，力量有限，地利又不熟，既由大路走危险，则舍此取道小路反觉安全，故决依其劝走小路，两日到耿。夜间命其派人来守夜。徐中队长亦来告以走小路为是。因小路沿途村寨多，虽为佧佤而极纯良。凡岩帅野佧自来不敢经过此路，因彼等自卫力强，对于岩帅野佧不稍容让，故岩帅不敢走此方。现在猛角董摆夷及商人皆走此路，以其清净安全多矣。

夜间寨中派六人来代守夜。予吩咐寺之大门及后面通路各派一人占守，然睡眠不过名耳。朦胧糊涂，心中转念不安。予到后即将地势察看，觅退路。所幸缅寺后面无路走，皆丛林。予意假使有不测事件，则急速退入林中高处待机而动，地势如此优良，亦无所顾忌耳。半夜闻一蜂声自外飞来，予默念此乃吉兆。推想蜂字，有虫字旁，虫则指岩帅佧佤，另外可解作一各字及半字，则说野佧与我等各别，不致遇在一齐，如斯解释，心中自慰稍安。且予尝自问心对人对事，未做过亏心事，殊属坦然，亦绝不致发生意外事件也。

二月廿一日 晨七时动身，晓露尚寒。由寨之北方行，过田坝即登山坡。坡平缓斜上，山高而坡长。到坡顶高1520公尺，约高于猛角及猛卵300公尺（两处皆高1225公尺）。有一纯佧寨曰广辖，居户五十余家，山中大寨也，距猛卵约十二里。经村旁过，绕山梁行。在寨之对山岭西面有一寨曰懦阿，约十余户；西北面有一寨曰蛮赖，约廿余家。过寨走山梁上，则见两面岩峡附近有两村曰汞董、白约，东面亦有两寨曰班夏、茶唔，距离较远。再进即须转上高坡，下面有两寨，在路上下边，曰本吾寨，各约户口卅家。山坡顶点高1960公尺，其山峰必在2200公尺。林木已砍伐完。过坡绕至山后（东面）则丛林甚密，芦子生长甚多。其山坡下边，有一大寨曰工龙，约百户，闻有山泉。附近梯田层叠而下。循坡而下，约十三四里即抵党坝河谷。测高为1230公尺，低于高峰七八百公尺。河身宽约十丈，大小鹅卵石杂堆其中。水流尚不甚急，来往须徒涉，夏季雨水量大，此河之水亦随之增长不小。予等自猛卵至约计行五小时，中间均未休息，一气到此，始歇稍一小时，大家以昨夜猛卵寨中所做送之糯米粑烧以充饥。予意今日必赶到耿马城，因走小路，路线延长，但既到此，时间尚早，亦欲再行十余里始住。但徐中队长以时间虽早，前去路亦不见多，且马已疲乏，不能多行。休息后，即由河边上坡，至翁亮宿，时午后一点钟。住于缅寺中，村中特杀一猪以招待，此耿马与猛角董大不相同之处。村中共七十余户，皆摆夷人，亦垦山，少田地，然不似猛角董村寨之破烂荒凉景象矣。

二月廿二日 晨五点半起床，看气候测验。诸事完毕，将昨日马不能运之铺盖行李，移挪两小挑，由徐中队长派民夫二名挑送。七时起行,沿山麓北进。约十里至翁亮下寨,位于山谷之下面,户口约卅家,亦摆夷人。因耿马团队吹过路号音,村中男妇童孩皆至村外观看。由村后转上一大坡,高1270公尺,比之翁亮下寨高一百公尺(翁亮下寨为1170公尺),然实际因自翁亮后系下一坡始上此坡,故坡高度当不止此。继续前进约廿里,上一高山顶,有一寨名蛮尤,为耿马有名之制刀产地。全村约四五十户,竹林蓊郁。此寨在南面被山遮不得见,但在耿马城可以望见。高度为1500公尺,为今日所经最高之大山岭。本想参观制刀工作,因全部停工,未得参观。由此下坡,坡极长而中有数段特陡,故下马步行至坡底。见耿马坝甚了然,坝不大,山谷起伏其间,间有小平坝分布其中,实际山岗甚多,平地尚不到十分之一。所经各地,一上一下,连续不尽。十一点钟至景迈村,本不想休息,因带队人谓以下路尚长,必在此处休息吃晌午,再向前进,遂休息于缅寺中做午餐。头人送米及腊肉来,米亦较好,食较可口。全村有水田可耕,户数约三十余家,尚殷实。但其装束,以妇女所着圆领衣不同其他各处,领边缘镶布条,裙束衣外。问人云:从前为一城,后毁去。缅寺较翁亮者为大,且为砖佤所建,寺址有前后门,故亦大。由猛董头人介绍猛董所属蛮坎寨头人申诉苦情如下:

澜沧县属宋区长于庆历去年腊月十六日,自猛角到蛮坎寨,向头人索款五百元。火头二人亦无款可筹,宋区长大怒,谓不筹款,须押管头人治罪。火头无法应付,胆又小,即私自逃走,住民随逃者约卅家,特移来耿属景迈居住。景迈头人将其收容,劝其安心住下。新火头名满坎,年约四十余岁,为纯佧佤族,皆良善百姓。据云:宋区长原籍尖弄,随带其寨中人约廿名,又带领岩帅人廿,帕泊人五十,共约八九十名,人多势众,住蛮坎寨十日,将米菜供给,临行不足,竟将良民之米、鸡、肉、家具等,概行抢走,又得知村人埋藏银子于地下,亦凿地取去。予殊惊异,如此行为,必有其它原因,特为追问。则云该寨原有居民约百廿家,其中三分之一已入耶稣教,故借传教名义,向不入教之良民施行压迫。

又云：从前岩帅人(约数十年前事)路经该寨，失去马一匹，诬赖被该村窃去，时怀仇恨，以此报复。是此事之发生，不为无因也。

又云：货课寨亦属猛董管辖，于今年正月十一夜间，被佤□、佤磨之野佧，杀去头四颗，掳去一人，自此后全寨十余户皆搬空。此实边地之隐患。

予对此种报告，不能置可否，惟有安慰之而已。午饭后约一点钟，继续前进。山坡上下仍继续无数。日光又热，乘马被蒸晒甚瘦。行行重行行，仍不见到目的地，心中非常抱怨带队人。今日路程较昨日为长，昨日应于午后继走廿里，则今日绝不致吃此苦。但亦无法，只得自慰。午后两点半钟，将近耿马城，轿夫以轿来接，始改乘轿。于正[午]三点抵城，沿街观者甚众。直入城到南新爷家，住处为正堂屋，在土司署正街。闻土司署之不招待于署内者，由于自来省府所派委员将彼等吓怕，故凡来委员，即不招待于司署内。

今日到时，司署并未派人欢迎，土司更谈不到。予处此境，亦以事为重，一切不计较。晚饭后特往访之，谈界务之情况及此事之起因，予来边地后之感想，并述感谢之意。谈两小时之久，始辞归。夜间又与寿增谈入班洪后经过情形，至十二点零钟始卧。

本日途程：翁亮……12……翁亮下寨……18……蛮尤……25……景迈……25……耿马城

二月廿三日　上午九点起床。早饭后，即写信给纳县长、纳队长，并岩帅方面田粮长，通知予拟于廿六日(正月廿三日)自耿马起程赴双江、澜沧，沿途尚望其通知连界地方人民及头人，妥为照应保护，并望其到澜沧一晤，以便垂询岩帅情形。随即整理送土司官礼物。纳县长等信件，交由团兵带回。田粮长信托土司送去。晚饭将开，约五点钟，王用之、李景森二人自孟定来，讯以查看情形，尚属圆满。金厂坝方面英方布置情形，更为明确。故此行分两路，工作之效率殊大，总算突破危险界。据谈此次班洪小官以既得中央派予来，已可谓直达中央。本欲扣留予住班洪，打电给中央，俟回电来，始让予走，虽一两月不问。推论道理，其意政府常失信，既来应得一结果。但班洪小官果照此办法做，过其非人生活，将何以处？虽不受危险，亦将郁闷而死于此。今后回想，诚可谓不幸中之大幸，或亦冥冥中有道理在。予一生最大之纪念即此一件事耳。

又闻班洪老官死后，停尸十余日于草棚内，血肉已腐，血水流出，于床下以锅承之，其臭气达于全寨。南板寨人则每日祭奠哭丧。抬埋之日，则以竹篱兜尸，血水漓淋，即埋入土中。全寨共有一葬窝，新死人即将旧死人之骨挖弃，再埋入其中。惟王始有棺，即以大树一株，凿空，上盖一板，先将坑挖好，放入木棺，死尸抬置其中，盖上板，以足□土掩上，如此简陋，可谓未开化之民族矣。

李景森君接李希哲信一件，交予看。内述其与西盟山野佧歃血为盟，已成立公司，到永广新厂开矿。最近又发现附近一带金艮□充斥，入公明山一带已不成问题，极希望予率领全部人员亲往察看一转。以前凡勘界人员、调查人员以及英人所不得入之区域，今可得长驱直入，不成问题。野佧经李希哲之宣传，尤盼望予亲自入内安抚一转，并谓愿亲自带队到猛董欢迎入内。但予到猛董时，并未闻地方人告知此种情形，竟又失此良机矣。拟明日猛董南新爷回去时，将此情告以通知李希哲来澜沧相会，详询讨论一切。

夜间十一点卧，得安眠一夜。

二月廿四日 仍留耿马。晨八点起，即写给周叔禺、陈又新[①]函，及家信一封。是日为街期，偕南新爷、用之、寿增、尊三等出东门外市场游览一转。街市甚形热闹，各色各种装饰人等均有，随拍照数

---

① 陈又新（1891—1957），云南广南人，云南讲武堂毕业，曾赴欧洲考察军事，曾任第 10 师参谋长、军政部特务团团长、内政部警官高等学校校长、第 51 师师长、第 15 集团军副总司令、中央军校成都分校主任、第 38 集团军副总司令等职。

张，返寓。命人购得黄果一箩，约八十个，价不过一元五角。又见市外售棉花者，皆裸黑人，问五角可购得四十两，其价甚廉。棉花纤维与孟定蛮撒产者比，则细软过之，每颗子上纤维较少耳。午后观察地图，详审路线所经。此带边区，旅行艰难，尤须顾虑到岩帅人之侵扰。此次既已发给田粮长函，通知其招呼保护，或无大危险与困难。寿增颇忧愁，予慰以居心为要，不存害心事，又何所虑。前已数历险境，终将度过，是此后亦(无)[毋]庸过怕耳。又审察五色线图，山脉河流，村寨位置，重要地点，凡与界务有关者皆错尽。乃全国有知识者不斟酬慎重，已公然发表于报章杂志，成为正式官样文章，以此番实地经历，应付将来划界事，诚难乎其难，英方据为口实，究将何以设法，挽回错误亦无术。无怪外人笑我办外交之无秘密，则外交又有何胜利可操，失败当所不免。国人之不经实际着手，只抱定出风头主义，危险性真大。

晚饭后本先请人通知罕裕卿约往相会商，先本无话，乃隔半小时，许队长又来说司官今晚同某长老□。予心中非常愤慨，觉此种土司，太藐视予。予此行完全为界务边地问题而来，予看得起他，事事迁就。到司署是谈公事，并无所要求，竟将公事视同儿戏。予总是代表中央而来，彼不尊重我，应尊重中央，即使不尊重中央，应尊重本省政府，乃糊涂如此，真太可恶。无怪人人说边地土司玩僻成性，尤以耿马土司之恃强存轻视政府之心，将来慢慢养成劣根性，如何得了。此事予非怪其为私，乃对于国家大事不注意，其昏愚则所不免。此气(分)[愤]之所以不平，而为人情之所难堪，亦法理之所不许，是边地之不改县，如何得政令之上轨道，如何而能知有国家？愈想愈觉难忍。

夜八点宋新爷殿臣(猛永人)及多三等来坐。先又命人去邀杨公安局长来坐，便中予将此事向大众评论，情理可以过得去否。各人皆谓此必系传话人将话传错，以致误会，请予不必介念。予本不计较此等小事，但不能不发泄此污气。总之予对于此种坏印象，如何而能洗净乎？寿增劝予为事不必愤事。予意双江之行，彼若不保护，亦仍可走，发生意外事，更好由彼负责，何必多怕。主意已定，一切皆且搁置。谈话至九点始各散去。予托杨公安局长雇驮马六匹又骑马一匹。夜十点卧。

二月廿五日 仍留耿马。上午十点起，早饭后，杨公安局长显芝及其巡长同来，告以裕卿已对此事言明，请予原谅。予当然不计较。并将长太爷（裕卿三叔）之请单送来，请于廿六日午后二时。予本告以廿六日须动身赶赴双江，但因其盛情，只得留下。随偕杨局长、南新爷美廷及寿增、尊三、用之等同往缅寺看印长老，年已八十余，精神尚健，汉话亦通。因纳县长先已介绍此人有道德，为耿马难得之和尚，自十一岁出家至今，曾往仰光朝佛一次。问知摆夷经典，系自西藏借来。予送与黄缎子一份，请其代推命。彼将年月日时均变为夷人年月日时，算来不能往西行，东南则利。又告以自入班洪后，几遭危险。彼云稍迟数日，必遭灾难。近一两年财官均旺，四十岁稍弱，四十一岁又将大发。又云卅一岁时曾遭口舌，卅二岁曾有一时之显达，此或指予民十六七年时从事军队政治工作走闽粤时而言耳。

一点赴土司衙门，应其招宴。寿增、用之、濬甫、质斋及陈尊三、吴中伦、殷□二君皆去。裕卿见面，对于昨晚爽约事特说明原谅，予亦虚与委蛇而已，便告以应注意开发地方，须注意科学人才。对于医与农二者，同时并重。至于下半年勘界之准备与耿马有关者，为木厂方面之修路，使镇康、孟定间之交通便利来往，预先修好，不必待政府之命而始进行，则太迟矣。全体人到齐，予代拍照留念。三点上桌，菜共有八样，菜色已较芒市为差。饭后辞，往罕华文[①]（会堂）家一坐。在衙门内二进之左边门进去，间数除正房外甚宽。会堂为耿马

① 罕华文，耿马宣抚司长。

之长辈，在土司行政上握掌大权，年已五十余，人尚谦和精明，较之罕裕卿[1]年幼无经验阅历者已大不同。返寓后已五点零。夜间写与缅宁施县长及段雄飞函。遮放被逐之多某来谈，并将其宗谱见示。关于遮放为陇川之副使，得知其详，但字数太多，一时不能录出，命其抄一份寄阅。

耿马米价每单（一百碗）合洋二元六角

每桌（合一千碗）合洋廿六元

猪肉每洋一元合洋五十两

鸡每廿两约合洋五角

棉花每百斤合洋捌拾元（本地产）

洋纱每捆（七斤半）合洋十五元

木柴每五十斤约合洋四角

小学一校学生廿六名，教员待遇每年三百元，供油盐柴米。户口有九千余户。

菜蔬类：白菜、青菜、萝卜、莴笋、茴香、豌豆、茄子、冬瓜、面瓜、蚕豆、芹菜、茭瓜。

果实类：黄皮梨、冬梨、桃、李子、苹果、麻猛果、香橼、佛手柑、橘子、甘蔗、菠萝、香蕉、土瓜、黄薯、红薯、马铃薯、牛肚子果、石榴（酸甜二种）、落花生。

木料类：红木树、松、柏、水冬瓜树、芦子。

水产类：鱼类甚多，南怀河、南马河皆有，南匹河尤大。

鸟类：孔雀、野鸡。

兽类：虎、豹、猴子（库恼）南汀河岸最多。

矿产：煤（猛胜）、硝（班龙山一带）、银（蛮品）。

---

①　罕富廷（？—1978），字裕卿，傣族，傣名罕机法，云南省耿马土司府末任土司，曾任中国远征军第20集团军耿沧游击支队少将司令、远征军第11集团军九属运输总队长兼高参，1950年撤退至缅甸，后病逝于台湾。

耿马城周围约二里（九百余丈），户口约四百家。有七门：大东门、小东门、小南门（干东门）、大西门、南磨南门、小北门、大北门。

衙门原在勐撒，后始移此。

二月廿六日 今日因罕会堂之请客，特留耿马一日。八点半起。午后派王用之出外观察耿马地势，以目简单测量。陈尊三来坐，其痛未见愈，殊代为忧虑。两点赴罕华文（会堂）家，土司官亦来。今日菜色较昨日增加，饭后即辞归。收拾行李。

猛角……猛卯……15……万丈坑……15……南东那……15……丁来……15……党坝河……30……蛮抗……15……耿马

夜九点，罕富廷土司送来礼物，计烟一大包，红枕一付。另有为李景森之堂叔于去岁腊曾窃马一事，请予代追究。予对礼物推托再三，皆竭力说必收下，只得收下。对于窃马事，命李景森函其叔赔出，并函施县长请其代查办。十二点始卧。

二月廿七日 七点半始起，即收拾行李。予又赴土司署门辞行，便告以所上计划政府可以即刻能办做到者分别答复之。对于宣传礼物应共购若干，望其拟一单子寄来。十时始齐备起身。杨局长特来送行。皆山路崎岖，约行卅里到蛮箐，已午后一点，在此休息，精疲力倦。住民为纯佧，有十余家，住坡头。有小缅寺一。坡脚为一大溪水，马夫等皆在此做晌午。约待一点半，渡溪已两点半钟。为山坡路，环绕盘旋而上，山坡似皆上不尽。约行一点半钟，上至坡顶，即到冬老小寨，住户约廿余家，亦纯佧，予等宿于缅寺。今日精神疲，早卧。

本日途程：耿马……30……蛮箐……15……东老小寨

二月廿八日 晨四时即唤周永康侄起，预备造饭。予五点起，五点半燃灯吃早饭。饭后将收拾毕，天始渐放明。气候略寒。昨夜因感冒腹中不舒适，发寒热，故起后觉寒犹烘火。七时起行，朝暾已上。由大路经行约十里，路极平坦，系今年新挖，即改走小路。予命人上前问话，何以不走大路，而行小路。则云大路不通，予极怀疑，亦只得随各人走。山路转折甚大，路又蹊僻。九点行抵东坡小寨附近，约廿五里，寨在北面坡头，人口十余家。再转折即至大丫口，南面山壁立，寨位于山脚，皆汉人移此，约十余家。高1430公尺。自此起即转上二大山坡，全为小路，枯草生长其间，为涧漕道，驮马有数处，颇难通过。此山发现石炭露于表面者。高1740公尺。转折又上一山，高1900公尺。前山为石英夹沙岩，此山则为变成岩之圆砾岩，显露于山顶，为最坚硬，风雨所不能侵蚀者。表层土壤成黑色，极肥沃。山民每年烧山一次，夏季雨水淋漓，则草木更为畅茂。由山渐渐倾斜下去，即至干海子，已十二小时。计行五小时，实际因驮马缓慢，不过行去四十五里耳。所谓之干海子，为山中一锅底塘地，田土肥沃，面积成一圆形，直径五里。有两小寨人家，约廿余户，然皆残破之状，皆汉人自缅宁猛托移来。于去年正月廿五日及冬月十七日经两次抢劫，皆岩帅之佧佤人，第一次约匪四五十，第二次匪仅十余人，每于夜静人睡后即来抢劫。村人争先逃走，家具什物，家畜牛马，不论大小巨细，概行抢去，故村中人极寒苦。见予等到，即完全逃往四山，其恐惧心理可以想见。该处属耿马管区，每年纳门户十五元，烟捐百余元而已。虽被匪蹂躏后报过土司，亦无积极改革自卫办法，不似东老寨人民尚于寨外守望，每夜有四十人守候，以防不虞。干海子高1780公尺。予等在此休息午餐，米皆出钱。约午后二时，始起身。行新修大路，越过三山岭，一高2030公尺，一高2050公尺，一高2120公尺，然皆路所经，若达其巅，总在2200公尺以上。沿途皆无人家，极荒僻。远见山中火烟冲天，皆为山民放火烧山者，见山中森林，摧残无余，仅留本干，然亦不能活。云南原始森林，大部经此损失，否则森林之价值，当不可限量。然烧山之目的，一在垦山，一在防匪之隐匿耳。自登第三山后，循两山夹谷而出，即见四排山坝。出谷口后，眼界开展，向左边山顶路行，转折数四，虽出谷口即可远见四排山口之哨房。然行行重行行，约行一小时以上始到达。四排山城隐藏于一山坳中，至西端入口下坡处，始见全景。终日长途，一见有归宿处，众人无不色然心喜。由丁县长命第四区王区长招待于团防队队部在处。正三间向南，为予等全体官长住处，西四小间为耿马团兵驻处，入门卫兵室则为夫役等住处，亦足供寄宿矣。地方供应柴米草料，王区长且代烧饭、做菜送来，其情意可感。王君年约廿余，原籍缅宁，曾由省区长训练班毕业，去年由县长调来此任事，人尚诚实老成，其家即住于城之坡下，接近予等住处。五点到，七点始得饭饱，十点卧。

与王区长谈彭老先生上省政府意见书（老者为彭管带之长子，年已六十余，名兆怀，字伯常），因其父为岩帅之管带，对于野佧山一带，深得信仰，其子五人，皆能绍继父业，于缅宁、双江两处住家。其长子即彭老先生，现住家于班睦，距此五十里，为请益其对于边地意见，特留此一日，请王区长前往请其来谈。予对国事如此，亦可以对得起家乡及政府之委任矣。

本日途程：东老……25……大丫口……25……干海子……25……双江城

三月一日 晨九点起，命段事务员先押行李赴猛猛城。因丁县长（佩玉）已往该处督修城池，不能不往该处一行，以便先接洽护送事。予偕随员及采集植物团留此。双江[①]为最近所设之名称，原为四排山县佐，属于缅宁。其初之土名为那赛（实则应拼夷名为 Nia sa），自设县治后，始将上下猛允及猛猛等处划入。现分为东南西北中五区，双江为第四区，即西区，接近耿马。自干海子上一山后即属此境。双江位于山坡，坡上皆有土墙围绕，亦有城门。衙门即建于东北山头，房屋前后两进，亦殊简陋。北坡为从前彭管带所建之新瓦屋两间，即其暮年在此修养者，七十余岁始殁于此。地方人士，至今哀念不(值)[止]，其威德可想，本县之建立亦完全为老者生平之精神所创造。家乡边境有此等人物，实不易得也。全城皆汉人，为缅宁籍，

---

① 民国十八年（1929），云南省政府将上改心、四排山及勐勐土司地合并，设立双江县。次年1月双江县正式成立，县城设于猛猛（今勐勐），隶属保山区。

约户百家，亦不为最繁盛城市，每五日一街期，各处来赶街者数百人。由此下坡向东南，约卅里，即可至猛猛坝。

午后将呈部第五次[文]拟好，誊写，费去五点钟之时间，始完毕，竟抄至夜间十二点钟乃卧。字约六七千，手骨写酸楚。晚餐由王区长请吃饭，菜蔬八味，亦尚可口。归后又写。上灯后彭伯常(肇纲)老先生自班睦来，八点半来团部坐。老者精神甚健，体魄亦魁梧，相貌古道盎然，着长袍马褂，颇有礼貌。见面觉彼此颇相契。彭先生幼年在省入经正书院，读书时间甚长，故有古风。随道慕念之忱，请其劳步来此，实在感激，并告以此来请益之处。予便将班洪近来情况及界务关系相告。彭先生对于边界有意见可记者数事：

(1) 清光绪十八年，上谕颁发班洪土都司衔。此司与上猛允刀光祥同时颁发，并发木印一颗。

(2) 胡玉山之名为迤南道刘春霖所命，作为赐姓。

(3) 大蛮海之银矿，质量均佳。彭耀南于清末年，曾与其头人商妥，由其土人代挖代背，送往南栅。本已说妥，后因光复，彭管带辞官，即作罢，此亦可惜之事。

(4) 猛角土城所在地，亦产银矿，质亦不差。彭伯常先生曾亲自见过。但该地头人，至今不敢对人说。

坐约一小时，予待以点心及荔枝罐头，即辞去。彭四少爷坚请再留一日，次日请晚[饭]，屡辞不获，乃请其改请于上午十点，以时间匆促，不能不行，遂照办。

三月二日 晨八点起身，将行李收拾好，整理清楚，即赴彭府应四少爷之宴。菜蔬可口，为镇康以后所未尝之味，有盘子八样，碗菜四色，豌豆鸡血汤甚美，亦边地不可不作为纪念者。此实世家始能如此，非普通一般边民所能做也。其所住房，系五开间瓦楼，甚整洁。屋前园圃甚广。出大门为其旧宅，今已捐助地方兴办学校(两级小学)。十一点三刻由双江城动身。双江城高度1700公尺。下坡路不陡，迂缓而下，至平坝过一河，水浅，但河面极宽。夏季雨水，想来必大。越一岗到猛猛街，草屋一二十间，极其简陋。闻逢街期，来集者最多时上千人，以米、茶生意为大宗买卖。过此即须过一大河，宽约四十丈，水浊，深及腿部。县长及县立简易师范班学生，地方办公人员，皆来至对岸欢迎，并命团兵搭立浮桥。才搭一丈，予闻县长已来欢迎，特赶紧渡河乘轿，尚勉强可渡。到后团兵学生着白色制服整队欢迎。特对全体学生述感谢之意，告以有机会，当对大家讲话。

丁县长对予解说双江县，南部诸山排列，故县城命名曰四排山，与耿马接界。西北部诸山，即隔澜沧江，而北与缅宁接壤。北部平坝曰猛库坝，南部平坝曰猛猛坝，但皆不大。坝子高度为1010公尺，猛猛城所在高70公尺。全城人口约二百余户，当从前盛时户口达千余户，此亦盛衰不可常保之理。土司衙门遭匪乱，已全部七八焚毁。论其规模，照壁即已堂皇，高约六七丈，宽十余丈。衙门旧址共有四进，完全无存，今土司之眷属尚住其内。县署以设此最好，现正与土司办交涉，拟重建为县署，地点最适宜。丁县长及地方绅士无论如何必挽留休息一日。以其情意殷厚，不能不再休息一日。午后丁县长约晚饭于县署。

饭后，丁县长约往木料场参观建盖县署木料，均已大部完工，定于三月四日树柱，请缅宁戏班来演剧庆祝，并开运动大会，以开双江县之纪念。返署，各人问国事，谓由思普传来中国要对日本宣战之消息。予将中国国情，目前内忧未除，暂时无对日宣战之可能，以及分析世界大势，亦尚非其时。世界大战，本不可免，但须再待两年云。谈至九点始返第一区公所寓所休息。随即有杨定民大队长（广南人）来谈其自离省师又入讲武[堂]第十七期，在社会服务之经过，觉颇对于同学惭愧。予因其系又新之同乡，安慰之，告以又新尚感助理人之少，俟转京后为之进言，约其出外做事。又告以在普思沿边之经过及该地之情况，劝予到澜沧后，以取道往车里，道路又较平坦，且对于边防外交情形，关系重要，足供参考者不少。予对行程俟抵澜沧与旃荫堂晤面后，再为决定。

罗议员亦来坐。本请其任向导，彼走此路甚熟，又在此一带地方任过教，民情熟悉。彼很愿意，予亦觉满意。因此路无把握，沿边野仱，不能不事先作预防之计。谈至十二点余钟，始各辞去。十一点半卧，太迟。

本日途程：双江城……20……□□……15……猛猛城

三月三日 晨间醒甚早，即不能睡着，八点起床。后约彭区长同往缅寺一游，与大佛爷谈。此人年事高，于汉话极熟。对于猛猛城得人民之信仰。曾往佤城朝过佛，故颇有名望。

早饭后，精神异常疲劳。决对县立师范生讲话，请彭区长代通知该校。随赴土司署访丁县长。刘局长来谈，未在，特返县署得相值。对于谈到来访未遇，予对之殊抱歉。略谈入猛角董冒险之经过，随偕丁县长赴师校（设立于官缅寺内）讲演。予讲分：(1) 感想。(2) 国民之应有态度。(3) 学生应注意之事（A）具世界眼光，（B）明瞭国情。(4) 双江青年之责任。最后解说双江改造环境，应对于传统之烟瘴观念完全扫除，而后双江始可谈到改进也。否则障碍不除，如何以发展猛猛及猛库两坝子。约半小时讲毕，又由丁县长作结束，训勉大家，对于以前土司时代之恶习惯，宜力为铲除，对于此次不可多得之讲解，应照做，方不辜负予之好意云。讲后为时尚早，即回寓休息。疲乏困倦，略小睡，精神稍稍恢复，已午后四时。本为杨队长、罗校长等六人请晚餐，待至六点，尚未见来招呼。大家肠鸣辘辘，不能等待。将至六点半，始赴师校。今晚所做菜之口味，为缅宁人办，口味较可口，加之肚中饥饿，已尽一饱。座中丁县长对于猛猛建立县城，特为深切言明，非创造新城不可，至于一切阻力，势所不顾云。经手建设县署者，为杨副议长及罗议员，县长亦极热心垫款办理，皆热心人也。

饭后约县长来寓谈，将总理遗像及世界、中国两大幅挂图捐赠与师校，作为来此县之一纪念。县长并告明日上路不必早，宿腊马河甚近。一路以后站口，必须住家村寨大，供应方便。至于挑夫决派十八名来,分寨转送甚便。物件不必担心,决不致遗失。到村寨后一切可由村人供给,照旧规矩,不必客气出钱。因给钱以地方惯例言,则彼认为看不起他们,不要他们供给。出钱则大家害怕,反致弄到一切皆不便,甚至村人跑光,更将于事无补云。

谈到十一点钟辞去,予即睡。刘局长(烟酒税局)送来茶叶一包,藕粉一包,黄烟两包,罐头一听。

三月四日 八点起,昨夜睡眠不足,由于前两日在四排山做呈部文,至深夜始卧,即受影响,故精神极不足。早餐后,佣夫挑行李,共九人,十一点半起身。县长及地方绅士送出郊外,摄影握手而别。路皆小路,行坝子一小段,即行起伏之山路,中经数小寨。坝子沿边,村寨尚多,转向仙人山方面即上山。越两山坡始到腊马河寨,已午后四点。今日行时为三点半钟,路程卅里。在罗姓家下榻。村中仍沿土司时代之习惯,共廿余户。但因在山间,接近岩帅,时受佧佤之攻击。于今年正月十六日黄昏前,曾有佧佤及汉人三四十名来抢,被击败退去。据王老乡长报告,对方人尚来信,拟再来对敌云,请予代为设法。予安慰之,俟到澜沧县后,当切责旃县长注意办理此事。明日路程,到蛮允,因系山坡路,决早行。

本日途程:猛猛城……25……背阴村……10……腊马河

高度:猛猛城——1070 公尺 腊马河——1440 公尺

三月五日 晨八时出发,由村之南上坡,转东南向登山,坡极长,皆未经修过。行人甚稀,途中不过遇二三村妇而已,竟日无人。此山当仙人山之西,高 1860 公尺。绕行约一小时半,始达其巅。山中松林尚茂,因经火烧,其他杂木全无。登此山后,又连上数山,高 2000 公尺,2160 公尺,其他较低,然盘结地带则甚广,到最后始下坡。坡头为南阳乡防佧佤之临时守望处。白日守望者约廿人,夜间则增加。附近此一带人联合防守,人烟又稠密,故防守较腊马河村为易。下坡后过小义箐,住户约十余家,皆稀疏分在。烟果尚肥,已花烟矣。下坡坡度极陡,人马均觉困难,远望似已到老义箐,但行行重行行,须再越一岭，迂缓而降，先到岩羊寨，过此始到老义箐。岩羊村人口较多，约百六七十家。老义箐约七八十家，然不一处。山坡一带水田甚多，居民较为殷实。即防佧佤情形亦不似腊马河之严重，故居民面有喜色。到时已午后一点，共行五点钟。住乡长张姓家，招待尚周到，有腊肉、鸡蛋、鸡供给，亦可谓小康之家矣。

预备明晨七点出发。挑夫送到江边，再由班歪人替送。晌午亦在江边做吃，米菜由班歪供给。惟须先派人送锣锅三口到江边，以便做团兵之饭吃。若到水寨时间早，则继续前进到蛮大新寨卫区长所在处。诸事预备好。本命煮糖食汤团宵夜，因砂糖不易得，改吃稀饭。夜十一点卧。

本日途程：腊马河……35……小义箐……8……岩羊寨……2……老义箐

老义箐地方山田多而人心齐，对于公事极重视，不敢怠慢，故对于派夫挑送行李，一切俱准备停当。予吩咐次晨天亮即动身，夫役概须早到，早吃饭。送到小黑江边渡口处，再由班歪寨接送至澜沧界内水塘交替，不得违误。张乡长家全家人及地方上头人皆来照应到深夜。腊马河送来之民夫十余名，则供给晌午一顿饭，即返腊马河防佧佤。因途中传闻岩帅佧佤已渡江三百人左右，其目的方向虽不明瞭，然在猛猛坝坝尾及腊马河、岩子脚一带，则又因之吃紧。即以老义箐而论，虽在仙人山之东面，隔大山峻岭深谷，以平日间有私仇（去年因佧佤偷牛，曾杀佧佤一名），故时遣人传话来，必须复仇。因此该寨附近各小村皆联合防堵于距寨约十里远之西北山头，扎营盘于该处，日夜不息以巡防，故岩帅方面尚不敢十分轻视。此亦由于自卫有方，足以势均力敌。何况佧佤人数虽多，然奔波于大山岭间，此处则终以逸待劳，足以克服之。

三月六日　晨五时，命永康侄、施汝贵等起预备造饭，皆在梦中，天尚黑，以为时早，予不问催之起。五点半予起，洗漱毕，东方渐亮，不一刻亦渐变明。诸事完毕，已七时，太阳照于山尖矣。

七点一刻自老义箐出发，经岩羊寨行大路，下坡，路屈曲，不十分陡。由村之正岭而下，转南至另一支岭，转接数山坳而去。中经蛮允寨，约廿余户，皆草房，为朴满人[1]。闻有汉人数家，门口张贴春联。村旁有缅寺一座。此寨原为县长所介绍，昨日本欲宿此。因到老义箐时见该村居民尚密，又皆汉人，地方村长又留，且以该村距离不过三五里，则又何必费烦，即住于老义箐。以今日路过所目睹之情景，则幸未住此，否则将增苦恼，而加忧虑，决不似昨夜得安眠一夜也。

过蛮允后约行十里，经过班歪小寨之上，居民约十余户，为裸黑人。再行五里，始到班歪大寨边。南乡何区长来此等候。仅见一面，略寒暄即别，以为其必来到河边也。

自班歪大寨，即须转南下江边路。坡略陡，将至江边，更陡。闻于去秋后曾改路线成弯曲而下，比较减去倾斜急度，故人马得省力，否则在以前更艰难。与龙陵、镇康间之七道河渡口相似。渡口称班歪渡口，以大竹径七八寸者廿四竿相连并而成筏，长约四丈余，供渡客商及货物等，骡马则赶下江泅过。予等马匹十余，人夫兵七十余，渡六七次始毕。在水塘下江边休息，吃晌午，约两小时之久，始行。靠江坡极陡，路虽改为弯曲，然曲线不大，极峻峭。乘马犹令人股立胆怯。上至约千尺左右，山坡度渐缓，离江远，较为平坦矣。至水塘寨介绍至罗保董家，一切由彼供给。在牛马楼上，臭气熏人难受，开后窗，风吹入亦不能散，无法，于睡前烧草果及蚊烟香以避之。寨中分两部，予等所住宿处为一寨，仅八户。邻居又为一村，皆为旧头人辞职，新头人则尚未接事，成为无政府状态。村人不明状况，见予等大队六七十人到下，皆闭户逃走。予睹状引起极不快之感，予走遍边区，并未似此次之无聊，村中竟无一人负责代为接洽。乃托双江县派来引导之何办事员解说，引来村中人民三四来见，予安慰之解说此次来边地之意义，劝大家不必怕。至

① 朴满，即布朗族。

于所用地方之米、菜蔬、马料等，一律给钱，所雇民夫挑送行李，照价给工资。如是以后，各方始安心并(数)[述]其苦。口舌为之干燥以抚慰之。此事完全由于旃县长办事之疏忽，一入县境，即受此大障碍。为所经各地，以及认为边荒之班洪亦未有此种现象表现，故一切不能不怪到地方政府之首领县长应负其责矣。夜间十一点卧，因思虑过度，睡眠又受影响。

小黑江边高度690公尺，水塘高度1670公尺。

本日途程：大义箐……3……蛮允……15……班歪小寨……7……班歪大寨……10……江边……20……水塘

三月七日　予心上有事，五点天未明，即督催永康侄等起造饭。予起后徘徊于室，约一点后钟晨光始明。山景朦胧，寒气不甚，夹衣不觉其冷。夜间气候变化亦不大，似江南之春色，然夜间并不寒。天大明吃饭后，雇夫尚不见来，心中烦躁，催问再三，陆续到齐，且并不踊跃，且多年轻十岁以上者有数人，量其力气亦有限，癞子、哑子亦有，无法亦只得勉强用，所幸路不远，途中绝不致发生问题。迟至八点半方得成行。肚中闷气，皆为隐忍不发。由村后上坡一小段，坡壁立，过此斜上一山岭亦不高，且路皆大路，过岭后即平坦，予改乘轿，以减少精神之疲劳。出行约三数里，澜沧县第六区派队兵十人来接。一路行至十一点钟即到蛮大小街，魏区长等皆出村外迎接。区公所离村尚有一里之遥，房舍两进，系草房，四周正打围墙，且正起工建两级小学校舍。魏区长继禹(铸九)系澜沧县千糯[人]，距此有两站路，在普洱中学毕业，又到省于区长训练班毕业，任职已两年，年轻尚有见识。予到后即说昨日宿水塘寨所感受之印象与困难，问县长何以竟不通知各区，预为转通知沿途各乡，以免村民无知发生误会。旃县长于公于私，皆属不合。

予问以赴澜沧路线，谓今日可在此休息，明日再赴上猛允而往班乃山。所走路线，遂大体明了。陈尊三病又甚，晚饭未吃。区公所特别招待，即宿于区公所之正厅内。随员等分住两厢。后计算路程，觉赶至班乃，恐人马夫太苦，故为节省精力起见，仍打定主意，只到上允，于后日再赴班乃，较为妥当。

李希哲①代表来迎。李占贤（希哲）派其代表杨春熙，思茅人，现移住澜沧千糯已七八年，对于地方情形熟悉，特由新厂来此欢迎。甚感其情意之厚。此人曾在外军队中做事年久，颇明礼节，人亦和平。予告以对李希哲本人之观察，托彼先写信与李希哲速来佛房晤谈一切。夜间谈话亦多。对于此方情形，又多为明了矣。十一点吃鸡蛋炒饭，卧。此地亦似大义箐，糖完全买不出来，即使人到寨中问亦不有，可见边地之一般矣。

蛮大高度——1880公尺

本日途程：水塘……20……蛮大

三月八日 晨七点起，九点半自蛮大街出发，为下坡路，仍有起伏，但不十分大。行至山脚观音河，为佧佤出没最著名地方，距蛮大约卅里。山半经邦因、回喜两寨，皆纯佧居。每寨约三四十户，周围皆筑墙，闻系防岩帅野佧之用。渡河行四里，至猛暖（弄暖）寨，位于山脚之谷间，为摆夷人居，约四五十户。于缅寺中休息，在此替换挑夫。此村附近杂木茂密，野草从生，又系起伏岗峦地带。出村后即于土槽中行，眼界又不宽，极为荫闭。匪佧匿此甚易，亦危险区域。村外篱笆布围，亦系防野佧之用。约半小时，又继进至上允土城，位于较高之岗上，全城人民约三百户左右，尽属摆夷。上允尚有下城，距此约二里远，为刀土把总惠各（年十余岁）所驻处，户口三百余户。另有一新城，亦相距甚近，人口□□□，故附近居民稠密，每五日街期，来集者三四千人。若在冬季，则上万人，故为澜沧县内第一大街。设上下允分县佐于此，但一切均极简陋。现任县佐张佩鑫（晓东），元江

① 李希哲（1900—1966），字占贤，云南景谷人，云南讲武堂毕业，曾任滇缅边境佧佤山区剿匪指挥官、云南省参议会参议员、景谷县县长、云南省第九区行政专员兼保安司令，1949年底随卢汉起义，不久又叛变，后去台湾。

县人，年约四十，初到任三月，经费分文无着，予到后叫苦连天，予安慰之。后又介绍土司来会，予赠以总理遗像、□帽、党国旗及个人相片。此人年虽轻，而性质活泼，曾受高小教育。最近大理天主教堂派来司铎席兆清来此传教，持片访予。予因事忙，过后特往访之，彼告以于三月五日上允街先后失去骡子两匹，最近欲觅地址不得，地方官又不负责。予告以此事或系县官不明了实情，予当为之解说。同时到澜沧县政府后，为之催问。彼知予系办外交者，问外交特派员办事处之陈科长知之否，又将民[国]十四年(1925)北京法公使所发给之护照相示，及大理绥靖公署所发之保护公事相示，予均过目。此事当然不能不注意，在此外交正在办理界务期间，该司铎不早不迟于事后来此传教，其带侦探边情，当然无疑。然无理由阻其传教，亦不能过于干涉。故已对张县佐及刀土司，告以必须力为保护。或藉此地近边蛮，保护不周，请其暂缓传教亦可。上允城高 920 公尺，较蛮大低约九百余公尺，故气候已显热。晚饭后，至夜间八时左右，愈觉闷。

本日途程：蛮大街……20……邦因……5……回喜……15……猛暖……10……上允城

三月九日 七点起，昨夜狗吠声不绝，又闻人叫声，大众多睡熟，仅有杨代表吹烟未睡，李景森、段质斋等未睡熟。予殊惊疑，叫施汝贵起来看，约一刻稍安。予本已脱衣，又穿好衣裤，和衣而卧，与在猛董所处之情形相同。然神疲力虚，眼朦胧欲睡，勉强支持，忽睡忽醒，度过一夜。起后天渐明，命人去问造饭事，无影无踪，谓在下城做，距此五六里，予殊惊讶。昨夜张县佐谓印袭已承认代办一切，觉所说不符，乃命永康购米自做饭，又饬轿夫等自造饭。于一小时吃饭后，又等派夫送行李。先到八人，尚差八九名，待之又久，无法将所乘马改为驮马，予则上坡拟步行。将三挑归并为一驮。后夫子又到齐，始将全数带走，已九点半钟。出上允城向西行，向□□河倾斜下去，河身甚宽，砂石最多，来回行走于河沙中。冬季水仅留一线甚浅，可徒涉。至那浪寨，挑夫须换夫，黄队长督率不许，因恐途中耽延。入那浪口为两山夹谷，愈入愈迂曲，所称为佧佤塘者，山脉分歧，路道亦多歧。远望有一山坡甚立，其下始为往班乃大路必经之道。中人遥见山坡头有三四人，予以望远镜观看，似坐于坡头观望之势，乃命黄队长先派人上前搜查，乃渐次而进，但马驮在后。过哨房后，回头看见哨房处又出来二人，大家疑为佧匪，黄队长又率回返大路搜索，以保护驮子之安全。予等则缓缓前行，命随行将十响枪预备好，予亦将拉七枪上子弹。过一山溪，杨队长谓此处亦绝险，不知死去若干人。从前王晋臣营长攻佧佤，因救援未至，全军覆没于此。即班乃谭某亦被野佧埋伏于此，用排枪击毙之，可见其险。此种地形，由于两山夹漕，路径只此一条，为来往人必经。山间林厚草深，为野佧埋伏最多之处，凡遇来往客商或牲口，必遭其毒手。至面前不防而受其包围，又无退路，不能不受其袭击。数年来行人绝迹，近因木戛扎有团队，始将野佧来路截断，行人较多。过那浪口后，斜坡上山，不陡峻，近路亦挖修宽，行走不吃力。予自入那浪口后不敢乘轿，即步行，步步留神，总幸得免遇匪。否则以此种地形，人马又多，非有百人护送，防备实难。登小坡顶后，心中较放宽，始敢上轿前进。约廿里到班丙寨，约廿家，在一山坳中，自此分路不经村寨，向寨之东上坡，坡度较陡，坡自下而上，差度甚大，为东南行。至山顶之丫口，见南面山横斜。过丫口即可望见班乃寨，毗连三寨，户口甚密，合计约二三百家。湖南籍者四五十家，此外以裸黑最多，故又称裸黑山，以产烟著。瓦房建筑亦多，有小街一条，在山梁上。现澜沧县第五区公所，即新建区公所于小街上，尚未完工。区长为户永之萧某，号称萧百万者。予等借宿于谭、欧二姓家之厅楼上，瓦屋建筑亦精工，天井宽广，成长方形，三家各建正房三间，对厅三间，天井以方砖铺平，极整齐。皆湖南人，于前清光绪卅年(1904)来此，经小本经商起家，今皆娶裸黑妇，成家立业，称小康等。

本日途程：上允城……5……那浪寨……15……班丙……20……班乃

班乃寨高度为1800公尺，与蛮大高度相等。

三月十日　晨七时起，整理完毕早餐后，待所派夫子，至九点半始自班乃寨欧家出发。由寨西下坡路，转一山坳，又上一坡，转坡后向东南斜下，为班乃山之背面，（南）路新修，宽平易行。途中见驮棉花马帮系自猛海运来者，约廿里至户永寨，户永为翻一班乃山即至，其高度与班乃寨相等。寨子亦有三部分，为第五区区长萧某之住处，人称为裸黑山之萧百万家。系瓦房旧式，除正房外，对面有一排铅瓦房。铅瓦为募乃老厂所提炼之铅矿所制，长一尺五寸，宽一尺，厚二分。此人为原开募乃老厂张树屏之子张鼎新（字□庵）所创，思茅人，后又开新厂，其因佧佤之乱而停顿。现李希哲开新厂，又被聘去，辞去澜沧县建设局长职。

到户永为时尚早，即在萧区长家休息。招待晌午，不一时亦做出五六样，味亦可口。该处人口约百余家。设有两级小学校，校长周君，普洱人，年卅左右，夫妇二人皆在此处服务。原为普洱师范毕业，教小学颇有经验，在地方上颇为人所重视。今日特来招待，人亦极精明。休息约两小时，始继续前进，为下坡大路。坡不陡略长，约卅里始至黑河边。路线极弯曲，先系向东南行，至山脚，又转向西行。绕至黑河大弯折之山坳，始壁立下至河底，高降至990公尺。河谷极曲，水流甚急，夏季水涨，可深达两三丈，冬季水枯仅及膝，宽约四丈。近建新桥一座，为五六两区所捐修，两岸接岸处则以石建，高及三丈余，于其上以大木横其上，再加横板，宽约一丈，闻费去现金约两千元。据观交通较便，然尚非永久之计，因木经风雨易朽，则□□。现已将完工，人可过，马匹尚待修整两岸之路后，加钉铁钉而后完成也。过岸即上坡，坡度甚陡，惟不甚长。上至山梁，即转过山南，斜下先可望见大塘子老寨，约七八家。过此，过一小山口，即可到新寨，人口约廿余家，汉人十余家，余为裸黑。据吴乡长谈，廿年前，此地极繁盛，人口原有百余家，因年时不佳，收成短少，裸黑遂迁往国外缅方居住。近若本省再禁种烟，则此方民生更艰难，人口必更为减少矣。

予等借宿于吴乡长家，此人年约四十，体格尚健，无嗜好，初年亦代人佣工出身，刻亦在此成家立业。草楼房六间，耳房一楹，畜房两大间，外表似衣食皆甚充裕者。

大塘子高为1370公尺，比户永低四百余公尺。气候亦山地气候，无烟瘴。出产以烟为主，谷米杂粮均有，但不够本地之食，皆仰给于猛海之米，故驮运均极困难。予等抵大塘子约下午五点。本日共行六十里。

本日途程：班乃……20……户永……40……大塘子

三月十一日 九点半自大塘子始出发，因待夫子不齐之故。西部山峰特立，考之始知为火成岩，土壤尽为红土。皆下坡路，过所谓之石门坎，以后下坡有一小段较短。至老炭山附近，起伏稍大。休息于罗乡长家，招待午餐，约停留两小时之久。晌午后继行，方向为东南。天热闷难行，间改乘骡，午后四点抵田坝。所谓之田坝，系山谷中较有水田一小坝子。寨位于坡梁上，下面人家较多，约七八十户，上面为第一区公所及两级小学校，范围尚不小。下一谷，始经过村中。过村后，行一里，即下一箐，上一稍陡之坡，即为平路。约十里即至东主寨，寨中有新瓦房三四座，一座有两院，系张姓者。段质斋及永康侄先到接洽，主人不愿意招待，后经解释，勉强招待，但不愿住兵。无法，团兵则另住，米菜等则自购。住于耳楼上，尚清洁。

主人现四代同居。房屋系新建有三年，工程亦精细。主人看予等举动非普通人，送冰糖及鸦片烟来，茶水亦勤。予以其尚殷，特介绍殷医官代其家女主人及小孩看眼疾，并配药水送之，以作纪念。主人家所自做咸菜味极佳。

本日途程：大塘子……25……老炭山……25……田坝……10……东主

老炭山寨——1530公尺，田坝——1440公尺，东主寨——1580公尺。

据谈此地气候较昆明为优良，四季无大寒暑，无霜雪，冬亦不寒，夏无酷暑。本寨约四五十家，皆汉人，附近则皆裸黑。张姓原籍湖南，来此地今已五代。裸黑山湖南人之多，由此可以想见一般。

三月十二日　在张家七时起床，晨餐后八点半出发。昨夜请张府代征雇挑夫，于八点以前即到齐，为老缅寨之阿卡①人，所有连陈、吴二君之行李，共用卅名，女子三人。大多数以背揹，重量不甚重，约在四十斤上下，轻者不过卅斤。但行山之能力，较之前数日摆夷或裸黑担负之能力则过之。闻此种人以其包头巾之形式，有围成平式者，有围成尖式者，故有平头阿卡及尖头阿卡之分。其身材与裸黑人相似，肤色不十分黑，相貌略秀，衣服亦整齐。女子着裤及膝盖下，上衣一件，长过膝，与裤脚边齐。大襟上镶银刻之装饰品。衣色皆青，布料。男女赤足。女子概不留发挽髻，耳环亦不大。有其方言，能说汉话者不及十分之一。大都性情温和恭顺，胆气极小，顺从。今日自东主送来，约近六十里，送到县城，每人发给劳金五角，皆欣欣然有喜色。予拍相两张，围坐于地。男女无界限，似皆平等者，随即归去，此实澜沧县属最优良之人民也。

予等抵佛房，尚未过午后一点，自东主抵此，尚未费去五小时。因以为数日来所希望之澜沧县城，既已到达，宁早到。虽少辛苦，亦有数日之休息，以恢复疲劳，故马上加鞭，足不停留，于坡大起伏较多处则乘马，于平坦地，或有起伏而不甚者则换坐轿，以节省精力，于立坡处则步行，故早能赶到。县政府临时始知，旃荫堂似颇难乎为情，握手寒暄后，即问以入境何其如斯之困难。彼谓省城公事虽早到，但并未说明由何方来，最近又无消息，故无从探悉。至所经各区，均已首先通知，或由于日久，竟将此事忘却矣。且澜沧民性顽固，畏威不畏德，平日养成，并不以政府公务人员为重。予后加推者，因澜沧虽成立县四十余年，人民皆杂凑而成，湖南籍最多，以裸黑山一带，尽为其客子客孙，其次为江西籍，本省者则以石屏思普人占大半数，其发

① 阿卡，即哈尼族。

源为募乃厂。家乡谚云:“穷走夷方饿走厂。”来集者原皆为重利之徒,其子孙亦唯利是图,加之来源复杂,分子当然不纯洁,相沿至今,成为重利轻义。与旃县长谈县属各区乡镇,重利盘剥之风极盛,无法改革,愈是以证实予之推测不错。

县政府招待在教育局住,陈、吴二君则住于演讲厅。教育局为正屋三间,草房,原为孔庙,供牌位,后改。不够住者,则段、李二君分住于建设局,即教育局之耳房。佛房虽为县政府所在地,四十余年来,无大进步。因陋就简。户口共百余家,瓦房有限,可数。铅瓦近盖一二间,十分之九为草房,故易燃火。去冬曾被火焚毁肆房一处,今犹见其遗痕。又位于山坡,上下均困难。县长所住亦系掌片房(木片盖),饮食完全由县署招待,夫子则供米。

与荫堂谈猛角董及岩帅事,彼另有解释,实彼此有仇,遂成今日之状况。

夜间谈界务,知县署存有陈、刘勘界时所用之汉文图一张,此图殊可宝贵,中央欲寻此图不得。予在省问王特派员,到腾冲问第一殖边署皆无此图,如此亦可以想见政府当局平时之忽略。谈至十点始去。

晚饭后上灯,因返省在即,对于回京送朋友之礼物,不能不有所点缀。决定制乌铜墨盒,特开单函与实若在省预先代制,免临时难于设法,且邮件期在明晨,故赶写一封托荫堂县长代发。

本日途程:东主……35……犁头寨……15……佛房

三月十三日 本日在佛房休息,九点始起。正午十二点佛[房县]政府及党、军、学各界欢迎于简易师范学校。旃县长主席,予分:(1)对于界务之观察;(2)对于殖边之意见;(3)对于澜沧之感想三层分析之,约一小时,随后演讲者,有团队长及乡师教员等。对于人民票决与教育均有要求,均分别答复之。讲后返县署,约四点钟。县署晚宴。夜间与荫堂谈天至午夜一点始卧。

三月十四日 仍留佛房。早饭后赴街上一走,参观市场。来人稀疏，约百余人而已，货物亦极有限。购得铁机绣马褂及长袍料一套，以赠送孟连土司，并以五元购得汗衣二件。见山头妇女，装饰不同，代拍一照。午间神极疲倦，小睡。荫堂来唤醒，谓在边地，切勿白昼寐，极易生病。醒后觉不自然。约四点半钟，师校教员绕辅龄（湛炯）、罗廷禹（怀三）二人来坐，绕君系思茅籍，来此已两年，罗君景东籍，来此方半年。报告永伟理父子传教之势力，分为两部，糯佛为佧佤部传教之中心，猛猛为裸黑部传教之中心。永伟理有二子，一名永亨乐，年卅余岁，已回国，一名永文生，约卅岁零，住糯佛。永伟理则居缅甸，虽不敢再入界，然其指挥能力甚大。其传教法系挑选裸黑人青年有为者，授以字母及拼音。然后派其出外传教，称曰撒腊，即老师之意。以其年代及工作之勤惰，而将待遇皆优厚，故夷民心中只知投洋教之好，而不知有国。其传教法，有摆夷语等片子，有电影，凡遇庆祝皆开放之，佧佤语亦有。各传教士所说各种话，极流利。

对于夷民宣传，谓白人为长子，裸黑行二，佧佤行三，摆夷行四，从前本为一家，因受大水灾之漂流，大哥白裸黑即漂流海外，故最近探访得，特来看望他们，皆是此种欺骗手段。拼音教科书，皆在缅甸印刷，一切供给学生。是以今日澜沧之宗教问题，已成为政治问题，不能不设法也。予便请饶、罗二君速将调查所得，有一详细报告，以作开发边地之参考。夜间睡甚迟约一点。

三月十五日 起身较早，八点钟。饭后无事，头脑不甚清晰，终日又不能出门，无散步处，与荫堂兄横卧榻间谈天。捡得叶永泰作《小小十年》一书，生活书店出版，此人系黄埔军校出身，叙其北伐经过，夹以恋爱茵茵女士之失败情形，文章白话文，尚流畅。思想近于世界革命，与平民表同情。大略看完。夜间澜沧县团防大队长段君来谈，谓县团原有四小队一百廿名，近缩编为三小队九十名，而其中一小队分驻岩帅，归第八区宋区长管辖，一小队则分驻木戛，留守佛房者，仅有一小队。名义为卅名，然除官佐出差及马夫、号兵外，实际留守者不到十名。以此单薄之兵力，如何以镇守边疆，事权又不统一，训练无方，一旦有警，则调遣更难。故已呈请旃县长添补一小队，并须将团队指挥，以便抽调训练，方有整理之希望。请予向旃县长申说，予意增加地方自卫能力，当然必要。故后又向荫堂谈及此事，彼有辞答复:（1）县中款项无着。（2）虽加多一小队，亦等于零，因团队空额，而报实数，于实际无大好处。（3）将来岩帅划归澜沧之原设治局后，可以将原驻团兵抽调回来。似此各吹各打，殊难说话。予叩以团队按月由县长点名发饷，但彼意大队长等又多闲言，以为县长多事，有碍其中饱。然予意以为不然，果真县长以身作则，则廉洁自持，点名发饷，理由正大，且团队属于县长监督指挥之下，又何怕队长之多言。由此亦见得县长平日之不振作，事事存因循观望，以致地方养成种种恶习，根深蒂固，难于铲除。尤其澜沧县若再不根本振作，提起为公为地方服务精神，将何以挽回。予对于荫堂老同学之疏忽，不能不怀疑也。

夜十一点半始卧。

三月十六日 仍留佛房。今日为全县官绅约往猛朗坝参观新建县署。予意不日即须首途，为期迫切，心中又不安定，辞谢不去。但荫堂殷殷之情不可却，只得应命。于十时起身，皆下坡路，阳光虽烈，尚不十分吃力。行抵坝子，炎热较甚。行一点三刻钟，即抵猛朗坝。同去者除县长外，有李景森、王玺、殖边营邱营长、段团防队长、财政局刘局长等。县署地址之迁移，发动于缪前县长尔绰，于去年始大部落成。正式有三进，皆五开间楼房，两旁有厢楼及陪楼，大小计六十余间，现惟有大门及第一、二进未完工，围墙亦尚未动工，闻拟于今年秋后即迁移于此。其南接猛朗街，是日适为街期，赶场者约百人，大都经营小本生意者，盐之零售商为多，土瓦罐之售者亦有三四摊。新铺面瓦楼盖有两排十余间，然不在该处摆摊，系在后面之草棚下。阿卡最多，摆夷次之，汉人亦占三成。街附近有一村寨，约十余家，为摆夷。猛朗为来往大道，由此可往孟连，距佛房约廿里，山坡并不大。自此往孟连，则尽属平坦大道耳。

三点半钟开饭，因旃县长先已命人在下面办伙食矣。予一人乘轿，让骡子与王、李二君骑，四时半返县城。三分之二为上坡路，颇吃力，到城已黄昏矣。翻李文林君民[国]十九年(1930)冬，由昆明到普思沿边察学之记载，对于路线及沿边情况，大体得一参考，以供赴车里一路之参考。

十点夜饭，予食两碗，多休息。至一点半始卧。

三月十七日 留佛房。晨九点起床。决定明日起程。饭后，计算需要款项。派李景森、段丕昌两员押送行李前往思普等候，偕殷寿增、王用之及永康侄赴孟连，分两路行，不能不向旃县长荫堂兄借贷四百元，始敷应用。轿夫等每人预支五元作零用费，到普洱后算清。募乃土司石玉卿来，问以西盟情形，送予缅刀两把作见面礼。予仅赠以私人像片及徽章两枚，得对于西盟方面情形又得一种参考。

荫堂送予鸦片烟两大包，老友如此，不可辞却。边防营邱营长送烟灯一盏、罐头牛奶两盒。团防段队长送香烟、五色牛肉两盒，情意亦厚。于夜间特往谢之，邱营长将孟连、车里路程开示，并将护送黄国璋先生车里之团兵一班转护送予往，两方均便，亦可感也。县团段队长亦派七人送行。晚饭后作与杨督办竹君函。告以行程及日期，请饬令保护。

晚饭后，县署第二科李科长介绍马乡长来谈。马君系回教，从前清光绪廿三四年当边防营长，随营由山通岩城入新地方，驻过六天，后又随陈道勘界至猛角董，[知悉]当时出事情形甚详。谓陈、刘与司格德等系住猛角，烈敦等必欲赶猛董街，共外官三名，有中国兵护送。至猛董时，野佧赶街者甚多。佧佤见有外人，即动公愤，有欲动武之势。由当地传出消息，外官即离猛董，方有三里路，佧佤追上，即用刀将两外人头砍去。幸护兵抢护得力，得尽力保护烈敦，仅受伤，狼狈而归。陈、刘得知，是夜派兵赴猛董驻扎剿办。佧佤人数甚大，最后两方派兵围剿，曾将永和大寨攻缴。当时佧佤泄愤，尽将附近村寨烧毁一空以出气，而猛董城因得兵力以保护安全。陈、刘又向各方调兵前来应付，对于界务事亦遂停顿矣。

李希哲代表张建设局长今晚到，将李在新厂进行状况及义勇军奋斗经过报告，并不能亲自前来欢迎报告之意。予将政府此来之意义对彼言明，并希望其对于佧佤地方应慎重维持，不可孟浪从事，失信于野人。至于办理该地小学，夹治地方苦心，当为之请求政府设法补助。然亦不可灰心，将眼光放大，利益放远，无有不可以引起政府之信赖与注意及全省人民之钦佩者。予私人总站在赞助与希望甚大之立场上，可将此意转达李希哲云。又得明了该地情况，于勘界殊有关系也。彼代表李希哲送来挂面四合、牛乳两盒，县指委[①]苏君送牛乳两盒，各方表示之情感均甚隆厚。礼物不便携带，送荫堂牛乳四盒，先已送其阴丹土布衫料一件，白金龙香烟两听。各方谈话奔走极忙，于十二点半卧。

三月十八日 今日出发赴孟连。本来有人计划三日程，第一日宿猛滨，第二日宿那能，第三日到孟连。予以时间已迫切，三日程对于精神上可以少减劳碌，但赶路改为二日程。据谈路程稍紧，然亦顾不到耳。晨七点即起，八点早餐后，挑夫来齐。昨夜先说三名，后以行李加多，且本地挑夫不能任重，遂不能不增加。待至九点零始自佛房起行。旃县长、党指委、财政局刘副局长、邱营长、段团防队长等皆送行。辞谢不能，合摄一影。至坡脚，县立简易师范生全体教职员皆整队于道旁送行，着白色制服。予临别对大家演说，大意告以澜沧成立此校之目的在欲谋改造地方，求地方之幸福，何况澜沧环境特殊，民族复杂，土地广旷，现又西面接未定界，故大家青年所负责任甚大。目前得有此良好学校环境，要先审查怎样修养身心，准备着将来改造地方之一切智能，方不负旃县长之苦心及地方父老之希望云。对教育界人士之表示，则自己此次得来澜沧考察，必有以扶持澜沧之发展云。

---

① 县指委，即国民党县党部负责人，县党部又称党务指导委员会，所以负责人简称为“县指委”或“党指委”。

民国时期的澜沧县政府

动身时既迟,路程又较远,不能不加紧速度。天气炎热,幸有风吹来,籍以减少温度。下坡抵猛朗街已十一点钟。龚区长尚在,留饮茶,并指点历任县长对于市政之计划。各人眼光不同,莫宗一是。前任已定下规划,后任又变更,故难于完成。今街头有瓦屋倒塌之三间,即当日缪县长任内所树立者。新市房虽建有两排,仍无人住,为龚区长之行署。因其有田在此处,为存粮之所。据云:最近猛朗坝发现匪风，寨中土民（摆夷）十余家概欲他徙。区长以为若听其迁移，则土地一空，无人耕种，则招垦事难，土地愈将荒芜。故派人监视村民之行动，一面晓以利害，不许变卖粮米等，由此得以安定下来。龚区长意欲繁荣猛朗坝之方法，惟有组织赌[博]公司，仿广[东]人办法，凡入幕赌客，先须购券始许入内，限制赌金，输者只能九成，留其一成以维持其生活，防其输光变为浪人。若照此能行施，则每年可收捐款二三万元之谱，以此款作为购中西药品及聘请医生之用，则凡移此者，有所保障，即可以增加人口矣。此法固于无法之中求一出路，□于地方治安恐又不免多事。故予对伊言：繁荣新县城，办法甚多，昔县长决心移居于此，既为全县之政治中心，全县公务人员增加，各方来经营投机者，自然会增加。略谈即前进，在此又换挑夫，过木桥，即上一小坡，循河沿走，弯曲于河湾与山坳间。约午后一点始到猛滨寨。寨位于河流冲积之盆地中一小丘上，高度与猛朗坝等，990 公尺。住民摆夷皆穷家小户，约廿余家。予等在头人家中煮晌午，用木甑蒸饭。木甑与内地不同，系整块木质，中间凿空，甑眼又小，费去两小时之功夫，始将饭蒸熟。饭又生硬，勉强吃一碗即督促前进。挑夫亦大成问题，派夫催数次始来。又由河道行，已午后三点半钟。问路则对已走了一半，心殊坦然。一路皆陂陀一蹇，起伏不平，所幸坡度陡处少且短。夕阳将入山，问团兵，则云尚望不见，远在对山之背，里程又不明，仍只有努力进行。至小河之尽处，天已黑。仰观月已朗照东方，于心较宽。然后面夫役实难追上，亦惟有听之耳。最后转正南渡溪，上一立坡，为村之背面，上十五分钟始达巅。乃听儿童嬉笑声，且丛竹密立，知已渐入佳境。时已七点，即到土司署罕家。其婿普洱人陈□□，任乡长，为前日在猛朗新县署所曾会面者，格外招待，谈至十二点半始卧。

本日途程：佛房……20……猛朗……20……猛滨……40……东岗

三月十九日　昨夜闻今日路程稍短，故心存贪懒，七点半始起。

一切整理完备已八点半。待挑夫来到，予等先行。命永康侄在后押行李。九点行，自东岗街转南下坡。东岗有一小街，五日一期。寨中户口四十余家，为从前罕土司所开辟，罕土司征裸黑山到此屯垦，见山田尚好，遂将兵垦植，现遂成为村寨，皆当日屯守官兵之后裔。有一老兵，为安临州人，年已六十，乃从前随征裸黑山留寓于此者。对于征孔明山之裸黑，到公明山之情形，言之极详。

今日向西南行，约十五里，下坡至那勒，经过寨子旁边。又二十里至猛贝，一卅余户之小寨吃晌午，在缅寺中休息。自己用锣锅做饭，较为迅速。饭后约两点半钟起行。岗峦不大，中经贺腊、中嫩等寨，始渐入平坝。约午后六点即到孟连上城。孟连宣抚衙门先派二人往迎接。将到寨，又派团兵数名排队欢迎，直至衙门下榻。继承宣抚年幼，方十六岁，质资聪秀。各头人亦来接。经过南垒江上之大木桥，即入寨。河中沐浴之妇女甚多，挑水者亦多，沿途观者亦多。代办为小宣抚之堂兄，人谨慎小心。

刀秉忠为旧任第二区区长。据云口惠而实不至，在区长任内，以敛财为目的，至今虽交卸而手续不清。县政府虽屡次派人来追押，皆规避，故为众头人所不喜欢。

中大地理考察团黄国璋①先生所率领之团员三名，同乡张凤岐亦在内，系国防委员会所派者，余为中大地理系毕业生。奥人威斯曼先生则因走路过劳，在车里外人医院内养病未来。黄先生等拟在此地工作一二日，即须分头赴边界考察。工作极为紧张，将来成绩，极有希望也。予于到佛房之日，即知彼等之行踪矣。

本日途程：东岗……15……那勒……20……猛贝……40……孟连

---

① 黄国璋(1896—1966)，字海平，湖南湘乡人，时任南京中央大学地理系教授，亦在云南考察。后曾任北平师范大学地理系主任，理学院院长，西北联大训导长兼地理系主任，陕西师范大学地理系主任。

三月二十日 停孟连休息。十点始起。黄先生以为予亦往野外参观工作,待予同行,不见予起,只得先出外。早饭后,与澜沧县陈局长谈天。热气正盛,未敢外出。殖边营第二连周连长怀之、海关分卡卡长□□等来坐,相慰劳之意,予均觉感激。周连长送来白雀牌香烟八包、牛奶两罐,刀秉忠旧任区长送牛奶两罐,盛意可感。午后两点偕陈局长出外,赴中缅寺访拜周连长,并答谢其送物品,谈孟连地方状况。予意孟连地方秩序紊乱,土司已无势力,自设区后,区长又兼委刀秉忠,相沿习惯,已被其破坏。目前虽改委小宣抚,而当事者为其堂兄代办,事权仍难行使,故一切不能如理进行。似此下去,孟连地方,现距县城又远,县长又不专治此地,眼光中以筹款为第一目的,对于孟连之建树,丝毫不明了,故不能主持一切。惟有希望周连长以后既久驻此间,要主持正义,维持地方秩序,拥护宣抚衙门原有权力,凡地方不法行为,应加补助干涉,则地方宵小,不正当活动分子,可以敛迹。地方秩序恢复,而后军民始可相安,一切始有办法,而边疆可望无问题。何况孟连既接未定界,更加注意,不可使其发生枝节也。周连长人甚忠实,曾在外省跑过地方很多,予所说话亦极表赞同,并谓以后对于小宣抚,当维持之,对于地方恶习,当改革之。坐谈甚久,辞出,往海关卡访卡长,借其地图一观,见海关图及原画图一张,与在佛房所绘者,完全不同,故借归拓画一份,以备参考。循行市街一转。两粤人在此经商者甚多,并有草药铺,街市甚长,田坝中并有临时市场。闻三四年前,生意更旺盛,各县商帮布棚布满郊野,各种颜色,分划极清,人数又多,自海关税改订后始大减煞。四点始归。

小宣抚刀派洪(泽民)、助理员李锐(晋卿),昆明人、三长爷刀国泰、第四乡长刀正国、第五区长刀炳全、第七乡长刀正兴、二区区队长杨丽东等来坐。予便告以此次来孟连之目的,希望大家要了解。三长爷对于南卡江上下流情形较熟,因其年老,曾往该区域经营商业走过。予将沿江村寨开列。野佧较多,有服管不服调者。至于西盟山以西，到南锡河边一带地方，则为西盟土司所管，情形较不明了。予此行对于孟连境内情形，又多一番认识矣。刀秉忠后来报告，对于南卡江外情形，知江外吾人认为界外者，英人亦无法收抚，至今仍始终反抗，不服英管，而时欲归向中国。屡次派人接洽，皆无结果，使其失望。然在外交上，亦我国失败之大原因也。

晚饭后已天黑，黄先生等始归来。与之谈云南问题，希望此次来滇考查结果，要找出几条大路作为对中央宣传目标，使全国人明了云南实况，设法从交通先着手，然后可谈到开发边疆之一切云。建筑铁道，予与黄先生之观点略有不同，此事有再斟酌讨论之余地。

夜间与张凤岐君谈此行经过，对于界务总算有点结果，不为无关云。后又与寿增、用之等共同谈家乡问题及国势、世界问题，兴致淋漓，竟畅谈至夜后两点始散。

三月廿一日 再留孟连一日，待黄教授等工作完毕。今日为街期，早饭后偕黄教授同往街市一玩。野佧不穿衣服者、纯佧、阿卡、裸黑等各色人等，异服异色，应接不暇，便拍照数张。赶街人约千余人，皆摆摊草棚。予购得银盒一具，作为纪念，价洋五元。售零食者甚多。见裸黑、佧佤妇女买食，皆以手抓，不用箸。食物皆不洁，然食之者甚多，觉其味殊可口也。又设有赌摊，人亦围观者众。此外售杂货者甚多，佤罐售者亦多。大约自早十时人渐加多，至午后两三点即散完。

明日决赴勐阿，仅王用之、永康侄同去，留殷寿增守此。晚间特写信告知荫堂兄行程。司署饮食，日来皆由黄教授带来之厨子代做，味与内地无异，蔬菜亦有，较佛房为优。

三月廿二日 今日联合中大地理考察团主任黄国璋及地理系毕业生王君，皆湘籍，于八点半自孟连宣抚衙门出发。同时张凤岐君及中大生严君出发赴大猛养，系英属缅境。出土城后约一里路行坝子中，后即登入山境。幸山岭不大，自丫口中入，始渐渐加高，路亦起伏

孟连土城市街

不平，坡甚小。后登一山，曰红班母山，即在其顶开稍。时正午十二时，共行三小时半。约距孟连土城卅二里之远。测得温度最低23℃，最高24.5℃，毛发温度45℃，湿球18.3℃，干球22.2℃。

宣抚衙门先通知四山村寨来此办晌午。闻原指定十人，因闻系中央大官过路，同时来观光者约九十余人。锅水米菜等皆备齐。黄主任因沿途测量工作，行途极缓，迟点半钟始到。午餐完毕，特摄一片。王君代予摄轿乘一影，即继续前进。略上坡以后即渐转入下坡路，眼界已不似自孟连起程入山地后之逼窄。忽然开展，已身入南马河流域内矣。盖红班母山不啻南垒江与南马河之分水岭。予下至山脚，即闻水声潺湲，即为南马河之上源自山谷流出之[水]声也。南北两山夹峙，中成一平坝，即南马河之冲积地。水田相连，一望平整，但天气陡变，雷声隆隆，雨点忽降，暴风亦急，乃赶路前进，因距猛马甚近,由平坝中赶至猛马,时适五点。

猛马为猛马土司所管辖,直辖于孟连。土司之承继,不归澜沧县政府,而归孟连宣抚衙门。现任土司为召底罕,已六十余,官名刀正文,现改为猛马乡副乡长。二官为召捧年四十余,实际担任地方职务者,此人力量为多。二人皆诚实可靠,忠于政府。猛马原名蛮弄,全寨分三部,大寨户口约六十余,小寨约卅余,街子约十余户,跨南安河,其北坡即南马河。南安河自山岭中流来,而至寨北坡脚汇入南马河中。街子尽系粤人,经商者,每五日一街,海关亦设有分卡于此。龙陵马帮列帐篷于比,做游商生意,皆自缅甸办货来沿边销售。

予到后土司及二官皆来坐,予命代办翻译,告以此来边地有二目的:(1) 查勘边界以备与英人交涉。(2) 边地人民疾苦,中央不知,特来看望大家。该地设小学一所,请景谷籍某来任教。但原有学生十六人,被其退学五名,仅剩十一名。予便告以应从速命子弟入学读书,益处甚多:(1) 读后讲汉话汉文,可以不受人欺骗。(2) 可以作解公文。(3) 再求升造可以做政府之官吏。(4) 可以改进地方。故希望大家要明白此层,不要再使自己的子弟吃苦。

予等借宿于小学校内,校址在村后,缅寺旁边,系草屋竹编,糊以土。有讲堂与教员寝室相联为一大间,分割为二,有门二以通出入,光线尚充足。予即住教员室。学生寝室则另筑草屋一排,周围环以竹篱。桌椅皆新制,可谓规模初具。内中尚有一女学生。闻今年该校改为县立矣。

夜间召集各寨头人,由王君将农村调查表逐步问之。予恐湘省语言不通,代办又胆小,黄主任性又暴躁,恐难于应付,故在旁代为解说。问过五寨。因代办疲倦,命各人归,拟由猛阿回转后再讯。十二点卧。

本日途程:孟连……30……红班母山……30……猛马(蛮弄)

三月廿三日 八时半自蛮弄出发,经过南安河,即到街子。出街子为平坝，渐见河之北岸为蛮允寨，其南岸为贺哈寨，系在途旁，距蛮弄约三里。山脚路，弯转升降不十分大，然亦不十分平坦。约行十五里，至养亥寨。又行十里，至广颡寨，住户十余家，皆草屋。再行一里余，至丙所寨，约廿户。至正午十二点，行抵蛮朗寨，全寨卅四家。沿河水田肥饶地方殷实。休息于缅寺中。测得气候如下：

温度　最高 27.2℃　　最低 25.5℃

干球 25.5℃　　湿球 20.5℃　　毛发 52℃

气压高度　575 m

黄主任等后予等两小时始到。则气温已增至 32℃，故午后之阳光变化，殊为猛烈也。

寨中妇女貌秀健而苗条。肉色亦不似其他所经各地之粗陋。装束亦比较喜着有色新鲜之布。顶上围包巾，皆清洁好看。上衣短袖露胸。出嫁之女子则露乳部。裙子则以绿色或红色丝线物有条纹者镶半截，较为窄小束于腰际。上衣亦窄小。则新时代所谓之曲线美与健康美，即号称时髦摩登之女子，恐犹有愧色。赤足是其习惯如此，因往田野工作，不能不如是也。予特为村年青妇女拍影二帧，皆抱婴儿于怀，并不表示羞态。又一青年少女，观其体格，适合现代美人之态度，特选出为之拍一张。略略大方，举止温和，殊可人也。予等在寺中晌午，几全村人皆来观光。两点半，予犹恋恋于斯村之幻想，希望能多留村中，得饱眼福。

自蛮朗出发，阳光较减。上下山坡数次，于午后约近五点，即到勐阿。勐阿老土官，在村外与地方头人欢迎，以漆盒陈蜡烛两条为欢迎礼。予下轿略表谢意，即入村中。仍寓缅寺。寺在村之西南高岗上，下围以南马河及南卡江，形势地位均优。土官署在村中西部，有大门，围以木栏。内部有园圃。瓦屋一间，草屋三座。正房有一花围外台，形式美观。

夜饭后已近八点，予劝黄主任等对于各寨农村调查问话，改在明日午后举行。因行程工作辛苦，应稍为休息。遂相与谈过去学校生活情形，对于南京高师之过去历史，谈下无不慨然。十时寝。

本日途程：猛马（蛮弄）……15……养亥……30……蛮朗……12……勐阿

三月廿四日 晨七点起。晓气犹寒，阳光已照耀矣。见黄、王诸君均起，予亦随起。早餐后九点。决定派王用之随中大王君一路携带地形摄影机，往南卡江边高山测度观察边界情形。予偕黄主任往看南卡江边第一号界桩。但以村人言，由江边走，无路。若至南永，则须乘马。予等以为只看江边界桩，江边既无路，只得由邦桑过界去看。遂全体赴南卡江渡口，约有三四里之遥。过南马河有竹桥可过。水至江口附近，水量已大增，江面较广，分两路再合流入江。夏季水更大矣。至南卡江边渡口处，仅有独木舟一艘。摄取影片一张。在渡口处草棚内休息。据刀代办告对方来人谈，今日勐阿官已往迎英官来查界，予骤闻此消息，不能不加以注意。英帝国之消息如斯灵通，对于予等之行动，时刻在注意中。当然最近又得有新消息，故特来阻碍予等之行动。予以负外交使命而来，责任重大，故对于勘验第一号界桩之事，只有暂时作罢。原意欲渡江——看邦桑英人统治情形，亦不可能矣。由刀代办陪黄主任前往。予本阻止黄主任，免惹人误会，然彼势在必行，虽劝阻恐亦无效。予十二点返勐阿。

南卡江宽约七八丈，水深处在中央，约及胸部。近两岸处则甚浅，沙底，水清澈，流急。实天然之界限也。

十二点因久候刀代办与黄主任尚未转来，以阳光过强，遂即返勐阿佛寺。三四里路，汗流浃背，热气熏蒸。休息约两小时，黄、刀二人始返，告以英人有话要来边界，但未定期。邦桑有土官，归英国管辖，不过近十余年间事。原来老土官并不服任何方管理，后来英人引诱其子到缅甸读书，归来即另在邦桑之南管理另一块土地，直辖于英缅政府。俟其父死，始归邦桑。自此以后，邦桑全境服属于英缅矣。现任土官为老官之次子，长子愿归英者，早年已死，由其继承。与孟连土司有姻娅关系，孟连土司刀□□即纳现任土官之姊，生有二子，长者年十六，现在承继孟连小宣抚者，其弟年十二，因其母平日好赌，被孟连老宣抚赶走，久居邦桑，最近始死于邦桑，刀代办便往邦桑，接其归回。因去年旃县长开会时，命孟连小宣抚将其接回，以便受本国教育。久住于邦桑，实有失国家之体面。昨夜闻汉官到勐阿，特来一看。年幼清秀，质资尚有天分，大可造就。特告代办，无论如何，须将其接回，于情于理，方为合法。

勐阿所属各寨头人均到。以地理考察团调查之便，予参与其间，将十寨之概况，已大体明了。先后问及三小时之久，始毕其事。初问一寨，时间延长，腹中饥饿如辘转，有不可支之势，幸先调牛奶吃，心稍定。食饭后又问九寨，已十点矣。勐阿土官送黄君与予各茶叶一包，送本地产棉纸一刀，另送本地织之花边布一方与黄主任。此实因黄君脾气甚大，刀代办心存害怕，以此赠送，并特别申明愿见汉官，如见父母之意。予对此事，因黄君为客，土官边民，并不能分辨何为官，何为非官，一律以汉官相视耳。

三月廿五日 七点半起，与小宣抚之弟、勐阿土官等合摄影一张。

八点半起身，沿两山间之南马河谷而行。地势向东北渐进渐高，中经蛮朗甚近，未休息。晌午气候温和爽朗，走路不苦，故继续前进，直至约十一点三刻即到达蛮海寨边，昨晚预定在此休息中午。未入寨中，系在南戛河北边河谷之坡头，此处建有哨房(草棚)，临时盖一树棚，即在其下休息。至正午十二点半钟，测得该地气候如下：

温度　最高 29℃　最低 26℃

干球 28.6℃　湿球 20.5℃　毛发 48℃

高度计　805 m。

光热甚强，约一点黄、王二君始来，又迟到予等一小时。王君又测得气温为 31℃，较半小时前增两度。午餐围稻草铺地，刀代办吃糯米饭，予等吃略红粳米饭。菜有鸡与冬瓜、酸菜等，尚为可口。食

右一作者，右二黄国璋，右三勐阿土官

后已两点。由王君将蛮海、善派两寨情形问头人，又耽搁半小时，两点半继行。将至猛马寨，小学生全体十人齐到郊外欢迎，敲锣一路先导下榻小学校内。予为该生等及刀代办合摄一影，以留纪念。在郊外表示亲爱边地小学生，每人为之握手，以资鼓励。各生年幼，皆欣然有喜色。但黄国璋入校时，面色殊不悦。据予观察，彼意何以不欢迎他，而来欢迎我。或其心意中，以为系欢迎彼者，因予先到而占去欢迎。斯人身为大学教授，学识眼光，应与一般人不同，彼自己为一学术团体之代表，予乃为中央政府之代表，论理二人皆当欢迎，然彼在后到，吾不能强迫学生不要欢迎我，要欢迎他。然于国家政府之使命又将置于何地。此人之渺小，与无涵养无见解，粗鄙如此，何以能表率青年，而为师。无怪学友张晓峰[①]始终不与其人合契，无事不站在反对地位，以鄙弃之。由此亦可以观其人矣。

昨夜十点卧，夜三点醒，醒来觉黄教授太无聊，即不能眠。想到他来吾滇边地后，大事咆哮，目中无人，以为地理考察团之黄某，为中国了不得之人物，然论其居心，未免无赖，性情粗暴，行为鄙陋。至于工作，本算努力，但单努力于此，于地理考察，所限太狭。何况皆号称专家，中大教授，一举一动，皆显其未曾受教育之本性，有失其威仪。至于用威胁手段对待边地土民，更属无聊矣。

七点夜饭时，因饭菜皆久待已冷，黄教授又骂佣人，使一桌为之不欢。今晚刀代办亦不敢来食。饭后又将已到之村寨头人来问。一一如候犯之待鞠讯者。问约十二寨，完毕予赴海关分侟参观并看陈局长，约半小时，谈黄君事，各人皆不平，笑其鄙。归即卧。

三月廿六日 昨夜凉气不甚，三点后朦胧入睡。五点半醒来即起，天已大明。早餐后约六点半即离猛马寨。土官放炮三响，其女儿本拟请予等代拍相，予不知即行。经坝子中间，越于小岗后，猛马即不可见矣。土官等皆送在寨外。至山脚蛮赖抵坡脚，改乘骡。约一点廿分钟始至坡顶（即山头）名班莫皮光山，测得山脚为拔海 890 公尺，与猛马等高，到山巅为 1335 公尺，山实高多 445 公尺。以后之山脉本属一支，相联一贯，东西横列，为蛮里龙山、丙恨囊山、红班母山（为来时休憩处）等山，约五六里遥。以后即为下坡路，约行一小时，

---

① 张其昀（1900—1985），字晓峰，浙江宁波人，中国地理学家，历史学家，教育家。毕业于南京高等师范学校文史地部，曾在上海商务印书馆工作，后在国立中央大学任教，1936 年受聘为浙江大学史地系教授兼主任、史地研究所所长，后又兼任文学院长。曾任中国地理学会总干事。1949 年去台湾后曾任国民党“中央”宣传部部长、教育部部长等职。

始到山脚。路一起一伏，不甚平整，须直抵坝子，路始平坦。原来昨晚刀代办通知在登盏寨开稍休息，因在坝边，距土城甚近，时已十二点，予意今日为街期，故令夫役赶路直达土城，为时不过一点十分。天气虽热，予下轿走数里，亦不吃力矣。今日共行费时六时四十分钟，中间休息时间不到半小时，行六十里路。到后洗身一次，汗污极厚。换衣。购包子吃。约略计算，时间实太费。若在孟连休息，又无事可做，故决定离孟连。命人去叫李助理员锐来，问明路线，并同行之人，马匹等事。晚饭后李助理员来告以诸事已备妥，予心始定。又往访周连长，便辞行。到南垒江桥边一游。江身宽十三四丈，较南马河水为大，刻水浅清可见底。闻夏季大雨暴发后则可涨至桥面，桥现离水尚高约二丈。桥为木造，近已腐朽。闻不久即须由各村赈工修造。江在土城附近，为自西北向东南流，潆绕于坝子之南部。

孟连坝子面积不小，较猛朗坝之面积三倍过之，且其平整状，及水源，均胜过之。故坝中户口稠密，单以土城说，已有户口三百余，其北尚有新城一座，户口亦近百余家。其他分布于坝中者均甚密。物产以谷米为大宗，亦边地富庶之区。街期赶街者，不下二千人。

夜间上灯后，将猛马地理考察团所问之调查表简录一份，以备参考。后又拟给旃荫堂兄函，请其代调查西盟及新厂情况，以供勘界时之参考。九点以后始将各事办定，并补记日记。

三月廿七日(水曜)　今日决自孟连起身。然预备一切，因原定雇驮马二匹，以行李零碎，不易捆载，仍剩下小包数件。临时添雇马匹甚难，添派夫亦来不及，故留下药篮及予之藤篮，由土团兵二名照应后行。遂于八点动身，离寨向东南方行。经平坝中。三里至蛮弄寨，约卅户。又两里至帕党寨，靠山边。入寨后，即经小丘，而渡南邦河。河系自东南流向西，汇入孟连坝中之南垒江。在怕党寨有岔路，向南走，路亦宽整，为往景冻之大道。而帕党寨户口亦极稠密，约在六七十户。缅寺亦较整齐。在帕党寨后，地形为两山夹谷，谷成东南向。渡河即上东面之山岗，坡度甚陡。此山为来蛮闷山，山岭甚高，土质带胶性，若在雨季，上下均感困难。其高度为1210、1280公尺，温度高约在25℃左右。此山脉盘结地亦广，连绵不断，予等即循绕于山岭中。约行一点半钟，始下坡。即在下坡处，见小宣抚乘马与随护人等而来，见予来即下马为礼，叙述前月张、严二君自南边来此，昨日已转东岗，今日可到，因无事，遂返孟连。予本拟再约其同来糯佛，以其数日来奔忙辛苦，不欲其再折走回头路，且予到糯佛系过路，不多停，又何必多费烦扰，故仅相见招呼而别。此处有岔路三条，若无向导，往往易走错。北面一条，其下面又有一条相并行，不过一在高，一较低耳。往糯佛路为向东下坡之路，再向北转东，因坡中段又有一路系向东南者，故歧路多不可不注意也。转东后即遥见平坝中搭绿叶棚二，并有多人在该处守望。予目力差，随行人等告以系办午膳站棚。直下至河底，见河系东北流向西南，湾一大曲，问土人始知为南姐河。时十一点到，共行三点钟。今日来此办站者，为蛮伜大小二寨及蛮半寨共三寨。来人计一二十人，皆纯恳诚实者。其意至厚，其情可感。正午一点测得气候如下：

温度	最高30℃	最低28.5℃	高度计975 m
	毛发47℃	干球29.5℃	湿球19.5℃

午后两点又测得气候变化如下：

温度	最高30.5℃	最低29.5℃	毛发37℃
	湿球21℃	干球28.7℃	

同时西风甚大，约吹有半小时之久。至两点半始将午餐吃完续进。大部为上山路，幸坡不大，仅有谷底上坡路，约半小时后即可乘轿，路亦较宽。闻系由糯佛教徒所建。山路渐高山亦高。将抵糯佛为上一坡，再下一坡即可于丫口处看见高立之教堂矣。教堂瓦均自缅甸购来。抵糯佛适四点半钟。今日共行五小时半到。由该地头人招待借住于教会之学校舍内。该地教房皆分离用木建，下用木架，建成楼房。学校长十丈，宽六丈，高五丈，四周皆钉木板，镶四道玻璃窗，光线空气均足。两方用瓦盖，两方用草搭，斜顶式，近于缅甸者。

教堂周围建此种样式之楼房约十余座,供男女学生或传教师之住。山顶为教堂,可容六百人。教堂联有小屋四间,为原来学生少时上课之用。常住学生不过卅六人。雨季来读者三个月时间,约有二百卅人左右,皆据永文生所告者。教堂内悬有永伟理夫妇之像,所以纪念者。教堂之西北后面,为永文生夫妇住室,计三大间,建筑皆用木,楼式,楼下用条木镶成格斜格极美观。楼之南为眺楼赏景之所。东北面有园亭,养猴子及小熊一头。山头建一草亭,为游眺之所,亦全山最高处,可以眺望众山之环供。论其布置可谓精细,曾费尽一番苦心者。南坡为裸黑村,约有五六十户,为教民区。

晚间永氏夫妇招待饮茶并请聚餐。寿增、用之、吴严二君及予等共五人为客。予等以殷、吴二君英语较熟,予仅简单能说几句普通话而已。觉大家聚会于一处,永氏甚为殷勤,情意亦极厚,足资纪念者。以穷山僻谷何来得西餐,此为予等离昆明后所想不到之口福。便中谈话,彼意外面人往往误解,以为彼在此常做非法举动,教徒抗捐亦为彼所怂恿等语,何况并无此事。极欢迎外面人来此到处参观,则较为明了矣。予借此亦表示中美两大国,国交至厚,美国帮助中国者至多,此为国人一般之公论云。以后既得来此参观,当代为宣传此种苦干精神,使全省全国人明瞭。餐菜甚简单,汤一碗,鸡、笋、洋芋等,面包亦有,果酱齐备,咖啡茶亦全,并有罐头桃佐餐,尚清洁可口。菜虽多,然大家食量有限耳。夜间并命撒拉李君送来洋芋一筐,糖酥饼一盒,罐头五盒来,其情更可感激。予无他物带在身边,可以相赠,火腿罐头已吃完,临时想起南京风景片尚带来,由殷、吴二君合译成英文,送其一份,并送李君一份,留作纪念耳。大家对于译风景片极为困难,幸斟酌勉强译成,已十二点半钟始交来人送去。

便中将中央对于边民实情告知,其教徒等在旁听着,无不欢欣鼓舞。其心目中,对于国家观念,又大为提起。

本日途程:孟连……4……蛮弄……2……帕党……10……□□……15……南姐河……15……□□……15……糯佛

三月廿八日 晨间起甚早。昨夜卧较迟，寝后梦甚多，起后精神尚振作。糯佛因在山顶，饮水用水均感缺乏，须下箐沟距离二三里之遥，始可背来或挑来，故得水不易。昨晚本说由村中人预先取水来，即到早晨需水，仍感困难。饭后偕随行诸人往永文生夫妇处辞行，永氏为予等摄一影，并将其平日所拍岩帅及糯佛附近之照片赠送。对于佧佤及摆夷生活实状，又可得若干之参考也。大家相谢握手道别，时八点五十五分钟。教堂成一特区，周围砌石栏为界，石界不高，称为教会区域，与裸黑寨完全大有差别。

离糯佛，先走昨日所行之路一小段，至丫口处，始转向东南，为下坡路，约四十分钟，经过佧佤寨旁，此寨名蛮恋，户口十余家。过此寨后，约一小时，山坡路之下边，亦有一佧佤寨。十点三刻到南北龟寨，见房屋皆被焚毁。问刀乡长，始知于去年春被匪劫掠一次，全村灰烬。村人以在大路旁，不可避免，乃移于本寨东南三里远之山后。过南北龟，为往佛房之分岔路。吾等若往捷径，应取道于现在之南北龟村为是。

十一点一刻至大箐，为习惯上招待来往官员之处。为山庄及南北龟两寨办站，皆为裸黑，入糯佛教者。由蛮恋挑送行李之上允纯佧卫武君，年近五旬，瘦黑而有神。与予谈话云：自幼即丧父母，廿余年前，因在上允信教被逐，曾逃往大猛养避难居一年。后永伟理移糯佛，始回国居此。信教仅凭良心，做事求于心无愧而已。从前曾到过云南省城及仰光等处，深知礼仪，对于国家事虽不明了，但颇热心。现有子二女二，皆在糯佛住教堂内，长女不久即出阁。其弟妹均随其居于蛮恋。是如此信教之诚，确对于彼有改变，心理习惯，均受洗礼矣。

又现任永氏住猛猛教堂之代表李元明君，年五十余岁，其兄李大有为糯佛之火头。予等住糯佛教区，由彼招待一切。予将国事及世界大势，并中美国交，信教自由等义解释告之，殊欣然有喜色，此行对于彼之有国家观念，不无影响云。

在大箐休息晌午，耽搁时间甚长，午后一点测得气候：

温度	最高 26.7℃	最低 25.5℃	高度 1470 m
	干球 26℃	湿球 16.3℃	毛发 36.5℃

三点三刻始到东猛宋寨原订宿此，因各村办站，在此不便，又续行四点廿分到坝子。所谓坝子，系自猛宋寨以后两山间之平坝，至此距猛宋六七里，面积较宽阔。临时由各寨办站，搭盖绿叶棚子共搭三大间，分住各人。予等所住者，为猛宋所搭，叶子较多，风露可以不致受大影响。此地高 1360 公尺，水最缺乏，且不清爽。故饮料与用水若在四五百人，即将发生恐慌。似此临时搭盖树棚开野歇宿，实为远旅行以来之破天荒第一次。因先不明此带情形，未将帐篷带来，并在佛房时送与李希哲，实所料不到者。且以为长途旅行愈简单愈好，未将行军床带来，亦一大缺点。黑夜中，因柴木极便，大燃火。夜间寒气大增，与日间气温相差有廿度(摄氏)之多。故气候变化甚大。

大勐宋附近，山上松木繁殖，因土人皆耕山地为业，故将山林焚毁殆尽，几及十分之九，触目所见者，皆童山濯濯。问其土人，则以为若再不烧去，则地上更无可耕者。

予将附近各寨头人召集来，问以地方生活情形，皆极苦贫苦。要其多拿一铜锅及茶壶来，均不可得。且皆不知礼者。予分别将其送来之米、鸡、猪肉等，各给以钱，皆色然喜。

本日途程：糯佛……7……蛮恋……20……南北龟……20……东猛宋……7……田坝

三月廿九日 夜间醒共三次，晨五点半即催各人起，予亦起。晨间有露且山阿有薄雾。气候殊寒。洗面水污浊不堪。饭菜食猪肝心、炖鸡与大头菜。坐于地上，食毕捆扎行李。八点动身。约九时挑夫在班德党寨(阿卡)换夫。该寨系位于南面箐底，分为三寨，每寨不过三四户耳。所派夫约十一二名，皆一齐来。十一点三刻，即到班改。一路皆在山梁上行，一上一下，坡多，最后则降至南猛河谷。山之高度略在一千三百公尺左右。南猛河谷坡较陡，其长须一小时，始可至底。河水不大，可以徒涉。

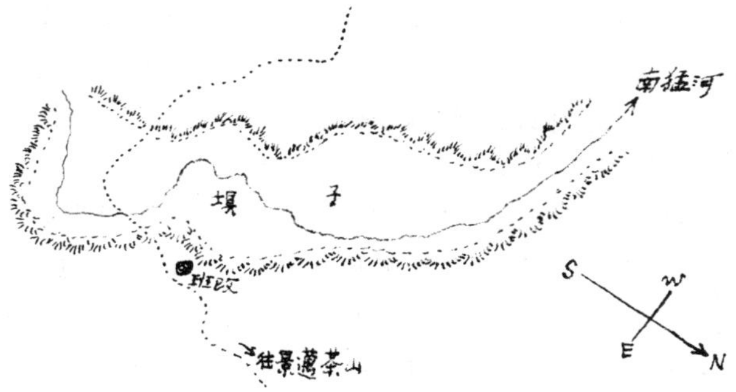

班改与贺猛两寨合办站于此。因天气渐明，风大，恐人多烧煮燃烧失慎，故搭棚于河边田坝上。在野外空气清洁，风又大。行走时汗流浃背，休息则又安静矣。休息时间长，测气候两次：

午后一点　气温　最高 28.5℃　最低 26.5℃　高度 1105 m
湿球 21.3℃　干球 26.7℃　毛发 43℃

风系东南风，树叶摇撼震动。

午后二点　气温　最高 30.5℃　最低 29.2℃　高度 1100 m
湿球 22.5℃　干球 27.6℃　毛发 40℃

午后两点廿五分自南猛河边出发，上坡，经过班改村中，为摆夷，户口卅余家，位于山岭之一支坡尾。坡甚立，为蛮朗山，其顶点由 1310 公尺渐增至 1510 公尺，为其最高点，系越过蛮朗山者。以下又为下坡路。三点五十五分到大龙戛寨，汉夷合居，户口约五六十家。未休息，仅在此地换夫。该寨位置甚佳。茶树分布遍山坡。有竹篮装茶包者。有小河一道，水极清澈。有缅寺一座。予等穿过村，又上一坡。论村高为 1420 公尺。附近山阿林木繁茂，皆极高大成材，植物种类亦多，行走其间，气温为之凉爽，绝不似河对山之光山者可同日而语。盖此山概种茶，不能不保护森林，故无放火烧山之举。而成林之森林，得以资保全无缺。然由此亦可以推想，山林之重要矣。其间虽有烧山之处，然面积不大，外表绝看不出被破坏之现象处。越此山后，又为下坡路。四点三刻抵景迈茶山小寨，该处设有思茅茶消费税景迈总局，外悬有红旗一杆，内有一人云：此为小寨，本地土司，系招待于大寨缅寺。又继续进，五点五分钟即到景迈茶山大寨，招待于缅寺中。盥洗后偕寿增与杨分队长巡行全村，得第一次见制茶之法。拍一照片。始知中国茶之不洁如此，无怪外人之不相信华茶。而华茶销路，不尽受印茶日茶之影响，此不洁实至大之失败原因也。夜间将本地人召集问话，略告以应行改良各点。后又登至村后山坡，得见全寨，又拍一影。始相偕而返缅寺。寨中牛粪塞阻道路，其不洁已可概见矣。

本日途程：东猛宋田坝……40……班改……18……大龙戛……14……景迈茶山

晚饭后，召地方头人，问以生活实际状况。茶位其收入大宗，约一寨半数皆植茶。今年客商少，生意较清淡。

又将所见各家焙制茶之方法，太不清洁，予对于此点，特别告以后应注意清洁，诚实对商家，而后茶之销路，方有希望。头人又转告寨中人，皆觉欣然。问后已十二点半，解衣卧已近一点。气候较暖，盖棉被可以不必加毛毯矣。为予到边地温暖之地方。

三月三十日(土)　起稍迟。寿增又有人民来请看病给药，送茶叶者络绎不绝，以不便带走，一概退还。至八点廿分始自茶山出发，向东偏南下坡路行。至八点五十分到蛮本，挑夫又换。八点五十八分至蛮肯。两寨户口约略相等，在卅户左右，为摆夷种。以其过山地生活，面貌衣着已较居平坝中之摆夷完全不同，清洁亦差。九点五十一分，下抵黑河边。河水流急，河身宽约二丈至四丈，深处不等，二尺至五六尺。测得高度为740公尺。河搭藤竹桥一座，宽仅三尺，成弓形架立两岸，长约六丈，为予到边地来第一次所见之藤竹桥。闻从前本欲建石桥，工人共十二名，死去九人。即立此藤桥，亦颇费尽大力，盖下临岩石，河身至此被岩石收束，水特别急而凿削亦深。故工程方面，在此边区，步步感受困难。然观察河流沿岸，亦惟有此处可以搭桥。上下流皆宽阔难于兴工。兹将黑河此段略图绘于下：

下坡路有一段略陡，过桥后，沿河转纸厂河岸走，皆起伏不大。十点五分自河边起身，过纸厂河即转入南峤县境之猛满坝。一望平坦，纸厂河即潆绕于平原上。十点卅五分即入坝子境。十一点五分即到猛满土城。现任土司为□□□赴猛遮，已十日尚未归来，仅有二官及其弟在。住于缅寺中。忽然有土司衙门行走石屏人刘有光（年约近卅多）来云：今日须再走出一段路，明日始能到猛遮。王用之在旁愤然曰，明日不要你走。予亦大怒，以为到边地，尚未见有如此无礼者。即使予等走，代表土司尽地主之意，亦应挽留休息。乃闻予等停住，即故作谎骗，使予等离开此地，成何体统。斥之出，命其要小心。既闻王用之在外觅头人。要彼面谈，被永康侄打一次。闻地方人对彼印象极坏，昨日有做小生意者，路过此地，被其每人诈吓现金半元。即现在能于使土司信任者，亦由于现任南峤县长为石屏人，得以为后援也。此种流氓在边地，能不使边民之痛怨乎！

猛满土司——二官——三官（大寨）（小寨）

——郎家——小扒，老献

猛满小学教员欧阳连兴，字国祯，景东人，高小毕业，于两年前为教育局长李拂一[①]所委充，年薪二百元。学生卅余人，摆夷家占五分之四。

猛满为水摆夷，有户口二百余，五日一街，来集者二三千人，亦颇热闹。

三月卅一日 晨间起甚早，七点廿分自猛满出发，时朝暾初上，

---

① 李拂一（1901—2010），曾任佛海县教育科长、佛海简易师范学校校长、代理佛海县县长、车里县县长、省政府秘书、参议等职，后移居泰国、香港、台湾。一生致力于西双版纳史料的搜集、整理、研究和傣学研究，著有《车里》、《十二版纳纪年》、《十二版纳志》、《车里宣慰世系考订》、《镇越新县志》，译著《泐史》等书。

晨气清和,走路爽朗。路极平坦,由坝子边行,七点三刻经过蛮扁寨,八点三十五分过南满河,上源,即属上坡路,为新火山区域。新火山之名,不知由何而来,亦无火山痕迹。此山坡度高低不平,小溪又多,与芒市到遮放所谓卅六道河地形颇相仿佛。过一小溪,又来一小溪,不胜其麻烦。且在于甚多溪水冲流其间,阻路不易步行,幸有骡代步,得以省力不少。殷寿增亦由猛满头人预先代派得骑马一匹,亦减少许多怨言。闻此一带山地,往往潜伏土匪,行旅艰塞,自去冬秋后清匪工作实施后,旅途得告平静,客商单人来往,可以无阻矣。

十点三刻始越过此山地带。过一丫口,翻1520公尺之山岭,遂为下坡路,不久至十一点三刻即抵蛮角寨缅寺中休息。猛满头人事先未曾通知该寨,故临时通知头人,代为备米菜。头人年已七十,尚和平知礼,供给蔬菜等味可口。村中人亦已开明,有菜圃种菜矣。晌午天热,休息约两小时之久。两点一刻又出发,三点四十分过冠们寨,皆行走坝中。四点一刻到猛遮[①]城。县长何□□系一武人出身,头脑仍不甚清楚,礼貌及招待已欠缺多。外表一见而知,完全为敷衍面子耳。予睹此状,心殊不大高兴。招待住于县政府内,宿楼上,予勉强住此。决计于次日即行。住该处本欲调查边地情况,但以此故,亦不愿见面。饭后请彼代知第一区,将城区附近村寨头人叫来,便调查农村情况并召猛满土司来谈话,观其颇不愿意。费尽气力,大声叫喊随行数次,始将二刀觅来,予将到猛满情形告知,并饬其以后应爱护地方,加以整理,该区人民太懒,实属不良习惯。八点各村头人来,遂开始一一问明。对于猛满地方情形,得知大概。又与何县长闲谈,并冲牛奶吃。十二点后钟即卧。该地小黑虫极多,因点汽灯光强,大部由窗子内飞入,床上全部铺黑,打去始卧。

本日途程:猛满……3……蛮扁……40……蛮角……25……猛遮

四月一日 起甚早,无水洗面,且水亦油。候两小时之久,始得

---

① 猛遮,民国时期南峤县(原五福县)政府所在地,今为勐海县勐遮镇。

洗面。做饭亦迟，至十点廿分始得起程。何县长本不愿其送行，出县府门予即挡驾。方向东南行。县城在猛遮坝之中央起一土丘，县府即建于土丘顶上。大路穿过坝子。十一点十分至顶真寨，户口稠密。相距二里，即穿过顶真大寨。为山路，山不大，森林极伙。十一点五十分到蛮勒，一山麓之小寨。十二点十分过蛮哈昏寨，路旁村头有售零食及茶水者。夫役因天热难支，至此休息约十五分钟。购得荸荠吃，又继进。循□□河行，至四点余钟，即抵佛海县城。

本日途程：猛遮……17……顶真……5……蛮哈昏……35……佛海

佛海[①]县城猛海，汉人约二百余家，摆夷约三百家左右，位于坝边东部山之支阜上。县政府房子系旧两广会馆址，瓦屋正房三大间，两厢楼房，各三间数，周以土垣，大门成一院。正房为关圣殿，住土团。县长及办事人员，分住于两厢楼上下。紧接新市场，于西坡下，几全部为汉人居留区。其南沿山边为旧区域，土人所居，土司衙门在此，地址宽敞，房屋系新式楼房，极轩昂，比之衙门形式，大相悬殊。边地一行政机关如此，未免相形见绌矣。草棚街介乎新市场与旧区域之间，干季赶街即在此，约有千人上下。赌风甚炽，一长棚内，有赌十余起，皆人满为患，参加者极为拥挤。概围坐看宝。另在棚外，有小赌摊三四处，均以铜元为主，小孩多就之。此种赌风之盛，恐为边地之冠。风气如此，其恶影响甚大。然治边地如此贪利，其何以安定，边地之乱机，实潜伏于其中。闻包此项赌捐者，为殖边营包办，故敢公然为之，而无人敢过问。边地□政。无有甚于此者。迤南马帮，概以南山帮为准。所谓南山，指之地域甚广，凡云州、镇南、顺宁、景谷皆是，大都秋后即动身，就当地所产之铁器瓦器驮载而行。沿途销售，渐次添加别种货品。到边地后即将所运之货售罄，分向各茶号包

① 佛海县，即今勐海县。佛海县、勐海县，县政府所在地均为今勐海县勐海镇。

运茶叶。茶叶包，每袋装十八筒，每筒茶叶七团，每团七两，约合每袋重五十斤之谱。打包以竹编筐，作长方形。其出口路线，为景冻①锡薄，走锡薄路，则取道孟连，走景冻路则取道打洛渡。六日马站即可卸接汽车路，输往印度，送运西藏。此地之洪盛祥茶庄，多在印度销去。恒盛公则直接运到西藏，有号庄在西藏验货。此间茶纳省消费税，以前为每驮四元五角，自杨督办去春南巡，各商家联合要求减低，到今年三月始允准减为每驮三元。但商人所沾利益甚少，因大部已于三月前运出口矣。

此外玉溪、石屏马帮亦有，但多半运省驮，不出国。近年来因沿边商业渐启，利之所在，人恒趋之。虽在雨季，驮货者仍不绝于途。转运货物至此间销售，不似从前对于沿边之戒备也。

猛海因商务繁盛，商家于□□年前即购备柴油发电机一座发电，灯泡概为十五支光。电力有□□，装电灯共计□□盏。夜间灯火辉煌。近三月来因油价增涨，不甚经济，始告停闭。但又不知何时方可恢复矣。

佛海现任县长倪鹗字伯□，会泽人，为聂藕耕亡友之姻表，年已四十余，曾留学日本。苦本不得志，然任佛海县已两年，平素即患神经病，近更加重。闻系受政府视察员到此间视察之刺激，精神上大为错乱，语无伦次，疑神疑鬼。有时嚎啕大哭，有时跪地倒指天发誓，诸如此类，难以言喻。初见犹以其态度如此，到后多番闻问，始明实情。近数日来已不敢住衙门，私自潜逃住于土司衙门，守卫者三四重。夜间神经发狂，则率团兵遍山野乱走，似此情况，如何以任一县之首脑。

予到后彼支配托恒盛公招待。主人以情不可推，实无如之何。而主人本意，工商所在地，不愿意招待。论县府本可招待，然因彼借

① 景冻，即缅甸景栋，又作孟艮。1229年佤族人始建国于此。1263年，兰纳国王孟莱攻克此地，孟莱王封幼子为孟艮侯，并派一僧佐之。孟艮侯薨，子绍南南袭位，始建景栋城。景栋是缅甸最边远的城镇之一，一度曾是掸邦的首府。

住于内，绝不让予等住其内，因恐防予等谋害之，殊可笑。予以免除误会起见，即不住土司衙门，而借住于恒盛公商号。惟于心殊不安。

四月二日 停留佛海县城。八点半起身。早饭后，今日为佛海街，提照相机往市场上一游。人种亦复杂，已不似孟连、耿马、孟定之街市矣。此间所有之人种，除水摆夷土著外，有自上下允移来之旱摆夷、阿卡、卡抗、蒲满，居于四山者。棉花即出于蒲满人。汉人可谓聚族而居，腾商、鹤商为经营茶叶之大商号。此外玉溪、石屏人亦不少，思普一带之人反不见多，昆明人亦有三四家。赶街者约千余人。街场很广，分三排支摊。予拍照数张即返寓。到县公署访倪县长，约往土司衙门会晤。其以病相见，似不支状。土司特辟一室招待之，请予烧烟，其疯癫病仍不改，无法与之谈正事。土司吃饭，一炭未尽而彼又发狂，予见状略坐即辞归。终日与主人张相才先生卧烟铺上谈天。夜间至两点始卧。

佛海夷人赶街

本定于次日动身赴车里，临时以驮马不能即随行，遂改留一日。主人亦挽留多住一日。

四月三日 仍留佛海。以县长神经大发，绝不愿再会之。早饭时，彼忽来，送来旅金百元，以红纸包面。予当时以其神经不愿多说，只应之说代其带至南京交内学院代刻佛经。彼当时很高兴，留其早饭亦不肯。约佛寺内小和尚四人，一同穿短衣披黄布袈裟而来，似此举动荒谬，如何以做一县之父母官。

送伊走后，无人不为之捧腹。语言又无伦次，高一句低一句，不知说到哪里。十二点半主人大先生邀往距县城七里之蛮养坎寨游玩。距该寨一里有温泉。本拟一洗积垢，因忽然大风飞扬，主人小心，劝不可去洗，寒冷不均易致病。予因昨夜睡眠不足，后脑疼痛，遂不敢洗。与主人在寨中佛寺内卧一小时，以苏疲劳。主人已入睡乡，予仅闭目修养而已。用之前往洗，约一小时始回来。今日主人特命人先来做一火锅，四盘菜陪客饮。其量雅，仅由用之多饮数杯。夕阳渐低，光线在室内渐暗。庖人来催，始收拾残余步归。一路晚景斜晖。不似来时之炎威，幸所经路旁，皆绿树遮阴，可以抵抗炎威，归时则大相径庭。然为时已迟，抵县城时已家家灯火，途为之难辨矣。夜间子麒家门来谈，谓前于民[国]十一年(1922)，来边地任行政官，以改设县治后，即来任职，对于王子麒家事，因离乡约十年，已不大明了。闻在此子女成群，曾纳一摆夷女为妾。予叩以尚欲回乡否。谓在此手续一时难清，不久仍欲回省。王君年约五十余，与恒盛公主人相交厚。

县署王科长(腾越人)来坐，谓因县长之疯狂，此次颇道歉，请予原谅。便谈边地缅方防备情形，本地棉花收成情形，景冻收人头税经过，皆对于边地极有关者，因县长之昏乱，遂无从得知，实一大憾事。

今晚早眠，约十点半钟。

四月四日 起甚早。一切预备妥当。十点四十分始自县城出发。县长临时送行，其疯病仍然，着黄布袈裟，带土司弟同来，跪下发誓，亦其把戏。告以须派摆夷兵二人送，较为妥便。临时答应，由土司之弟回去派发。但至目的地,终不见一人来。

十一点三刻到蛮乱,十二点卅八分休息,十二点五十分又行。二点四分休息,三点一刻又起行。四点半到兵房,草屋三间,皆无门,为车里属境,徐县长命彼在此招呼过往客人,月给津贴若干。徐县长于前日曾派人送米来此接待,因予等改期,于昨日又转回去。今日命永侄在蛮乱寨先预备下米来,原不知徐县长送米来也。今日晚餐菜尚可口。予乘轿睡着两次,精神极欠佳,两腿酸软,到后始恢复。与同行诸人谈将来转京后,拟发起组织茶叶公司,谋改良边地滇茶,一切焙制,应根本改革,销路方可望推广云。尤以寿增最努力,告奋将来若成功,自愿任住佛海经理。

所住草房,命看守人砍树叶来铺地,减少灰土,另外则遮盖四周之围孔,以避风。绿叶满地,又较增加野外歇宿之心情。

本日途程:佛海……14……蛮乱……46……兵房

四月五日 八点十分自兵房出发,过南崩河竹桥,为流沙河之支流。仍傍流沙河岸而行,曲折于溪谷间,多系下坡路。河流行于两山夹谷中,深峭狭窄,水声震响,因河流夹滩而下,乱石嵯立,水即自石缝中冲出。谷之高度,两岸约达四五百公尺。河谷愈逼窄,水流愈急而愈响。路既沿山,起伏不一,且亦不甚宽平。山陵森林尚茂,以附近无人烟,竹林亦密,大都弃置于地,其有倒横于途中者,无人过问,来往驮子,道为之阻窒。木朽者遇火则整块木质灰烬而已。

是日见摆夷所赶牛帮约百余头,尽贩盐块,系自思茅运来,而送往猛遮销售者。可谓在迤南所见之大牛帮。马帮亦遇两起,由普思运盐来者,回头之马帮则驮棉花与茶叶为主。

流沙河岸岩石大部为火成岩之黑云母花岗岩,其构成年代最古,岩质亦极坚固。河谷宽处,往往堆积大石包。此系水涨季,被水冲蚀者。底部之岩石,亦多受水之剥蚀,现龟裂状。

行时甚长,路上驮马又多,让路不易。于十一点一刻于河滨休息,十一点卅五分又行。十二点廿分抵蛮东寨,为出山陵地而入平坝之点。流沙河至此河谷大为开展，宽约五六十公尺，深处及一公尺，近两岸处极浅。蛮东寨夹河岸而居，来往土人概徒涉。河水浊，含沙量多，故有流沙河之名。寨有小街，搭棚为肆，下临河。街上盖草棚一大间，为赌场，烟馆。土人聚赌其中，无间断日。因不着街期，赌徒甚少，仅三四人，以铜元为单位，输赢不大。土人游手好闲，诚嗜赌如命。寿增即于其中与土人等蹲坐而吹芙蓉，殊不雅观。于品亦未免不自重耳。土人在旁窃笑，有失体面。予知其丑，亦不愿多所干涉之。

天气极热，午后一点测得：

温度	最高 27.5℃	最低 26.5℃	高度 520 m
	干球 26℃	湿球 20.3℃	毛发 52℃

午后二点半测得：

	最高 31.4℃	低 30.4℃	高度 560 m
	干球 29℃	湿球 24℃	毛发 48℃

晌午前予在草棚下小眠，唤醒吃饭，精神尚有。饭后，二点三刻走。路约宽平大路，可行汽车。三点一刻即到车里。

本日途程：兵棚……45……蛮东老……15……车里

车里徐晓寒[①]县长事前未得通知。若临时未先派一团兵来，则一切皆无措手矣。徐公年与予相等，浙江杭县人，曾毕业北大。因其父游宦滇省之关系，政声甚好，故彼毕业后，曾在浙[江]宁波、[江]苏扬州任教多年。于[民国]十七年(1928)始偕禄国藩返滇，宦游迤南之景谷县及代普洱道尹事。于廿年始来任新职。平日殊得民众之信仰，边地各界所推戴，政绩极佳。广交游，待人接物，无不受人钦服。将来此人亦对边地大有希望也。

县署为前普思沿边督办公署。此署建于民元，民五完成。分为大门一进，中层一进，正楼房六大间，厢房上下各六大间。后进又有土墙隔离，左右二门出入。正楼房六大间，厢楼上下各四大间。[方]

① 徐晓寒，名世琦，字晓寒，曾任普洱道尹，时任车里县县长。

向系东略偏南方。第二进之南面，又建客厅楼上下合六大间。北面则建形式相同之屋一栋，并排房一栋，悬柯氏①“手辟荆棘”四字金匾额。门上亦悬□□□□匾额四字。此房构造坚实，布置完善，工程亦不恶劣。至今自外观之，仍不失其巍峨耸立之势。四周绕以土墙，高约二丈。四角立碉楼，以资防卫，极适合于热带之居处也。且周围空场占地特广，空气新洁，不似其他各边地官署之局促者可比，亦足以见当时柯氏经营之精力。

署之北隅，相距约一箭路之地，又建有关帝庙，共有两进。其后地方人士为纪念柯氏，又在关帝庙之后，建其生祠一座，外观形式，与官署相比连。但因无人居住修理，近已渐倾圮。署东隔大路后，近建一新屋，为县立第一两级小学校址。前为瓦屋，后为草房。

蛮乃村为教会区，接于关帝庙之北方，住户约六七十户。其中约卅户，系今年自元江迁来此地者。市场则在官署大门前，距甚近。街道成丁字形。南北市场，上建瓦房，下为空场，以代草棚之用。直街上则有住户廿余家，瓦房约数间，余均为草屋。其整齐处则较耿马有过之无不及者。

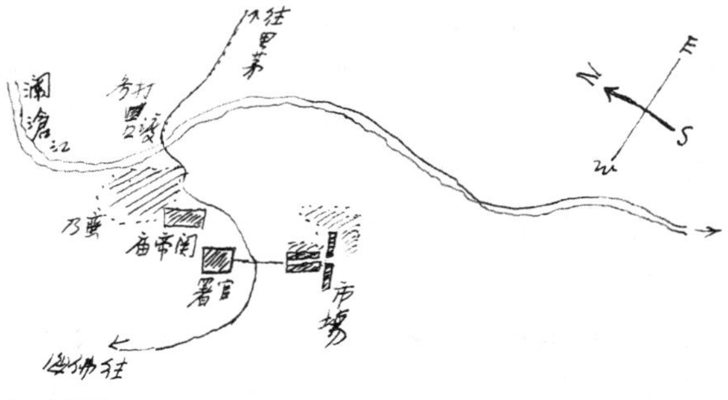

① 柯树勋(1862—1926)，字绩丞，广西柳州人。清末任云南河口巡防营管带，宣统二年(1910)率军平定西双版纳勐遮土司兵乱，1912年，任思茅厅同知，提《治边十二条陈》，主张“土流并治”，为当局采纳，遂设普思沿边行政总局，任总局长，后改为“普思殖边总办公署”，任总办。

南峤县长何某到任后，换一顶真大扒（头人）以旧革职之头人，恢复其位置，得贿一千元。又放猛遮土司第一区区长及教育局局长，得贿二千元。闻此款尚未收到。土司欲摊门户二元，彼不答应。后又商量作为以后派款时说明加摊每户五角，但尚未解决也。

又去年杨督办来阅边，所带之卫参事，做坏事亦不少。到车里开单向宣慰要各项物品，系假借杨督办之名。到猛遮以马连长为舌人，向土司要得烟五十两，现金一百五十元，始了其事。在普洱则假杨督办之名，在外招摇，名声颇不好。

四月六日　留在车里休息。终日无事。喉又哑，以伤风饮酒之故。竟日靠烟床上与县长谈天。此间气候特殊。天明后醒来腹痛，但不久即止。

镇沅青年号段营长某来谒见，闻带下人四名，皆携大枪，系来边地考察，拟开矿垦荒。予便训之，开矿谈何容易，垦荒有具体办法否，皆敷衍夸大以对。刻下一般青年因失望而仍不改其性，殊可痛心也。

四月七日　今日仍留车里①。本预定由徐县长先通知九江刀宣慰往该处一游览。予因喉疾未愈，恐走路，气候恶劣而加重，未去，仅殷、段、王、吴、严及永侄偕去。由徐县长之二公子及外甥，覃教育局长各备马乘去。相距约十里，并不远，过流沙河上之木桥即可到。闻宣慰多病，今日将野象唤回，并由小学生在郊外欢迎。宣慰六弟人甚活动，其任招待。予托殷寿增做代表，说明因病不克前往。下午约六点，罗政务视察员自佛房来。徐县长于前一日已派团防分队长到兵房去迎接。一切准备齐全，殊慎重也。

下午五点，予偕徐县长往附近一游，并参观教会及医院之设备等。便绕至九龙江边渡口而归。江旁岸上北面，有昔日土人所筑之

---

① 南京国民政府时期，西双版纳地区设车里、佛海、南峤（原五福）、镇越四县和临江设置局，后车里县改为景洪县、佛海、南峤二县并为勐海县，镇越县改为勐腊县。镇越县政府所在地，即为今勐腊县易武乡。

土城遗址，高约丈余，已破坏。外有深壕沟包围之。

美传教士所建教堂医院

四月八日 寿增等仍欲休息。即停车里休息一日。竟日与徐县长谈车里开发事。罗视察员对于呈报杨督办及省府关于佛海县倪县长神经错乱，无从理政事始决定。实由于徐县长与予之怂恿始切实决定。用快邮代电，请徐县长送思普发出。

予拟定调查南峤县及佛海县、镇越县提要，完全请徐县长代负督催责任。徐晓寒人对此事极热心，故说出即担负下来。对于车里应调查事项，于前一晚已拟交与伊。此事当由覃教育局长（广西人）代办理一切。

日间天热，予即在晓寒眷属住之后进谈天，亦不敢出。惟晨间起后约九点，往街上一行。因是日为街期，赶街者较多。然赶街时甚早，天明即赶起，九十点钟，人即渐散去。予到时已散去十分之七八，街上人已寥寥无几。概支摊经营小本生意，以售绸布者生意较佳。衡以码尺为单位，此实受英缅之影响。售吃食者不似佛海之多。

又由晓寒领导参观伊所创立之民生织布公司。近因纱告尽，工人又难觅，暂时停工。木机皆用手拉式，今年已遍种草棉木本，棉花可望增收，拟购纺纱机（四川式）自纺自绰，以为改进本地人之手工纺织事业。亦一大利源也。

予此行所憾者，参观教会，美国教士外出，未得面谈。对於教会所创办之事业，未得面详，只有向徐县长口问纪录，以供参考。徐县长在边地为头脑清新之人，不易多得。将来车里事业，当得有发展之希望也。

四月九日 今日须离车里，转回思茅，故起较早，将行李捆载好。然晓寒，起甚迟，昨夜虽请其早预备饭，然为时仍迟，九点半始得早餐。合摄两影（予单独与其家庭摄一影），以留纪念。十点余钟自署出发，徐县长等地方人士全体送至江畔，情意甚厚，辞谢不允。且其夫人亦同送行。日光正炎，行数十步即汗流满面，蒸热极大。由县署至江边，灰尘极大，尤以江边堆积最厚，鞋履为之蒙蔽。此因沙土本已堆陈，加之来往马牛帮甚多，每日不下数百匹，致将尘土掀起。若遇风则飞扬更甚矣。江干有两校小学生着白制服送行，女生亦有数人，排列成队，县团队亦鹄立江干。予因便请徐县长介绍对全体学生讲话，大意以车里有此新气象，徐县长之力为多，勉励学生要对县长之希望，努力切实求学，以为将来改进地方之人才。并谢徐县长此次招待之盛意及大家欢迎之至意。摄电影像后与大家握手而渡江。

渡江以小舟二合并，上盖竹篱，人马可载而渡。江水面约宽一百公尺。北岸处较深，水流不急，故撑渡并不费力。约五分钟即可至对岸矣。渡至对岸后，徐县长等皆扬帽送行，予等亦以帽高举表示谢意，遂乘轿前进。两对岸人皆有依依不舍之概，竟至彼此上坡为树影

民国时期的车里县政府

所遮不见，而后欢愉之声，叫唤之声始止。上坡较陡而沙尘极厚，眼界皆为竹所遮去。本欲摄车里九龙江坝，而不可得。屡选地势均不可能，实属憾事。路线系向东北方行，约行沿江岸上绕山坡四里始转入北面，而车里坝之影子始不可见。传说山中多野兽，处处令人小心注意。且烧山后，雨水未来之前，于枯竹中行，特别令人感受不快之感。战战兢兢，精神极不安靖。

予等渡打各渡（渡以江东岸之打各村而得名。且打各寨以山多田少，自来全寨人以操渡口为生）后为十一点即上坡行，一点五分到达山坡头。天热夫役劳苦，大家口干，在此休息，觅水吃以解暂时之渴。江边上坡弯转甚多，仅一小段，即可平平沿江岸坡行。江谷分两段，本身河谷宽，再上为又一台，即缓缓去。一点半钟复行（中间休息廿五分）缓缓上山坡。山岭并不高，约一千二百余公尺。至三点翻过山而抵山北之坡脚，为小猛养之坝子。略休息，至三点十八分又行，经平坝中,三点三刻抵小猛养寨。有土司。原拟借宿于兵房,今改为小学校,以正在修理,土司招待于其家内。竹楼虽宽,然极污秽。天又热,气味实难支。无法亦只有勉强暂宿一晚。水色又浊,饮水大成问题,亦惟有忍耐过。此间新聘来景东人小学教员,初到此一月,已卧病矣。寨中约卅十余户,有汉人两三户,在此以耕为业者。小学一校,系新创。小勐养坝子甚平整,直径约二十里。土地肥沃,人口尚稠密。

夜宿于土司家,热极,被褥不能盖,露手于被外。天将明前,寒气侵入,冷醒,予觉不甚适。土司送一鸡及米来。

四月十日 晨起甚早。昨夜派定之民兵数名并挑米夫二人均备齐。于七点一刻自小勐养出发,经平坝一小段,即入山谷地带。山不甚高,然岭极长。由箐中行,即所谓之邦各箐。愈入愈深。林木甚厚,然并不高大。入箐后,十点一刻休息。人人觅水吃。十点廿分又行。予耳闻邦各箐素以虎及象时出没。黄教授等为予等先言之,故时时警觉之,深恐野物真随时钻出来,有戒心存□。十点廿五分休息。晌午,在山箐中一空场上,此处有饮水源,然亦不十分洁。天热吃毕因赶路,至十二点十八分又行。所幸山路不陡,缓缓而上。以天气关系,一点十分休息。约五分钟,一点一刻又行。然无水可饮。二点一刻又休息,二点卅五分又行。三点半钟始抵关平。沿途以山箐路,弯曲极大。山不甚高,作西北及东南向两排,大路即自此间开道。关平寨位于西北山坡,西面有路通干坝,并可至勐满。北则往思茅,南则往小勐养。两山间有溪水,干季出水较少,以山小之故,然水尚清洁,不似小勐养及车里者。山陵甚平滑,无奇峰,峰与峰间皆平整,高度不过一二百公尺之间。

关平寨原有住民十余户,去年死去五家,移往别处营生者不少。今仅余三户,有一户,一老妇五十余,有幼子一,老妇尚卧病不起。大家皆以为此妇必死,则更零落矣。

予所住之一家,系由思茅移来,已十余年,不垦山地。附近无可垦之山，虽可开垦，然以人民太懒，均贩米谷为业。米每元仅售十二斤，沿边则铜元二元可购得一斤，其售价相差四倍，而途程距离不过一二日耳（每银一元可换铜元百枚）。山中森林虽多，燃料因不缺，然成材者少。虎象多潜伏于此一带森林内，以雨季为多。宿处妇张□□主人年近五旬，然其子方十六岁，有女一年幼。吸鸦片者二人，其妇人则送居别处。以木围屋用泥糊为一大间，内有谷仓，以售马料。又另隔小房一间，为其自用。予与寿增、永侄及佣人分陈其中。予得占其木板铺，余均地铺睡。王用之及吴、严二君端木科长则另宿于西面之老妇人家。予等用米马料（直）[值]一元五角。

本日途程：小勐养……32……三叉河……33……关平

四月十一日 晨六点起，预备动身。觅骡不见，派人分头寻觅皆不见。多数人向西追，见蹄迹不由正路行。追至远处知已不及，返来报告。予先已告寿增等先行，予最后等。等至八点余，永侄转来报告。予命其带施汝贵随从，及车里团兵三人往继续追赶。带一名片，须追至六顺县[①]官房，无论如何以追回为要。雇来之马夫追去亦不见归来。今日无法，骑骡即告失踪，王用之只得徒步行。迟至八点四十分始自关平起身。因此处太孤零，不能在此候也。出行即上坡路，步行，至十一点五分到踏头坎为山坡，有寨住民八户不到，皆汉人。在此打尖吃晌午。由踏头坎寨望，眼界甚广。周环之山起伏不大，作丘陵状，大都已过老年期。于此处测候三次：

十二点	高温 28℃	低温 27.2℃	空盒高度 1280 m
	湿球 22℃	干球 26.4℃	毛发湿度 43℃
午后一点	高温 29℃	低温 28.4℃	空高度 1290 m
	湿球 22.1℃	干球 28℃	毛发 38℃

---

① 六顺县是民国时期云南省的一个县，即今云南省普洱市思茅区六顺乡。其地本名六困，为车里宣慰司所辖十二版纳之一，有土把总，刁姓，民国十八年(1929)改置六顺县。

午后二点	高温29.2℃	低温28.3℃	高度1280 m
	湿球21℃	干球27.8℃	毛发34℃

其气温之变化显著。然以高度而言，则相差甚微矣。踏头坎寨属六顺县界下南区猛莽里。做晌午于柒姓家，风起尚清凉。午后正二点继行，皆下坡路。因阳光仍热，三点廿分在路上休息。约十分钟即行。三点三刻过蕨桔岭，有住户三户，附近相联有四五户。附近坡坎上下起伏有数处但不大。五点钟抵景东寨，寨中居民不过十余户，皆矮屋窄门，极形破陋。借寓李姓家。主人年将半百，似不甚欢迎之意。告以既来此无居处，不能不借宿，然一切决不扰乱，所食米等当照价付钱。命其收捡堂屋，始勉强应命。予卧板铺，寿增则铺地上。蛛网灰积，今惟有忍受之。思普车里路中，亦只有此等客舍，藉此蔽风安身耳。王用之则与吴、严二君分宿于并排之邻家。幸自己携有干肉等可以供餐，否则干饭将难以下咽。六时测得气候如下：

高温27℃	低温26℃	高度1270 m
湿球16.5℃	干球25.6℃	毛发32℃

本日途程：关平……25……踏头坎……30……景东寨

四月十二日　七点四十分即已收拾完毕，自景东寨出发。闻今日途中无村落。中间有坡坎，但不甚高陡。一起一伏，经过三次，上坡只得步行，以省舆夫之力。今日无法，将驮马一只，改与王用之骑乘用，铺盖行李临时雇夫二名代送至普藤。主人先不肯代雇，以村中无人对，虽出钱亦难觅工。予见其推诿，心颇不满，又问其现任乡长，似此顽皮，实不可以理喻。命用之逼其代雇，若雇不来，惟有拉彼代挑送，以苦其傲性。论其体为枯柴实不堪任也。彼闻予言语渐变，乃急向各处代派，终觅得二人。似此等人真不可以理喻之。至十点廿分到大歇场休息，在一山梁上，地较宽广，棉茶马帮，概在附近开稍。森林茂密，箐中亦可取水，然水极浊，其味特殊。然为解渴计，亦不能不饮。天热，在树下围坐，实难耐。煮饭吃后，于十一点五十二分即起行。概为下坡路，中间有一小段路线略平。天热，弯转于山谷中，左右盘旋，灰土极厚，实无法以避免之。远可见普藤坝子[1]，眼界一展。至一点四十三分行抵普藤城子。寨中以一千七百余元现金，新请土木工人建立瓦房新缅寺一大座。土筑之地尚未完全吹干，以清洁之故，遂止宿于此。土人摆夷，皆能说汉话，表面上现不愿之意，欲予等到头人家借宿。后以理谕之，见予和气可亲，亦即无言。命取竹笆来垫地上，借锅灶来用，亦先后送来。米、菜皆付钱，米一斗合洋二元，鸡一只五角，鸡卵十枚五角。米价已昂，斗重十斤，或有欺骗之处。此小事亦不愿追究之。晚饭后天色骤变，风忽起，飞雨点，顷刻亦即停止。夜间月色已不甚明。叫头人来询问各村寨情形，所报皆不确，又极尖狡，予大不满。予以此一带夷民，近思普，汉人来往者众，受影响始如此。亦无可如何，姑听之。夜睡至天将明微寒。起稍迟。

本日途程：景东寨……27……大歇场……20……普藤城子

四月十三日 正八点自普藤城子起身，沿西北面山麓坝子边，河之右岸行，故极平坦。轿夫行度较速，九点五十四分即抵大开河桥。桥原系石造，因年久已圮。有二孔，中立石堆为介，因河宽之故。近由普藤坝子各村合资建一木桥，以整块大木四棵，并合其上，两孔各长四丈，宽约六尺，人马可以过，惟尚未竣工，木匠正修整中。普藤坝子到此为北面之尽头处，南北狭长约五六十里，东西相距宽约五六里至十里，中灌以大河，皆水旱无忧之肥田。河水四季不涸，供饮料及灌溉之用，足以够矣，而利亦溥。略休息至十点十分又行。上山路行走，有一段尽系马路，坎坷不平，路旁树枝枒立，不易行。至十一点五十三分到一小坝子中之河边打尖。河边土人构一草棚，即在其下遮荫。阳光本强，得此受福不浅。马帮在附近开稍者络绎不绝，有五六起。棚下坐有一弥渡马帮人乘凉，便中问得下列各事，亦足资注意也。

---

① 普腾坝，景洪市普文镇别称。

车里九龙江渡，柯某在时，每马一只，仅收三角半，现增加收至七角半。打各寨划渡人原分得三分之一，今则改为以马计算，每渡百匹得四元。用力既多而劳苦，所获不过如此微末之数。故土人每云：昔土人得吃饱饭，有力去用，今腹中只得半饱，已无力撑渡。亦可以概见土人之怨声矣。昔渡人每人收一角半，现时空手过渡亦增收两角，然最[令]人难于忍受者，即佛海之打洛渡口，冬季河中水浅，可以徒涉，骡马可以来往，无须渡船，但亦强迫收费。马每匹收五角半，人每收二角，来往不能幸免。如此无礼，形同收税，不劳而获，与欧洲中古时代之过桥税又何以异。何况其尚有桥可过耿。斯诚不解边地行政如此黑暗。

柯时本计划修大路直达思茅，仅由边区修至班各箐即死。所经过之河流，小河搭木板，大者必造石梁，来往人马可以不必涉水。十年以来已渐朽坏，竟无人过问，听其自然，殊堪浩叹。至于沿途马帮之牲畜，可以任便放牧于山野，全无歹人偷牛盗马之事发生，因柯对此极注意认真管束。近则不然，放马者必时时要拉着马尾，方可不致有失落。今昔改观，无怪边民之思念柯氏，口碑历历如绘。

予听此一段话，使予发生极深刻之印象与感想，不能不录之。

吃午饭后，天热甚，为早达逆旅，不能不行。于两点十二分自小河边继行。平坝中有一处烂泥塘以马匹来往太多之故，过此较不便。途旁过柯家水碾房，为柯氏生时所创建，以经营此坝子，为碾米之用。闻此一带小坝子，概为其私置。近闻其子不肖，已将此抵押于别姓。似此实有污于柯氏矣。即水碾亦已倒坍，久已不用，良堪叹息。水碾之西近茶树林坝，有一小寨，距离远为树林所蔽，不可见。以前行马帮上路，灰尘飞扬。三点钟休息于树林内，后前进，仍向左边沿河行。后来人始喊回，谓沿河走无站口，无人家，为马帮所走路。须向上山走始合正站，可至老君田，又回至山路方走。坡甚陡，松林殊密，山幸不十分高耸。越山下坡，过一山谷地，即雷打山，再登山，翻过后平平过去，下坡即可望见下老君田矣。四点十分到下老君田寨。寨居人家五户，房舍亦偏窄，且极不洁，觅坡上层一家新建矮草房，灰尘尚无，向之交涉再三，方得让出床位二铺，予与寿增居此。用之及严、吴两君，则居于牛栏之竹楼上。

本日途程：普藤寨……20……大开河桥……24……柯家水碾……20……下老君田

四月十四日 起特早，有露水晓寒。衣着稍薄，受寒不觉，午后觉身寒始知。六点三刻自下老君田出发行。上一山坡，七点十分到山顶(测 1250 m)。坡陡难行，予以朝气之故，中间未休息，鼓气而行。循山路走极弯曲，路之方向，先西而西北而东又回西北行，皆绕此山走。在山顶略为休憩，七点二十分复行。中又上坡，高为1350 m，轿只殊疲乏，又至八点五十分又休息于山坳中(高 1260 m)，九点四分又行。觉环境气象不同，盖已近思茅坝子。九点廿十分过新房寨，村落夹居于山嘴，北面有瓦房数家，甚整比。有一小坝子，村人已插秧，气象清新，为最早之栽插者。山谷中极幽静，住户约卅余家。十点行抵柏枝寺，一古刹。自大门进，向左三进，第一层有楼，中殿供帝君，后殿供观音大士，两层皆有厢房，十分之七已破旧将毁。想见旧时之盛，始有此规模也。后进有一匾，额“波罗密”三字，为“嘉庆六年(1801)土守大闸白马山整□猛牲等处地方管理钱粮一等军功刀敬永盥手敬题”等字样，字笔亦润泽。然游览后，不胜唏嘘。十点一刻继行，已入思茅平坝。十点卅五分到蕨苴坝，卅余户，十分之六为瓦房，完全为汉人气象。十一点廿分抵思茅县城。直到县署。县长陈扬(竹安)先生，年事已高，原籍四川成都，寄籍昆明，认为同乡。原托代介绍宿石屏会馆，以该处做会，接洽无结果，又介绍至四川会馆。住持川人态度可鄙，予愤走，由县长挽留转县署住，于正厅内，为去年招待杨督办之房内。予等因见县长生活俭约，不愿多费其钱，与舒家马店接洽妥当，请代做饭，得以解决食宿问题。

黄海平教授于前五日已到此。特于晚饭后访之，谈别后情形。地方人士亦有来会晤者。

思茅县城，已现荒凉之象。城内房屋，十分之九空闲，闻系或病死或迁居之故。城外以沿南门附近比较热闹，此外房屋多倒塌。居民不过八百余户，而其中约二百户为单人，不及十年前十分之二三。昔全城户口共有二千户左右。今昔已不胜，令人感慨。

本日途程：上老君田……25……新房寨……7……柏枝寺……5……蕨苴坝……10……思茅县城

四月十五日　留思茅休息。午访思茅海关税务司郭润堂谈甚久，告以猛角董一路漏税情形，并约定拟借抄分卡统计。因今晚地理考察团正在抄誊，予改于次日。三点陈县长欢宴地理考察团全体及予等五人，有地方全体绅士及公务人员作陪。六点零又往赴海关郭税务司宴会，菜以海关所做者为最清爽。

四月十六日　仍留思茅。上午往海关抄统计。十一点转回县署与地方绅士会晤，交换意见。予告以此行任务，既抵思茅，既看地位之重要，又以地方受病灾，应设法恢复谋繁荣。并告以既设医院，应速筹设隔离病院，始为彻底办法。全体绅商约卅人，大家均觉满意。又告以筹费困难，可设法大规模募捐，思茅病疫，很可以引起全省人士注意也。谈话约一时半，予告辞又赴海关继续工作。午后五点赴县商会之宴，有三桌。饭后即返县署，将呈部电文及给王特派员电拟好翻密码。因近日用心耗力太多，夜间睡不安，至三点后始朦胧入睡乡。

四月十七日　仍留思茅。以工作未毕，不能不停一日。八点赴县中之欢迎会。王君代表黄海平，张凤岐亦到，吴中伦代表采集团，各人相继演讲。王君将此次考查经过所视察之情况，及教会侵略之事实，后提到思茅应注意卫生与开发边地之责。张君讲解自来谈边疆问题者，往往以教育、交通、移民三点说，而多笼统误解，妄加意见。实则皆应该从实际处适合于边民习惯者，交通则应以国防为前提，移民更须考查边地之环境，始能谈到开发也。吴君讲植物与人生之关系，觉皆高谈学理。初中学生及高小学生，殊不能领会。最后予提出思茅之重要，青年及教育界应觉悟速起挽回。另有稿。十一点始早宴。宴后偕该校段书记往海关继续工作。至午后五时，予将廿三年度之出入口贸易报告抄完。王用之抄廿二年度，尚差五个月。段君较迟，亦抄出四个月（廿一年度）。以时已晏，明日决赴普洱。此事托县长及潘校长代负责，请段君将未完工作，将其结束，留十元交陈县长作为笔资。疲劳之后，散步于海关后花园中，与陈主任拍网球。六点即入座，为高稽查福清招饮。座中海关中五人外，有马君，海关阮医生亦在。八点以事辞归办理，留寿增于海关署，参加玩牌，以情面势难辞，请寿增做代表也。

辞出赴马店告知陈尊三君等，并结算马店费用。主人不在，托陈尊三代算。返县署与县长谈托其代递六顺县信。拟稿写好，初中校长潘君来，便托其代向海关抄统计事。

四月十八日　今日离思赴普。起后将各事预备好。托县长事：（1）送信与六顺县长樊，为搜查失去之二骡，请即派人前去。（2）托交现金十元，为津贴派人往海关抄录海关报告货物出入口统计。（3）所借洋元为二百元，预备打酒杯银器皿，后念及部款未来，省垣存款无几，一切需用各赔垫款，及夫役各费，到省后不能不付清，故不能不（审）[慎]用款，因此退还县长一百元，减少债务。

九时赴封家马店云集早餐，店主为封质彬，年轻好客，每岁多往暹罗等处经商一转，秋往春归。久候吃饭，竟等至十点余钟始得下肚。仓促返县署，与陈县长略谈，即动身。于县政府门口合摄一影。思普医院王迎春医生系省军医学校毕业，寻甸人，学识尚差，经验亦少，然人尚热忱，亦特来送行，并送南糖二包，情意亦厚。正十一时出东门（思茅以风俗传说，不能开北门），遂与县长、公安局长等握别。东门外有一牌坊，甚高，工程亦精致。正对面为斗母阁，凡三层，已朽不能登。由坡下至脚，其南洼地上，有龙王庙一座，前建戏台，有广场，后有殿宇，建筑亦殊宏丽。十一点廿分经蛮迈村旁，一段路为坝子，过此即为上山路，所幸坡度舒缓，可以乘轿，夫役亦不大苦。今日因近午，阳光猛烈，较为难支。十二点卅五分到土地塘，在此休息乘凉，风大爽快(土地塘高 1490 m 约 28℃)。回首望思茅坝子，历历如绘。陂陀偃蹇，地形如掌上纹路，处处可辨。本拟照影，以阳光当顶，不易摄取。此处住户约六七户，有客店，尚可供宿，有床铺位。一点十分又行，渐上渐转，思茅坝子，即不可见矣。一点卅五分山高至 1680 m，今日所越之山，最高达 1700 m 而止。两点钟到樱桃塘，原有居民三户，以受传染病先后死亡殆尽。遗存草房，墙壁已大半倒塌。其凄凉景象，可见一般。惟其西后距半里处，尚有人家约十户居住也。两点卅分到汛房，即昔时斑鸠汛，人家三四户耳。此处已逾山之北面下坡路耳。三点五分到二台坡，有住民七户，有售茶及晌午者。予等于其附近，遇自宁洱来之邮夫，挑邮件已走了一站半路矣。大家又在二台坡休息饮茶。茶每碗(磁的)合滇币一分，白饭每碗五分，且茶叶甚好。生活程度似此之低，可以推想一般。三点半钟又行，坡度已不似上段之陡，三点五十分至坡脚。谷中有溪水，有水田，已渐插秧。住户约十家，以山谷中田少，亦只能维持此少数人之生活，多恐难于供应。自此以后，即循溪谷中而行，方向北，起伏不大。四点五十分到那柯里，寓李家马店，北面河桥，桥系石建。河南人家较少，有三户，河北岸居民七八户。寨中开马店及客店者有三四家，以荣发马店言，可厩马百余匹，可谓大矣。其形势如下

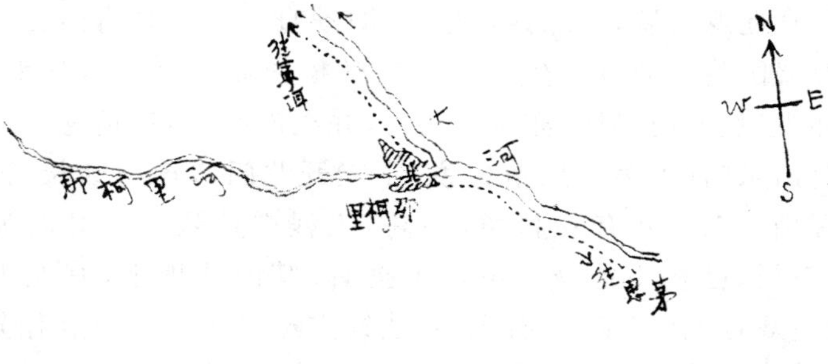

寨中水质尚佳，干季水极少，仅流一线。但以桥而言，则夏季水必大，且易泛滥。思普大路，皆以石块镶铺，尚未十分破坏。据路碑知系清光绪十七年(1891)修过至今。宽约五尺，亦颇宽整。

本日途程：思茅……15……土地塘……15……樱桃塘……5……斑鸠汛……7……二台坡……5……坡脚……10……那柯里

白米每元十斤，与普洱价同。思茅货币用现艮及制钱(大的)，至那柯里则用铜元。坡脚以南为思茅属，自那柯里则入宁洱属矣。那柯里高 1270 m。

四月十九日 起甚早，七点一刻即自那柯寨出发，过木建走廊桥，长约四丈，宽约丈五尺。两岸系石砌成，颇坚固。桥北人家较多。七点四十二分到烂泥坝，约十余家，马店亦有两三家，客马若须赶站，或自宁洱[1]起身迟者，皆可宿此。实际那柯里为正站，距思[茅]或宁[洱]皆相差不大。八点廿十分到夹道河，住民约七八户。八点卅五分过普安桥，桥跨河之两岸较高，因夹谷深之故。长约四丈余，亦系走廊桥，工程甚优。查桥旁所立石碑，始知建造于前清嘉庆已卯年(1819)，有此桥，对于普思交通颇有关。原自那柯里起，行河之右岸。到普安桥，因南北两河须相会流而西向。再由左岸走，则势必为合流河所隔，且山势亦渐陡，起伏回环必大，兼之造桥工程亦费，合流河既宽且峻，不似由此处渡过，道较直。其附近形势如下：

① 宁洱，原为普洱，“普洱”为哈尼语，意为水湾寨，系由“步日”演变而来。唐南诏时设步日睒，宋大理时为步日部，元初改设普日思么甸长官司，明洪武年间改作普耳，明万历年间始作普洱。民国初年设滇南道、普洱道，后改设普洱殖边督办区、普洱专区、思茅专区，宁洱县更名为普洱县。2007 年思茅专区改名为普洱市，普洱县遂改名为宁洱县。

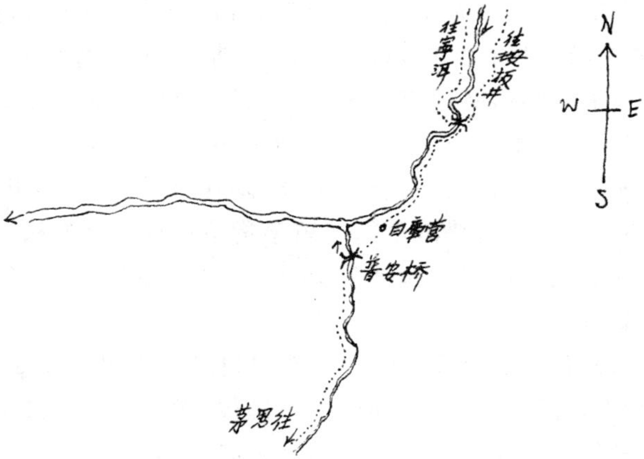

八点三刻到白库营，为自普安桥后（宽约二丈）转坳上小坡之边上，恰在路旁，夫子须在此休息。有人家一户，开一小店，售茶。以时尚早，未烧水，略休息，即于八点五十六分又继续，附近虽在山坡，临河，有空场，饮料亦便，故马牛帮口，有在此地打野者。由此向北翻一小坡，下坡为隔河田，系山民将河道另辟一道，使溪水由西面流下，即在其东部开垦，有水田约三百亩可耕，对于粮食可以增加生产。经隔河田下坡上坡，此处有分岔路（时九点一刻），架石桥一座，顺河往东北，则为走按板井路。过石桥则为赴宁洱路。桥为石镶砌，颇整齐完好，长约七丈，宽约二丈五尺。九点廿分经猪梨河村，住民五六户，有宁洱第三区区团部。过此以后，即走溪涧中一小段，碎石最多，行走不易。续上坡，予步行，有较陡处，轿不能乘。爬至坡头已十点钟，阳光为云雾所遮，不十分热。下为猛海田坝，有数户。坡脚有一茶馆，并售凉粉，在此休息。坝子在山谷中，东至西较长约五里，南至北约一里，四周有山，不甚高。沿山有住户，稀落不整。塘房一村，有新瓦房一座，计三进，闻去春被匪烧毁，仅存破墙。是匪之患可以想见。十点半复行，循山谷中，路已平坦。十一点经大义路，由此出丫口，已见普洱坝子。十一点卅五分经南门口，为坝子，住家分布甚散。沿途人家已多。十一点五十五分经新寨，村落沿山而居，户数约百余家。十二点至小学校门口休息，见县中女生，闻系旅行按板井而归者，皆走路。十二点十二分又行。所见稻田秧已栽完，问之村人，知已栽月余，是气候关系，此地可谓全省中栽插最早之地方耳。沿边十二版纳，现正在开始也。但宁洱虽早栽，雨水未降，有较高地方，秧田干裂。且有十分之二因不就水，尚未栽者。十二点四十分行抵普洱城。李、段等寓官马店。段质斋来南门外，报告住处，谓杨督办[1]欢迎住督办署。略休息即进城到督署。在杨副官处约坐半小时，杨督办始起，相见握手道钦慕之意，即在其室内告以此行经过情形。由其命腾出参谋长房间招待予宿。随行人员仍寓马店。县参议会适逢闭会期，请客宴会，杨督办命加请予。六时遂同往做客，在旧城隍庙内。客人拥挤，计四桌，予陪杨督办一桌。九点始归。予又返马店看一转，始返署，与杨督办谈，至一点辞归寝室。将发部电翻密码，至两点半始寝。

本日途程：那柯里……6……烂泥坝……10……白库营…4……猪梨河……5……猛海坝……12……南门口……14……新寨……8……宁洱县城

四月廿日 寓督办署休息。九点始起，翻密电，十点送出外部电交无线电台。午后两点发出王特派员及周叔禺兄、王子麒甥明电二件。续看督署所存界务档案。将关于案件经过者，及关于沿边外交案件，分别圈出。至午后四点始毕。见班洪附近一略图，尚调查较详，拟自绘。便赴县署访沐县长，又赴无线电台应新旧保世绩（懋之昆明人）、杨□（九垓昆明人）两先生之宴。客两桌，督署办事人及教育界人皆在座。九点始归，又与杨督办谈边地行政困难。

四月廿一日 留宁洱。起已近十时。仍将督署旧案整理。今

---

[1] 杨督办，即云南省第二殖边督办公署督办杨益谦，别号竹君，云南大理人，曾任滇军参谋长、滇军第四军军长、云南省楚大师管区司令、蒙自关监督等职。

日已大概完全。竟日未出。晚饭后赴无线电台访杨、保二台长，便说予之电费请照以前办法收半费。保台长极困难，予说之再三，始允用电去问总局。此实无法可想也，否则照收全费，将如何支持，电费约在二百余现金以上。结果交涉到南京部电照收半费，此外叔禺与子麒电，仍照章收费。予于无可如何中，亦只有照办，约合金一百四十余元。略商有结果，以款不敷用，转往县署访沐县长，谓去赴四川会馆做客未回。此事急待解决，无法，又转回电台拟发电与子麒甥由商号速代汇款。但杨台长九垓谓可通融，彼尚须付款汇省，六百元不成问题。予请其多为斟酌。即保台长亦在旁说可有款否？彼云尚有磨黑井之款，此地虽无款，先用二三百元，余款到磨黑用可也。如此恳切，殊令人感激。予对于用款一层，告一解决办法，心殊慰快。谈至十时辞出，赴县署再访沐县长。彼玩牌。后约在房间内谈天。彼对于整理边区，有整个计划。对于为官事，颇有怨倦之意。予劝其对于佛海、南峤两缺，可调换一处，则对于发展边地，极有希望。彼殊心动。又将品卓兄给彼之信相示。予以其所谈所主张，知沐县长之为人，颇为难得也。返署已十二点钟，又与杨督办谈天至夜一点卧。

四月廿二日　今日为督署纪念周会。杨督办于十点即起来唤予，谓今日全城各机关总理纪念周，为督署轮派演讲。早饭予不愿吃，予即应之，时间为十一点。予分下列数点向全体人员于礼堂内报告：

一、离省以后之日期(行动至宁洱八十一日，停住一百零五日)。

二、中央派员调查之经过。

三、到本省后的变化——英使反对调查停留昆明。

四、个人对于调查的意见——以测量为第一要件。

五、李专员不负责不肯合作之经过与影响。

六、此行调查大概经过情形。

七、个人对于勘界的主张。

1. 对于军事的准备——孟连、猛角董，孟连、岩帅。
2. 对于会勘的意见——此次应从缅方着手勘起。
3. 对于边民的联络和宣传——由孟定、耿马、猛角董、孟连负责分头切实进行。
4. 会勘时应延聘专家参加——作精密的考察，以为殖边的根本。

报告毕，约耽搁时间在一点钟以上，杨督办主席、沐县长、左校长及各机关人员皆来听。讲后散会，大家皆觉欣然有喜色，对于自己表同情，督办亦极表赞同。一点即赴省立宁洱中学参观。该校为清光绪年间迤南道陈崑山所创立之书院。民国以来，又改为普洱第四师范。最近改为宁洱中学，附设师范班。据谈将来尚筹划将师范分开办理。便拜晤武谓滨之尊大人，年高德劭，终身从事于教育已廿余年，仍并不倦，亦滇中教育界不可多得之人物也。随辞出赴县中参观。校长赵家珍，办教育多年，有经验而有声誉，地方人士颇信赖之。以前曾办省中，现改办县中。有初中三班，女子初一一班，另设于一处。单县中而论，近年全力注重校舍，已新筑三排。教室及寝室均相联，极集中。便请赵校长代将全县教育经费等抄绘一份。得其允许，予亦得知全县教育状况。三点辞出。因自早以来，未曾食，饥饿，赴南门外，于街上店中，购得蛋糕与玉带糕。制法欠缺，味太差，比之思茅所制者，相形见绌矣。即在马店内晚餐后即返署。

派周永康往杨台长处取款，忽回复云，今日已无款。予殊惊异，何以昨日如此肯定，丝毫无难色，今日乃变化如此，实令人着急。既无款，即不应承诺。予不能不加以猜疑，此又是有人在其中作鬼。无法，又转向杨督办商量，慨然应允。谓存款甚多，就要一万两万均无不可者，予心又定。偕杨秘书宪臣往西门外赏龙潭景及参观杨督办所筑马路。整洁清爽，另有一番新气象，可谓宁洱全县之幽僻处，可以怡心悦目者。龙潭有一庙立于潭西，县人士多置酒于此宴乐。绿茵掩映，对于静坐赏玩，实至乐也。将黑即入城。到署后杨秘书谓邱营长有款存留彼处，愿请带交省城，李沛群同住楼下之张稚徽君收。款合四百元（秘书杨仲符宪臣□川人），余二百元即作为杨督办之私款，交送省城公馆内。

予于上灯后陈公安局长来，为予昨夜请沐县长下条子派来问话者。遂将地方情形，问得一大略情形。李景森来说借款事完全被殷某一人破坏，对于自己之名誉亦多疵议，似此等人，心肝何在。予诸事惟有包容隐忍不说，看彼之情形再说话。李君劝予到省前开会解决说明，予不以为然。小人宁远之，何必费神。予随赴电台访杨台长，问以此事之变化。闻已来督署，予又追踪至。见其与杨督办谈天，予忍无可忍，不能不向之追究原因。彼多方解说，然对于人格，亦可谓不能自圆其说矣。与杨督办谈及杨秘书谈，至一点钟始卧。

四月廿三日 约晨七点即起。因今日必测候气象也。起后即筹划应付之法。以今日午后两点须到宁洱教育界之欢迎会，特预备演讲稿，题为对于南段未定界我们应有的认识，计分十五段：

1. 南段未定界的范围。

2. 订约时的错误。

3. 勘界时的纠纷与争执。

4. 事后的搁置——至今已卅余年。

5. 班洪事件发生的原因——内因、外因。

6. 滇人与国人的注意。

7. 中央派遣调查的经过。

8. 个人对于调查的意见——测量最要。

9. 此次调查的范围。

10. 边界的危机四伏——A. 传教势力的深入；B. 英人势力的压迫；C. 班海银厂的经营；D. 边民的怨望。

11. 界务应该争执的理由——A. 保全领土与富源；B. 巩固国防

起见。

12. 本省殖边问题——A. 交通计划;B. 开发移民;C. 人才的选拔与需要;D. 应抱远大的眼光与百年计划。

13. 云南青年的责任——A. 爱乡土观念;B. 负开发土地的责任——方可以改造环境,增进物质的享受;C. 迤南青年正当的出路即为发展边疆。

14. 目前的觉悟与修养

A. 此种重大使命惟有本省人能做,尤以迤南青年为中坚;

B. 学生时期即走向此条路——日本人侵略中国,灌输东北为他的生命线于青年脑中,坐收不劳而获占领东北;

C. 迤南青年及教育界,亦应有此种精神,认定思普沿边为迤南人的生命线;以上三条为觉悟方面;

D. 要准备负起开发的知识与能力;

E. 现在是科学时代,应有科学的头脑;

F. 现在是体力竞争的时代,要有强健的身体,尤其是云南山国,设无强健的体魄,如何以应付指导及实行的任务。

诸位要明白时代已改变,处境恶劣,包围于英、法两大[国]之间,不能再让我们过苟且偷安的生活,不容我们再说读书人是应在社会上有特殊阶级的享乐,是要抱着全体团结为民族的男儿,为国家的健全分子,人人都要负起责来去埋头苦干。

15. 思普的地位——既首当英、法之焦点,要排除一切的危险,不要观望徘徊,去担任南防的前锋。现既有杨督办在□□任领导各界的地位,他有计划可以去想法实施,他的人格可以使大家信仰,我们大家要准备着帮助他去改造迤南变为一新的环境。社会的生活,自然日渐改进,安宁日臻巩固,这是我馨香勖祝的事。

杨督办主席,特别对于自己介绍,谓此番关系重大,不独外交,即国防、文化、交通等均有关系。迤南的幸福,即视此次的调查,故于自己的希望很大,一定可以做到的。随即由予演讲。先略述谦逊,即分层讲述。立于堂上约讲两小时之久，并未饮一口茶。故此种精神之表现，亦可以使听众欣然。似极表示同情者。今日到会人省县中全体男生计四百余人，女生约七八十人，堂上两排教职员廿余人，故亦可称盛大之欢迎会。予得此各界之表示，心中又喜又惧。所喜者，做了这番调查艰苦工作，得宁洱各界及杨督办之重视。所惧者深恐偶有不慎，必为全省人士所不满或竟至遗误外交也。

讲后在大门前与杨督办、左校长等合摄一影，又往中山纪念堂一游。摄省县中及北门、龙潭等处境物，即返。便至左校长及黄秘书长公馆一坐。回督署。王用之告以王启周来到，不胜惊喜交集，特约沐县长往南门外马店访之。相晤有无穷之快愉，便将日来发生之事变，向其一诉，彼亦大不以为然。即沐县长亦打抱不平，谓此事将来当向督办说，请督办写信与南京同乡辨明，方合道理也。

晚间杨督办请客，座上有黄秘书长、沐县长、澜沧二苏代表，及无线电台杨、保两台长，同行之王、殷等十一人。食毕已近十点。启周来约往会杨督办。略坐予即陪其出城。又谈至十二点始返署。至杨督办处谈天。对于李希哲事耿耿于怀。予告以将来到省到京必为之疏通，使大家稍为明了。

夜间一点记日记后始卧。王启周来。彼明日赴石膏井查盐。待其来决于后日起身，同转磨黑井，一路较为热闹。且明日省县中两校欢宴，及沐县长请客，免大家扫兴耳。

四月廿四日　昨夜虽卧于将近三点，然心事忐忑，极不安静。对于殷寿增之为人，如此卑下，诚不测其居心如何。到天将明，鸡已三唱，始得昏昏睡去。十点起，县署派人来请午宴。十一时往，左、赵两校长已到，殷、王二人在。杨督办起甚迟，两点始入座，即在县署。吃毕三点，偕柳科长（督署比国留学生）、用之同行。寿增则偕左校长往看病。到马店将测量仪取出借与督办署用。予访学生万学文于其家未在，随即返署。在署借杨督办木盆洗浴一次，身心极为畅快，为四周以来所未有之痛快。因自遮放洗后即未得便洗身，垢腻殊厚。

六时偕杨督办往中山纪念堂应省中及县中之招宴。计到两校职员约三桌，共四桌客。九点半散。

十点李希哲代表马德骥（谓三宁洱人）、谭质彬（字文熙）均督署科员，将礼物送来。予告以事实上不能接受，其情甚厚，留待将来，否则予对政府之说话，必根本受怀疑，（望）[万]不可以寻常人之眼光待予。述之再三，沐县长亦在，幸最后带回。沐县长送鹿胶一包（九片）、荔枝罐头一盒、火腿罐头二盒，情意之殷厚，殊令人感谢。且对于用人此次感受之痛苦，极表同情。似此等小人，难于筹处，望勿介意。彼已向杨督办提到，果其有不法行为，必来信指摘证明也。

夜间李参谋董明送来景谷僰夷所织土布二匹及香烟二罐相送，亦觉予此行辛苦，特表示敬意者，不能不感其盛意。

十二点半与杨督办谈离别话。杨督办对于殖边：(1) 拟请政府派测量员二三人赴未定界测；(2) 佛海事望代向政府申述；(3) 对于李希哲事希代为解释误会，以免又发生枝节问题。谈话甚多，至两点半钟始辞寝。

四月廿五日 今日曾与王启周兄约好于宁洱会齐同赴磨黑井。因启周任职盐务稽核所，来调查迤南各盐井，二十二日中午行抵宁洱城，不意之遇，为两人所不料。彼宿南门外马店，相晤极欢愉。次日彼往石膏井调查一转，于今日午前约九点回转宁洱。予八点起床，昨夜睡眠虽不足，亦只有振作精神而起。收拾完毕。杨督办起较迟（每日午后一点始起），故亦不愿惊动之，仅分送名片与杨秘书及李委员（宿于督署予之房对面），并交款廿二元与苏书记（邓川人）为抄写档案之费及邮费等用。另托其代给杨督办佣人款五元，卫兵室给五元，即出城到马店早餐。待启周到后，略为休息，于十点四十分出发。天微雨，路不好走，所幸不大。进南门复出东门，向东北行。宁洱城地势较高，出东门后为下坡路，人家逐渐稀疏。东门外有石坊一座，其旁立有地方官员去□碑数椽。十一点十二分经校场坝，地址尚宽，为宁洱城外公共集会之区。十一点廿分经石桥寨，住民仅廿户，尽为瓦屋。十二点过抬举房，该处系在山凹中，居民十余户，其东面村后尚有人家。自此以后，即入于山地中，坡坎尚不为大。十二点半过石灰窑，亦只十余户，其高为 1500 m，天阴雨点略飞，温度约在廿度左右。山皆土质，成丘陵起伏状，不过略高于城区耳。一点零八分到茶庵塘，系位于一山岗上，为宁洱八景之一，居民约十余户，即在此打尖休息，有售晌午及茶水者。其高度为 1650 m。向南一望，群山培　，及山谷中之水田，已一览无余。但宁洱城被山所隔，不可得睹。自此向北去，山路坡度较陡，于一点四十分又行。十五分钟之时间，予改乘骡到达山顶。高为 1800—1790 公尺，为今日宁洱大道中，比较最高点。略为歇息，于两点七分换乘轿下坡。坡路有数段极陡，来往行人甚多。三点将至坡之中段，为分路处，东北行为直往孔雀屏之路，为正站，即不转入磨黑井。予等以磨黑为预定之路线，故向东行。土坡，遥遥可望磨黑全区，村落即分布于山谷中。附近一带，田间已满栽秧苗，极秀丽。三点半钟，即到磨黑之新街。李濬甫先一日来觅住处，已介绍借住于其同学盐户德兴灶李敬伦（字克庄）之家内耳房。寿增、用之二人同住，余人马等则宿于马店。李家天井甚宽，正楼房北面三大厦自住，东面三厦空闲，南面三间为客房，即招待予等者，极清洁。李氏为本地富户之一，其盐灶则设于南面住室之旁，与住室相连而不相援。李君为省一中廿四班毕业生，好客而谦和，故承其招待，殷勤周到，十分显其厚道也。

到下一刻，略休息，张姓家祥请吃饭，亦濬甫同学，来邀便饭。虽未相知，然以李景森之故，情不可却。为邻居，亦盐户。设席于楼上，座中有陪客四人。饭后辞谢返李寓，即出外。适遇启周来寻，即偕赴稽核支所下榻处坐。谈至黑上灯矣，转回李家。李君等皆为其所授过之学生，故亦觉亲洽异常。后约来拉胡琴者一人，启周与寿增皆能唱。以启周声音及板拍较熟，颇博得诸人之赞扬。主人于夜间，做菜招待来宾,肴味俱可口,至十一点始散。予等于十二点就寝,得安眠一宵。

本日途程:宁洱……7……石桥村……6……抬举房……12……茶庵塘……3……坡头……22……磨黑井新街

四月廿六日 晨九点起床。留磨黑一日,便参观此间盐井及生产状况。民生公司请客,一日招待。十一时由李董事偕参观井场,并至其家小坐,得知盐井实际状况。晚间亦在民生公司,菜蔬较好。曹场长亦被邀。晚间共三桌。

夜十二点半卧。

普洱磨黑盐井生产的锅盐

四月廿七日 仍留磨黑。十一点始起。午间为高富华君请客于其灶户内。高君为此间藏书报最多者。晚在李府由其招待,未外出。启周之电未到,故不能再等,决于明日动身。向其借滇现金五十元而已。十一点半卧。仍闷热。

四月廿八日 为停留磨黑井等待启周兄，然已牵延两日，实不能不走。故于昨晚已与启周兄说明，第一职务不能多耽搁，第二以经费不能再留，因留一日即多一日之开用。此次款项，完全由各方借垫，已出于不获已。设多耽搁，于费用上中途发生困难，又将如何处置。以自宁洱出来到磨黑，才三日，又已耗去百元，则所剩之款，再加二三百元，亦难以接济，故决于今日动身。

八点四十分由主人做饭吃毕即行。留连两日之磨黑井，遂离开矣。沿河边大路走，九点五分经磨黑井老街，有肆街一条，马店林立，居民约有五六十家。普洱首户号称年收租二三千石者郑姓，现任普洱参议会正议长即此人，年仅卅六岁，已有孙辈，且曾娶孙媳，即居于老街。老街因非盐井所在地，故甚萧条。续进上坡路，于十点廿分到孔雀坪。高1370 m，街场形式，仿佛盐井老街，然气象则较差于老街。居民以开马店为业者多，似极贫寒，房屋之整比亦次于老街多矣。户口约五六十家。因行路亦长，大家在此休息。三点卅八分继进。十一点五十五分到大荒地，垦山民数户，所见皆荒山，森林以近磨黑，大都被砍伐。此一带均属山路，其高有达1710 m。十二点半钟到湾腰树，住民四五家，售茶及零食，然皆不洁。此地高1420 m，温度高约在25度左右。人马疲乏，亦不能不休息。自此以下，为下坡路，坡度尚陡，林木稀少，日光直射，虽单身行，亦必汗流浃背。一点钟走，两点半钟到上把边江村，位于坡脚，住户十余家，开马店者三四家。此间来往以驮盐及挑盐者为多。人家分住于两排，沿山坡而居，大部为夷变汉者，皆能说本地土话，而汉话则极普遍。地势极低，苍蝇极多，壁虱亦伙。夜间苦无行军床，则一夜难安眠。日落后，气候渐凉，夜间可盖被。是此间气候，虽在夏季，亦不似一般传说之甚。惟居民极不清洁，猪马家畜，几与人共处一室，视之无足怪。然所谓传染病症，怎得不发生。

昼间神极疲乏，精力全无，奄奄欲睡。夜间亦觉不适，饭后服伤风片一，亦不见效。且睡中常醒，而不易入睡乡，岂气候之影响欤？夜间用行军床防蚊及防虫。

本日途程：磨黑井……5……老街……15……孔雀坪……18……湾腰树……12……上把边寨

四月廿九日 以天气炎热，故决定早走。永侄于五点即起，预备早饭。六点卅五分离上把边寨。沿河谷中沙滩上走，石子甚多，殊不易行。六点五十分经奎阁，居民约卅户，附近有水田及山地可耕，但面积不大，人民由外表看，衣食均足自给。草瓦房各半。由此上山坡转向东，沿把边江岸行。江水不大，河谷甚宽，水深及膝。沿江右岸，坡度不大，路尚宽易行。且晨间阳光初上，炎氛不烈。八点五分过把边江铁索桥。桥甚长，概以铁杆粗直径二寸，一排十二支，相扣合连接于两岸。长度约 125 步，宽约四步。横置木条，再以宽约二尺五寸之木板铺于桥之中间，为行人及牛马所经之处，望之甚险。但以两旁有铁筋，再有铁钩挂之，行时亦并不摇撼，不似铁链桥之活动者。桥高于海面 820 m，故地势殊低。两岸建阁楼。过桥后沿左岸即在桥头村休息。居民约十户，尽为草房。江岸沙滩堆积，人居多种玉蜀黍为生，水田缺乏。其形势如下图。

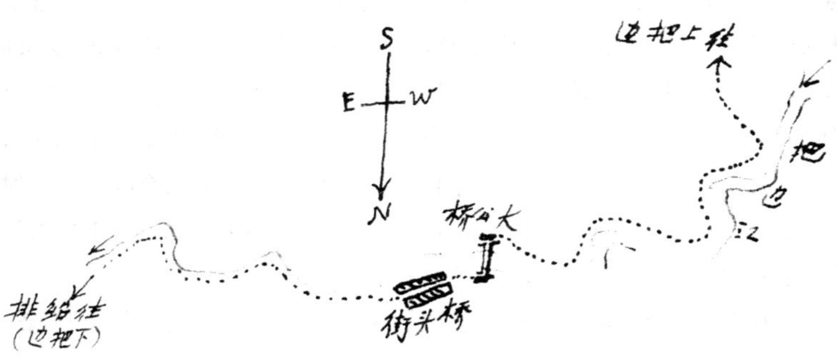

在桥头村略休息，八点卅三分又行。九点三分于江左岸见对岸之村落曰蛮塔，约十余户，系摆夷。附近有一山凹中，水田甚多。村

中有瓦屋二间，余均草房。山坡渐上，坡平缓，转山角，系沿江走，有一村名大沙坝，仅三四家人。开马店者两家，马房均平顶土库房。至九点廿分行抵绍排(即下把边江)，于此地开稍。居民约廿余户，开马店者计四五家，供客宿之店亦有。居民仍不洁。高度为 860 m，当时之温度尚不高，约在 20 度上下。予等煮素面吃，夫子煮饭吃。十一点继行，十一点卅五分行抵慢乾河。此河为雨后山水必经之路，沙砾大小极多，行其中不易。位于山坡脚，居民仅有三家，有一户为寡妇，遗孤二，均幼弱。大者四岁，幼者仅两岁。然以生活艰难，母昼间代人佣工为食，留二孤于家，终无饱饭吃，营养不足，皮包骨头，异常枯槁，面色黄瘦。人生不幸而遭此境，其不如畜生远矣，望之可怜亦复可悲。无父之人，受环境压迫竟如此。

十一点复行，上坡，石镶路，人马均不易行。闻此处自来以抢匪著，平时两三人过此，无有不受害者。予以轿夫登山困难，步行，于十二点七分达第一山坡头。问之团兵云，才上坡路为三分之一。高 1100 m。十二点十分又行。至十二点半经凉水井，夷人一家，随人向之要水吃，不可得。此一带山地，侵蚀倒塌殊甚，望之极危险，路政又不修，陡处令人丧胆，将来之倾陷，必更有变动者。路之改变，势所不免。十二点三刻行到山顶，略停于阴凉处休息，一点又走。山上松林稀疏不密。一点十八分到石岗，大家口均渴。过路者欲得冷水吃，必给铜元一二枚之代价，因仅有铁匠一家居此，取水必在三四里外。略休息，于一点五十分又行。两点十八分路经蕨箕坝，约十余户，瓦房两三家，有寺一座，系两进。两点半过麻檬树，人家约卅户。附近山间已有耕地，面积亦不小。两点五十五分抵通关马店，李姓家，人马均宿于此。

通关为普洱要镇，居民约近三百家。街道宽敞，铺户约百余家。大部以垦山为业，经小本商业者亦不少，石屏人占十分之七八。

本日途程：上把边江……18……把边铁桥……10……绍排(下把边)……5……慢乾河……12……石岗……13……通关

四月卅日 六点四十分自通关出发。绕上一坡即下一谷,渐降而经清水河,时七点廿五分。附近梯田甚多,人家分散住于山坡上,但为数不到廿户。过河又上坡,坡不高,缓缓而去。于八点四十三分到深沟,到此已属墨江界。所谓深沟,系南北两方均有大深箐,故名。住[户]一家,即在山脊上。西南面有已垦之山地,住民亦分散于山坡。盖此当上下坡之处,来往必须休息。饮冷水亦必须出钱,因水源甚远。八点五十分又行。上坡不陡。于九点三刻到班腰房(现改名为回龙街),住民约卅户,马店甚多。有街一条,多为瓦房,间以土库房。高 1330 m。中途在此开稍。十一点十分自班腰房又行,系下坡路。路未加修理,窄而多碎石难行。十一点五十五分经上鸦栖寨,住民五六户,土库屋。十二点三分过下鸦栖寨。十二点三刻到忠爱桥,系架于布固江上。桥长八十八步(一说十八丈)宽五步,系最近民国廿一年(1932)新建完成。桥上休息,凉风爽快。一点半自江桥行。予因坡路起伏不一,于两点半始到瞻鲁坪。此地水原有毒,后始引山箐之水以供饮料。住民十余家,瓦房仅一家,即宿此,然驮马则另关于一处。

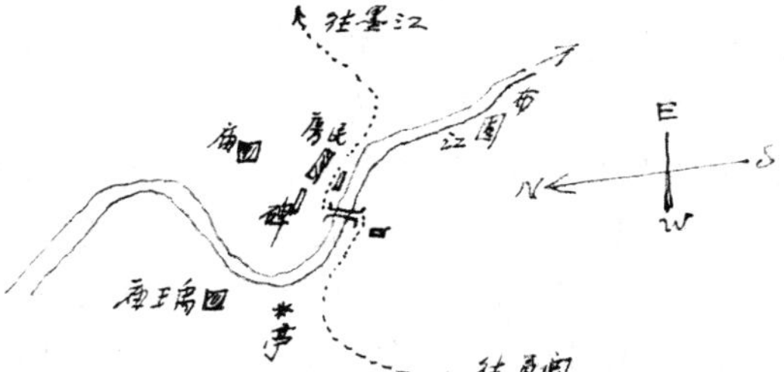

本日途程:通关……8……清水河……12……深沟……10……班腰房……12……忠爱桥……18……瞻鲁坪

五月一日 六点廿八分自瞻鲁坪出发。清晨因昨夜大雨倾盆,晓气甚凉。雾气以朝暾初上,时散时聚。为旅途之最良气候。且路上灰尘经洗刷一次，行走反清洁无染，路上亦无积水。沿山麓箐中行，弯曲起伏不十分大。七点零七分经步仙桥，系石质所建。附近有住民五六户，有开马店者两家，皆可厩马百余匹。惟草房构造简陋，若人宿则嫌其污浊。沿山有梯田，耕稼似可供本地少数居民之食粮。因来马帮甚多，在此休息。七点十五分行。过桥后即为登山坡路，皆陡峻。予改乘骡，轿夫实难上。七点五十分到半坡，亦名半坡寨，居民六七家，汉夷兼有，铁匠一家，在半山坡大路中居，纯以垦山为业。而山地之位置，亦多在坡陡处。路线由南向东北行，亦殊曲折。八点十一分到老仓坡，居民约十余家。所以名此者，因全系仓姓者。有县立老仓坡小学一校，小学生男女约廿余名。山坡上耕地较多，民生比较殷实。概系瓦屋，外观甚整而不破烂者。高度为1390 m，较箐中高过四五百公尺。山势虽不及耿马梁子之气魄雄厚，亦附近山势之较雄伟者。在此以下，坡度殊立，自此以上，坡度已缓和，渐渐迂回弯转而向东矣。高度由1440 m渐高至1550 m，时已九点。再转向北，平平行去，系在山梁上。于九点一刻始到路水井，高度1610 m，温度约在23℃。

路水井有居民六七十家，为往来马站之要地，所谓路水井，即路旁有水井之意。因山路往来旅行，尤其在山梁上水源最感困难。此地虽位于山梁上，但水源尚不缺，为最难得者。故路旁皆凿坑浸水以供饮料。马店大小不下十余家，皆草房。有数家马店，皆清洁可住。该处以地方为冲要，故设公安分局于此，分局长为鹤庆人。但来往人多，粮食不足以供给，多由元江或墨江帮来。米价较前后站口均昂，每元仅得六斤，而通关可得七斤，墨江城较廉。予等开稍于李姓之客店，马则关于其对面之马店内。闻该处人谈关于陈尊三病沉重，于前四日中午经过此地之惨状，令人悲感难过。

吃午膳后，于十一点廿三分又自路水井起行。路已宽大平坦，且概为下坡路。因系由来路之北坡行，山坡亦甚长，有数段亦觉陡，但下坡绝不似上坡之困难矣。十一点五十五分过黑龙潭，有草瓦房六间，系山坡之中部。十二点半行至坡底，过一箐，又上一小山坡，坡度缓和。坡脚外层现有石炭层，但质甚劣，不知其内部矿苗如何耳。

翻坡予下轿步行，待佣人拉骡，久不见来，亦只有安步较妥。所幸坡小，上坡时间短，精力足支持。惟阳光甚猛，殊难当。翻坡至顶将下坡，见殖边营有一排系开往通关者。下坡亦陡，幸短而路宽敞，似曾修整者，不难行。山中林木多矮小，必曾经砍伐或烧毁后，自生年代不久者。一点半至赖蚌村，十分之八为瓦房。在山顶远看，极整齐之状。乃到后，则仅见粉墙孤立，内部梁柱已烧完，约廿余间相连如此。系因其中夹有草房，回禄时竟烧去大半，被灾之情甚重。全村约四五十户，完整者仅半数。有门店数家，售零食及什物等。甘蔗则甚多。墨江地势低，已宜于栽植热带植物。在此略休息，一点三刻又行。自此至墨江城路全平坦，行汽车道，故极宽大。方向沿山沿河道，先向东后转北面。坝子中水田已有一小部分已插秧或正在耙田放水预备栽插者。然因水分缺乏，虽栽下去，亦感水荒，秧苗现枯槁之象。故思普及墨江各县，以栽秧时早，皆需待雨水。然思茅河道水源甚充分，虽暂时不雨，对于秧苗皆有山水可以放。普洱之水源，则稍差，然尚有西门外一龙潭足资救济。到墨江则为一干坝，缺水之处太多，需要雨水尤切。以城附近为甚，十分之九以上之田，皆干田待雨而后可望栽插也。

墨江坝比普洱坝小，而普洱坝子又不及思茅坝子之开展矣。墨江水源，惟比较距城远之山谷中山水之来源较多。如碧溪距城东北廿余里，则又有水可以放田插秧，故农人极忙碌。

二点十分过土酒房。沿山麓人家稀疏。到此已可遥见县城。二点卅十五分过一石桥，上建三亭，桥三孔。亭相连而过道皆有盖廊，行其下极凉快。桥长约一百五十公尺。过桥后有一小村庄，建有石牌坊一座，来往必经坊。三点半钟即抵墨江县城。寓城外德兴马店，为此间比较宽大者。略休息洗面后，往文庙（今建设局）看吴中伦君及殷、严二君。观彼等三人之面色,皆焦愁之状,甚悲惨。尤以吴君感触多,不似其离普洱时之活泼有精神,肤色亦发青而枯。予问陈君病沉重至死经过甚详。此次陈君之死,以劳顿不得休息,途中又遇雨,外感容易,愈增其病状。故竟不能延长其生命,于廿七日下午二点在途中即气绝。为之悲感不置,但亦仅有安慰吴君,并注意其死后之设法追念抚恤事。同时并约吴君等来马店坐。晚饭后偕同行诸人备菜盘四碟,酒、茶、烛、钱纸、香等物,赴殡陈尊三君之小庙内祭奠,见其棺木,令人起无限感慨。在宁洱时予曾看其两次,觉其面容消瘦而黄枯,然其神情似尚可支持,并未料其即危。但据其云夜间不能睡眠,背腰俱痛楚,睡眠实不能安,亦即不能卧下,则痛苦殊深。当时惟有以感情之语安慰之。予所购药品,大部在救急。此次曾携带少数医治肾脏病之药针,亦早已在思茅打完,故彼意既无药,亦惟有赶路赴昆明医治,不问其行程之变化耳。当时肝脏已比在思茅时膨大。今仅相隔三日,竟辞予等而长眠,能不感恸。其棺木系柏木,价约二百元现金,正在加漆。死才四日,然天气炎热之故,已有腐朽气味。同人均行三鞠躬。予对其棺前,将安慰其灵魂之意祝告之。大意其精神,其辛苦,其志向,为科学而牺牲,尤其对于云南之科学,当为之表扬于世,使世人明白其情况。身后抚恤之事,当向中大及云南教育厅各方及学术界设法为之鼓吹,总有以生者不致守冻馁之忧,对死者得以瞑目于酒泉之下。话至悲痛处,予喉为之哽咽,泪欲滴。最后偕吴中伦君赴县政府访李县长,感谢其代办理陈君身后之事,望以后仍多为帮助。李县长对于此事,认为应尽之责。至以后如何办理,一俟南京回电到来决定。便请其明日护送赴元江事,彼云:殖边队余营长亦赴元江,魏老师亦上省,可同路,并可走新路,不必走莫浪坡及三板桥坡。心中闻此,十分高兴。又问及墨江县状况,其大意如下:

1. 墨江县城人口约千二三百家,街道太狭,从前极不清洁。到任后,曾用宣传、开导、扫除、分段、处罚五种方法,实行后始有今日之状,否则垃圾堆积,猪乱街跑。

2.对于改良风俗,用土货,不浪费,俱已做到,迷信则甚难除。烧香进庙之风,一时不易革去。各香烛店虽禁止,然仍有暗中买卖者。

3.墨江县山多田少,人口稠密。全县划分七区,共十二万人。现已积极谋开垦事业,凡缺水区,已赴沪购办抽水机等。

4.地方上诉讼事件已减少。因不论在何地,人民均可呈告,可以随时解决处理。

5.现急谋普及教育,推广学业,并为经济起见,男女均同学。高小及县立中学师范一律兼收。此为地方上所最反对者。

6.全县用人,大多数为年轻人。因青年未染社会之恶习,入世尚浅,故做事极可靠,惟欠缺经验,有时做事较差。年老绅士及办公人员因每日起身太迟,且无精神,故俱淘汰不用。今用者仅县财政委员会系地方老绅士,每月请他们核算帐目一次,倒不成问题云。

7.县长每月实支薪一百廿元,余二百八十元作为县署开支,其他分文不取之于地方。故个人对于经费实感拮据,难于办事。

8.公务人员下乡,不许妄自苛索。县署按人发旅费,地方亦不必供应。若私人请饭,则情有可原,不得摊派。

县长本极热忱,留盘桓一日,以职务关系不能久留为辞。但仍挽留次晨早餐,路程不长,动身时可稍迟,遂许之。今晚来谈者有县中校长、党部人员等。

对于陈君灵柩,与吴君商定仍应搬运上省,始有办法。善后事当与教[育]厅龚厅长商量设法处置,以慰死者。但吴君以一切事仍待南京电来决定,予亦以为然。

本日途程:瞻鲁坪……15……老仓坡……10……路水井……22……赖蚌……20……墨江

五月二日 起后命收检一切。命夫马预备听候出发。因今日改行新路，不能单独行走，须有人引导。七点半赴县署应李县长之请，在座者有殖边署李参谋长，迤西□川人，年四十余，系杨督办派来此间监修马道者。李县长甚客气，做菜虽说简约，亦共有菜汤十味，然绝不似包酒席请客者。同人对于荤味如肝、鸡、肉类不大合胃口，吃蔬菜反觉适口。饭后偕李参谋长及县长二人，赴庾园访殖边营马营长。马君系宁洱籍，担任殖边营事已六七年，久驻元江，回教，年约卅七八，与予相近。身体瘦小，无其他恶劣嗜好，性情和平，头脑尚纯。目下军人之习气未深，与其他殖边军官心性不同，颇明军人对于国家之觉悟，以为军人只能名利为非，亦军人中之难得分子。故现正约各方人士，拟开垦元、墨二属之荒地。且已向沪上购置抽水机及农具，而规划垦殖事业。坐谈约一小时，相约同行。行前派人来招呼，以便引导。予辞归马店。

车君率庆为墨江籍，系南京中大同学，因其父丧归家料办丧事，予不之知。闻予路经县城，特来相谈，偶尔把握，亦出乎意外，故往其家。予偕殷、王二君往，便祭拜其父之灵。谈约一小时，辞返寓，则马驮等已不问明情形，由旧路出发矣。予殊愤然，对于永侄大骂，谓先有命令，不能妄动，非有人引导不可行，已嘱之再三，竟不听话如此。一时气急，托店主觅人追赶。店主亦可恶，处处敷衍。其意原欲马匹出发，则店内可以少事。本欲痛责店主，以出门人，既知其奸，临行又何必多事。适马连长之士兵来说可以起身，乃转命该兵带引施汝贵同去追回马驮。予对于永侄责其违命，彼尚不认错，谓系李景森及段质斋所主张，尤为可恼。时一点半钟遂向北出北路，至城外桥头遇李县长、李参谋长，马连长等皆在桥上等候，合摄影而别。

新路系最近开辟，原有此路，不过未加修理，路太窄，仅有少数马帮行走，沿途又无马站，故行走之人甚少。近以莫浪坡及三板桥坡路年久失修，又极险陡，改由此道行。坡路较减，且缩短路线约廿里。刻正命县境内修建马店，供马帮之歇宿处。原路则加以整理，其款则由马帮抽捐(骡马一头收一角,牛一头收五分)以资挹注。过桥后沿山之西坡而行。二点五分过五合村,约十户。二点三刻经山凹中一村曰西陵,约四五十户,田位两山中,水利亦富。正值插秧犁田时期,一路尚清油可爱,不似城附近土地之干枯者。附近人家多瓦房。路极平坦。三点半到碧翔村,时阳光渐弱,气候凉爽,农人多忙于栽插也。碧翔村为墨江之精华所寄,居民二百余户,围于一土墙中。山中之田甚整,成圆形。周以山,而山不十分高大,皆青葱可爱。惟各山上,林木太少,对于环境尚欠人力。否则以此种地形,最为团聚,加以培植,不难为墨江县之世外桃园也。碧翔村自来人才亦多,如庾思旸即此间人士。文魁进士匾,所在多有,故文风亦盛。村落之位置亦天然增加其胜。村内新建义仓,两楼两层,远看极美,予等即借宿其中。是晚即由□区长招待请吃晚餐。因马连长先有信来,故已预备下。先行之马驮,则于予等晚饭后始赶来,已迟一点半钟。可见旅行中,大队更不可不审慎,否则如军队中,岂不害事。是夜天气凉爽。马匹则借关于乡长家。

本日途程:墨江县城……15……西陵村……10……碧翔村

五月三日 晨六时即吃饭毕,离碧翔村,出闸门即上坡路,坡度迂缓,六点四十分到达山顶,高 1720 m。继向东北面进,七点十分至金厂岔路分路处,山石皆水成岩(属粘板岩),林木极稀。大部为童山,惟有山箐中之隐蔽地带,生矮树耳。

墨江产金地以此为著,现仅小规模之开发,且产量有限。七点三刻到元[江]、墨[江]二县交界之大风丫口处。此地位于两山之间,路即由此穿过。立此风最大,故名。高度 1950 m,较前之山更高,然一片荒山。自此分歧,南亦可到金厂,西亦有小路可走,去元江路则为北向耳。山岭既大,陂陀起伏,惟路系新修,比较好走。大家在此休息。先于途中遇牛帮,让路颇不易,故路仍嫌其窄,若将来不加宽,恐来往马匹多,难于畅行。此行有殖边队马连长同路,对于护送实减少许多麻烦,且同行尚有墨江上省之家眷,一路极形热闹也。八点八分又行。十点廿五分到旦公寨,附近有石炭层露于外表。人种为多塔人[1]。高1620 m。村中约二十余户,耕附近梯田,或垦山地为生。略休息,十二点五十分又走。一点四十五分到大拉石村,亦廿余户,山中水充足,亦多塔人,居于山巅。到李保董荣昌家休息,瓦屋,建筑尚有规模,为多塔人中之汉化最高者。然观其妇人之衣饰及态度,则仍保其粗野之状。多塔人之在元江,分布于山地者甚广。凡读书识字者,皆为其族之领袖。两点又走,二点五十五分过一村庄,土作,人居约五十余户,草房土墙,位山坡边,高1900 m,村内极污秽不堪。即在此打尖休息。村中所耕者尽系梯田,水分充足,生产尚丰。以谷种一斗,可收获三斗五升。每斗米约重卅斤,约值四元左右,故米价已昂贵。该地兼产鸦片,但为数不多。人民不见十分殷实。三点一刻又行,继续上下坡。有数段未经修理,坎坷难于跋涉。或弯曲太多,易生疲劳。山之最高者到2060 m。四点十四分经小干岔,村中三户。廿分经干岔箐,由村右边箐中行。五点半钟,到大干岔马店,位于坡头,有马店两户,住民一户。人马到此,精神极疲。马店中亦龌龊,夜间铺行军床睡。风极猛烈,声为之吼,树为之动。马店系草[房],住人又杂,予极怕火星。令马夫将重要行李移至外面看守。事先不能不防,否则待事发始挽救,恐将受累矣。

本日途程:碧翔村……15……大风丫口……20……旦公寨……8……大拉石村……8……土作……30……大干岔

五月四日 六点廿七分离大干岔马店,即走下坡路,遥遥可望见元江县坝子。坡路至山之下段颇难走,一片焦土,无丝毫小林遮蔽。即坝子之四周山阿亦然。故元江坝之枯燥,一目尽睹。若当炎天或雨季,行路之苦,当无有甚于此间者。予等经过元江时,幸风伯极大,炎感为之减煞,故下坡并不觉其难过。九点行抵麻林冲,仅五六户,

① 多塔人,属哈尼族,系哈尼族的一个支系,主要分布于元江、墨江及红河州一带。

系在坡脚，建筑皆土库房，极矮小，每间高不及丈，宽不过丈余，以如此小屋，以居人，其闷郁之苦状，可以想见，无怪元江之无人不视为畏途者。凡旅此间者，大都现惊悸状。因天热，下坡不能乘轿，步行，细砂石，脚滑易跌。在此略休息，九点十分又行，预备一气赶到城区。十一点遂抵元江县城，入西门，经大街一条，街市亦宽，亦不见十分污秽之状。且苍蝇虽多，亦不如传闻之甚。借寓于人马客店中楼上。城中多土库房，平顶高眺，且屋宇相接，可以接足而登。惟嫌风沙大，室内灰尘，随时拂拭，随时堆积。江水萦绕于县坝之东北，枯水时可以涉渡。闻夏季则山洪暴涨，横肆飘流，高涨数倍。河中下流有盐船，面积不大，两船头尖形，上盖蓬，可载盐千余斤，下水均快，因船体不笨重。坝子内之稻田已打苞出穗，然禾极矮小，穗实亦稀，长不及五寸，颗粒不满五十，是农业之幼稚可想。眼中所见，败草浮萍，布满田中，足证人民之怠惰。闻此间年收两季，然以此种收获而言，则每年之生产，仍不如内地一次之收获。元江之农田水利，若再不振作，诚不堪设想。现任缪尔绰[①]县长，为久经老吏，在边地年久，此次接任，或有以善其后。予于夜间访缪县长时，特提出（1）改良农耕问题。（2）种植森林两事。彼亦认为目前当务之急。予又告以元江在云南迤南殖民史上，有巨大关系，望其加以注意，设法恢复。彼云元江当回逆乱之前，户口稠密，在万户以上，自经变乱，痛遭残杀，精华损失殆尽，自后终不可以恢复矣。

元江气候，因系平坝，四周皆高山，夏季苦热，冬季苦风。但在夏季风亦有，不过至热极时则无风而闷耳。予到时见满街皆露上身，衣不能着，汗流浃背。在热甚时，则夜间亦难耐。故为官为商者，旅居此间，无不感受生活之不惯。热带流行病遂往往而发，因之为瘴。居民有家产者，多迁之高山以避暑。缪县长刻亦正计划行政机关与地

---

① 缪尔绰，字仲渔，云南宣城（宣威）人。历任贵州大定、威宁、安顺等县知事，国民政府农商部农林司司长、渔牧司司长、绥远实业厅厅长等职。

方团队分驻地点之筹设。至气候方面,元江有谚云:“三月三,风上山。”又云:“一个人住在元江,一年要吃半个土基。”皆足以此表示该地气候之变迁。

在旅店中,天气炎热风大,不能耐。晚饭后马连长来偕出外至江边及孔庙等处一游。先访县长一次,因下乡尚未归,折回至县署始归。谈地方情形甚多。缪县长头脑颇清,对于元江情形,虽短期到任,而颇明了。对于兴办各事,亦颇能了解。甚望以后能身体力行之。十点始偕赴马连长处稍坐即归寝。夜间风大而热,彻夜勉强入梦乡。

本日途程:大干岔……25……麻林冲…20……元江县城

五月五日 今日途程远,故早行。五点五十分即离元江城,沿江边行。六点廿五分过小寨子,为花摆夷处。六点卅分过小铁桥,跨江之支流上,长廿七步,宽六步。铁链上木板系新铺者。七点廿八分到元江普济桥,系铁杆锁扣而成,一排十支,两栏再有铁栏围之,长一百卅步,宽五步。此桥议始于光绪丁酉(1897),兴工于戊戌(1898),落成于乙巳(1905),官经三任,时间八年,费款一万七千余金。江桥高370 m,其后时有修补,工程亦伟。桥距江面甚高,行其上,因桥太长,有震摇,马只能一匹过。予等到时,桥板新换,故过时不甚危险。在未换板以前,过者殊战栗。故在思茅时,即有人相告,元江桥难过。桥南有守桥者,有瓦屋一座,售茶水甘蔗,甘蔗系由干桩坝[①]运来者。八点四分过桥行,为上坡路,曲折而上。八点半到石水缺,为昔时设置装水以供旅客饮料。至此路已渐平坦。上坡予骑骡代步,否则必须吃力,因天热之故。九点抵二塘村,以前人家尚多,近来只剩一家,孤寂之状可想。高750 m,凡来往行人,至此必须休息饮水解渴。附近水殊缺乏。九点卅三分又行,越一丫口,即为下坡路,至一箐沟,□

① 干桩坝,即今云南省玉溪市元江县甘庄街道,此地气候炎热,盛产甘蔗、芒果等热带水果,有甘庄华侨农场。

一桥过沟，沟中有水，马帮多在此打尖。闻平日匪凡昌炽时，伏匪时出时没，戕杀人命之事即在此处发生。十点四十七分抵干桩坝。此地与二塘村之高度相等。附近为一坝，长约十里余，宽不过数里，水田已尽种秧。该处以气候关系，年亦只种一次。正月下种栽秧，至四五月即收获。甘蔗为副产，栽培甚多。凡元江城内所售之甘蔗，即自此地运去者。其价相差数倍，干桩坝每洋一角可得两颗，粗而高大，若到元江，则一角至多可得一颗，此交通之影响有如此者。谷种极肥沃，穗极长，不似元江坝之瘦削者。米价亦较廉，每斗合值洋三元一二角(每斗合廿四斤)。坝子中村寨大小约共七八寨，四百户左右。田地所有者为青龙厂。佃户完全为佃户，不过代耕后上纳租粮耳。近年租谷较前增加，故地价甚昂贵。闻民初本地土人曾赎回来一部分，后因农荒，至民七八又完全售出。今坝子中之居民，无一人有田土权。好在摆夷民性和平柔顺，否则如此严重之土地问题，不知又发生若干纠纷矣。坝子周围山并不高，苗秀清苍可爱。近来往客商，多在此打尖休息，因饮料及草料均不成问题。搭有一排六七间草棚，供过客之休息。常住家者二户，附近村中摆夷来售茶者数家，生意并不恶。今日因天热，途程亦已走去大半，故乘凉休息时间甚长，两点六分始行。二点三刻到干桩坝上坡处坡脚，略休息即行。四点廿分到土地塘，路已平易。四点四十分到青龙厂。

青龙厂为迤南要隘之一，有一关曰青龙关，昔时曾为产铜要地，今犹有余渣满地，后即停办。于今想年代亦绝不久远。厂有街市，住民约三四百户，有戏台一座，有寺一院，市场尚热闹，马店林立。

本日途程：元江……15……普济桥……15……二塘……12……干桩坝……30……青龙厂

五月六日 六点一刻自青龙关出发，于八点五分到马鹿汛河，高为 990 m，24℃，略休息，八点十九分又行，五十五分到马鹿汛，户口廿余家，高 1350 m，26℃。十一点五十五分到马鹿汛沟，皆深阱峻岭，路亦迂回，予于坡头，遇旧同学云龙人李幼祥兄，彼适由昆明来，赴景谷凤岗盐场任所，便查磨黑井之近况。予讯以省附近防共情况，得明了省垣亦极危险，未被共□党窥破攻入者不幸中之幸矣。便告以磨黑井之黑暗情形，曹场长之舞弊，胆子极大。谈约十分，以均系旅行，忙于前进即握别。又遇传教外国人（夫妇二人），女乘轿，肥胖镶入轿中，男则步行，似处处注意测量者。

十二点由相见沟底上相见坡，人马在沟中树下纳凉者甚多，予因有骡可以换骑，不停留而行。十二点廿分行至坡头，此坡极陡峻，弯曲甚大，临谷之一面则以石镶为级，周环拾级，骑上则可，若欲骑而下，恐遭危险。

坡头石级完而行土路，沙土作红色，堆积极厚。陂陀而上，其难于登陟，更有甚于石磴者。若遇暴雨骤降，则人马上下殊苦。一点六分行抵相见坡寨子，约廿余家，高1535米，因登山甚疲，大家在此休息，一点五十分始行。从此以后，即达其巅，已尽属下坡路。虽有起伏，亦并不大。四点到扬武坝，宿于马店中，主人□姓，原籍玉溪，迁此已数代矣。扬武坝为一小坝子，方圆不到十里，故面积仍小。坝子中以水量不足，尚未栽种也。扬武坝街则位偏于北部，有土城墙，高约二丈，南北土城内为贯通一大街，而开东南北三门。城圈内共约四百户，由外表看来，其繁盛处应胜过青龙关。因铺户马店均甚多，而街道亦较长。但游手好闲之徒多，仍为不事生产者。予等到后围观，视为奇怪，予以慎重起见，驻足不出门。到后大家谈省城时事，并烧烟，至十一点始卧。

本日途程：青龙关……22……马鹿汛……10……相见沟……10……相见坡寨……23……扬武坝

五月七日 晨兴，五点廿分(约天明后半小时)即自扬武坝出发。七点四十分抵大开门，住民廿余家，尽为土库房。此一段路约廿八里，完全在河谷中行。砂砾满谷，冲积而成。闻来往客商，对此段路殊苦，因砂砾行走困难而费力。但昨夜忽大雨倾盆，沟中尚有余水浸流。或间见有山谷中流出之黑色石炭汁。河谷甚宽，约一二里，其窄处皆为坚硬岩石锁住，天然力不能破坏者。东部山岭，炭层甚富，陵谷变迁，有露于外表者。据大开门所立碑文，知昔时该处谷中水必大，故设有义渡(光绪七年[1881]因桥毁，由巡宪沈观察创造义渡)。且原有桥以利来往，而两山夹谷中并不能行走。但以陵谷变迁，今已舍正路而经河谷矣。山谷系北向南，而大开门之村庄则在西隅。七点五十八分又行。中间在该村休息十八分钟。八点半经过一小铁桥，桥长三丈，宽四尺。附近不远，为安塘，亦土库房，约廿余户人家。九点三刻到罗里(俗名拉里河)，村庄位于南面山坡之上，约五十户。售零食、马料，或点心(凉饵丝等)者，临时搭棚于砂河中，以供来往脚夫人马之需。因为来往所必经，马帮不能不在此休息，故生意不恶。予因其无宽大草棚以遮拦，日光直射，令人难支，势惟前进到羊毛冲开稍。因罗里偏于一隅，为大路所不经，不能绕道而往，殊不经济也。略为休息，夫役等听其购买食品，到十点五分继行。仍曲折绕行于砂底谷中，山脚间有水田，村人以块石填土筑一高墙围之。中留五六十丈宽之河道，让夏秋水涨时之流道。墙埂上则种植竹子，以固堤基。一眼望去，环境并不恶劣也。十点五十八分到达羊毛冲村。

羊毛冲位于分水岭之山脚，山谷至此尽点。有马店人家，闻昔时为迤南马站之一，商旅甚盛。近十余年来，因附近伏匪时出抢劫，商旅遂宿此者少，近已绝迹。宁多费时而宿北面之坡脚，故外表已极荒凉，住民不上十家。予等休息于马店中。时将近午，测得高为1210—1250 m，24℃。今晨起身前预备有饵块，带走者少，大部留于后面，勉强炒吃以充饥。在此处等待永侄等牵马来骑。时间耽搁太大，遂于马店中烧烟，到一点一刻始起身。出门即登山，约一点钟之时间，方登至顶点，而山岭则翻过数重矣。二点四十分测得1770公尺。二点五十五分，休息于山箐中。盖已翻越山有五层矣。

此一带山大都经过浸蚀后，倾塌甚大。将来山陵变迁，恐路线亦必为之影响。予等所经数处，土层如刀削而堕，行走极险。满山皆松林，然稀疏不密。三点又行，三点一刻到老鲁光坡头，住民十余家，铁匠数家，尽为土库房，生活简陋。为今日所登最高处，高1820公尺，温度约在20℃。自此以降，尽属大坡路，且极宽平。于三点五十八分抵坡脚。

坡脚为新兴之镇市，住民稠密，在两山夹谷处，(顶点)亦即峨山分水岭之起点，属峨山县管，有居民五六十户，马店客栈甚多。建筑有楼房，而十分之八皆为土库房。家家户户相联，屋顶平坦，可以相通。人家凡晒衣服，打粮食，几皆利用土台，以其平坦光强而有风也。此吾滇迤南之特色，不同于迤东迤西者。此或为气候的因素为多，实使之适合于环境耳。

今晚人马分宿，以马店太旷，且有人店可以供宿。在一人家楼上，为全村较为优等之旅店，楼三楹，分隔两间陈铺位，供客宿。取价不昂，每人每日现金五角，而供伙食。蔬菜已有，自做。来往客商甚多，人马店均满。坡脚高1670公尺，气温适宜，不寒不燠，约在摄氏22度左右。

本日途程：扬武坝……28……大开门……20……罗里(拉里河)……12……羊毛冲……23……鲁光坡头……16……坡脚

五月八日　距省愈近，归心似箭。晨光初晓，即自坡脚出发，沿山谷中行。溪水潺湲，禾田初插，晓露未干，清新可爱。对于旅客，精神倍增。且路宽平，或间有镶石，行走甚便。六点一刻，经小铺子村，十余户，四十分经白沙湾，亦十余户，皆位[于]山坡边，因大路旁溪水之左岸也，与白沙湾相对，而在溪水之右岸者为望火村，十户。七点八分经高涧漕数户。二十分经大荒地，三户。廿五分经大麦地，约十户。人家皆耕梯田。两山逼窄，夹小河而流，以下山谷更隘。总之此一段山谷，因位两山间，水源不缺，有梯田可耕，村落甚密，住民分布不少，且远望有数村人家不少。地理影响于人生，由这些处很可以看出。尤其云南山多田少，人民因生活粮食之重要，不能不选择环境以图生存也。似此山水秀丽之区，人民生活殊优裕也。八点半钟到青苔坡，三十户，山脚居住。自此以下，山谷又复开展。八点五十分即入于峨山坝子边境，溪水因萦绕而下，其量增大。当新雨之后，水色深黄，冲刷泥沙以俱下。故对于峨山坝子极有利，农田甚肥。时见农家正开始栽插，殊形忙碌也。

九点抵峨山县城，测高 1490 公尺(温度约 24℃)，县城内戒备甚严，因近省各县闻共党自黔窜滇，极为惊惶，城门半开半闭，驻地方团兵守之，对于来往人皆盘查甚严。是日予等入城，大家殊注目，不知因何公事到此，告以故，始得入城。觅一县署隔壁之小茶馆中休息。访县长，适起，告以经过该县，请换派团兵护送。县署尚整洁。县长新任事不久，昆明籍，小同乡也。叩以省城近日消息，彼告近日稍松，前一周甚吃紧。辞而行，意表示欢迎休息一日，予以赶回省城，不能再停，遂于十点廿分又自峨县出发。出东门，见正修葺城门及城墙。中国人往往对于一件事，皆临时抱佛脚，事先丝毫无准备。本来不论任何地方，应做之事甚多，任地方官者，除搜刮报效上司外，其他亦无所能。可怕哉！国家之前途。

峨山坝子不大，直径不上五里，然以其肥，人烟稠密，不亚于昆明与玉溪也。出东门外约里许，即转向北走，即有山岗。十一点三刻行至峨玉两县交界之山凹处，有碑立此。十二点十分经德化寺，人家三户，高1670公尺（23℃），系位于山坡头。东北为往玉溪之大道。十二点四十分到横水塘，在此休息。脚夫做午餐。横水塘有住民约四十户。今日行程甚快，至此因为一站程，而宿处。因急于到省休息之故，尝与脚夫等言明，若能赶到，则站数仍照惯例付出，以此脚夫情愿赶路也。

一点四十分又行。两点一刻到上家庄，居民百户以上，有市街，有围墙。入镇须自棚门。二点四十分到研和镇大街，居民三百余家，店铺五十余家。予晌午未吃，腹中饥饿，就街上所开之米线馆吃汆肉米线，风味甚佳。街场宽广，可容数千人至万人，为玉溪县境内最大之乡镇。三点卅三分到郜坡，四点十分经糖梨树村，约七八户。太阳已渐渐西偏，幸大路宽，且自研和街以后，行不久即行至汽车道上。

四点半抵高仓村，休息。约百户，此间为明雷尚书故里，有碑镶于其祠堂之□上。——“明故太子少保经筵讲官，文渊阁大学士礼部尚书雷公石庵[①]公神道……光绪卅四年（1908）严天骏[②]”——有碑纪其事。祠内现办有小学校一所。于四点四十五分又行，奔走慌忙，精疲力倦。五点半，始到玉溪县城。

六月廿六日　由二马路扬子饭店十二点出发，仍乘该店汽车赴北火车站。以军用票二张，购得二等车票一张，三等车票一张，另购得三等车票一张。偕陈策侄及继康侄同返京。付给汽车及小

① 雷跃龙（1602—1661）字伯麟，号石庵，云南玉溪人，明万历四十七年（1619）中进士，被选为翰林院庶吉士，后被崇祯重用，擢升为吏部左侍郎、育英殿大学士兼礼部尚书、太子少保、经筵日讲等职，著有《逸余集》、《葵草集》等。

② 严天骏（1868—1927）字仲良，号仲叟，云南玉溪人。曾留学日本，归国返乡后，积极兴办学堂，传播新学。宣统二年（1910年），任湖北省长阳县知县。辛亥革命后，辞县令职赴京，被选为众议院议员。

账共五元。车上遇南中旧生刘君，现在上海复旦求学，以放暑假回家。谈两年来入复旦商科所研究之学科，似对于学业颇有研究心得，一般常识亦极丰富。对于在南中所得地理知识，亦表示得益不少。车中告以一年来回滇边调查之情形，沿路谈天，并不寂寞，至午后七点四十五分即到京。车为特别快，共费六点半钟。以夏季天尚未暗，下车后始渐暗，而电灯明闪矣。予单独搭公共汽车返寓，行李则交由陈策等二人照应入城，到家后家人殊为惊讶。略坐又新兄来看，大喜过望。略谈片刻，叙别怀。相约出外至月宫(杨么井)夜餐，并邀叔禺兄来。餐后约再返寓谈，告以此行结果，对公对私，均堪告慰。是夜天尚不为十分炎热。谈至十一点遂别去。予以疲劳之余亦早卧。

六月廿七日 赴外部报到，先见胡科长，表示淡然，又见刘司长(欧美司)，便将大概情形向之陈述，继问见徐次长及汪部长时期，徐次长约午后四点会，午后又往会徐次长，在其会客室内待半小时之久，始见面，表示慰劳意。予亦略将调查要点向之陈述，谈到会汪部长事，彼意汪部长事忙，俟决定后再通知。至于追加经费，望与刘司长商洽。予即返寓。

七月七日 今日星期，同乡会滇缅界务促成会开会于旅京学会，时间定为上午八点。而学校亦自今日开始招考新生，予担任监考，先到校发卷后，即雇车赴高楼门学会。促成会委员到者仅十余人，迟至十点始开会。由叔禺兄主席，将开会理由说明后先请予报告。予将昨日所预备之报告概要，顺序报告，至十一点半。李元凯后到，由其后报告。彼完全敷衍，东凑西凑以完事。

予本日对外部与英订原则及不能将欠费发下，极为愤慨。

学会拟办补习学校，扩大组织。开会已到十二点半。予提议学会为酬劳解瑄对于学会之热心，应就今日到会人共送其行，款由学会开支，限制在十元以下。大家赞成，遂往黄泥冈小吃。同去者海秋[1]、叔禺、少颐、胡才昌、文白，渭滨等人，一点半始散。谈到建筑事，叔禺提议砖瓦拟请李伯英先生捐助。予与海秋于饭后偕往访之未遇(傅厚岗九号)。三点到校监场。闻田儿今日来校玩，爬上池塘边水门汀栏杆，皮鞋滑跌池内，幸逢考期人多，临时仓惶，由校工杨某下水救出，否则又遭灭顶，有性命之虞，此亦不幸中之大幸。以跌池时间短，精神不久即恢复。予转回家率其赴苏樵三医寓诊视。据云：尚无大碍。小学校中既打防疫针。恐其受惊，略服药即愈。

七月八日　今日到校监考一日，四点返寓。刘琴五来寓访未在，到校见面，托关于伊弟入学事，为之谈妥。八点又赴鼓楼饭店访马君。据店伙云：离京已三日，不知何往。此人真怪哉。

七月九日　八点到校阅考卷，上午看完六十八本，成绩不见佳，下午二时续看，至五点三刻休息，又看一百余本。沐浴。六点半赴夫子庙六华春，招生委员会请客。至九点散归。本日付还中华书局所借赵子仪借款五百元。

王驾吾[2]兄来函，对于子厚兄会款，望交十元，拟日内送去。又杨瑞麐兄来函托考生事极困难，并赠书一册。

七月十日　晨七时起，昨夜三点即醒，恐受暑伤风喉头痛，即漱口服福美明达片。天明较松。七时半赴校犹微痛。纸烟不敢吸。隔半小时服一片，至上午十时即愈。看卷极苦。中午小睡。命居贵将子麒代寄之火腿、茶叶等由邮[局]取出。午后二时继阅，至夜十点半始毕。十一时回家。午后五点半洗身。

---

①　张海秋(1891—1972)，白族，云南剑川人，林业学家，曾任中央大学农学院教授，云南大学农学院院长。

②　王驾吾(1900—1982)，名焕镳，号觉吾，江苏南通人，著名文史学家。毕业于南京高等师范学校，曾任江苏省立国学图书馆保管、编辑两部主任，浙江大学图书馆馆长，杭州大学中文系主任，浙江省文史研究馆馆长。著有《墨子集诂》、《墨子校释》、《先秦寓言研究》、《万履安年谱》、《万斯同年谱》等。

七月十一日 八点入校，写信拍电，午饭后小睡，未熟，即被校役李升叫醒。朱庭茂兄约，以有事辞去。两点半赴中大访同乡施章及胡才昌，均未在。随访吴中伦君于科学社，关于在云南所借款，请其设法归还。天气甚热，即返校。

夜间对密封，到十点半始毕。八点驾吾兄来，取款卅元而去。午后又与汪本然兄谈销售正中书局出版科书事，决定在云南暂作推销。函实若、子麒等筹备。

七月十二日 晨八时起，气候已热，上午已升高八十度以上，故闷极。整理云南邮包。送欧阳大师鸡山笋二把、圆茶二块、大头菜二斤余，合三包送去，另送秋逸茶叶二块、鸡山笋一把，略表远行归来馈送之仪。闻大师问予何日返京，予以事忙，到京畿两周，尚未暇往拜望大师也。今日特先送礼物去，并整理送董望翘姻姊茶叶两团，系景迈茶山定制者，另外大头菜约两斤耳。午后天热未赴校，即在寓看《滇事危言》(保山闵君辑)并云南省教育会编《滇录》二书。四点沐浴毕，即赴施章君之招饮于鼓楼黄泥冈春风小啜楼川菜馆。中央研究院同乡方、李、甘三君外渭滨、叔禹均被请到。施君此种请人，盖有作用存想。然予不愿多说，势必感其情，不能不去也。近八点散，偕叔禹及渭滨同步行至新街口中央花园饮冰及汽水，坐谈至十点半返家。气候热闷，纳凉至十二点卧。室内空气逼人，真不易眠也。

七月十三日 晨八时起。九点赴校，看杨辑《滇事危言》。午饭少农同餐。二时盛仲宾来谈关于回滇经过旅费及手续。予罄告之。四点开招生会。结束发牌事。夜偕少颐、毓灵、胡才昌等往观大鼓。十二点归寓。天热达九十度，入室不能耐。

七月十四日 昨夜天热难支，一夜不能成寐，精神极疲。晨间光极强烈，令人生畏。在家迁移房间，令侄到校睡。午后姻亲萧大中来及诸葛振公来。五点理发洗澡，特往访王少尧姊丈。恐其生病未来，至其寓所，知已外出，心始安。七点赴外部刘琴五司长之宴。十时返。天变降雨。

七月十五日　昨夜三点后钟始得眠。晨八点半始起。看克氏《云南地理调查报告》。午后两点赴校，阅携来关于界务交涉档案。洗浴。五点半应成斐然[①]之招，偕赴新都影院观影片。至八点到新都餐馆夜餐，系中菜西吃。旋赴花园纳凉。十点半归。六点又新来，要代出题目，并代考，予未在，留字而去。

梅轩托代购铜床等物，俟其友人款到再设法购。

七月十六日　昨夜天气较凉，且神气疲倦发，十二点半即睡至天明。七点起床，晨间气候阳光甚烈。到校路殊短而汗流浃背，脱去衣衫。十点少农、亚衡等来，即开教导会议，至十二点始结束。饭后小睡，汗流不止。将参考材料(滇缅界)登记以备查。五点半洗身，六时回家晚餐。今日吃西瓜两次，夜间在家乘凉。海秋来谈，便将乌铜青云墨盒赠送之。

七月十七日　今日天晴而仍暖，本拟入校看书。恐到校犹不及家中之凉爽。故取《滇南界务陈牍》一书阅之。午后小卧。又看界务档案。夜间休息。今日送张莼鸥公馆礼(火腿罐二盒、大头菜斤余)，又送李伯英先生礼，腿罐四盒、茶叶三团。夜间气温未大降，约在八十八度零左右，无风而闷。

七月十八日　晨起，九点赴江苏银行算一年来利息，约一百廿余元。十点入校看报。午饭后小睡，看滇缅界务档案。四点半沐浴。五点访徐养秋[②]先生，六点赴三牌楼农学院看附近农院之山地，学会

---

① 成斐然，名成章，字斐然，时任江苏省立南京中学英文教员。

② 徐养秋(1886—1972)，字则陵，江苏金坛人。现代著名教育家、历史学家。著有《汉代教育史》。曾任南京高等师范学校教授兼教育科主任，南高师改为国立东南大学后，继续担任教育系教授兼主任，并主持创办了国立东南大学附中。1928年受聘为金陵大学教授，并担任金大中国文化研究所所长，同时还担任外交部条约委员会专门委员。

拟购。即便在张府晚饭，菜蔬极不洁。饭后访吕羽生兄未在。又访可庄兄，时近十点已睡即归。吃西瓜乘凉，月明山青，至十二点半始卧。

九点郦衡三兄来访，谈约一小时而别。午后接周光琦弟函，谓其暑中补课，决不返京。又接李沛群兄自昆明来函，内夹赠像片一张。

七月十九日 八点起床，闷热无风。看档案，并命田儿等写字看书。午饭后小睡。天气忽变，三点到校仍闷气。整理所搜地图。五点半回家。八点偕家人往新都影戏院观影片，十一点回家。院内装冷气殊凉，出外则大变。然天油然欲雨，到家已飞雨点，温度降至八十度。

今日中华书局来取云南实若汇款，约八百元（以 96 滇纸作算），予允于至迟三日内送去。

七月廿日 晨八点起，九点往半边街内学院看欧阳大师，大师谓予有古风，到后送云南土产茶叶、笋、大头菜等物。先生谓年来时代予祝福，予殊感谢先生之至意，随时记念。并问云南旧知，尤记念徐梦麟，予告以其近状。又与秋逸谈。对于此行经过，及政府对于追加经费未能即发，殊为愤慨。现主权在财政部，故已托友人向财部国库司代为疏通云。午后小睡，三点肖堂兄来谈。四点半洗浴。赴图书馆访柳翼谋[①]师，已外出。与驾吾兄谈至六时，将家乡所做之乌铜青云墨盒送赠。六时转赴访周叔禹兄。略谈偕往应李伯英先生之宴。

---

① 柳诒徵（1880—1956），字翼谋，亦字希兆，号知非，晚年号劬堂。江苏镇江人。曾应聘为南京高等师范学校国文、历史教授，1925 年北上执教于清华大学、北京女子大学和东北大学，1929 年重返南京后任教中央大学，并曾任南京图书馆馆长、考试院委员、江苏省参议员、第一届中央研究院院士。柳诒徵著述极丰，其力作有《中国商业史》、《中国教育史》、《中国文化史》和《中国历史要义》等，并创办《学衡》杂志、《国风》半月刊、《史地学报》等学刊，是中国近现代史学先驱，中国文化学的奠基人，现代儒学宗师。

罗家伦[1]、段锡朋[2]、张之江[3]、谢无量[4]等皆被邀在座。便中与罗家伦谈南段未定界事。客散后予与叔禺兄在李府又谈至十一点半始辞谢出。散步行至鼓楼始乘公共汽车回寓。十二点卧。

闻家人云：孙楚才[5]兄来访，留一片告外部追加款，财部已签送到审计部，大概不久可望核发，否则予实无办法云。

七月廿一日　七点半起，天凉。访楚才兄，问其代向财部探听消息。彼谓已送至审计部，明日到部当可得其详。约其赴夫子庙早点，彼兴趣冷淡，自断弦后愈消极。予偕田儿赴奇芳阁，吃茶人甚多。予仅下面一碗，吃至半碗即返家。绍尧姊丈约午餐。谈天至十一点即赴夫子庙。一点回寓。午后又赴国民大戏园看电影。五点归，小睡。六时洗浴。七时晚餐。夜降雨未晴，未出外。

七月廿二日　昨夜天气因受台风影响，已凉，今晨亦有风。九点赴审计部访楚才兄，问外部追加费。查尚未送，乃请楚才兄同往财部

---

① 罗家伦(1897—1969)，字志希，笔名毅。浙江绍兴人。"五四"运动中，亲笔起草了惟一的印刷传单《北京学界全体宣言》，曾担任国立中央大学、清华大学校长。

② 段锡朋(1896—1948)，字书诒、书贻，江西永新人。"五四"运动时，参与组织学生集会游行，被选为全国学生联合会会长，是学生运动主要领导人之一。后出国留学，回国后任武昌大学历史教授、广东大学历史系主任、国民政府教育部次长、国立中央大学代理校长、国民党中央执行委员等职。

③ 张之江(1882—1969)，字紫珉，号子茳，别号天行，河北盐山人，西北军著名将领，曾任察哈尔都统、西北边防督办、代理国民军总司令、国民政府禁烟委员会主席。后任中央国术馆馆长，1936年曾选拔武术队参加第十届奥运会，是中国国术主要倡导人和奠基人。

④ 谢无量(1884—1963)，原名蒙，字大澄，号希范，后易名沉，字无量，四川乐至人。清末任成都存古学堂监督，民国初期任孙中山大本营参议等职。之后从事教育和著述，曾任国内多所大学教授，是近代著名学者、诗人、书法家。

⑤ 孙楚才，即孙士枬，字楚才，毕业于南京高等师范学校文史地部，与周光倬为干亲家。

国库司探听签送外部款，云于本月十八日送赴外部。时已近十二时，乃转往中华书局，打电话问外部刘司长。据说一礼拜内可以发下，予殊以为外部似此太迟缓，但亦无可如何。午后，三年级学生被开除之秦、武等二人请求向校当局请求，但与张海陆谈后，去者数人，无结果而散。六时在程预生府玩牌，至夜十二点始归。

七月廿三日 晨起甚迟，已八点半，因昨夜不得安眠之故。外部胡科长有电来约谈话，特往访之。此人完全官僚习气，谓款已有消息，但刻适由财部将支付令送来，正赶办送审计部签字，大约一星期内可以发出。原来款追加甚早，部中催促再三，以手续迟缓如此。态度不甚雅，似有讥讽意。予漫应之，以为部中如此办事，亦可见效力矣。且财部本月十八日即已送外部，何以又说才送来，一味官僚习气口吻，尽是敷衍。内容我概清楚，再说亦无用。

又问予何日造报销，予答以各种手续齐备，当可造报销，若限期则无法，目前只有赶办，总务司催亦枉然。予视其谈话口气，十分不高兴。欲访刘师顺司长一谈，以其事忙即返。往江苏银行取款八百元，送还中华书局云南庄实若所取之款。时已近午，本欲访中央政治学校范君，探其两次来访之意，以时迟改期。

午后小睡。洗浴。九时李乐山命其子来请客。晚餐后偕内子赴叔禹兄处。予约赴中央电影检查委员会试放所摄边地影片，内子则为探望叔禹夫人之临盆。

七时与叔禹同往试看，便观送片检查，为苏俄 1917 年之红白两军战史，描写红军之勇敢。予所摄之片，因摄时太快，极影糊，予此行时间、金钱、边地种种关系方面，皆令人失望云。十一时同乘公共汽车返寓。

七月廿四日 晨七时起，八点赴中政校访同乡范君承勋，因彼已来访二次，不能不回访。见面后知彼关心家乡事，特将予所知情形告之。尤其边地如思普一带，希望更大。谈至十点予始辞赴校，拟具意见书，将序言大段拟好。提笔所思，尚有兴趣。午后在校中吃，饭后小睡，又续加整理。至五点洗浴。五点半往理发。七点赴夫子庙利涉桥老万全应柳先生之宴。在座为卢、束二君等八人，至近十点散，即归家。

七月廿五日 昨夜三时田儿忽腹痛，家人唤起，略服八卦丹即安静如常。约九点赴校。崔萍村先生来看携来之矿石，以西盟及芒市所携来者质为最佳，属铅银矿。十一点各散去，予始翻开稿子提笔继书。午后小睡。三点又提笔，将报告书之序言一段草成。洗澡。带田儿等往大中华商场购皮鞋及衣服。六时半，率家人赴胪政牌楼应李乐山生第二子弥月之宴客，共四桌。九点半散席归。十一点卧。

七月廿六日 八时入校，开始再整饰序言。看报。午后天闷热多汗。仍执笔续孟定以后的工作。将王玺之日记修改列入。五点洗浴毕。六时一刻赴老万全，同班同学欢迎唐肇祥兄。相隔十余年未见，一旦把握甚欢。至八点半散。偕楚才与干女同赴国民[大戏园]看影戏——果然夺得锦标归。十一点一刻散归寓。天闷不能睡。

七月廿七日 晨起甚早，偕田儿赴校，将孟定派人调查邦弄及班洪间一段草好。天热闷，闻在百度以上，难奈，但亦不能不作。田儿在校纯，写字后当飞机等。午后小睡，接寿增来函叙不必由外部保荐事。六点半赴老万全应卢翼野[1]、郦衡三昆仲之宴。后又谈襄社事，至近十点始散。

---

① 卢前(1905—1951)，原名正绅，字冀野，自号饮虹、小疏，江苏南京人。毕业于南京东南大学，曾任江苏省立南京中学国文教员，后受聘在金陵、暨南、四川、中央大学等国内多所大学任教。抗战胜利后，曾任南京市文献委员会主任、南京通志馆馆长。一生著作丰富，并搜集、整理、刊印了大量古籍，其著作有《明清戏曲史》、《词曲研究》、《冶城话旧》、《东山琐缀》、《春雨》、《绿帘》、《金龙殿》、《齐云楼》等，内容涵盖学术评论、笔记小品、传奇剧作、散曲、诗词等多方面，此外还校刊刻印了卷帙浩繁的《金陵卢氏饮虹簃丛书》等。

七月廿八日 晨八点赴学会开界务促成会，对于商酌方法，殊困难，勘界只有失败。谈至十二点散，约往鼓楼四川馆小吃。午后访张文白兄及滁青兄。会见段雄飞兄夫人李女士。后往廖可庄处。玩牌至夜八时归。

七月廿九日 八点赴校，精神欠佳，而元、田二儿同在一处，玩癖不纯。今日整理孟定交通，颇为费烦，终日未定稿。六时离校返家。

七月卅日 七点起，七点半赴校，今日天气较凉，风大。田儿偕去。关于孟定交通路线，极费脑筋。午后至五点半返家，晚饭后赴高楼门访徐养秋先生，谈外部款种种手续完毕，已领到手，何以至今并未通知，此实由部中官僚习气太重之故，请代问明电话告知，并谈南段未定界照目前办法，全系外部敷衍云南，并不顾虑一切云。予又告以云南情形民气，与北方不同，地形亦不同，故云南实无不似北方之易为帝国主义者侵略。八时又赴华侨路访望翘及馨吾三姊。九点半归。

今日王玺来信，述病已经月，近始愈。对于外部处置事，颇不满，向予索款。

七月卅一日 晨八时赴校，续拟班洪稿，颇费脑汁。天热，午后五点洗浴，六时回家休息。八时又新自杭沪参观归来谈，至十时去。云南教育厅龚仲钧复函，对于光琦弟津贴已蒙照诉。

八月一日 八时到校，略休息，约九点三刻赴建业路邮局，取到李梅轩兄所寄之保险信，内装中央纸八十元，系托代购铜床者。即搭公共汽车赴外交部，先访徐养秋教授，本已预备介绍于总务司会计科长，未在，复上楼访欧美司刘司长。彼尚不知款已签送来部，电话问会计科，云今日已赴银行接洽，明日可望领款。政府机构办事如此，黑暗重重，明明财政部于七月十八日签送外部，外部又送审计部，该部因有楚才兄在中疏通，送到之次日（大约系七月廿日），即签发外部。外部收到此份款项，盖已十日，何竟如此设局，明知其内中别有用意,然急亦不在此一二日,又何必戳穿欤。

午后将班洪经济及生活大体完结,适三点半海秋兄来谈关于学会内部组织预备班事,已约定武渭滨兄,予以为时间已迟,天气又热,不能不洗澡。又电话约渭滨到三新池相会,即偕海秋同出。三新池内大致已谈有眉目,六点半始出。赴夫子庙,山西晋华春小吃,所做面菜,已不似以前西北饭店之优。九点半归,十一点卧。

八月二日 五点半醒即起,六点半赴校。神极疲,略休息即睡着于椅上。拟整理稿已九点半,即搭车赴外部。第二科胡科长尚未到,约待即到,始谈到领款事。由彼先电话问出纳科,谓可以领款,即偕赴总务司。因手续未妥,待至十一点半始取到手,合壹萬零七百四十八元之四个月追加费。适正午,即搭公共汽车赴中国银行(内桥)支付转帐,预存壹萬元,取七百四十八元,即归。午饭后小睡。三时看英文关于缅甸书籍。以时迟未赴校。夜八点偕家人赴新都大戏院看法国历史片《基度山恩仇记》,十一点一刻放毕归。

八月三日 八点到校,今日成矿区及炉房一节。午后三点天大雨,至五点半止。楚才电话方圆圃来,约六点在老万全聚会,到梓溟、肖堂、振午、楚才及予五人,夜听戏至十二点归。

八月四日(日) 九点起,季勉兄来约赴内桥金钰兴早点。十点半偕返校谈天。十二点季勉始辞去。午后出警高[①]地理题。六点成裴然请看电影,偕元女田儿同去。八点归。饭后看东亚史,十二点风渐凉,爽睡。

八月五日 八点半到校,王达刚来京,住大华饭店,特往访之。便约明在老万全便餐,薛□□、胡肖堂、少农、预生、亚衡、裴然等请作陪。胡肖堂父□加入。用费十五元,后偕预生、裴然听大鼓,至十一

① 警高,即南京内政部警官高等学校。1936年国民政府为统一全国警官教育,将内政部警官高等学校与浙江省警官学校合并,成立中央警官学校,使之成为民国时期培养警察干部的最高学府。

点半归。

八月六日 八点半到校，十一时凌放庵来，谈别情，感其盛意，留在校吃家中送饭。海秋电话约明晚学会开会。楚才约星[期]四晚饭。晚饭后赴叔禺家，约往新都看电影，十二点归。

今日完成班洪问题之近因一部分。

八月七日 九点到校，焕庸[①]晚间请客于老万全，晓峰回来，同宴地理系同人之故，乘船游秦淮河。十一点回家。

八月八日 九点半到校赴国防会访晓峰兄，未到会。转赴城北文昌桥访谈至十一点半返校。午后编班洪英人侵略之情形。六点半应孙楚才之招。夜到鸣凤听大鼓。十二点归。

八月九日 在校编报告书。今日台风来，暴雨数次，晚方放晴。

午后六时约冀野、驾吾、衡三诸友在老万全聚餐，凌放庵亦请。

八月十日 上午赴测量局接洽印地图事，由倬私人函该局请代制印，请由少熙代介绍。午后仍作报告书。六时半赴六华春驾吾之宴。

八月十一日 今午家中请庞臣及萧大忠夫人吃饭。予仍在校工作。天晴热闷。夜赴赵三姐处坐谈。写信托伟□表妹在上海代庄实若购□烟茶寄滇。

八月十二日 七点警官高校来汽车，乘赴考试院监考史地，此亦又新兄人情，不可避免之人情。十一点返寓，偕田儿赴校，参看《滇南界务陈牍》及《滇事危言》，终未得写一行。三点半驾吾兄来。五点后

---

① 胡焕庸(1901—1998)，字肖堂，江苏宜兴人，毕业于南京高等师范学校文史地部，后留学法国。回国后曾任中央大学地学系教授、地理系主任、气象研究所研究员，中央大学研究院地理研究部主任，上海华东师范大学地理系主任，著有多部中国地理和经济地理的专著，是著名地理学家、地理教育家。

往访郦仲莲兄，往访王伯沆[1]先生。因到中大看卷，待至五点半始归寓，谈至七点辞去。予送乌铜青云墨盒及茶叶一团，伯沆先生极高兴，觉礼太厚。予尊师既返滇，不能不有所送赠。王先生亦赠对联一付。

今日代李梅轩代向大华订铜床二张。由上海本厂发。收到测量局及测量学校函各一件。

① 王瀣(1871—1944)，字伯沆，一字伯谦，晚年自号冬饮，又别署沆一、伯涵、伯韩、无想居士等，是清末至民国年间著名的国学大师，博通经学、理学、禅学、诗、文、书、画、篆刻，曾先后执教于两江师范学堂、南京高等师范学校、金陵女子大学、中央大学等院校。

猛阿土官属寨

(一) 猛阿本寨 司官——布法

1. 户	55	有田 43	寡 6	帮工 6
2. 种	135 挑	产米 10000 驮(25 倍)		每箩值五毛
3. 副产	甘蔗	茶 1000 株	凤梨 5 户	
4. 牲畜	水牛 80	黄牛 60	猪 100	马 30
5. 教育	大佛爷 3	小和尚 15	识字 26	

(二) 蛮朗 头人——线洪普

1. 户	36	有田 28	寡妇 2	帮工 4
2. 种	92 挑	产米 800 驮(25 倍)		
3. 气候	九十月雨大	南马河	南谷河(私有)	
4. 副产	凤梨 500 棵	烟草 15 家		
5. 家畜	水牛 54	黄牛 46	马 10	猪 60
6. 教育	大佛爷 2	小和尚 14	识字 15—16	

(三) 寨名——蛮刚 头人——布线猛闷

1. 户	30	有田 21	寡 2	帮工 27
2. 种耕	70 挑种	产米 700 驮(25 倍)		南马河,天雨
3. 副产	甘蔗三家糖 150 斤		草烟六家 160 斤	
4. 牲畜	水牛 30	黄牛 28	马 2	猪 50
5. 教育	大佛爷 2	小和尚 10	识字 1	
6. 生死	生 7	死 9	痢、疟	

(四) 寨名——回讲 头人——线温很

1. 户	20	有田 14	寡 2	帮工 4
2. 种	40 挑种	产米 350 驮(25 倍)		南马河,天雨
3. 副产	甘蔗六家糖 200 斤	芦叶二家 20□(每□五毛)		
4. 牲畜	水牛 26	黄牛 14	马——	猪 30
5. 教育	大佛爷 1	识字 3		
6. 生死	生 2	死 2		

(五) 寨名——蛮便 头人——线新罕

1. 户	35 户	有田 30	寡 2	讨吃 3
2. 耕	65 挑种	35 倍	够吃 南马河	回龙亦河
3. 副产	甘蔗六家	320—360 斤	凤梨五户	1000 棵左右
	草烟三户 36□		经商三家	盐茶
4. 畜	水牛 40	黄牛 40	马 15	猪 50
5. 教育	大佛爷 1	小和尚 10	识字 10	
6. 生死	生 15	死 8		

(六) 寨名——南波　头人——线拔罕

1. 户	8 户	有田 5 家	寡 2	无职业 1
2. 耕	5 挑种	(25 倍)	10 挑种(20 倍)	
3. 副产	草烟 5 家	30□	够吃	
4. 畜	水牛 8	黄牛 20	马——	猪 5
5. 教育	大佛爷 1	小和尚 4	识字 5	
6. 生死	生 2	死 3		

(七) 寨名——龙海　头人——线聋

1. 户	10	(做米花 5)		
2. 耕	20 挑种	400 驮	30 倍	
3. 副产	甘蔗 3 户 200 斤	草烟 3 户 24□		
4. 畜	水牛 10	黄牛 10	马 10	猪——
5. 教育	大佛爷 1	小和尚 5	识字——	
6. 生死	生 3	死 3		

(八) 贺养　头人——布线

1. 户	20	有田 13	寡 3	帮工 4
2. 耕	40 挑种	500 驮	1 挑产 20—25 挑	天溉
3. 副产	甘蔗 2 家 20 斤		凤梨二户 200 个	
	经商盐茶者二家(盐每斤合三角至四角)			
4. 畜	水牛 13	黄牛 16	马——	猪 16
5. 教育	大佛爷 1	小和尚 3	识字 3	
6. 生死	生 3	死 2		

(九)寨名——安蛮

1. 户 6 有田5 种地1

2. 耕 10挑 产250挑 够吃 种地1挑

3. 副产 甘蔗1户 40斤 草烟3户 20□
凤梨1户 100斤

4. 畜 水牛8 黄牛15 马—— 猪6

5. 教育 无佛寺 识字1

6. 生死 生3 死2

(十)寨名——那养 头人——不给

1. 户 12 有田4 种地3

2. 耕 种8挑(私田2户 公田2户) 110驮(25—26倍)
南马河三户 南养河一户 种地1.5挑(30倍) 不够吃计二月

3. 副产 甘蔗三户 110—120斤 烟草二户 5—6□

4. 畜 水牛4 黄牛16 马—— 猪——

5. 教育 无缅寺 识字2

6. 生死 生1 死2

猛马属寨

(一)蛮弄(猛马大寨) 头人(土官)——召捧

1. 户 93户 大寨63小寨30户(大种田40户 小种田20户余帮工)

2. 耕 宣抚种6挑 土官种15挑 共种350挑

3. 副产 茶十五户 每年收30驮,六、八、十二月三次采 春水茶一驮20元,八月二水茶一驮18元,十二月谷花茶一驮20元销本地
甘蔗每年收100驮 两斤值二角半 蒜、豌豆、蚕豆等,棉花

4. 教育 学生11人

5. 宗教 大佛爷3人 小和尚12人

6. 畜 水牛80 黄牛20 马30 猪70—80

7. 生死 生20 死10以上

(二)贺解——属猛马 头人——鲍南康

1. 户　17户　种田15　寡妇2
2. 耕　宣抚私种4挑　外84挑（每挑收25挑）
3. 副产　落花生年收150挑　每挑1元
4. 宗教　大佛爷2　小和尚4
5. 畜　水牛30　黄牛40　猪35
6. 生死　生4　死8

（三）猛马属 曼乃　头人——戕图超

1. 户　6户　种田5　寡1
2. 耕　谷种　17.5挑
3. 宗教　有缅寺无和尚
4. 畜　水牛4　黄牛11　马2　猪5
5. 生死　生——　死2

（四）猛马属 下蛮乃　头人——鲍国镇

1. 户　42户　种田32　余帮工　兼经商
2. 耕　谷种160挑　每户5挑
3. 副产　草烟　黄瓜
4. 教育　小学生1
5. 宗教　大佛爷2　小和尚13
6. 畜　水牛40　黄牛80　马5　猪30
7. 生死　生4　死5

（五）猛马属曷哈　头人——吉罕坎

1. 户　26　全有田　派门捐17
2. 耕　谷种134挑　每挑收30挑
3. 副产　茶5户　每户年得30斤
　甘蔗5户　年共得300斤　草烟7户　200斤
4. 教育　小学生1　识字2（能写）
5. 宗教　大佛爷2　小和尚12
6. 畜　水牛18　黄牛25　马3　猪20
7. 生死　生6　死3

（六）猛马属蛮允　头人——格允

1. 户　27　有田 23　寨 4　上门户 20

2. 耕　谷种 102 挑　南嗯河水　每挑收 28 挑

3. 副产　凤梨二户去年新种　甘蔗 3 户今年种　草烟 2 户年收 20 斤

大蒜家家种每户年收 25—30 斤　银匠 1 户每日工资 0.5—1 元

4. 教育　小学生 1　识字 2

5. 宗教　大佛爷 2　小和尚 5

6. 牲畜　水牛 42　黄牛 45　马 4　猪 50

7. 生死　生 6　死 4

（七）猛马属蛮蚌　头人——召南卯翁

1. 户　34　有田 26　寨 8　上门户 20

2. 耕　刀秉忠私庄 4 挑　每户种 1 挑共 48 挑　25 倍收成　南养河水

3. 副产　家家经小商去孟连买杂货往猛马、猛阿、中弄，或裸黑寨售，不够吃一月

4. 教育　大佛爷 2　小和尚 8　学生 1

5. 畜　水牛 40　黄牛 50　马 3　猪 60

6. 生死　生 9　死 7

（八）猛马属蛮曩（近曷解）　头人——吉隆罕亮

1. 户　48　有田 33　寨 15　帮工　上门户 21

2. 耕　谷种 160 挑　收 27 倍　南养河水

3. 教育　小学生 1　大佛爷 3　小和尚 12　识字 2

4. 畜　水牛 80　黄牛 70　马 3　猪 40

5. 生死　生 10　死 15（疟疾）

（九）蛮桑　头人——布格哈猛

1. 户　11　有田 8　余讨吃帮工　天溉　派夫六，上门户

2. 耕　　谷种40挑　　不够吃二三月

3. 教育　识字1　　有缅寺无佛爷

4. 畜　　水牛4　　猪10

5. 生死　生2　　死3(老人2 小[孩]1)

(十) 曷赛蛮连(近曷赛)　头人——火头　山坡脚

1. 户　　7　　有地5　　帮工2

2. 耕　　谷种7.5挑　　收20倍　　二月不够吃

3. 畜　　水牛3　　黄牛6　　猪7

4. 生死　生2　　死1(老人)

(十一) 哄嗯(大裸黑)　隔曷赛一早起路　头人——火头　半山坡

1. 户　　8　　有地7　　讨吃1　　上门户5

2. 耕　　谷种10.5挑　25倍收成

3. 副产　甘蔗5户年可收25元　　铁匠2家　做背带

4. 畜　　水牛10　　黄牛10　　猪15

5. 生死　生4　　死3

(十二) 曷赛(近班喀) 山头上　头人——二火头

1. 户　　10　　有地8　　帮工2　　上门户8

2. 耕　　谷种16挑　　收成10倍　　二月不够吃

3. 副产　棉花自广德野作买来二元□20斤

4. 畜　　水牛8　　黄牛8　　猪10

5. 生死　生5　　死3

(十三) 猛马属班喀(大裸黑)在山头　头人——鲍海

1. 户　　15　　有地12　　寡妇3　　上门户10

2. 耕　　谷种18.5挑　收20倍　　二月不够吃　　铁匠1户

3. 畜　　水牛15　　黄牛20　　猪30

4. 生死　生5　　死2

(十四) 班别(大裸黑)去南卡江半日程，到坝子半日　头人——鲍安

1. 户　　18　　有地15　　寡3　　上门户15　　每

户五元

2. 耕　谷种每户 1.5 挑　只种一年 荒五年再种　收 23 倍

3. 副产　铁匠 2 户　工资每日五角，织布，缝衣

4. 畜　水牛 10　黄牛 15　猪 20

5. 生死　生 5　死 3

南卡河边归孟连所管理村寨

野作佤

班揽(朗)弄	一百六七十家
班朗暖(朗卯)	一百五六十家
新寨	三百家
窝笼(卧弄)	一百余家
南董	一百余家
翁格榄	一百余家
墨每(毛美)	三百余家
广蓝	六七十家
弯康	卅余家
龙坎	四五十家
光登(官得)	四五十家
格里	一百以上
那丙	有裸黑添在内，一百四五十家
莫养	三四十家
农达	一百余家
农娜(弄糯)	八十余家
永柳	卅余家
旁大	五十余家
雍灭(用蔑)	卅余家
木坑	四十余家
邦文	四五十家

脸坎	四十余家
唐古	纯佧廿余家
曲车	本人十余家
邦兵	裸黑四十余家
翁莪	纯佧十余家

班洪所管辖之村寨

火拱——卅余家

班半——卅余家

班洪——约百家

南板——中寨卅家　上寨十余家　下寨四十余家

蛮老——四十家

安坎——廿家

南拉——廿余家

营盘——四十家

岗猛——四十家　干猛小寨十余家

玉龙——十五六家

蛮哈——廿家

南木——廿余家

金河——卅余家

岔沟——上寨卅家　下寨十五六家

老厂——四十家

老羊寨——七八家

岩脚——廿五家

小寨——十五六家

湖广寨——十家

那底——大寨卅五六家　小寨(上寨)十家　中寨八家

南腊——上寨卅家　下寨廿五家

猛汞寨——廿五家

海牙

头猛——卅家

金猛——廿家

拱弄——七十家

者考——廿家

小寨——十五家

新寨——廿家

干河坳——十余家

焦山

猛汞——卅家

老寨——廿家

小寨——十五家

小户算——十五六家

水塘

上寨——十五家

下寨——卅家

蛮信——十家

蛮多——十余家

扣猛——上寨十余家　下寨十余家

蛮腊——共约廿寨,户数总约三百家。汉人

拱别——卅家

英人所占之寨

帕谷——一百家

南木——四十家

判洪——约廿家

金厂坝——约五六家

以上共 1598 家

公共地(与孟定共)

邦作——廿家

南简——卅家

邦中——廿家

帕令——十余家

失撇——十家

班介——大寨卅家　小寨十家　以上共130家

猛角至猛董35里

猛角(150家)……猛干(八九家)……蛮腊(十五家)……蛮摆(八家)……岭冒(十一家)……猛董(200家)

猛董……20……蛮哈……10……猛角

猛角……2……允南(廿家)……1……户允(十家)……1……蛮休(六家)……1……蛮令(二家)……20……蛮怕(十三家)……5……猛卯

佛房到孟连

佛房……60……猛演……60……那浪……60……孟连

佛房……酒房……班中……80……新火山……50……五福……顶真城子……佛海

由孟定到耿马路线图(此为陈尊三抄来)

遮哈　　海拔1850公尺

四方井　　海拔2040公尺

蛮来　　海拔2740公尺

班汪　　海拔5120公尺

大山丫口　　海拔6630公尺

南翁　　海拔4120公尺

耿马　　海拔4000公尺

南锡河情形

满清时设立哨官于此,行旅较便。哨官为汉人。

公信　　五十名

邦安　　五十名

蛮弄　　二百五十名

笼坎　　一百五十名

富岩　　五十名　称土勇哨

车岗　　五十名　为罕定国所扎

宣统年间南亢乌及永恩(在南锡河西北)曾派人到澜沧接洽投诚将马、米、枪交来不收。批听候三年,即无消息。

西盟情形(石土司报告)35.3.17,午后二时澜沧教育局内

西盟土司——李通明,死于光绪廿四五年。无后(有子于民七死)。

现在代办李宝(本人)年约四十岁。副代办李长年约四十二岁。人民野佧最多,裸黑次之。传教势力未深入,仅东坡寨信教(裸黑)。

新厂——完全不归管辖,仅由各寨头人自主。李希哲已入内开厂,皆与该地各寨头约好。传教亦未入。

南夕河外,本地人称为江外。如岩城、山通诸地皆野佧。

光绪廿三年(1897)镇边厅吴耀奎,参将王伯成曾与当地各土司,由山通、岩城通至猛角董一次。

陈灿于光绪廿四年(1898)冬季勘三面坡界。廿五年(1899)由景谷往孟定。英人由麻栗坝。后勘界成问题,又与英人转回澜沧。

往西盟路

佛房……1 田坝……2 蛮东……喇叭……3 猛梭……4 江坡头……5 蛮波罗……南卡江……6 西盟 共六日程

往新厂路

佛房……60 田坝……5 募乃……60 南本……60 拉石龙……60 新厂

民国十一年省城曾派美国三人到募乃厂看过厂，由昭通陶洪桃带来。美[国]人一名锡尔斯，一名几纳脱，一名克拉克，皆年轻，约廿余岁。后由迤西回省。现在每年可销往缅甸二三十万斤。

副指挥——□由，年四十余岁，在李希哲部下，称管带。于最近曾带人往南亢乌抢劫一次，杀伤七八十人，引起恶感。

募乃土司——石玉卿（佑文），年四十余岁

长子——石秉均（光国）——在上海复旦大学读书

石秉鑫——在大景迈华侨中学读书

石星甫——孟连小宣抚之叔。在孟艮红楼经商。欠洋五千元，已托其汇款小洋千元于沪。

澜沧佛房郎宋乡乡长马发源年已五十余，曾随王伯成、吴耀奎查界一次。走岩城到山通即到公明山。该处佧佤性情较纯和，出外经商者多，不似大蛮海及困马等处居于内地者之野。人口户数极密。

景栋交通——赴暹[罗]路线

景栋……130 km……大七里……=（桥）……米赛（暹检查站）……40 km……者海……240公里……老关（铁路通至此）……（四小时火车）……清迈

暹检查站临时居留证，一月期缴交暹币30株，另请人担保，设无号家担保，则分缴押金。满期□原路回，可以收取此款。——此系田君惠民所告

永和所辖地方

忘旦——卅五家

忘囡——一百二三十家

忘幔——六七十家

贺猛两寨——上寨廿余家　下寨四十余家

老寨——一百四五十家

忘骂看——十五家
陇囡大寨——一百四五十家
忘丙——卅家
忘汞——四十家
新寨——十二家
扣改——两寨六十家
陇弄——六十家
陇道——五十家
忘简——五十家
新寨——一百卅家
干奂——两寨 一百一十家
南练——两寨 一百四五十家
永和王名蚌猛，年四十岁左右。全族信教在，为纯佧佤族。
绍辛——在石头脚住之意
绍发——在岩子脚住之意

由猛董经岩帅到澜沧路线

猛董↓
25↓南管　——十余家纯佧佤
25↓弄连　第一站——六十家纯佧
30↓猛圣　第二站——四十家摆夷
30↓邦买　——卅家纯佧偷抢之风最盛
25↓岩帅　第三站——三百家纯佧 归田粮长管者七八百家
30↓南栅　营盘——裸黑约百家
20↓下营　——二百家摆夷
8↓上营　第四站——三四百家摆夷
20↓户永　（萧旅长）——汉人三四十家
50↓田坝　第五站——汉人六七十家

80 澜沧　　　第六站——汉人四五十家

公明山情形　猛董南高禄报告

在猛董看不见。现在尚有本人约三四十家。每年粮款一次，为二十两。他们要求因在佧佤中居住，请求减免，作为赏赐佧佤。但猛董土司尚不允许。该地头人叫盖河云，年五十余岁。家族共有子二人，女三四人。

猛董↓

30↓阿猛——纯佧，二三十户

30↓干沙——十余家野佧

30↓邦顺——野佧五十余家

12↓佤脸——野佧四十余家

↓拱孟——纯佧二三十家

20↓南丁河——上一坡

5↓佤卵——野佧四十余家

8↓佤抬——野佧四十余家

8↓石采——野佧五十余家

8↓南允河——上一坡

8↓独大——野佧五六十家

2 猛茅

人走一天可到新地方。马驮要两天。

邦顺↓

↓拱举——一百余家野佧

↓翁董——四十余家另有数小寨

↓广举——百数十家共有两三寨（南汀河）

↓广总——数寨合共三四百家

新地方

此处之南汀河，源出劳来野佧地方。（公明山东）流入南滚河。

公明山很大，新地方即在东部山麓。独大在其背面。新地方有一小街。在独大地方赶街。

公明山上尚有野佧寨甚多。

窝梭——百余家

敢三——百余家

放马□舍、蛮贵、广举、搭亭、泥蛮等处，旃县长皆送礼，人民皆极喜欢。民国廿三年(1934)正月间事。

正月初七八日，新地方来人报告说英人有两三百人，要于十四五日来到新地方。但有此报告，确情尚不知。

绍兴情形(张有福报告)

绍兴王名甲忠，年三十余岁。所管寨名：

舍刚——四五十家

蛮海——六七十家

门弄——一百余家

念怕——十余家

货柯——四五十家

猛半——八十余家 近猛董服管不服教

甲多——一百廿家 以上皆纯佧

绍兴王住在南马河上边，与猛角董来往感情尚好。时来做生意。土地皆山岭。产棉甚多，可以出售到猛角董。

绍兴王管辖全部野佧。自称为长，其他为弟。每年按例收牛一头。三年收马一匹。即内地如猛角董及耿马皆照例收纳。因彼言此等地方皆为其土地。摆夷后到，占其土地，当然要出粮。

杨义兴，缅宁人，于民十一二年来孟董，在此做耕种及小生意。

重要事件

1. 搭亭、敢舍、蛮贵、邦老、广举。

2. 派二人随罕司官上省请愿。

3. 罕华相猛角董司官，在幼年（三岁）时逃难走各野佧地。生长于孟连。廿八岁始回来任官。

4. 公明山对班洪之一面，拱弄（有三小寨，八九十家纯佧佤，属猛董），信佛教有缅寺。拱勇（有五六十家纯佧佤）亦有缅寺。

猛罕有两寨五六十家摆夷寨。

1. 凡土司派定头人（头人分大头人、小头人等）。该头人接到命令，非当不可。若推辞，则须处罚。接事之初，照例办酒席两桌送到司署，外用钱五块同送去酬报。若头人死，亦须送礼金三元与司官。

2. 野佧佤杀头祭谷之事，以蛮海，□□□□□□□等处最盛。

3. 猛角董土司征税最多，不论贫富，每家均摊。虽举债亦只有送上。此次赴省，曾摊四五千元，作为购买枪支。

4. 李部到猛角董曾有千余人，驻扎月余，共供应米二百桌，肉菜值四五千元。

5. 窦、庄二人到此时，本有主席所赠枪，庄意先送，窦云俟入班洪后转来送，结果回来亦未送，故罕华相并未欢迎。

6. 地方头人对于各事，不敢实报。如耶稣传教事，多隐瞒不说详尽，因胆子太小。

7. 头人在每村中，所住房屋皆由村人代造。其他好处甚多。

据猛角报告

（一）传教势力

1. 大教堂所在地

东区——帕泊。头人李哲考，系佧佤，年约六十岁，信教十四五年。寨子——丁来、货岭、腊猛、户腊、满佧，皆完全入教，不听猛角董指挥。户口——100　140？140？50？100？

西区——允航。允航信教者约百余家，皆裸黑，尚纳粮草与土司,且听管辖。

南区——永和。有千余家。永和在界限外,全为纯倖佤,头人名满磨。时利用其教会力量,勾引猛角董七人。

2. 小教堂所在地

东区——货岭、拱波、腊猛、蛮就、户腊、满倖、丁来、蛮回。

南区——翁孩、海东、满掌、隆掌、空尖、坝欠、板芬。

3. 外国传教士

永伟理之子,常住(猛猛)双江县。但间时始来。

户猛为岩帅管,人口二百余家,已全入教。邦奈亦入教有百余家。

(二) 岩帅情形

安海——纯倖佤,八十余家

打雾——纯倖佤,四十余家

完林——纯倖佤,廿家

完冒——纯倖佤,六十余家

邦奈——计两三寨,约共百家

邦奈得——纯倖佤,约百家

邦奈能——纯倖佤,约八十家

户猛——纯倖佤,约两百家,强干而有抢劫之风气者

邦猛——纯倖佤,约一百五十家,强干而有抢劫之风气者

南骂——纯倖佤,约卅家,近猛角董常来抢劫

岩小——纯倖佤,约五十家,近猛角董常来抢劫

户南——纯倖佤,一百四五十家

岩丙——纯倖佤,约为五十家

邦那——纯倖佤,约二百家

岩帅——纯倖佤,约三百家,有抢劫之风

岩盖——纯倖佤,约五六十家

货墨——纯倖佤,约一百四五十家

东咪——裸黑种，约八十家
东闷——纯作佤，约八十家
邦坝——纯作佤，约八十家
南哦——纯作佤，约四十余家
南岭——纯作佤，约五十家
康佤——纯作佤，约一百二十家，近猛角董，常来抢劫
阿货——
蛮弄——以上两寨皆极安分守己

猛角董村寨因纯作佤之害而衰亡者

猛角董约五百余家，现只有百余家（为五十家）
完令——昔有五六十家
完晒——昔有四十余家
伐伦——昔有廿四五家
完蒲——昔有廿余家
尖牙——昔有百四五十家
邦启——昔有六十家
完笼——昔有廿四五家
完岭——昔有廿余家
完能——昔有廿余家
景坎、满多——昔有四十余家

《滇缅界务说略并图》	李日垓	民十九年一月
《案事编》	古越沈祖燕翼圣	光绪卅三年
《宦滇存稿》	陈灿昆山	贵阳文通书局代印
《永昌府志》		
《普洱府志》		
《顺宁府志》		

《滇南界务陈牍》上、中、下	武缘黄诚沅云生	庚子中秋手抄本
《滇缅划界图说》	无锡薛福成叔耘	光绪壬寅传经楼印
《滇中琐记》	邓川杨琼叔玉	

云南存亡三大问题

一、续议滇缅界务商务条款

二、滇越铁路章程

三、兴隆公司承办云南矿务章程

矿类

云南实业厅化验:班洪老厂银矿含银成分万分之八。

东陆大学化学系聂主任化验结果:铅80%以上,银千分之一

永昌电报局长	潘文华(祝三)	昆明
永昌中学校长	李廷□(伟槼)	保山
永昌保山县长	袁恩锡(羡程)	顺宁
永昌邮局长	王嘉谷(子半)	
永昌绅财政局	庄应麟(玉书)	
永昌教育局长	郭有贤(进三)	
永昌县中校长	张绳规	
永昌公安局长	李珩(子衡)	昆阳
永昌老绅	赵德裕(潼修)	
	李宝仁(景山)	
	李文思(钦安)	
	马寿长	
	晋贵材(绍良)	昆明
永昌烟酒牲屠税局局长	林小干	昆明
	李瑶(宝臣)	蒲缥

		李葆泰(继武)	保山百陶弟
腾冲电报局长		朵钟瑜(焕亭)	昆明
龙陵教育局长		刘宏仁(子光)	
龙陵建设局长		赵殿材(松毓)	
龙陵财政局		段学义(时中)	
龙陵简易师范长		赵锡禄(寿卿)	
龙陵议长		赵世钊(子钦)	
龙陵商人		田幼松	
芒市土司		方云龙(沛霖)	
芒市护印(三)		方克光(御之)	
芒市四老爷		方克胜(善之)	
遮放老土司		多建勋(竹铭)	
遮放小土司		多英培(顺如)	
思茅海关	税务司	郭润堂	
	主任	陈晓峰	
	秘书	陈双玉	
	稽查	高福清	
	文牍	萧□□	
思茅县中	校长	潘泽膏(润楚)	师校同学
	教员	陈　炳(孟明)	
外交特派员署			
	李秘书	国启	字竞华
	周秘书		字惠生
	陈科长		日新
	陈科长		公宪
	何科长		文伯
	狄科长		筱渔

彭肇纲字伯常——双江县绅

腾冲可开办事业

铁厂——□□距腾冲城西北，三天零，现改路，两天零，滇缅交界，狼牙山（为高黎贡山之分支）苗极旺。附近有处女林极茂。

棉业——潞江产量少，边地亦多，均有发展之希望，以烟瘴少注意。

银矿——明光大洞厂，明朝已开过，规模极大。闻系以火烧石法取矿，现有大洞可考。土人相传以为有九条大象，当时只打得大象一只的后腿。今土人仍用土法炼铅。

无烟煤——老鸦滩产此种煤。

海粪——腾冲田中下层有，成块状。火力极大。大□人家均用之。

孟定米价

每担（十八碗每碗两斤半）合价上米两元至两元半

沙盐斤半合洋五角

滇缅南段未定界调查报告书

滇缅南段未定界调查报告书目次

乙．近因

(1) 民国以来滇省当局屡欲经营班洪矿厂迟疑未决之影响

(2) 民国十八年美国矿师卓柏氏调查之关系

(3) 最近《云南边地问题研究》一书发刊之影响

(4) 英人侵略之步骤

(八) 班洪班老对英抗争之经过与现状 附西南义勇军参加经过

(九) 英军之布置及现状

(十) 班洪对政府之请求与希望

(十一) 班洪总管以下各头目分析

(十二) 班洪与班老永邦之关系

(十三) 班洪与佧佤山各部之关系

五、猛角猛董概况

(一) 位置与地势

(二) 民族生活

(三) 传教势力

(四) 猛角董所得各方报告

(1) 绍兴情形

(2) 永和情形

(3) 公明山情形

六、澜沧县辖境

(一) 位置面积与地势

(二) 沿革

(三) 双江改县与沧源设治

(四) 民族与人口

(五) 澜沧县县政与自治区之划分

(六) 资源

(七) 上下猛允方面情形

(八) 募乃老厂与永广新厂

(九) 西盟方面情形
(十) 孟连境内状况
(1) 孟连平坝
(2) 南马河流域谷地
(3) 南卡江
(4) 山岳区
七、会勘南段未定界意见
(一) 依据条约会勘之关系
(二) 推翻条约之可能
(三) 班洪纠纷之争点与会勘问题
(四) 琐麦之解释
(五) 公明山本不可争然不能不争
(六) 西盟不可放弃之理由
(七) 小分水岭与大分水岭实界务纠纷所在
(八) 孔明山英人之抵制实无充分理由
(九) 南卡江干支流域应特加注意
(十) 我方委员应设法避免由滇省内地会勘
(十一) 班洪境金厂坝英军应撤退营垒应销除
(十二) 会勘由内地行走路线
(十三) 会勘由缅方行走路线
(十四) 测量问题
(1) 天文测量分组路线
(2) 地形测量分组路线
(十五) 作佤山之民意与新建议
(十六) 会勘时间问题
(十七) 会勘时期边地防守事宜
(十八) 澜沧县政府火灾之关系
八、滇缅南段未定界之边防与国防意见

滇缅南段未定界调查报告书

国民政府外交部特派云南边地调查专员周光倬

绪　言

民国二十四年春,自英人侵占班洪之消息传播后,颇引起全国人士之注意。而旅京云南同乡,以桑梓关系,利害切身,尤一致奔走呼号,向中央党部及国府请愿,请求对英政府提出抗议。但英人之外交立场,素以圆滑著,复称并未侵入班洪,尤未占中国尺疆寸土。英兵所到之炉房,系在中国所谓黄色线界外四英里半地方,并不在界内云云。当时班洪战争消息,仍频频传来,英方且提出中国有正式军队参加其中,有边地县长入班洪境内,警告中国政府暗助班洪为不合法,为抗英之举。同时滇省政府亦密陈中央,确有英兵进界,请对英严重交涉,遏止英人暴行,免事态扩大。中央接到各方面报告,并电询驻缅甸仰光领事,就近探察真象,乃又各执一辞。然处置事变,负应筹帷幄之责者为外交部。觉此问题之发生,并不单纯,据当时情况,第一:应明了此事变之主动方面;第二:因界务之不清,应明了班洪炉房地方之位置何在?系在界内抑在界外;第三:应明了班洪之现状,俟此三方面情况明确后,办理始有头绪。结果以自清光绪二十五年会勘南段未定界以后,即成为悬案,已三十余年,边地情形,异常隔膜,应付殊感困难,惟有查明实情,再向英提出正式交涉。中央对边疆,素极重视,自班洪事件发生后,政治会议即曾提出讨论,乃议决令参外两部派员驰赴边地切实调查,籍供国防外交之参考,倬本滇人,平日关怀桑梓之心甚切,又以所研习者为地理一科,重实际之研究。外部以物色无相当之人选,且滇省僻处西南隅,纵有能去者,亦以人地两疏,有烟瘴之患,众生戒心,遂由乡人荐举于外部,蒙录用以任斯职,倬自愧驽材,识见寡浅,焉能负此重任,惟以桑梓关系,分所应尽,义不容辞，乃毅然担负此种关系重大任务，此二十三年四月间事也。外部以外交立场，嘱一切行动，应守秘密，不能对外发表任何言论，倬谨守斯训，待正式发表后，惩于过去之失败，即申请外部，应宽以期限，实筹的款，物色科学人才，作整个有科学有价值有系统之慎密调查，方足以符中央政府整顿边疆之至意。倬尤认为此去实地测量，所关甚大，以为最低限度应将南段未定界之基点测出，如镇康孟定、耿马、猛角、猛董、澜沧、孟连等处均须确定其经纬度分，而后南段未定界之位置，方可确定而无疑。乃本此旨上第一次意见书，预定时间至短一年，经费需四万元，则南段未定界整个区域内之地形资源及其他各方面，可以负责得完满之成绩报告。否则惟有由参部派员负责，外部可不必参加。无如政府既定之经费四万元，须供两部派员之用，不能独异，时间限定半年，事关外交范围，外部亦不能不派员调查。倬以事件已定，既难如望，亦知政府办理之苦心，又变更原意，迁就事实，以符原案。但争持之功，不无影响，天文测量得实现，由参谋本部令陆地测量局遴派专门技士随同前往。经费则提出四千元，作为专供测量用费，筹划殊为圆满。各种手续办妥，于六月十日离京出发赴昆明，身边所携带者，气象测候简单仪器及照相仪器等。天文测量仪器，则归参部所辖陆地测量局派遣之技士携带同行。此外中央大学农学院与科学社合组之植物采集团陈谋、吴中伦二君亦同偕赴边地，采集标本。于七月一日抵昆明，知英方已提出抗议，谓在两国未派人会勘以前，单方不能派员调查。参外两部命令暂停昆明，不能前进。八月参部允准李专员元凯赴保山，随带测量技士往，而置测量仪器于昆明，屡争无效，倬则留守昆明，以待后命。调查中阻，各方疑窦滋多，一人首当其冲，扪心自问，矢志为国奔劳，既不能前进，需糜官费，于实无补，乃电京请示，准予销差回京。参外两部磋商办法，电滇省府云："此间为便利界务，整饬边防，令调查专员等由永腾大道，前往腾冲澜沧一带，调查与界务边防有关事项及英人侵略实情，并由澜沧镇康新平取道返昆，以省途程。"又另电"该员等请示回京一节，应请转饬遵照部省命令，毋稍视避为要”等语。倬自接到此项命令，知路线又已确定，遂向省府龙主席及民厅接洽，请求沿途保护事，又以滇省各县汇兑困难，并无汇兑机关，边地邮局不普遍，概属代办性质，乃商请财政厅代为汇款，以便行抵边地取用，幸均蒙龙主席暨各方特别指导赞助，予以种种便利，此实为倬所应特别申谢者也。于十月二十日诸事办妥，即率领工作人员离昆明向迤西大路前进。抵边地后，旅费超过预算，承第一殖边李督办子禺先生、第二殖边杨督办竹君先生、腾越张县长、镇康纳县长、澜沧旃县长、玉溪刘县长慨然贷以资斧，一切费用，不致告竭，调查工作，不致中辍，均倬所应感激者也。沿途以到大理受霪雨阻，保山因事耽延半月，腾越镇康接近边地，孟定更密迩已定界及未定界间，与调查有关。为切实明了边地真相起见，不能不停留。班洪为红线界（司格德所划线）内，参外两部为免除纠纷计，曾电令不许越界。倬因抵孟定，鉴于边民请求之殷，终冒险秘密而入界，斯行也，事先曾多方慎重考虑，将行李及工作人员直接赴耿马，倬则换乘马秘密而入班洪，籍避免外面之注意。至今回忆，幸冒险有此一行，方得明了该地之真相，否则一般对于班洪之观感，仍疑惑未解。英人单方之宣传，无以证其谬，界务之症结，无以定其是非。倬对此行，亦方可以达到任务，而实际明了班洪事件发生之远因与近因，及英人对该地之侵占与经营情形，得以大白。于入班洪之前一晚，奉部电限期四月底以前回京复命，倬此后之旅程，只有加紧，对于所指定之路线，又不能不遵循，决无即行回转昆明之理由。然自离班洪以后，已属佧佤山地界，野佧杀头之风，至今未止，岩帅纯佧抢劫之风，并未少减。故倬之由班洪入猛角董，无异置身绝域，未得解衣而卧者两昼夜，到耿马境略为镇定，然边界接岩帅方面，居民仍不得安乐度生活，故耿马双江凡邻近岩帅之地，而为倬所必须取道赴澜沧者，皆栗栗危惧，深恐事变之莅临。此一带地方，特别加增保护团兵，以壮行色。然边地团兵能力单薄，实不能抵御意外之事变。幸托中央威福，得平安通过佧佤山边境，而未遇任何事端，斯不能不为之庆幸也。不过山地跋涉，尽极辛苦，加之顾虑太多，寝食难安，抵澜沧佛房（县政府所在地）后，本拟赴西盟一行，籍侦查实情，以限期迫切，徒自望洋兴叹，仅调募乃土司前来询问边情。转变方针，赴孟连调查，直抵南卡江边。又以糯佛为美国人永伟理父子传教根据地，沿边各县，为之骚扰不堪，惊惶失措，有特往暗中顺便视察之必要，故循南峤、佛海、车里十二版纳地方转思普，此一带地露宿数次。然得亲历目睹，身经重境，认识滇省之富，不在内地各县，而实在沿边土司地方，不特地面之生产，衣食原料等充足，取之不尽，用之不竭，即地下宝藏，更不可限量，正待开发。国人往往轻视边地，等云南于化外，以为尽系蛮荒无用之区，即滇人亦多认边地为夷方，误于蛮烟瘴雨之传说，听其自生自灭，殊可慨也。夫以滇省在资源之价值上论，固为黔桂所不及，而仅次于蜀。在国防上论，则属山河破碎之今日，为恢复民族生存最后生命线之内壁。此或为现在贤明之领袖与眼光远大之政治家所默许而不能否认之事实。第更有进者，滇省之富，尤以边地为全省精华所寄。衣食原料，取精用宏，如粮食、棉花、茶、樟脑、紫胶、山货、药材、森林、竹材、畜牧，充斥其间。米谷生产过剩，饲牲畜以此，如车五福一带，国币一元，可得三石，售价之廉，为全世界所无，其不能售出者，则烧弃之。苦于交通之艰难，使分配不均。自蒋委员长剿匪莅滇后，特提出云南工业化之主张后，省政当局，积极谋建通江通海之铁道，此为国家整个交通国防计划，应由中央主持，速筹筑京滇路线，但对于开发云南之交通问题，尚漠然无关。是以欲开发滇省，应速联络迤西迤南之路政。刻滇省正欲延长公路以达边地，而为载重致远计，为经济计，为燃料计，似应建筑铁路，方可以谈到滇省之开发也，因此滇省应谋解决通车里孟连及通腾越之二大干铁道不为功。倬此次奉中央之命，循指定之路线，足迹遍迤西迤南边境，除实际详查各地方天然环境及民生状况外，摄取影片，博访周咨，特别注意于滇省之建设与开发，觉山陵之雄伟，流域之奔放险阻，平原之妩媚，错综点缀其间，极地形地质之大观，气候之优良，冠于全国，适于民族之发展。物产之复杂，因维度地形而呈变化，极其丰饶。深慨平人事未尽，所以至今仍不能地尽其用而封闭之，殊属可惜。再者，滇民世居山间，与环境奋斗，生活朴实，性情挚直而富冒险独立牺牲精神，果中央欲开辟西南，认云南为有关国势，速定国策，导一切入正轨，逐步实现蒋委员长所谓工业化，助之以中央之经济力，委诸实用科学之领导人材，以云南千数百万之勤苦耐劳民众而群起建树，则不出十年，欧洲之捷克，亦将无以过之。此非夸言，非饰辞，地理上各种之条件已具备，能决定投资苦心经营，必然之结果也。倬一介书生，所知如此，不能不言，甚望中央政府，急起而力图之，则滇省幸甚，国家前途幸甚。

一、调查班洪与班弄间情形

倬行抵腾冲以后，即与第一殖边李督办商量，拟派员赴缅方腊戍调查，李督办极表赞同，路线为到龙陵后，取道芒遮板汽车路，两日可达，而由工隆渡循南汀河至孟定会合。然人地生疏，在此英人防备注意之时，为妥洽计，特向腾越商家之于腊戍设分店者请为介绍。查近年因世界不景气之影响，腊戍在三四年前，开设支店者甚多，近则收缩范围，存者无几。各家畏首畏尾，皆不敢信任，经督办署之疏通，并激以国家观念，乡土观念，而愿介绍者数家。及抵龙陵，因邱县长天培之介绍，认识适由腊戍回国之商人，倾谈之下，得明了腊戍一带至滚弄江边实情，经慎重考虑后，以不派员去为妥，故腊戍之行，竟作罢论。抵镇康前，计议若预备入未定界，则边境之动静虚实，有参考之必要。是以事先有托纳县长汝珍令孟定土司遴选干练土人派赴班弄班洪间调查之举。后抵孟定，知所派者为孟定糯莪大寨人周润生，因其平日经营小本生意，常往来其间，曾购零星什物，于二月一日自糯莪担运而往，七日回转孟定司署当面报告。此人年近四十，尚忠厚可靠，惜其不识字，普通常识欠缺。据询问当时之情形列举如左：

（一）英缅方面驻兵地点及兵额兵种

大营　　（金厂坝）二百名左右士兵种族多为老亢人（山头人）印度戛拉兵占少数

怕令　　（户板南汀河上流）三百余名

户算　　百余名

南丘　　（跨南汀河两岸）约百余名

户板　　七八十名

（二）各重要地方情况

（1）金厂坝住汉人十余家，怕令距金厂坝三里，分上下两寨，住民共百四五十户，系佧佤人。内中有与汉人来往懂汉话者。

（2）马厂位于金厂坝之东面一山头上。昔为吴尚贤牧马处故名。此地无人户，仅有火山种烟。西距炉房二十五六里。

（3）黄草坝位于马厂之北一山头，其东斜坡极近炉房，当军事时期，英兵始来驻扎。

（4）炉房位于金厂坝山坡上，其形势顺山分层而降，原建竹房四五十间，现已移往金厂，去年五六月间曾由此运去矿渣约千驮，近来则多在夜间搬运，故外人少知者。

（5）怕令亦位于南汀河边山梁上，住民老亢廿余户，本人约三十户，纯佧约廿家，现已成为英人重视地点。按此处距户板八十里，为防孟定方面之侵袭。

（6）户算共五寨，七十余家，皆数小寨零星分布，其中纯佧一寨，汉人四寨，距怕令四十里。

（7）户板今为宋忠福所管辖，而隶属于邦弄。当杜文秀之乱，人民多逃亡流徙他处。自宋忠福来后（按宋忠福为今耿马土司之属官，在耿马颇具势力，因为耿马土司所不容而迁此，今耿马土城，犹有其私第田庄），始广为招纳，现其辖境内，共有十一寨。

寨名	户数	族别	备　注
大寨	卅四五户	长头发摆夷	宋驻此
恨南	十四五户	同上	
公简	四五户	同上	
公红	廿四五户	同上	
麻万	十余户	同上	
弄末	十余户	同上	
猛板	十余户	同上	
哈撇	十余户	同上	
公名	十余户	老亢(山头人)	
公三	二三户	老亢	
等旦	十五六户	本人	

公红寨有一小街子,每五天一街,但市场甚形冷淡。

(8) 南丘跨南汀河两岸,南岸寨子约十余家,北岸寨约两三家,概为摆夷。距户板十五六里。

(三) 关于界务重要之怕唱山形势

怕唱山为明显界山,附近土人均能认识,位于班弄东北部,为西北东南走向,起于潞江边,而止于大南滚河边。山上归班弄所辖之村寨有四:成洪寨廿余户,茨把寨廿余户,小荳寨廿余户,以上皆汉人,佧佤寨廿余户。

(四) 班弄之概况

班弄占地势之险,周围皆被山包围。其北边有一垭口,关山险要,有一夫当关,万夫莫当之势,守易攻难,惟从东怕唱山茨把寨方面入内,则班弄亦不可守。有土城一座,城外筑有濠沟,城内共有四百余户,概为回民,为云南杜乱逃来之后裔,秩序森严。城外惟茨把寨山脚,有汉人十余家而已。该地头人为马美廷,其所辖大小不下数十寨,今将其寨名列后:

猛弄、小邦洪、拿鱼（系一平坝，村寨甚多，今不能详）、裸黑寨、老亢寨、拿雨、猛谷、路凯、公共、来佧、邦猺二寨、邦东、蛮弄、拱别四寨、南本、拱撇、蛮佤、蛮无、小虎纳、呼怕山四寨、干坝子、邦乃坝、扎木寨、班弄坝与干坝子分为上下两坝、陈洪寨三寨（汉人一寨佧佤两寨）、茨把寨上下二寨、裸黑寨、平河、南散、邦过（汉家寨裸黑寨佧佤寨老亢寨）、怕令三寨（英人住兵三百余人）、怕注、怕哈、怕哈林、猛板、南锡佧（怒江渡口）、莫回、很那、弄线、户板（街子）、南亮、大很、南秋、公汞、麻望、糯募（英人住兵于此）、公阁、蛮冒二寨、坝散、苏达、南大、恭猛、云性、拮坎二寨、大沟、蛮岗、户算三寨（英兵住此）、妈婐。

（五）英人侵略进兵路线

（1）对班洪侵略用兵路线

滚弄渡……35……哈撇……20……南湖……20……户板……40……怕令……40……金厂坝……3……炉房

（2）对班洪侵略退兵路线

金厂坝……15……怕谷……40……邦弄……70……南锡佧 滚弄渡口下流往班弄之渡口

（3）滚弄或南锡佧至腊戌之路线

滚弄渡口（上流）……80……干猛

南锡佧渡口（下流）……70……干猛……70……猛姐……70……猛由……70……猛永……70……南丁……70……腊戌

英人对滚弄江趋腊戌之汽车道，刻已完成。渡口则准备工料已齐全，不久亦即兴工建造。夫英人对此方面交通政策，原为英国军人潭维新（H.R.Davies）所旅行测定，经此至昆明而达叙府之一铁路线。盖欲谋打通印度与扬子江间之直接交通，其意义颇深远也。今汽车道已通，自腊戌入孟定或班洪，朝发夕至，不论从军事及经济方面观之，于我均系威胁。因自昆明出发，无论从保山转镇康，或由顺宁转耿马而赴孟定，至快亦须一月左右，两相比数，利害得失，已彰彰明矣。

二、调查南怕河流入南汀河附近一带接麻栗坝已定界未定界之情形

倬于二月四日率全队工作人员，自耿马土司属木厂出发，以一日之力，奔驰约近百里之路程，深夜始抵孟定土司。日落以前，经行孟定平坝中，夕阳西逝处，呈现一大谷口，地形特殊，问之从者，始知为南汀河下流入滚弄江处（按滚弄江即怒江，一称潞江，木邦以下缅人称为萨尔温江，沿滇边自麻栗坝以下迄木邦土司境，概称之为滚弄江。夷语滚为黑，弄即大，盖形容江流深黑而广，即大黑江之意云耳）。相连而忆及南怕河已定界址，其下即未定界址。以界务论国防论，实调查南段未定界着手之起点，抵孟定土城后，乃决定派经验较多之王测量员玺率带土人前往察看，指示要点如下：（1）南怕河流入南汀河处未定界重要地点之位置及英方之布置；（2）南汀河西南方面山脉河流之趋势，尤须察明恭猛，猛林，帕唱，诸山之方位；（3）已定界与英属麻栗坝（果敢县）间之交界情形，均须绘具详图。此次成绩甚佳，据其报告云：

廿四年二月八日午前十时半，由孟定司署起程，率该署所派之新爷及土司亲属及土团四名，荷明火枪四支，又马寨之火头一名为向导，共骑马三匹，一行九人，向西北行，至弄养，距司署约四里许，该寨位于孟定坝心，由此再行五里，抵南汀河南岸。河宽约四十公尺，深可二公尺，水流甚缓。对岸有草屋一间，供水手休息之所。予等到时，有水手三名，由屋内行至河干，荡相连之独木舟二只，舟长丈余，宽尺余，为粗木凿空而成，约可容十余人。骑马则须牵往上游徒涉费时半小时，整理一切，即行抵孟定坝北山山麓之摆夷村曰怕秋，住民八九家，村民即负渡口过渡之义务，故该渡亦名曰怕秋渡口。继沿山麓向正西行，路颇平坦，可通行二轮车，系本年新修者，路傍南汀河，行五里抵一缅寺，寺后有八九户居民。又行五里，至南捧，于头人杨姓家做午膳。头

人为驯佧，娶摆夷妇，现已与摆夷同化矣。在此休息约两点半钟，始续行，五里至回片，昔时本小街市，今已冷落，仅余居民五户。由此渡南朋河，河宽约三十余公尺，水流甚急，人以舟渡，马则涉水，予因时间已迟，恐不能达目的地，故未经回片，即逆流沿河而上，约四里余，始达西岸，又行二里，始入正道。更行五里，至大岔路。自此向西行约卅里，始抵南怕河。由北登大山坡，行十里，路西有平掌，系崩弄人村寨，更上十余里至千家寨，约卅户。汉人占十分之一，余均崩弄人。至此时已五点，偕行者均欲宿，予坚持非达墙树坝不止。此一带山路，多起伏不平，幸经修理，亦觉不苦。再行十五里，即抵投宿地。墙树坝约四十余户，纯为汉人，属孟定土司管辖，全寨每年上纳门户费，银币五百余元（每国币一元等于滇银币一元八角），烟亩捐五百余元，其余摊派之临时费兵费尚不在内。村中设公立学校一所，学生十余人，往年教旧学，至本年始改为新学，学生每人约需十数元至三十元不等。九日天气晴，因昨夜投宿过迟，晚餐后又与头人接谈一切，夜半始就寝，故本日起床稍迟。十时出发，向西经营盘山麓，路平坦，但未经修葺，约十里至岔路寨，汉人三十余家，成鼎足形。向北行一里，为英人私立之九十五号界桩，位一山坡上，桩出土面约半公尺，成正方形，上面为平斜式，顶宽约一公尺二，桩之北面微凹，用三合土成一碑形，上书 95 号字样。桩之东北一山顶，有汉人村曰红岩头，约七八户，属孟定司辖，桩之北于两山之麓，有小路八里通豹子阱 95 号中英合立界桩，该地位于垭口处。桩之北，又有一小路约半里，至小干塘，汉人七八户，为英属。小干塘之北，有一山顶，再上三里，为三堆山，旧时国界在焉。向西沿山脊约十余里，为皮匠水，汉人五六十户，旧时国界分处，原系中英各管一半，今已全为英属矣。由皮匠水向西沿山脊下至大包包山，再向正西上石门坎后山，向东转大红毛地山脊，至猴子洞北山顶之马鞍山处，为中英合立之 96 号界桩，此旧日之国界也。由英人私立95号界桩，向西南隅约行半里石山之后垭口处，路之南，有英人私立界桩，形式与95号同，惟高出地面约八公寸，北面书95A号字样，因受风雨剥蚀，糊涂不清，颇难辨识，再由此行二里，至石门坎垭口下方马鞍处，又立有95B号桩，其顶已被土民破坏，尚高出地面四公寸，字迹显然。桩之西，为大黄堆山，山之西即石门坎寨，汉人十一户。由石门坎之南沿山凹行，约五里至大水桑树，树高数丈，围三四公尺，树旁私立95C号桩，位于路之西面。由此桩向南一里许，即于路西垭口处，为中英合立96号界桩。桩身为土所掩埋，惟顶露地面而已，其字迹无从查看，惟各头人皆知其为96号界桩，桩之西南约半里山顶旁，即猴子洞寨，汉人五十余户。由桩向南下坡约一里许，路之南为大狼皮树寨，汉人十六户。附近有水塘一，面积约二亩，水作绿色，为该村饮料之源泉，其不洁也可想。由水塘沿路向东行二里至老象塘，汉人十四家，该寨头人李实中极表欢迎。即宿于此。本日同行增添墙树坝火头李应流、红岩头火头李宝、大岔路火头毕兴有及少年数人。

英人对于已定界是如此蚕食，其对于未定界更无孔不入。如此段经营片马及江心坡，事实上我国对之无可如何。至于南段，则以佧佤山之不易征服，英人至今对于其所应管理之区域如南卡江以西之糯坎乌等地，极接近下蛮冷区域，并未将其收服，盖佧佤山之山民，蛰居山岭，有天然之巢穴为保障，英人治理缅甸，既无德可怀，而佧民更不畏英人之威。始终保持其倔强独立之态度，我国以历史上之关系，孔明老爹（边民之称诸葛）之印象，则深入于其脑海，永永不致磨灭也。此南段未定界之不似北段，除在经济上之利益着想，得占班洪炉房之矿山后，并不积极谋土地之扩张者以此。由此次之侵略主动者为班海缅甸银公司，而并非英缅政府。不过英缅政府系从旁作后盾耳。吾人应彻底明了此意，而后处置解决界务问题，思过半矣。王调查员玺在南汀河下游一带之工作成绩颇实在，而将重要之地站概行绘出，请参看地图便知其详。

三、孟定概况及对国内国外交通路线

（一）位置和地势

孟定为一土知府地，其成立历史最早，今属于镇康县所辖，然并不与镇康境相连，中间尚隔耿马土司所属之木厂小猛撒一带山地。其地东北二方接耿马，南接班洪及户板，西界麻栗坝（英属果敢县，系清光绪二十年因江洪让法，而将此潞江以东之地割给英国者）。地形东西为南汀河流域所冲积之小平原，长凡八十里，南汀河源于顺宁，吸取耿马镇康一带之山水，而汇之滚弄江，长凡四百里，剥蚀携带上游之泥沙，大部沉积于孟定平原之上，南汀河流在孟定平原境，河道迂回，水流缓慢，夹沙沉积之量殊大，几成洪涵平原之状，河深二公尺左右，宽四十公尺，河谷在此一带，已成暮年期。两岸平沙漫衍，芦苇丛生，高大而厚密，闻至夏秋两季，山洪暴发，倾倒俱来，则两岸一二里内之低地，尽成泽国，故大部肥沃土壤，不能耕种，且成水灾，此种情形，由于泥沙壅塞之患，果能开辟河身使洪水有所归宿，则水田可增一倍以上之生产。无如目前在此平原之居民，村寨寥落，人口稀少，即无水患较高之田，亦半数以上荒芜，实由于该地土人繁殖力弱，加之孟定地势太低，约离海平面四百公尺左右，南部峙立耿马梁子（即耿马大山）所分出之高山及糯莪山，北部为仙人山山脉，皆为离海二千公尺之峻岭，中隔宽十五里至三四十里之平坝，逼处其间，每当夏季，气候炎热，不适于居，而汉人尤不敢来，除干季前来经商者外，定居者仅少数两粤小商人而已。因孟定自来为滇人视为烟瘴最大之地方，是以人口之增加不易，而土地生产，尤不易有望也，现孟定坝子，东部一半属耿马，人烟较多，西部一半，属孟定，人烟稀少，论全部尚不满千户，可见人口之少。孟定土府则位于坝之西南高阜上。

（二）物产

孟定出产以米为大宗，除供本地及四山居民之用外，多半运供麻栗坝及镇康县，为出口之大宗，孟定经济财源维持所寄，甘蔗产量亦多，质干均优。四山之出产，则以棉花及鸦片为主，果实如橘、梨、香蕉、菠萝皆产，孟定有一街市，每五日一集，四方来者平时不下一二千人，坝中之水汉摆夷，山间之崩弄人纯作汉人，远处之野佧，内地之小贩，皆来贸易。尤以冬季更为繁茂。滇省腾越海关设分卡于此，驻有少数之缉私队。因其五方杂处，匪徒时常潜伏，兼接近麻栗坝，边民时有纷争，镇康县团队亦有分驻于此，以资镇压者。

（三）交通

孟定为云南迤西极边之一土司，一方西南既接英属麻栗坝，而直通工隆渡口；一方向东北，而与耿马及镇康县相通属，一方向南为南段未定界，故地位之在今日，极形重要，兹将其主要路线列后。

甲、孟定镇康间三日或四日程，有二线：

（1）孟定……100……木厂……16……明朗……60……镇康

（2）孟定……60……小猛撒……50……木厂……60……明朗……60……镇康

乙、孟定耿马间三日程，有四线：

（1）孟定……50……四方井……60……板洪……55……耿马

（2）孟定……50……四方井……60……老抗寨……50……耿马

（3）孟定……50……四方井……80……猛简……80……耿马

（4）孟定……50……四方井……60……班汪……80……耿马

丙、孟定班洪间三日程，有三线：

（1）孟定……45……蛮撒……40……班模……48……班洪

（2）孟定……60……南间……70……南腊……70……班洪

（3）孟定……50……糯莪……60……蛮就……50……岗猛……50……班洪

丁、孟定麻栗坝间二日程，有一线：

孟定……80……大水井……70……麻栗坝

戊、孟定工隆渡间三日程,有二线:

(1) 孟定……50……蛮作……60……户板……5……滚弄

(2) 孟定……80……大水井……22……长街……70……滚弄

自工隆渡往邦弄,仅相距一百二十里,亦不过二日程,是以就交通而言,孟定在边地实占极重要之地位,前已言之,最近一年来,因班洪问题之紧张,镇康县政府已令孟定将通蛮作通班洪内地之大路开辟平坦,至通耿马之路,闻不久亦须兴筑,此由于边地土司极感修汽车路之便利,耿马欲打通往腊戍之路故也,惟镇康赴孟定中隔木厂一段,路尚难行,倬认此路为内地交通大道,抵耿马后,曾命耿马土司,应于短期内,将此一段路,设法兴修,以便连接,究不识已动工否?

惟孟定平坝上之交通,因河港交错,夏秋水涨,即将断绝来往,在干季亦以渡口之不便,异常迟缓,设该地一旦有警,实无法以资应付,现在边地如保山、镇康等县之商人往腊戍者,多经麻栗坝。顺宁云县,缅宁等县之商人,则多绕道耿马猛角,出班洪邦弄,均避免走孟定坝,由于交通之阻窒耳。将来为殖边开发资源计,孟定坝之大路,有整理之必要。

(四) 土司与人民

孟定土知府现任为罕中兴,年四十余,与耿马、猛角董两司同属一宗支。人极萎弱,对于统治力太差,往往遇边界事件发生,或当地匪警,殊无法应付,因接近班洪,边界村寨之管领问题,时起隙端,不甚相洽,幸有镇康县长纳汝珍,边情熟悉,颇能震压一方,故一切乱源得以消泯于无形,所辖人民,平坝中约五百户,山地亦相等,然实际恐不止此数,因边地户口调查,并不精密,且有隐避之情。但就一般情形论,人民每年收入,究属有限,而所负担者太重,逃亡流徙之事,已司空见惯。教育则更谈不上,全境不过小学一二所,且师资缺乏,故一般知识极低下,即四山居住之汉民,亦十分愚鲁,生活甚苦,此由于边地交通之不便,有以形成此种环境也。

四、班洪区域概况

（一）沿革组织

班洪最早与中国通，始于何时，究难得一精确考证，然有历史可据，事实可证者，莫若清乾隆时云南石屏州人吴尚贤之开茂隆银厂，此盖有官书可考，及遗留于班洪境内之事迹可资证明也。现在班洪所启用“世袭班洪王”铜质印一颗，相传为清末光绪年间永昌府颁发。又光绪十七年，耿马土司内部之争乱，因班洪胡玉山出力有功，上谕曾颁给土都司衔。总之班洪之服属于我，实无疑问，惟因我国政府，向来对边地属土，并不采取积极经营态度，完全放任，政治上以其境土小，又属于佧佤山范围内，故并未直接统治，似居于半独立性质之地位。然其与连界之孟定、猛角董、耿马等土司仍关系密切，信使往还，络绎不绝。且对于汉民汉官之往者，无不竭诚欢迎，优礼招待。至于外人，则拒之唯恐不及，此亦可见班洪之心理也。

班洪现在之组织系统，非常单纯，各村寨均设有火头，为负责传达命令，征派钱粮，管理该村之领袖。此外则以其人之能力及地位，有所谓大头人，可以参预重要事件之解决者。凡遇紧急重大事件，则召集所有火头会议，宣布意旨，令各执行。或不能召集者，则用摆夷文或其他信号，以发布于各火头。使全体周知，而有所准备。

（二）土地面积人口

班洪所领土地面积，不过数十寨，尽为山岳地带，面积并不为大。其北以小南滚河为界，与孟定接；西为金厂坝山脉与永邦接而界邦弄，西南为班老山，而与班老接；南以大南滚河之上源发拨河为界，而接猛角属拱弄山；东逾篱巴闸，即为猛角猛董之信阿翁定。计东西直径约五十公里，南北不上四十公里，大于南京城约四倍。人口佧民占三分之二，汉民占三分之一，共计七十五寨一千八百户，以每户平均四人计之，约合全人口七千余。列表于后：

1. 班洪辖寨

火拱——三十余户

班半——三十余户
班洪——约百户
南板——上寨十余户、中寨卅户、下寨四十余户
蛮老——四十户
安坎——二十户
南拉——二十余户
营盘——四十户
岗猛——四十户、小寨十余户
玉龙——十五六户
蛮哈——二十户
南木——二十余户
金河——三十余户
岔沟——上寨三十户，下寨十五六户
老厂——四十户
老羊寨——七户
岩脚——二十五户
小寨——十五六户
湖广寨——十户
那底——大寨三十余户，小寨十户，中寨八户
南腊——上寨三十户，下寨二十五户
猛汞——二十五户
海牙六寨——(1) 头猛——三十户
(2) 金猛——二十户
(3) 拱弄——七十户
(4) 者考——二十户
(5) 小寨——十五户
(6) 新寨——二十户
干河坳——十余户

焦山四寨——（1）猛汞——三十户

（2）老寨——二十户

（3）小寨——十五户

（4）小户算——十五六户

水塘——上寨十五户，下寨三十户

蛮信——十户

蛮多——十余户

扣猛——上寨十余户，下寨十余户

蛮腊——共约二十寨，总数约三百户，均汉人。

拱别——三十户

2. 班洪孟定共管地

邦作——二十户

南简——三十户

邦中——二十户

怕令——十余户

矢撇——十户

班介——大寨三十户，小寨十户

3. 英人所占之寨

怕谷——一百户

南木——四十户

判洪——二十户

金厂坝——约五六户

（三）班老永邦

班老位于班洪西南境，为自猛冷箐向西南分支之一支山脉，曰班老山。山为大南滚河水及其支流清水河所分流，逾清水河之西，即为永邦之山脉，而为金厂坝山，向西南接怕唱山及来明山。班老辖境，次于班洪而大于永邦，兹将两部村寨列后：

班老辖寨——岗猛二寨、新寨、八门寨、空桑寨、红门寨、永统、诺坎寨、仙人寨、空俄寨、空若寨。

永邦辖寨——金厂坝、炉房、虎拉、蛮相（麻哈官住此）、永迈、小南木、怕谷（共有）、岩脚、永邦大小寨、老羊地、丫口、允代沟、独南板。以上共十三寨，独南板、允代沟纯为汉人，其余金厂坝、炉房、虎拉各有汉人数家。

班老土地面积，约有班洪三分之一，永邦则只及五分之一。然班老全境，已被英方烧毁，所余无几。现在班老王已六十三岁，不屈不挠，零丁孤苦，逃居于班洪境内之岗猛寨居住。永邦王之子曰麻哈，年三十余岁，曾与班弄头目马美廷之子同学，而为英方所麻醉者，今主持其事。

（四）地形

班洪附近一带地方，完全为崇山峻岭所盘结。其主峰应数尖山，高度离海平面约千七百公尺，为特起之山，趋势西北走东南，分布于班洪境，而东出与耿马梁子相接。当岗猛之北，主峰之西南出者，为猛冷箐，金厂坝山；山势亦峥嵘，高度亦约略与尖山相等。其北出则接南汀河南岸之蛮伟大山。此外之山虽错综断续，然均与此主干山脉相连锁。盖此山脉亦即北流孟定入南汀河及南流班洪班老、永邦及猛角境内大小，南滚河之分水岭（夷语南乃水之称，滚乃黑之意，以两河水均深黑故名）。照五色线图，此分水岭东迄信阿为止，依实地观察，并未大误。而班洪土寨则适位于主山脉中段之一小支岭上，海拔一千一百公尺，南正对大南滚河。此一带山地，丛林茂密，幽谷深邃，象、虎、豹等野物繁殖其中，惟主峰尖山及金厂坝山峰，则岩石高耸，童山濯濯，云雾隐现其间，故土人迷信至深，视为宝山灵岩，神话至多。

（五）经济状况和民族生活

班洪为经济自给自足之区域，因其山深箐密，占天然形势之胜，无异世外桃源，设无边患，班洪确可永久保持其半独立自主之状态，清乾隆以降，虽有吴尚贤入内开矿，号称数十万众，始终未受外侮之侵入。故土民安居乐业，优然度其山民生活。数百年来，边地因地方之纷扰，汉人之举家迁至班洪境内者不少，尤以镇康籍最多，皆成家立业，大有乐不思蜀之概。现焦山南腊、糯莪一带，汉人聚族而居者，约数百家，且矿区附近，至今仍遗留有吴尚贤时开矿之后裔。汉人既入班洪者众，流风遗泽，影响于班洪土人之开化者甚大。经英人利诱威逼之不愿降英者，其心理之建树，即根源于此。所谓已故之班洪老王胡玉山即懂汉话，其兄弟及子辈均通汉语，可想汉化之深入。土人及汉人约为三与一之比，皆惯居于此山地，自耕而食，自织而衣，日常生活，极其朴素简单。山地之生产，旱谷、棉花、杂粮、茶叶、鸦片、果实之属为主，山坡草料极丰，牛羊之饲蓄殊肥壮，衣料多为自种之棉花所手纺，妇女任之，日夜手不停息，并用单纯之木机织布，自染为青色，线坚密而布质粗实，最适于山民衣料之用，经久耐穿。男子衣式汉化，女子则近乎汉摆夷装。包巾短袄长裙无裤，夏季则不着短袄，仅着裙露乳。惟未嫁女子，则通常不能露乳，有此分别耳。鞋袜男女均不用，女子下腿则裹腿布，此或为保护之用。

饮食非常简单，每日三餐，冬春多食旱谷，夏秋多食杂粮，以其该地所能生产者为限。无蔬菜，仅食肉类，更不知调味，平常则多摘山上之野菜曝干以供餐耳。住屋以木架楼铺竹板上盖茅草。分两斜披，作三角形，其上居人，其下圈猪牛马等，每一寨中，头人之屋较大，如班洪总管之住宅，间架较大，楼外则更有眺台，此所以表示为官房，平民所不能比拟也。每草房一座，均有生火之处，往往在楼之中部，火昼夜四季不断，凡烧水煮饭冬天取暖均利用之。似此种住室，所最怕者，为火灾，偶一不慎，全室空虚，闻班洪王所有金银财宝及历代所赐之物皆埋藏于地下，以保存之。

山地生产有限，故无论贫富贵贱，男女老幼，均各能勤苦耐劳，亲加耕作，如以班洪总管而论，其地位为一方之首领，然全家子女，均须操作耕织，并不闲居也，故一般人民，大都寒苦，肤色焦枯，体质瘦弱。尤其医药缺乏，闻最忌痘症，若发现一人患此，即须活埋，以绝其根。

班洪人民，无交易之所，近年来则在南腊辟一小市集，日常生活所必需，取给稍便，否则一切须到孟定或猛角以求交易也。现在之出售者，以鸦片为大宗，班洪之待人民，并不似沿边土司之苛征暴敛，非有所需，不向人民摊派。按例每两年始由各村上纳一次，且数额亦微，故人民极爱戴之。

班洪民族为纯佧佤种，自称“腊家”。此其或为避免佧佤不名誉之徽号，而特立此名，以自尊耳。信仰佛教，模仿摆夷，设立缅寺，读夷文经典，供养僧徒，故其性情恳挚，态度真诚。但因其处境艰难，心存疑虑，俾之得入班洪，亦经召集各大小头目，共同商议决定，始派人来孟定欢迎也。

（六）矿区和炉房

班洪一带矿产，以西部之尖山及金厂坝山两处为最著名，皆曾经我国明末清初时开采者。据当地人士之传说，尖山一带称老厂，皆开矿洞无数，金厂坝山一带亦然。而就一般之观察，谓尖山方面之矿质不佳，以金厂坝山方面最有价值。炉房即金厂坝山之一部分，当民国十八年（西历 1929 年）云南所聘请之美国工程师卓柏氏曾亲往其地实际调查一次，此人为著名之矿学专家，由孟定土司派土官岳相引导入班洪境，其时班洪拒绝、不愿让外国人看，惟由永邦王麻哈欢迎招待，始得入该地，而班洪以有政府公文，未曾十分阻挡，不过不招待。炉房被英人侵占，班洪人民皆痛恶由于引外国人来看厂之关系，观其呈文，可以明了。据岳相面称：卓柏氏在小寨地方，观察两洞，炉房附近吴尚贤家一洞，东南角（炉房脚）一洞，西南一洞，卓柏氏认此三洞质量最佳，即云不必再看。入洞深达数十丈，用大绳一，岳相在前引导，卓柏在其后面，洞外堆积之矿渣，则用尺量其面积大小，矿洞高深，洞口满布杂草蛛网，内部高低不一，极为阴森，偶一不慎，即将坠入深底，探测殊危险万分。岳相有武功，胆壮而勇，卓柏亦冒险不畏缩，卒达目的。卓柏当日庆其成功，极为高兴，盛称岳相不置。依向导人如是云云，则卓柏氏之调查，最为可靠。兹将卓柏调查报告书关于矿者列后：

(1) 矿质与矿床

佧佤山矿产，以班洪，永邦，班老三王管地辖之炉房厂为最富饶。其地位佧佤山北部，西距萨尔温江约十五英里，原系华人吴尚贤宫里雁等所开办之银矿。至今旧洞存者二百余洞，内皆石灰质构成。矿渣则堆积如山，约计之，不下五十万吨，中含铅质在百分之三十以上，矿质则分头、二两种：头等者每吨含银八十六盎司，二等者每吨含银六十二盎司，较之缅甸可卜恩公司所办波顿良矿(即滇人所称之邦海银厂在缅境腊戍西南)上等每吨含银三十二盎司、中等二十四盎司、下等十二盎司约高出三倍之多。矿床倾斜角度约三十五度，厚一百英尺，其间每三英尺为厚一二英尺之石灰石间隔，虽不及波顿矿床四十英尺之雄大，然与明光大洞厂(在今腾越县北)矿脉相较，则超过不止百倍，诚有开采之价值。又由炉房厂东行十五英里为老厂村名湖广寨亦有矿渣约二万五千吨，中含铅质约百分之二十，亦吴尚贤等昔日开办所遗者，矿洞为沙岩，但矿脉仅厚二英寸，似不足开采。

(2) 位置及河流

炉房居金厂坝之南，面积一方英里，高出海面约六千尺，气候温和，东界小南米江，西界大南米江，南临大黑河(即大南滚河)，河水合两南米江水，西流入萨尔温江，水势湍急，高岩多水溜，形同瀑布，可安设动力机械，对于淘沙洗矿，应用水量，亦能充分供给。

(3) 燃料

班洪、永邦、班老尚未发现煤矿，一般工人皆取用材木以作燃料，炉房厂周围三里外，森林颇富，就中以栗木为多，昔日炼矿，皆用松栗炭，今计算附近森林，约可供十年之用，倘将来于探矿制炼之外，再注意培植森林，燃料当不致匮乏。

似此种有历史性藏量丰富之矿产，殊值得注意，数十年来因界务未定，致中英双方均搁置未提。然有此宝藏，势必引起纠纷，此班洪问题之所由发生，从界务方面观察，应就条约及红黄线而解释之：条约所规定之线及司格德所划之红线，大致无甚出入，皆以小南滚河及大南滚河之分水岭为界，此分水岭乃尖山及干猛梁子之绵延山岭为界，班洪划入英界，而金厂坝山更不成问题矣。兹将卓柏与王君建极函之意见如左：

> 关于滇缅界务，按照中英条约文义，当日司格德提议之分水岭，当作为两国界线。卓未离腊戌之前，将此项约文，详细翻阅所有界线位置，除小部分或不甚明了外，其余当不致有误会。该约订立年份，想在 1886 年，南定河之南，已有数处按照界线部位竖立界桩，其河之北，谅亦立有数处。其所以建立桩者，盖因该处河水流入石灰石窟，分水岭不甚明显故也。河北界线，系在两河之间，并无混淆。又河之南据云：有桩三颗安置石灰石地方，由此再南界线，系确切表明，即南汀及其支流与潞江中间之分水岭是也。更向南行，两国界线，系湄潞二江中间之分水岭，业经订定者也。由以上各节解之，此项所考虑之矿区，即老厂与炉房，显然不在中土，而在英属。至此项矿产性质，外间所云，实属大为误传。盖以老厂论，完全无关紧要，其炉房矿区，尚有价值，惟须俟英人决计管理该地，并由腊戌建设铁道接通矿地之后，始足以表现。此项事宜，一时必难施行。盖尝考查过去事实，知英人对于管理野佧地方一节，已历二十年迄未决定。自如以往，或者再阅二十年方能确定办法（十八年十月二十日自腊戌）。

若依陈灿、刘万胜所绘之黄线，及司格德之减让线而言，或更依据司格德与陈、刘在户板会议之节略而言，上葫芦王地班洪归中，下葫芦王地班况归英，则炉房厂仍可划归我方也。因猛陵山及金厂坝山，以山脊为界，山东归中，山西归英，以迄于怕唱山为止，矿区仍可保全，此事英人利必所在，捷足先得，将来要视中英双方会勘时，如何争辩以定之耳。

(七) 班洪事件之远因与近因

班洪问题之酝酿,为时已久,而英人之用武力侵略,则始于民国二十二年冬及二十三年春,今班洪厂地,事实上已被英人完全占领,推源穷委,实含有远因与近因,演变而至此也。

甲、远因

(1) 薛公使福成订约前之错误。吾人今依据清光绪十七年(西1891 年)薛使所奏滇缅分界通商事宜疏:"当时英外部侍郎克蕾曾称英廷愿将潞江以东之地,自云南南界之外起,南抵暹罗北界,西滨潞江即详图所谓萨尔温江,东抵澜沧江下游。其中北有南掌国,南有掸人各种,或留为属国,或收为属地,悉听中国之便。"似此展拓边地不少。然以曾纪泽未深悉边情,持论游移,其后又未能断然处置,事遂停顿。薛使任内,对于展界之说,英人已否认。然以薛使争持之功,英对北段不稍轻予,对南段则愿让步,据光绪二十年薛使伦敦所绘汉文图之虚线,确与光绪二十五年陈、刘会勘所争之黄线无大出入。然以之与伦敦签字图相较,则出入甚大,是薛使疏于检较之失策也(将先呈汉文图,及后呈之签字图比对知之)。

(2) 订约时之疏忽与修约时之再误。查光绪二十年(1894)薛使在伦敦与英商订《中英续议滇缅条约》第三款内载:"自北纬二十三度十一分起边界线,循萨尔温江至工隆北首之边界,即循此工隆边界,向东留出工隆全地及工隆渡归英国,科干归中国。由此循英国所属之琐麦与中国所属之孟定分界处之江而行,仍随此两地土人所熟识之界线,至界线离此江登山处,以萨尔温江及湄江(即澜沧江)之支江水分流处为界线。约自格林尼址东经九十九度,北京西经十七度三十分,北纬二十三度二十分,约至格林尼址东经九十九度四十分,北京西经十六度五十分,北纬二十三度,将耿马猛董猛角归中国。在格林尼址东经九十九度四十分,北京西经十六度五十分,北纬二十三度处边界线,即上一高山岭,此山名公明山。循山岭向南而行,约至格林尼址东经九十九度三十分,北京西经十七度,北纬二十二度三十分,以镇边厅地方归中国。然后其线由山之西斜坡而下至南卡江,即顺南卡江而行,约过纬度十分之路,以孟连归中国,孟仑归英国。然援循孟连与康东之界线,此界线亦为土人所熟悉。”按照条约内容,经纬度与地名部位,镇边厅(今澜沧县)当在猛角猛董公明山以西,而实际位置,镇边厅反在猛角董公明山以东,是约文经纬度,亦属不合图约经纬度,是图约经纬度均错,此在前人已言之。然光绪二十三年(1897)李鸿章与英公使在北京续议滇缅条约对于此段错误,并未加以修正,实属一误再误。或则订约时英方有意蒙混,欲藉此以图内侵,亦未可知。

(3) 光绪二十五年至二十六年(1899—1900)合勘时图约之争执。订约后之五年,滇督派云南迤南道陈灿与腾越镇刘万胜会合英员司格德于户板,勘办此段界务,当时总理衙门所发下者,为薛使汉文图,而英方所执者为签字图,前已言之,两图出入甚大,最初会议即不偕,辩论结果,仅议定上葫芦班洪归中,下葫芦班况归英,界桩虽立三颗,然始终未得英方正式承认。兹据清光绪二十五年陈、刘自猛角之报告云:“查上下葫芦界,在蛮作(孟定境)时,仅划至猛林,猛林以下,尚未勘划,遂约司格德于初三日(按系十二月)同登猛作后山,据土人指证班况班洪分界山路以明图线,英员虽有争执,尚无关出入。惟土司指及公明山,司则大为不然。”其后至猛角,同登高山,土人又指证公明山,司为之色变。指摘薛氏汉文图者伪造假冒,而陈、刘亦坚持薛图与之辨难。竟至猛马会晤以后,无结果而散。然度当时情势,总理衙门所发下者,果为伦敦真签字图,则遇土人指出公明山,亦无法解决界务。此其症结所在,因于图约之错误也。

(4) 会勘无结果后我国未实际经营之误。英人对于滇缅界务,自亡缅后,即积极经营,因此进展甚速,而我则因循自误。所谓“彼从容而我仓促,彼谙练而我生疏;彼措注已周,而我进退失据;临时竭蹶,成算未操,断无不受亏损之理”是也。清末以还,英人对南北两段未定界,认北方野人山一带,关系重大,故不肯丝毫让步。惟对南段,则以佧佤山野佧之障碍,并未从事实际经营。苟于会勘成为悬案以后,由滇省派干员殖边经营,以历史上之关系,佧佤山之佧佤不难感化归服。班洪、班老永邦纯佧区之政治经济关系,使格外密切;班洪、大蛮海、西盟新厂之银矿,鼓励人民组织公司开采,则以四十年来之进行成绩,不徒今日边疆无忧患,且国防早已充实矣。坐失事机,则不能不责满清以来,疆吏之无能,致贻隐患于现在,殊堪痛心也。

乙、近因

(1) 民国以来滇省当局屡欲经营班洪矿产迟疑未决之影响。滇省自经护国护法两役,出兵蜀黔桂粤,粮秣饷械,供给耗费极巨,均由滇省自筹。于是全省金融枯竭,无法维持。即实行通货膨胀,印发多数纸币,以济燃眉。因之财政紊乱,纸币充斥,物价高涨,公私交受其困。省政当局,以为云南富于矿产,乃计议实行开发。于民国十一二年间,曾与美商合组明兴公司,一度大规模开发腾越明光厂。而各县绅商探矿,呈请开发者日众。班洪之矿厂,亦发轫于其时。驻滇英总领事曾因此而提起交谈。民国十五年以后,曾正式派顺宁、澜沧、镇康三县长先后调查班洪厂地情形,当时之困难即如何疏通班洪与佧佤山之各头目,如何应付外交,并须明了矿量与矿质之三点,然后进行始无妨碍而有把握。然终以顾虑太多,开发之目的,未曾达到。坐是而引起英方之注意无疑也。

(2) 民国十八年美国矿师卓柏氏调查之关系。民国十八年以前之调查滇省府关于班洪之资料,大都间接得来,或往往传闻失实,不明真相。尤其关于矿地情形,完全为商人或投机者之宣传,过甚其言。自经民国十八年美国矿业专家卓柏氏前往实地查勘,班洪矿之价值,得一新估计。闻氏曾作详细报告,发表于美国矿学杂志,其对云南省府之报告,不过其中之概略。自此颇引起世界之注目,而英缅银公司(Burma Cor Poration Ltd)尤为羡慕不值。故去年侵略班洪之主动者,实属之该公司。据孟定新爷岳相之报告,是年随卓柏氏进班洪境内者,尚有英国工程司巴尔都,自孟定往,沿途测量,一山一水，一村一寨，以及路线，无不精细问明，加以绘图注释。其用心之深，盖可想见。据孟定及班洪之报告，谓去年英人运兵侵占炉房，即由此人率领，因此英人得更了然于该地之地势及界务，无怪其采取断然之处置，必占领矿地而后止。

(3) 最近《云南边地问题研究》一书发刊之影响。《云南边地问题研究》一书，大部系搜罗关于云南边地私人之发表文字编辑而成。内有关于班洪实地调查之报告，并记载政府开发之利益计划等，此种未见诸实行之宣传文字，为二十二年五月出版，更促起英人之注意，此英人之濯足先鞭，必占为己有而后可。

(4) 英人侵略之步骤。英国殖民地政策，自来商人实为其前锋，政治军事作后盾。此次侵略班洪之主动者为班海缅甸银公司美国总工程师伍波兰。论该厂当明末清初亦为明朝后裔宫里雁所开办者，缅亡后，由三四资本家先试炼而大著成效，工人十余万。但经数十年来之采取，已渐见涸竭，为维持其机器资本利益计，久欲另谋新厂，以图发展。班海地方位于腊戍西南，接近班洪，又闻其矿藏之丰富，更适于其发展之条件，故谋之甚切。曾派人来采查一次，观美矿师卓柏之报告即知："查缅甸银公司所办波顿矿产，俗呼老银厂，原为中国明时华人所开办，后因缅甸为英占领，中国外交官吏，不谙地形，误将伊洛佤底江南岸及萨尔温江西岸之地划归英国，损失领土，不下十万方英里。英人即于波顿地方，安设机械，炼我昔时原有之银渣。其初意不过以炼渣补助波顿矿产开办基金，乃二十余年竟称世界第一富矿，一得一失，言之殊为中国可惜。殊英人贪得无厌，犹复觊觎佧佤山矿产。当民国十年，银公司英人伍波兰曾私至佧佤山查探，并呈请该国政府准其至炉房厂开采。幸英政府深明大体，以佧佤山为中缅未定之界，未之允许，否则佧佤山一带矿产，亦为英商所有矣"。据此英人早已存心侵占，不过英政府尚不以为然耳。自经民国十八年以后，又得卓柏氏与巴尔都氏二人实地考查之参考，兴趣愈浓。既而知滇省亦图得该厂，谋之愈急。滇省之经营，顾虑太多，未曾尝试。英方则锐意进取，不顾一切。所采步骤诚令人惊叹。英人深知佧佤山之佧佤，对英仇视，乃第一步用联络手段。邦弄与佧佤山密接，商民多来往其间，故命邦弄头目马美廷户板宋忠福及汉奸段子光笼络勾结永邦入手。永邦小王麻哈即与马美廷之子为同学，感情融洽，加以各方面之包围而永邦首先入其彀中。然厂地虽在永邦班老境，而主权系共管，尤须得班洪之同意，开办方无阻碍。此外并须征求佧佤山之总头目绍辛王。英人均欲以利诱惑之，一律购赠礼物，班洪班老皆拒绝不纳，继而送金钱，并许以种种利益，班洪等皆不为动。盖两三年以前，英人所惯用之伎俩也。至廿二年冬，由邦弄出头交涉，声言已得中国政府之许可，以无公事证据，又为班洪所不信。英人见班洪之不可以利诱，不可以欺骗，乃实行以威力压迫。盖认为不成问题，可使班洪软化，并未想到班洪即起而与之抵抗也。

由上观之，班洪问题之伏机，已非一朝一夕，不过延至最近始爆发耳。刻会勘双方已商妥，虽原则根据条约，班洪位于大小南滚河分水岭之南，应划归英方，我方无置嘴余地。然遵照国际公法“议在立约之后，不可不遵；议在立约以前，不能共守”之例。则光绪廿五年(1899)之户板会议，已议定上葫芦班洪归中，下葫芦邦况归英之案，仍不能推翻，而有挽回之余地，何况班洪誓死不愿归英乎？是在今后会勘委员如何以折冲之。

（八）班洪班老对英抗争之经过和现状附西南义勇军李占贤参加经过

英方对班洪军事行动之准备，实在民国廿二年冬季，分调兵驻扎邦弄麻栗坝南汀河边一带地方。命马美廷向班洪疏通，拟开办炉房厂。因见欺蒙与利诱之无效，乃决然于廿三年一月廿二日开兵往炉房厂地，约三百余人，携有山炮及机枪等，粮秣器械均极预备充足。到后鸣枪演炮，施行示威，目的在恐吓。又以班洪班老态度坚强，乃于二月二十一日攻击班老村寨，双方激战甚烈。兹据班洪王胡玉山派头目刘国用文牍宋受周到孟定向镇康县长报告当时情况如次：

该方驻扎炉房英兵于本月十二日，忽来攻打班老下城，竟将该处民城烧毁（查所有被毁民房器具银物等项，约共损失滇银币廿余万元）后继续前进，轰击班老上城，于十三十四两日，又将该上城全寨民房官舍及寨外田坝积谷悉数烧毁（查所有被毁民房官舍器具银物等项及田坝积谷，约计损失滇银币四十余万元），刻下班老王率带头目百姓人等逃至班洪属境蛮孟寨寄住。该永邦叛逆麻哈及宋忠福等乘间分派党羽，潜赴班洪属各寨，鼓吹利诱各该寨百姓归顺英人。而所属百姓等因见情况紧迫，且为汉兵屡请未能前来救援，故纷纷向敝王要求归顺英人，以保地方。但敝王虽受内外交迫，仍抱定宗旨，归附中国，故坚持不允该百姓等所请。现督饬其一致团结，抵抗英人到底，静候汉兵援助，以保领土，决不能做亡国奴隶。惟现在人心动摇，情况危急，恐非空言所能维持，故特派头目等星夜赶赴孟定，恳请县长维持，迅予赏准速派镇孟团队数百名，先行开往班洪城，暂代维持现状，以安人心，藉保我班洪未失土地矿厂。

后一度停战，英兵且退出炉房，撤驻户板。事隔月余，仍行进攻。据镇康县报告（五月六日）：

顷据县属孟定土司罕中兴报称接班洪总管胡玉山万急报告：于阴历三月初十日黑夜，有驻炉房英军，正式协助永邦酋麻哈第三次用武力攻打班老所属各大寨。民房一概烧完，班老人民，多数投降，惟班老酋及其眷属，不知逃往何方避匿。现该英军攻击至十四日方止。现协同麻哈前来招降班洪所属老厂金河营盘等处人民，勒令从速投降，否则率领大军，再行前进，继续攻击，男女老幼，一概不留等语，人民异常惶恐。现班洪所属之南木上下各寨，已投降英军。该英军势力日渐强大，得寸进尺，所到之处，烧杀抢劫。班洪机械窳劣，寡不敌众，兼以汉朝之兵，屡请援兵不到，民众失望。其余附近各寨，俱有多数投降英军之心。敝总管处此时机，危迫万状，实难维持，只得劝慰民众，再抗拒十日之期，俟专丁恳求各土司派团救援。若各土司坚视不理，彼时又再投降，以救生灵，免英军残害人民，特专函报恳，将此情形转报镇康县政府火速酌议，设法补助兵力数百名，救班洪万民，保全未失焦山等处矿产等语。

又据镇康县政府五月十三日之报告，则英缅政府之积极政策：

兹探获英缅政府已委邦弄头目马美廷为葫芦王地大坐把（中国之土司），并委永邦小酋麻哈、户板头目宋忠福及马美廷之内兄，拱别二酋长等三人为矛扎（一地方头目），分管英兵所占据葫芦王地各地方。其委状闻已分别发给。该马美廷等于上星期同在炉房正式就职，各率带土兵协助驻炉房英兵招降各地人民，积极扩充领土。故有第三次攻击班老所属各村寨之举动。竟将第一二两次烧余之村寨，于阴历三月初十起至十四日止，继续烧毁净尽。现班洪唇亡齿寒，异常危迫，所属人民，纷纷迁移，有朝不保夕之势。

处此境况，班洪四处告急，而景谷县李占贤所组织之西南民众义勇军于阴历四月十二日率领千余人，分五大队，到达班洪。惟时英军已侵占炉房丫口等处，正节节进逼，袭我踏田班老蛮贵等处。四月十七日佛晓至十八日午后二时，为丫口之接触。是役英方伤亡五六十人，李军阵亡官长一员，士兵四名，负伤三名。李军夺回丫口等处。第二次李军进攻炉房，系四月卅日，因第一次之锐气，英方仅撑持约一小时，遂纷然退金厂坝，而放弃炉房。第三次接触为阴历五月初七日黎明至初八薄暮，双方混战，未分胜负。

义勇军正在进行中，奉滇省电令制止撤退。适值省府所派窦家璘、花琪等调查抵班洪认为当时情势，电请省府挽留义勇军暂驻边地维持。旋英军自称大英佧佤山知府兰纳照会：愿“各遵政府正式解决”。义勇军遂约期退回班洪待命。八月初三日，义勇军全部离开班洪退驻猛角董，冬月廿三日撤退澜沧，赴西盟开办永广新厂，现其所部，只留二三百人尽驻新厂，其余俱已遣散回籍。

班洪境内，并未驻有正式一兵一卒，惟土兵则仍存在。分驻于西距班洪土城六十里之营盘寨及猛冷阱，金厂坝山方面双方均放步哨，互相警戒。故班洪至今仍时时危惧，深恐战事之复燃。

（九）英军之布置设施及现状

英人之目的，原在占据矿区，而矿区即位于班洪、班老、永邦之交界地。永邦既已降英，引狼入室，而首当其冲者为班老，故班老全部已被蹂躏，处于铁蹄之下。而班洪所失去者为南木上中下三寨，怕谷、金厂坝、判洪等共六寨，皆为矿区。其势力范围，自南汀河边蛮佧起，沿南大户算，下迄金河边，以接大南滚河。然其所以不再前进者而占领全部班洪者，其因有三：第一，以目的已达，只要全部重要矿区在控制之下，又何必再起纷争，于实际无补。第二，以边民不服，且有李占贤义勇军为后援，战事延长，恐不见有利。第三，地势险阻，如此山深阱密，森林密布，道途不熟。恐引起全佧佤山之袭击，更不易应付。此英人之所以愿意告一段落，徐图政治外交之解决，将来班洪虽不易就范，而矿权总在掌握之中。

现英人在军事方面，积极谋巩固防务，金厂坝实为其侵略之大本营。此地位于金厂坝山顶平地上，东南距炉房约六里，山高出众山之上，远近目标，了若指掌。军事上形势重地也，故坚固之炮垒已筑成，围铁丝网以防侵袭，架无线电台以通消息。设电光报以便白昼之传达，并闻有探照灯为夜间之警戒，兵营皆求永久计，用石建，不似去年在炉房之搭盖芦篷暂时之性质。常驻兵二百名，随时更番流守，皆戛拉兵。西北以南大户算为犄角，所以防尖山方面之来攻。常驻兵四五十或百名，亦有军事上防御之工事。

英方除军事上准备外，对于堆积各山之矿渣则于夜间偷运，马脚概为邦弄及麻栗坝人，所以避免外边之耳目而已。然英人此种卑劣行为，实自认为文明国家所不应有也。

（十）班洪对政府之请求与希望

班洪自与英发生恶感冲突后，至今未解除战争恐慌状态。故希望中央与政府之援助为迫切。其请求事项，概言之：(1) 速向英人交涉收回被侵占之土地，保障边圉。(2) 英兵应速撤退，维持过去之和平生活。(3) 收回矿山，从速自己开办。(4) 愿划归滇省直接统治，因为免除间接之征调，不愿隶属于何县。此均班洪合理的请求。上列前三项，不久会勘，当可迎刃解决。后一项则属内政问题，勘定以后，滇省自易妥筹善后也。

（十一）班洪总管以下各头目分析

班洪当去年胡玉山未死以前，因其多年总理，爱民惜民，众均归附之，故当事变抗英人人用命。自其死后，长子胡忠汉继承，年近卅，貌尚和蔼。秉性亦坚决，能继其父之志。惟其族中有胡玉山之弟胡玉禄，年近五十，自以为老辈，颇足以右左之。心存怀贰，见无援助，时谏其侄胡忠汉降英。倬入班洪后，观其态度亦不甚可靠。将来会勘之先，应设治由孟定或耿马两土司切实笼络之，防其意外之变。至于最有力之头目即汉人刘国用、高耀恒，犹为班洪辅弼元勋。二人为亲谊，镇康猛汞籍，举家迁居班洪境南腊街。一言一行，皆足以取信于班洪。去年使班洪之不降英而坚苦以抗英者，实属二人之力，否则班洪之土地，无法以挽回之。即倬之奉命调查，得安然无恙，深入使其不疑心者，亦二人从中开导之。今后政府利用此等人材，以为内助之处甚多，务请中央予以文字上之褒奖，班洪总管之名，亦由中央正式委任，并褒扬之。由会勘委员亲自带往，此坚其内向之心并慰藉其劳苦奋发之精神，不能不有之举也，且同时更鼓励边民之信仰。

（十二）班洪与班老永邦之关系

班洪为葫芦王地方之一部。然所以称葫芦王者，则传说不一。各部均尊绍辛为葫芦王之总，例须按年纳贡。至于班洪、班老、永邦则统称为上葫芦王地，一说三部皆一脉所出，班洪为长房，班老为二房，永邦为三房，各领有土地，而另有共有之土地。然照班洪呈文，则称永邦原无土地，后始分给若干与之。第按之当地情形而言，各部并无严整的此疆彼界，不过其人民分散至何地，则该地即属其所有矣。上葫芦王地各部，为纯佧佤，与其西南之野佧有别，与其西部新兴之邦弄信仰种族不同，与其北之孟定摆夷不同，故遂团结为一气，彼此关系较为密切耳。至于实际，照其惯例，对内大事互相聚议而后定度，一切应彼此遵守，对外则班洪代表一切，行使职权，其他二部应该服从。此班洪之在过去之所以使外人知之，而对于班老、永邦则知之者寡。盖班洪实上葫芦王地之代表也。

（十三）班洪与佧佤山各部的关系

班洪因民族的关系，与佧佤山各部落俱有来往。所谓佧佤山系通称之词，凡佧佤所繁殖之区域，班洪猛角董以南，上下困马、大蛮海及南卡江以西之地皆包括在内。而佧佤例分两派，凡接近我国沿边，受汉化之洗礼，而尤深受摆夷各土司之感化者，已知礼仪，有衣服居室之较进步兼用摆夷文者为纯佧佤。如班洪班老永邦岩帅皆是，其中要以班洪之盖有缅寺，更为进化。此外之野佧，则度其山野原始人类生活，赤身露体，惟以布一幅遮其下身而已。山野间大都聚族而居，耕猎为业。杀头之风甚盛。形成各部落，彼此斗争，故其村寨，大者数百户，小者亦不下百户，盖所以谋团结而抵御外部之侵袭，现在佧佤山共有十六酋长统治之，当去年班洪事件发生后，即一致团结，作为班洪之后援，曾联合到昆明向滇省府请愿，其呈文录后：

呈为强邻横野，蹂躏边陲，特推派代表，赴省晋谒，面呈苦况，恳祈援助，以安边圉事。窃土目等世居滚弄江傍，本为中国属民。自明万历时，本邦与缅王互杀媾怨，缅王率兵来侵，土目等地，屡受波及。幸有本朝派遣刘将军统兵援救，得以相安无事，并受赐封，颁有牒印。只以山深路遥，交通阻滞，遂与我政府隔绝往还，日久形成化外。但土目等世守王化，从未有反叛行为。至光绪十一年，缅甸被英人侵占后，常有外人入内传教，土目等以彼乃宗教侵略，而非善意，是以力加反对。至二十六年中英划界，英人又来游说，冀惑人心。土目等以彼心存不善，驱逐出境。是时甚盼我方官员刘陈两公入内保护，卒以瘴雨蛮烟，山河险阻，未能莅临。数年以来，未有若何事件发生，英人亦未敢再来侵略。讵料前岁邦弄回民马美廷、宋忠福等卖国求荣，勾结英人，进占班洪及踏田湖广等各矿厂，并派英兵回民，用武力威逼各地土目投降。而土目等曾受封赠，乃汉朝子孙，何能出事外人，贻羞后世。遂由蛮冷王女婿赵子福四出宣传祖国德泽，并纠合倮民数千，一面保卫各地，一面由蛮贵管事布信，率兵抗拒英军。历时数月，正激战中，适得义军星驰援救，方将丫口、炉房等地，相继夺回。并得主席特派大员，不避蛮荒，入班洪宣慰。土目等得闻之下，相庆此后政府关心边陲，边氓赖以保障，决不致为英人之奴隶。查班洪乃葫芦地一小区域，此外尚有十六区地域，纵约二千里，横约一千数百里，户口约四十余万众。嗣由各土目于七月廿六日就猛茅地方，联合十七家土目开一大会，经众议决，推赵子福为十七王总代表，率同甘塞护印困散及其管事康扁、蛮贵管事布信、搭亭土目贺猛、班洪代表朱朝、猛角董土司罕华相等，赴省叩谒主座，面呈边区苦况。恳祈体恤边氓，宣示机宜，以固国防。并祈指定日时，准予赐见，不胜盼祷。谨呈。

五、猛角猛董概况

（一）位置与地势

猛董、猛角系两土城名，因同属于一土司所辖，故概称曰猛角董。其南接永和绍兴，北界班洪耿马，东联岩帅区，西部属大南滚河流域，东部属小黑江上流南董河流域。其所管区域，且伸入西南公明山（夷名来母山）之猛茅（新地方）。故所辖区域，并不为小，堪与耿马相埒。清光绪十五年因上改心裸黑之乱事后，耿马土司兄弟斗争，徐军门始将猛角董划归镇边厅而另立土千总以治理之，此实其或立之经过。地当野佧及班洪入内地北面之冲，故为一边防要地；为滇省迤西顺云缅等入缅必经之道，扼交通咽喉。其地势有两小平原，一为猛角平原，错列于各山岳间，面积较小，然纵横各在十里以上，有南董河支流之水，灌溉其间，水源不缺，猛董为南董河流域冲积平原，南北凡二十里，东西七八里至十里不等，面积较大。两平原土质肥沃，米产特丰，除此之外，尚有山间之谷地，零碎不整，各处皆是。此等土地，土壤带黑色，更为肥饶。四山林木密布，概多为有价值之松杉与杂木。

（二）民族生活

沿边民族之分布，有一天然界限。大都平原均为摆夷所居，山岳则为其他民族之所据。此地平原为汉摆夷，与耿马孟定同。山岭则为裸黑与驯佧两种分布。论一般情形，居平原者，应该生活舒适，山居者应比较谋生艰苦，猛角董一带则适相反。山地人民，皆能勤苦耕种，自卫力强，能御外侮。平原人民极懦弱，以其附近佧佤区域，时受佧佤之残害，此种灾害，为两重的，南方之野佧，每于夜间来侵害，啸聚杀头，时有所闻，尤以猛董附近为甚。有时杀劫全家，有时则洗灭全寨。猛角则又以岩帅附近之驯佧，每于街期则往往抢劫，而所受害者，多数为平原之摆夷。故近年来，人口之减少殊甚，人民因无自卫力，即土司亦无力，坐视不理，据最近之调查，因受佧佤之害，村寨毁灭者共十一，其村名及户口如次：

完令——五六十户，
完晒——四十余户，
伐伦——二十四五户，
完蒲——二十余户，
尖牙——百四五十户，
邦啓——六十户，
完龙——二十四五户，
完岭——二十余户，
完能——二十余户，
景坎——二十余户，
满多——二十余户。

以猛董城而言，十年前尚有三百余户，近只余二百户左右。佧佤杀头随时而来，居民惊慌失措，几成一死城。猛角土城，昔最繁荣，官舍建筑伟大，户口五百余家，今则残败不堪，人民只余百四五十家。其衰落可想。现每年迁移耿马孟定或国外居住者，不在少数，去年滇省府因鉴于班洪问题之发生，曾议定于猛董城创立沧源设治局，划澜沧县属之猛角董全区，岩帅、大蛮海为其治区。然据倬所知，该区域深入佧佤山，情形特殊，环境恶劣，险象丛生，且关系国防外交殊钜，滇省又困于经济力，应由中央拟定根本方案，补助滇省，慎选人材，切实殖边，始足以挽回风气而震慑边民也。

（三）传教势力

美教士传教于澜沧县境，并不属于云南教区，系由缅甸景冻而分设者，已有二三十年之悠久历史，根深蒂固，势焰逼人，以澜沧全县而论，入教者占人口四分之一，总计三万余人。依据 1920 年教士永伟理之报告，云南境内约七千五百人，相隔十五年，已增加五倍，达三万余，其进展殊可惊人。以猛角董论，除摆夷外，山上居民约半数以上均已入教。兹将其教堂分布地段列后：

(1) 大教堂所在地

东区——帕泊,头人李哲考,系纯佧佤,年约六十岁,信教已十四五年,势力最大,丁来、货岭、腊猛、户腊、满佧五寨共约五百余户,皆全部入教,不听猛角董之指挥。

西区——允航,信教者约百余家,属裸黑,尚纳粮草。

南区——永和,有千余家信教。

(2) 小教堂所在地

东区——货岭,拱波,腊猛,蛮旧,户腊,满佧,丁来,蛮回。

北区——翁孩,海东,满掌,隆掌,空尖,坝欠,板芬。

澜沧区传教事,原为永伟理父子主持,永伟理原住糯佛,其子常住双江县猛猛坝,间时始入猛角董。一切交由李哲考办理。故李氏之名,在猛角董无人不知也。盖外人欲藉此地为根据,渐渐传布深入南面之佧佤山。吾人所虑者,佧佤原无宗教信仰,脑筋单纯,生活又极枯燥,受人小惠,终身不忘。帝国主义者文化之侵略手段,无微不至,信教日增,妄事宣传,恐成尾大不掉之势,对于政治国防影响殊大。

(四) 猛角董所得各方报告

(1) 绍兴情形。绍兴为佧佤山全部之领袖,位于永和之南,接近大蛮海及上下困马野佧区。自称为长,其他为弟。每年向佧佤山各头目收牛一头,三年收马一匹为贡例。现任酋长名甲忠,年三十余岁,所管寨并不多,然对于佧佤山全部之信仰力特大,酋长所在地为门弄,位于南马河上流,约百余户,与猛角董土司来往尚密,感情融洽。政府果欲启发佧佤山,应予以相当之注意而利用之。此次会勘,应特别安抚之。

(2) 永和情形。永和位于猛董坝之南方山地,在猛董土城远望,则大小村寨,可以了然。所辖土地,共分五户,每户辖寨多寡不等,人民尽属驯佧,信教势力甚大,然与猛角董之感情极融合,对于我国政府亦知尊崇,将来亦大可利用之。且已划入我境内,理宜整理之。

(3)公明山情形。公明山夷人称来明山,在猛董土城,为山所遮不能见,须登山始能见之。山东有摆夷寨曰猛茅,一名新地方,约三四十户,属猛角董土司所辖,每年纳粮款银一次二十两。近曾向土司要求因在佧佤中居住,请减免,作为赏赐佧佤之用。但土司尚未允许。该地火头名盖阿云,年五十余岁,时来猛董城。由猛董往该地,人走二日,马驮须三日,其经过之地方列后:

寨名	族别	户口	距离	备注
猛董	摆夷	二〇〇	三〇里	此项里程系夷人所报告
阿猛	纯佧	三〇	三〇里	
干沙	野佧	一〇	三〇里	
邦顺	野佧	五〇	一二里	
佤脸	同上	四〇	一〇里	
拱孟	纯佧	三〇	二五里	
佤卵	野佧	四〇	八里	
佤抬	同上	四〇	八里	
石采	同上	五〇	一六里	
独大	同上	六〇	二里	
猛茅	摆夷	四〇		

新地方系位于公明山东部山麓,独大即接其北面,有一小市集,定期交易。是公明山之属猛角董,历史悠久,至今关系尚未断绝。双方会勘时,所应值得注意之事。

六、澜沧县辖境

(一)位置面积与地势

澜沧位于滇省西南极边,东阻澜沧江西接佧佤山,北以小黑江(南允河)而接双江县,南以孟连而界缅属大猛养。地跨约北纬二十二度五分至北纬二十三度十五分，东经九十九度至一百度零，经纬各占一度有零，今西界尚未确定，然其面积之大，可以推想，而在全滇各县中，实首屈一指。地势属横断山脉怒山山脉之分支，大体为山岳蟠结，零乱不整，故怒江澜沧江之支流，交互其间，极为混淆，至今滇缅界务之难清理，亦莫非因地形复杂之所关。大体西北公明山脉为主峰，中以西盟山脉为主峰。至于湄潞二江之大分水岭为何山脉，则因未经地形测量，不能断定其名称位置。诸山岭间皆有平坝。西北有猛角董平坝，北有上下猛允坝，中有猛朗坝，西南有孟连坝及猛马谷地。其中以孟连坝面积最大，人烟稠密，为最富庶之区。至于山地如裸黑山一带（由圈糯至田坝）虽属山岭，然高山水源不缺，仍到处可以耕种，人烟并不为稀少也。

（二）沿革

澜沧县辖境本大，原有猛角董、猛猛、上下允、岩帅、裸黑山全部、孟连全部，并西隅之中缅未定界。查元以前沿革无可考，明宣德五年置猛缅长官司，后改猛猛土巡检孟连宣抚司，辖今缅宁、双江、澜沧全部地，清乾隆十二年始设流官，置缅宁厅，光绪十三年，平定裸黑，添设镇边厅，分猛猛、孟连两土司地，隶于两厅，民国十七年，后增设双江县，划缅宁隶之猛库、猛猛、四排山与澜沧县小黑江（南允河）以北之上改心地属之。民国廿三年，划猛角董、上下困马、大蛮海、岩帅，增设沧源设治局。故澜沧县境，已照旧时为狭，但照目前之辖境言，旅行其地，南北须行十日以上，西至东须六七日，区域亦不可谓不辽旷矣。

（三）双江改县与沧源设治

按《镇边厅图说》："猛勇耿马地，猛准、猛库均猛猛地；猛角、猛董、猛赛，旧为耿马地，谓之三猛。光绪十六年土族争地，乃将三处归入镇边。"镇边辖境已广，所增土地，概在北方，统治已属困难。故清宣统二年，将猛猛地改立四排山县佐，划属于缅宁。至民十七，以四排山方面生计渐紧，而澜沧属之上改心县佐，离县域过远，乃合并而以小黑山北之地，至猛库，成立双江县。该县成立，对于边地，可以增加政治上之效率，然以各属之两县佐合并，人民习惯有别，士绅感情不洽，对于县治地点，至今仍未能解决纠纷。原来四排山方面，则三张设于那赛，而上改心之士绅，则以为太偏于西北，且属山坡地，位置不适中，而交通又不便，夏秋猛猛河暴涨，往往阻隔。而主张设于猛猛域，以其地位适中，且属平坝，地势开展，供给生产，移民垦殖均便，易于发达。然四排山之人则以为猛猛瘴疠为害甚大，夏秋汉人绝迹，即县长亦不敢居，势不宜建县，立于反对方面。平情而言，双江县治，似以猛猛土城位置为最佳，那赛局促一隅，因陋就简，水源又缺，粮食不济，诚无设县之价值。此种纠纷应由滇省府决定解决之。其次为西南一面，接近岩帅，佧匪出没骚扰，接界人民，寝处不安。沿边各地，如猛角董、耿马皆处于同一情况，岩帅问题，为澜沧隐患，不能不设法及早预防之。沧源设治，仅二十三年班洪问题发生后，双江县绅彭肇纲上云南民政厅陈述班洪矿务交涉意见书所建议而设立者。彭云：

吾滇西南边界，山势绵亘，矿产极盛，不独班洪以银厂者也。查猛角董土司所属之猛角（距班洪一站）与猛角董土司西南之大蛮海（此系野佧自成一部落，距沧源县属之岩帅二站）均盛产银矿，并已发现。又澜沧县属之募乃老厂新厂等区域，亦盛产银之区，为吾滇无限之宝藏。此时英人或未调查及之，诚恐将来因办理班洪矿产之机会，不难发现大蛮海之银矿，得寸进尺，英人惯技。以前失邦海老银厂，即现在班洪之殷鉴，不能不预防于机先也。又查猛角董系合猛角猛董两坝而言；地居上游，为野人山之咽喉。距班洪二站，距澜沧县治八站，双江县治三站。大蛮海距澜沧县治七站，距双江县治四站。岩帅距澜沧县治五站，距双江县治二站，均属道途最远地方，又复辽阔，附属澜沧，殊难节制。为保护矿产及启发边地起见，应请将猛角董，大蛮海岩帅地方，筹设为设治局，委任省中干员为设治专员，董率其事。局址以设于猛董为适中，以便随时抚绥野佧，使之渐渐感化，巩固边圉。较之民国初年政府公报载中央电令省署于公明山建设县治，以防外人垂涎案，更属便利。因公明山深入野佧腹地，不易设施，猛董则地势适中，并多汉人；又无烟瘴，行政较便，此亦于边务最关紧要，不能不附为陈明者也。

沧源设治区之问题，以岩帅为最关键，该区东连小黑江，西接猛角董，南接南栅，北接耿马，四周住民，皆比较进化，独其冥顽不灵，有如野佧，现任首人，即系佧匪出身，自光绪二十余年以来，即任粮长，横征暴敛，无恶不作，多数人民恨之刺骨，其对于县府已多年不纳粮赋，不认地方摊款，任何公事，概置不理，近则十余年来对其属民，无力约束，听其四出抢劫，边民时受其害。溯前清曾于各要隘处所，驻有重兵。民国十五年以前，亦常派殖边队驻防南栅等处，因之迭次变乱，皆不旋踵即便扑灭，未曾扩大。自民十五后，防军完全撤退，责成地方保卫防御。因械窳人少，能力薄弱，遂不足以防范之。此驯佧气焰日张之所致。沧源设治，责任消极在维持治安，保卫境地，积极在改革积习，抚绥岩帅驯佧，收服未归化之野佧。

（四）民族和人口

澜沧全县，可称全省各民族荟萃之所。汉人之居此者，以湖南籍为多，石屏次之。此辈皆清乾隆时募九银厂最发达时冒险前来开矿，或清光绪以来从军之戍卒，娶夷妇，旋停厂或退伍而流落于此之客子客孙，繁衍散布甚广。合之普思各县及两粤籍之移来经商者，约占全县人口十分之一，其十分之九，悉为摆夷、裸黑、佧佤、老亢、阿卡、濮满等夷族，据民廿一之调查，全县共二万七千余户，十五万六千余人。各夷族中摆夷为优秀民族，人数亦最多，裸黑在半开化之间，驯佧在渐开化状态，阿卡、濮满虽无文化可言，而颇安分勤苦，各自成部落，互不相下。野佧一种，则披发裸身，茹毛饮血，杀头之风甚盛，尚与原人无别。其中惟摆夷惯居平坝，不畏炎热瘴毒。余族均居山地上。

（五）澜沧县政与自治区之划分

澜沧县政，情形最为特殊，组织有三种，权责并未规定明白。情势最涣散，斯立总四十余年以来，丝毫无进步可言，且仍保持其封建恶习，今昔环境，犹有更退化恶劣无比者。今将其治理情形概言之。

（1）县长与县佐。澜沧县设县长一人，县治在佛房（下改心），外表上县长之权力应大，威严应尊，实际上县长之能力异常薄弱，远不逮一乡镇长或区长，不过为省政府之传递人而已。公事来往，对各方鞭长莫及，少生效力，形同具文。全县又于西盟与上下允分设两县佐，县佐之地位，本已不及县长，对地方之信仰，根本受人轻视，施政能力更谈不到矣。

（2）土司。据前任县长熊光琦云："澜沧未设治以前，全部土地人民，皆归孟连土司所有。俟因该司复人，不自振作，势力日渐减削，所属夷人叛变无常。每经一次变乱，底定之后，恢复地方，即以之另设若干大小土司分治之，日复一日，至极盛时，澜沧一县，计有十八土司之多。迄设治以后，各该土司或乏嗣承袭，或因案取销；又各视其地方大小，改设为里目粮目。截至今日，仅余孟连宣抚司、蛮海土守备、猛角董土千总、下猛允土千总、上猛允土把总、东河土把总，六正式土司。又大山土守备、圈糯土千总、募乃土把总、西盟土目、猛滨土目五代办土司，此外皆已改为里目或粮目。查该大小十一土司，以摆夷为多，裸黑次之，代办中间有一二汉人，然不问何族，皆因袭旧日封建思想，视所属土地人民为子孙帝王万世基业。而夷民之对各土司亦俨然奉之若帝若王，听其牛马而奴隶之。尤可怪者，由土司消灭后改设之里目粮目与数处所谓直辖保董（即直辖于县府而不归任何土司里粮目所管之保董）对于所辖土地人民，亦仍如各土司之可以视为私有，向之征收门户，摊派夫役。故澜沧全境，可谓已为各土司与里粮目等准土司所分割盘踞。县政府大小政事，皆须经由其手承转，县府不能直接及于人民，勉强为之，亦不生效。盖全体夷民，其心目中皆只知有土司里粮目,而不知有汉官也。”

澜沧县自民国十八年遵行地方自治,曾将全县划为十区。划区方法,不以山川形势及行政便利为准,而系牵就各土司里粮目旧有属地而归并。往往利用区乡镇长之名称,分给各土司里粮目等,以此层层剥削,积习甚深。最近感觉不妥,复改为八自治区。然绅民安知自治为何物,无非换上一新式牌号而已。总之澜沧一县之中,官治自治土司治纷纭杂乱,矛盾冲突,何以竟能存在于今日,结果官绅左右于上,土司封建势力助长于下,夷民受尽层层之剥削与压迫,度穷困挣扎生活,逃亡流徙之事,时有所闻,无怪教会势力愈扩张,而澜沧县之伏机愈危也。

推澜沧县之不能整理有条,循序以上正轨者,原因本甚复杂,今概括言之:县境范围太广,非县长一人之力所能及也;每任县长,任期短浅,历届未有任上二年者,官存五日京兆之心,不能彻底改革二也;澜沧夷多汉少,汉人又全系客籍,均唯利是视,并无爱乡土观念,绝不愿县政进步,使多数夷民觉悟三也;大小土司里粮目为维持其封建势力,务求达到其阻碍之企图四也;全县无公正之士绅,为主持领导人五也;全县摆夷、裸黑、佧佤三大族之生活性情交通环境各异,散漫无组织,进行亦感困难六也。

（六）资源

澜沧全县物产,因地势环境民族生活而各有不同。大抵分为平原与山地二部。前已言之,摆夷分布于平原上,农耕为主要职业,饲畜为副业,米乃大宗出产,稻种十分之八九为糯米,十分之一二为粳米,因摆夷日常概食糯米,颗粒长大而质带粘性甚强,粳米之种植,全为供汉人客商之消用。年播一次,产量极丰,以余供附近山地人民之需求。而摆夷所恃以维持其经济上之活动者即米之转换耳。家畜之饲养,黄牛最多,平原不患水草,滋生最易,且消耗亦有限,又可以供力役,几每家均养牛。其次为猪之饲养,实摆夷生利之所赖。上下允、猛角董、孟连等平坝皆如此。其余山地,鸦片之出产为大宗,杂粮次之。山地水源不充，旱稻虽生产，然极有限，故大宗粮食，皆远往南部之平坝搬运，以资接济。棉花则平原山地皆产，土民自纺自织，以为衣料，一小部分销往外地。热带果实，如甘蔗，香蕉，凤梨之属，孟连上下允均产，橘以佧佤山最多，盛销于边地，质味殊佳，不亚于美国所产者。因销路受交通之阻，价最贱。

山地森林遍布，惟以山民之砍伐烧毁，殊为可惜。矿产之开采者，以募乃厂所炼之铅，每年尚销售于缅，永广新厂之银已由澜沧全县士绅集股开发，将来亦一大富源也。

（七）上下猛允方面情形

上猛允、下猛允为澜沧县北部之一平坝，面积本小，直径不到十里，且接连高山，丘陵起伏其中，并不平整，此必为山岳陷落而形成之凹地，非冲积地，甚显著也。但此陷落之小盆地，与其四周之峻岭，相差约在一千公尺之间，山以西部及南部尤高峻雄厚，西部山脉，更显其险峭而荒瘠之状。附近居民，往往称西面之山为佧佤山，以其概为佧佤山巢穴。南面之山，称曰裸黑山，以其为裸黑之根据地。该地上下两城相距约六里，上猛允在南，下猛允在北，沿南允河之上下流故也。土司驻于下城，县佐驻于上城，两地住民各约三百户，故人口稠密。市集即在上城，每五日一集，四方来者约二三千人，冬季可到万人，与孟连街同为澜沧最繁盛地方。因位置适居于佧佤山、裸黑山间，扼猛角董、岩帅、双江、澜沧县交通之中点，汉人与佧佤、裸黑之交易，多集中于此。此地北距双江四站，南距澜沧县城四站，西北距岩帅一站，距猛董四站，实北部一重心所在。满清晚叶为经营佧佤山，特由镇边厅管带驻于西面之南栅，因其位于西部之形势险要地，可以控制西隅全部佧佤山之驯佧与野佧也。现在澜沧正式防边军队自民国十五年撤退后，仅有地方团队二十名，驻扎于西南距离五十里远之木戛，然势力单薄，器械窳劣，殊难以镇压该区顽强之佧佤，故边地接壤地方，偷牛盗马，拦路抢劫之风，为十年以前所未有之现象。

（八）募乃老厂与永广新厂

募乃厂距澜沧县治佛房一日，归募乃土把总所管，现任土司石玉卿，年四十余岁，为澜沧各土司中脑筋比较清楚者，对于澜沧情形，极为熟悉而有求改进之精神。厂地近其土城，称募乃老厂，产银，清乾隆年间极旺，嗣后土司不知经理，废置已久。近年以来，商民张鼎新在该厂将旧时之矿渣熔化为铅块及铅佤，铅块专运销缅甸，自孟连出口，年约百吨左右，铅瓦长一尺五寸，宽一尺，厚二分，专供本县建筑之用。

永广新厂系在募乃老厂之后而开者，故名。位于上下困马之南，距佛房县城四站，由佛房往六十五里至募乃，六十里至南本，六十里至拉石龙，六十里即抵新厂。按刘春霖《滇省西南边界图说》：

> 莫养、永广、永平等地，均在孟连旧界之内，向隶孟连宣抚司管辖。其地环绕莫养金河，人烟稠密，周围约计万户，沿河产有金沙，淘取甚旺。嗣于嘉庆年间，野佧佤背叛孟连，占据其地，遂属佧佤……而新厂一处，产有银矿，在孟连司旧界之内。向隶孟连司管辖，现在不归稽束，无人经理。

又接迤南道石鸿韶之报告：

> 库杏南项二河分水岭西之永广山下新厂银矿，在咸丰同治间，初次开办，厥利已厚。至光绪八年尤旺，工作集至万余人。后因孟连劣目刀和盛抽租过重，光绪初年未设西盟猛梭土目，此一带均属孟连 每日须纳百余金。商人苦于征求，报缴稍迟，刀和盛即嗾附近野佧戕杀厂丁，死者千计，后因此封禁，路亦阻塞。此已见成效之矿产也。

照现在情形而言，野佧仍度其浑浑朴朴之生活，山寨密布，人数众多。清末光绪年间，思茅人张树屏（现居募乃）曾重开新厂，亦因佧佤之乱而停顿。去年冬李希哲自班洪撤队返澜沧后，因与该地佧民头目有联络，深得野佧信仰，遂邀集全县士绅集股重办新厂。昔时所拖之矿，抛弃于此者不在少数，李率其部下约二三百人入内，现正设法提炼，不久当见成效。

（九）西盟方面情形

西盟为澜沧县正西之主要大山脉。据《镇边厅图说》：

> 西盟山即孟佧，原系孟连属地。前为三佛主夷目李同明占据。光绪十七年剿平五佛房夷匪之时，该夷目率众投诚，赏给土目，仍管西盟地方，历年上纳镇边厅钱粮在案。该处东至镇边厅城二百九十五里，猛梭一百二十里，在南卡江内，西至江边五十里。

今自佛房（县城）出发，其路程计六日，第一日田坝，第二日蛮东，第三日喇叭，第四日猛梭，第五日经江坡头至蛮波罗，第六日渡南项河即可至西盟。查土目李同明死于光绪二十五年，其子民国七年死，无后，现由代办李宝、副代办李长共负责维持地方。县佐因管理便利，驻于喇叭，市场在此故也。

（十）孟连境内状况

孟连距县城二日，其位置在县之西南，西以南卡江与上下莽冷交界，南与猛养交界，东接南峤县。论其旧界，除领有现在全县土地外，南卡江外之野佧地皆属之，清嘉庆年间之乱，野佧与裸黑分占据其北边之地，界址始较前褊小，然疆域犹扩，兹分述之。

1. 孟连平坝。孟连为澜沧县属面积最大之坝子，南北直径约四十里，东西约二十里，一片平野，土质沃饶，村落密布，南垒江由东北而来，贯穿境内，水利极便。孟连土城位于坝之西隅山麓，南垒江萦绕如带，环境优越，为土司署所在地。全城人口约四五百家，市廛临江边，冬季防火灾，赶街则移于镇外之广场上，街期各色人民，熙来攘往，殊形繁盛，来集者最多时可到万人以上。货品形形色色，杂陈于帐篷之下。裸黑所制之刀，摆夷之银器银饰，为土人手工业之特别者。行商则贩卖瓦器，丝绸布类，本地之蔬菜果实杂粮鸡鸭等应有尽有，竟日始散。按滇省思茅海关自整顿以来，于孟连设分卡，在六分卡中，孟连岁收，仅次于佛海之打洛分卡，将来交通渐便，孟连商务之推进，必大有希望。

孟连宣抚司衙门，为两进两厢，有楼相通连。前楼为议事厅，金碧辉煌，画栋雕梁，备极富丽，有宝座一，为宣抚所坐，其下即供人朝贺者。孟连土司历代皆懦弱，往往为属下所播弄操纵，故孟连乱机潜伏，难以统驭，现任宣抚刀派洪(泽民)年近二十岁，聪明有余，能力较差。现由其族兄刀派文(字安廷)为代办。而直属于澜沧县政府。故孟连情况之变迁，视县长之良否为转移也。

2. 南马河流域谷地。南马河为南卡江之支流，自东向西流，至猛阿流入南卡江，其分水岭为红班母山(东部)相连锁以迄红班莫皮光山(西部)。自孟连向西南行，须越过此等拔海千三四百公尺之山，而后入于南马河流域谷地区。南马河东于南北两山脉之间，汇十数小支流，曲折奔驰西流，长约百里，两岸居民约三四十寨，尽属水摆夷，地形以猛马及猛阿较开展，而猛马(蛮弄)尤广。猛马、猛阿设两土目，直辖于孟连土司，而不归县政府委叙，自成一局。每一土目，所辖约三四十寨不等，民颇殷实，性情浑厚。

猛马位于河之南岸高阜上，有一小水南安河流来，划分为大小二寨，住民大寨约六十余户，小寨约三十余，另有一小市场，约十余户，概系流寓之粤省小商人。现任土目夷名召底，汉名刀正文，年六十余岁，尚知忠于守土爱民之责。孟连分卡设办事员于此，以稽查来往商帮马驮。并设有小学校一所，男女小学生约十余名，校舍新建草屋，虽形简陋，然为开通风气，边民知子弟应受教育，亦殊属难能可贵。猛马地势，拔海八百公尺以上，又跨热带，热带风光，已极显著，森林葱郁，四季常绿。谷米最丰，无水旱之虞，热带果实，出产亦盛。

猛阿位于南马河汇入南卡江处，隔南卡江与邦桑（亦译作广颡）遥遥相望。相距约四五里，两地均位于山岗上，中间为江与河之开旷地段，特别明显也。猛阿地势更低，离海平面约五百公尺，故气候郁闷，自来认为孟连境内烟瘴最大之地，冬春气候较凉爽，汉人马帮始敢来往。然粤人则处之如常，是滇人相传所谓瘴气者，殊不足信。猛阿人口计五十五家，土目步法，年约五十，颇有精神，近于山地种茶千株，颇见成效，闻拟继续推广，将来为有大利之一种副产，该地手工业以造纸著。土目之住宅，布置甚美观，门外新辟小市场一区，以便土民之交易有无。

3. 南卡江。南卡江实地所考察者，为猛阿附近之一段。猛阿寨之西南两面，皆南卡江环绕其下，南卡江自东北山后流来，距寨向西约二里，有一渡口，木舟一只，专供来往客货载渡。江在渡口处宽约十丈，河中部较深约二公尺，近岸则甚浅，流急水清。土人往往涉水而过，并无需渡。闻雨季水量增加甚高，而流愈急。查南卡江既为一大河流，实南段未定界南部最妥善之天然国界，若以分水岭为界，则因山脉地势关系，民族分布关系，绝难觅一适当之界线，以杜绝永久之纠纷也。

4. 山岳区。孟连除平坝外，周围管辖之山地，面积极广，东自东岗以迄景迈茶山，北起西盟以南，西止南卡江，南达已定界，皆山岭绵亘不断，人烟比较稀少。但论人口数量，当数倍于原野。其中五分之三为裸黑，五分之一为驯佧，五分之一为摆夷。摆夷大都散处于山中之河谷地，地势炎热区而为他族所不能居者，如景迈附近，摆夷以植茶故，村聚不小，驯佧裸黑，俱垦山地，坚苦耐劳，信教者多此辈人，对于耶稣之信仰甚深，颇知礼貌。无轨外之行动，与孟连无何等冲突，并不似猛角董与岩帅方面，彼此仇怨。美教士永伟理父子所经营之糯佛教会，距孟连一日，距佛房二日，系位于一崇高之山巅，面积约占五百亩，建有可以容纳五百人之礼拜堂一，后建教士住宅，五大间，西隅划为动植物园，东面则为教堂，及教职员学生宿舍，零星环绕之，概为木料，工程坚固而美观。山拔海近二千公尺，尽为苍松所掩护，空气清新，地址僻静，四季温和，不啻桃源境界。闻雨季则各教区送来之学生，多至二三百人，裸黑佧佤，男女兼收，用裸黑佧佤语以英文字母拼成之《圣经》教之。现在永伟理归国，则由其次子永文生夫妇担任指导，因受县政府之干涉，另聘中文教师一名。照目前情形而言，糯佛之传教事业，经永氏父子二十年之苦心经营，诚有惊人之进展。其双江猛猛之支部，现无人主持，则派一裸黑人李永明者驻该处为代表，以联络佧佤山方面传教事业之消息。沿南段未定界之一切情形，恐无有不明了者。

永氏父子，能讲沿边各民族之方言，佧佤话、裸黑话、摆夷话、汉话，无不通晓。凡遇任何一种人，即以其方言与之周旋，皆能了解自如，边民知识简单，焉得而不奉之为神明欤。永文生现年不满三十，生长于糯佛，回美国数年，就学于教会学校，精明强干。其妻亦美国大学生，研究文学者，以其信仰而从事于传教事业，外人精神，不能不令人钦佩。教会空气，盖已弥漫全澜沧县区域矣。

七、会勘滇缅南段未定界意见

（一）依据条约会勘之关系

查中英滇缅条约第一次由薛公使与英于清光绪二十年(1894)订于伦敦。第二次因割让江洪与法，询英之请，于光绪二十三年(1897)李鸿章与英公使修订于北京，然关于南段未定界之条文，丝毫未加修正，一仍其旧，今据本年四月九日英使来往照会，经双方磋商设立勘界委员会，其首要职责是：

> 应将1897年条约第三四两节中与未定界有关部分所规定之界线，实地查明，并绘于地图之上。委员会于解释各关系政府尚未获得同一解释之约文之际，对于上述约文各段所规定指明

之各点，即关于交点，分水岭及文中所载之各处地名，应予以相当之考虑。

是决定依约而勘。又第二照会申明将来在条约以外，应妥协互让的磋商：

依照委员会之报告书，或依照与本问题似有关联之地形的，历史的，或政治的因素，关于任何修改问题将来应由双方以妥协互让之精神，进行磋商……仍各保其原有之立场。

此乃补充委员会之任务大纲而已，总之此次会勘依约，纵有修改，亦不过局部的，绝不能有超越条约范围以外之企图，照约会勘，当然图约必相符，则光绪二十六年(1899)司格德所拟绘之线，与约无大出入，界线(五色线图中之红线)即以此划分，绝无问题，我方所争之公明山固然划去，即班洪猛角董辖地，西盟山一带，上下困马，大蛮海整个南卡江上游之地及孟连辖地，亦须一并放弃，是滇边损失之领土太大。

条约既重新估定，则前清光绪二十五六年，陈刘二员与英员司格德之一切辩论照会，根本推翻而无存在之可能，五色线图中所谓之黄线与铁道减让线，难于提出讨论矣。我方尚欲谋保全领土，寻一线之希望，亦不可得。

(二) 推翻条约之可能

由前言之，依据条约勘界，我方之损失，实不可以挽回，故不能不设法使条约不能立足，然后再谋一新局势，以图补救，若能达到不遵约文之羁束，于会勘时双方占在妥协互让之真正精神上，另觅一合理之界线，方为公允。此事当然为英方所不肯，然果能设法从种种方面引证，指出条约之错误点，则英方亦难以自圆其说，而我方之理由，可以充足表现矣。至于图约之错误，可以推翻之理由如次：

（1）图约经纬度与实地部位不符。按照约文经纬度，镇边厅（今澜沧县）之位置应在猛角董公明山以西，而实际镇边厅乃在猛角董公明山之东，为其谬误者一。又约中所指东经九十九度四十分，北纬二十三度处边界线即上一高山岭，此山名公明山。签字图中载之公明山，均与土人所指之公明山部位完全不合，其谬误者二。

（2）图约所载与事实不符。按图约中均载明将“耿马猛董猛角镇边孟连均划归中国”。是凡各该土司土目所管各村寨地方，即应全归中国，且谓土人所熟识之界线一语，两见于条文，是勘划界务，必以土人熟识之界为凭。然同时因受图约之错误，划出上列所属地方不少。此图约与事实不符者极显著也。

（3）签字图所载地名之错误。按伦敦1894年之签字图，琐麦注于工隆渡口之东南，照实际部位，应指现今之邦弄、班况、永邦、班老西接班洪一带地方。但实际边界线上并无此面积广袤之琐麦地方，其错误者一。又猛董之位置，列于猛角之北，而实际部位，猛董系在猛角之正南方，两地相距约三十里，此其颠倒错乱者二。是此等重要显著之地名，均有错误，则其他之错误，势所不免。

（4）分水岭之错误。按照条约“由此循英国所属之琐麦与中国所属之孟定分界处之江而行，仍随此两地土人所熟识之界线，至界线离此江登山处，以萨尔温江及湄江（即澜沧江）之支江大分流处为界线”一段文义而言，似应以两大江之支江分水岭为界。然此一段内实际以在班洪境内之地形论，只有向北流往孟定坝南汀河支流之小南滚河与向西南流出汇入怒江（萨尔温江）之大南滚河，其分水岭为自班洪西部尖山岗猛大梁子向东走之山，但两河皆为怒江支流之分水岭，并非怒湄两大江支河之分水岭，其谬误如此。

（5）图约对于南卡江定界之错误。按约文载“然后由山之西斜坡而下至南卡江，即顺南卡江而行，约过维度十分之路，以孟连归中国，孟仑归英国”。夫大江流域之为天然国界，可以免除彼此纠纷，最为适当。且图约上均叙明孟连归中国，孟仑归英国之语。而孟仑实即蟒冷之异译，蟒冷分上下两部，下蟒冷在南，上蟒冷在北，下蟒冷于缅亡后为英诱降，被上蟒冷所不满，结为仇怨（按《镇边厅图说》，十二家召华地方除下蟒冷一家已投英人外，此外十一家概系佧佤绷子野夷地，居不滇不缅之间。因下蟒冷投英，为十一家所不服，屡构兵衅。投英事在光绪十七年）。上蟒冷正位于南卡江之西，为野佧佤境，最近亦欲准备抗英者。而孟连所管理之境，亦当南卡江东西，是南卡江实真正之界线。然受图约经纬度之限制，致与实际情形相背驰，而陷于最大之错误。

图约既均有错误，吾人权衡本国利害，惟有驳斥其非，使图约失其价值，而望于此双方成立之勘界委员会另求一合理之界线，以供两国最后之决定，此之所谓合理的界线者，并非空泛无所指，乃依据历史的、政治的、地理的关系，而本诸“妥协互让”之真精神以决定之。

（三）班洪界务纠纷之争点与会勘问题

查班洪界务，为此次勘界委员会勘划南段未定界第一步困难问题。按图约必执分水岭为言，则班洪当划归英无疑，何况英方现在实力，已深入以武力占领永邦班老全部及班洪之一部分，无形分割上葫芦地，破坏光绪廿五年旧历十二月户板会议及蛮佧会议所议定上葫芦班洪归中，下葫芦班况归英之定案，而作事实上之压迫占据，诚无可如何。然站在整个国家立场而言，班洪班老归向我之心甚切，永邦不过一时受邦弄诱惑而降英，最近因英方既占领该地后，一切不容邦弄永邦过问，闻颇怀怨望之心。加之马美廷受青年回民之反对，以为马氏不应助英侵略祖国。是永邦土酋麻哈今既不得利益，未必真心降英。则政府为保全领土，取信边民，抚慰边民，不能不争回上葫芦之地者一也。又该地既富于矿，尤以炉房厂为最有价值，为保障富源计，不能不争者二也。班洪世受汉恩，声称为汉家守土，且最近当光绪十七年因耿马之乱在事出力，曾由刘春霖奏请督抚王文韶颁给土都司衔有木质钤记一颗，不啻滇省土司，维持主权，不可不争者三也。即以局外人观察，亦以英人之欲得班洪，实别有作用。兹查卓柏氏报告书提到界务一层：

> 作佤山一带，中英两国皆认为中缅未定界。惟光绪初年，中国驻英公使薛福成于伦敦与英国所订条约，将作佤山划归英国。至今英人即恃此为根据，谓作佤山全境皆属缅甸范围。然该地土人因历史关系，皆仇视英人，亲拊华人，英人因此未能入境。第以矿产蕴藏甚富，不免时时垂涎。倘不及早设法收拾，至相当时期，英人必另设法侵略。彼时中国虽提出抗议，亦不过如片马江心坡悬案而已。及今收拾之法，惟有根据昔日华人开办矿硐遗迹及班洪受职中国等事为之确证。至该处土人，则谓腾越镇刘万胜与英使划界时原定公明山东之上葫芦归中国，其西之下葫芦归英国。今查重要矿产，皆在上葫芦内，是以英人垂涎上葫芦矿产之富，竟讳言刘万胜所订新界，而根据薛福成之含混条约也。

外人之观察，殊为公允，而更得种种之反证。滇省久欲经营班洪，以英方之抗议而终止，谋待外交正式解决。英人侵略班洪，则惟为武力压迫，不顾一切公理，果不出外人之所料。再者当日卓柏氏入炉房一带，并非英人引导，而系得我滇省之正式公文，由孟定属官岳相率领始得深入，则该区域之属我无疑矣。即以条约论，外人亦批评其含混也。

挽回班洪之铁证，除上述理由外，一为民意之表现，根据现代国际领土之争执，双方均不得解决，惟有以该地民意之表示为转移，该区人民所不愿而且立于敌对行为者，绝无归英之理。一为光绪廿五年户板蛮作会议之定案万不能推翻。兹据陈刘之呈报与滇督院者：

> 连日与英员会议，彼坚欲将上下葫芦全地约英，决意不作瓯脱。职(镇道)抱定图约指证瓯脱，与之磋磨辩驳数次，始允将下葫芦班况归英，上葫芦班洪归中，随与英员约会由户板开赴蛮作驻扎督办。
>
> 于初八初九初十会议三日，上下葫芦地彼此均不进界。惟

> 传问熟悉班洪班况地界土人，带同附近高山测量，划定界线，由孟定与班洪班况之交界区恭猛起，至班洪班况交界之蟒冷箐，即猛林山之东属华，山之西属英。自猛林山以下，俟至猛角猛董查明后再定界线。现在绘图划线，今日派员立桩。第一号立在南汀河南东作山西（土人云刻在河边岩石上），第二号立在由蛮作至南达大路边（土人云刻于树上周以石团）。此二号系孟定与班况分界之处。第三号立在蛮作尖山（土人云刻于岩石上），系孟定、班况、班洪三交界之处。桩立毕，大约十五十六可开赴猛角猛董，言明由我内地行走。

是会议之后，又见诸立桩事实，英员司格德并在场参与，现在各桩虽被英销毁，然不能将事实推翻。清光绪廿六年四月陈、刘在猛马又有照会送交司格德，均有案可稽。按国际公法“议在立约之后，不可不遵，议在立约以前，不能共守”之原则，英方势难翻议也。

（四）琐麦的解释

照约文“由此顺潞江上行，直到科干西北界，顺该科干东界，直抵工隆渡上，将工隆全地划归英国，由此循英国所属之琐麦，与中国之孟定分界处之江而行”之意义，琐麦应紧接工隆渡（即滚弄渡），而同时北面为与孟定分界。据在孟定之调查，其属官罕定国之报告，谓“当清道光年间，孟定土府按例每年冬至，即派兵五百名守工隆渡，至翌年清明始撤回。后因滇省杜文秀之乱（杜氏于同治十二年失败），始废弛”。是孟定之老界，确抵工隆渡无疑。则判断所谓之琐麦虽系地名，范围必不见大。

又据罕定国云：南汀河之支流，在南怕河以下，至工隆渡口间，尚有小支流五，即南岛河、南丘河、南虎河、南垒河、南崩河等是也。

而南崩河即为琐麦河，距南汀河汇入怒江口仅三四里之远。是琐麦所指之地方，更为小矣。兹据光绪廿五年勘界之初，户板会议两方之争执情形：

工隆渡附近情势略图

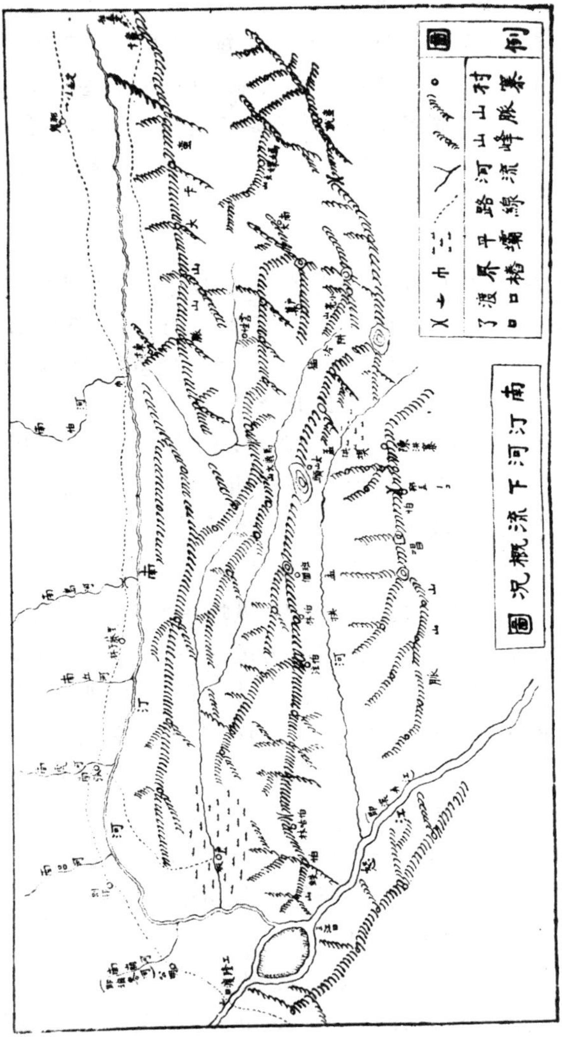

> 会晤时，面订二十二日开议，司格德云：附款载琐麦属英，琐麦即葫芦译音，凡上下葫芦王之地，概应归英。当答以琐麦确系工隆属地，在南汀河北，土人咸知，何得误为葫芦译音。总之葫芦野佧佤，原系不滇不缅之瓯脱，如谓彼此堂堂之大国，不屑与较，则仍以瓯脱置之，如谓必要管辖，则近滇归滇，近缅归缅，方昭公允。且上葫芦王胡玉山曾受中国土都司职衔，尤应划归中界。

可见陈、刘当日亦知琐麦不过为南汀河北之地，与葫芦王地无干，所占地步甚稳。因此之故，对于琐麦问题，司格德始终未敢辩驳，仅用图约争持为难而已。按伦敦签字图琐麦之范围，已概括上下葫芦王地，此系英方当时有意蒙混薛使，而薛使因不明边地实况，竟亦不加察而堕其术中。然从上述观之，盖图与约又全不相符合，约文所指地方范围甚小，图上公然显著标明，实属乖谬。琐麦之解释，与班洪谁属问题，关系甚大。会勘时，应特别加以注意。

（五）公明山本不可争然不能不争

公明山为佧佤山之主要大山，纵峙于西隅，自猛角董可以了然一览无遗。据边民之传说，公明山为边地各山之主峰，其东北分出至绍兴岗糯境为绍兴山脉；至猛角董境为佤脸山；在耿马境为猛宋山脉。西面分出班况者为磨龙山脉。西南分出至蟒冷地为那老山脉。东南分在南卡江间者为西盟山脉。西支至放马敢舍为放马山，北至蛮贵塔亭为孙岳山，共有八支脉。依约中经纬度位置，该山当然划出，不过按照约载山名水名地名土人所熟识之界，则应归我。此为英人所必得，势亦难争回。然抱定照约由公明山直下南卡江保全领土为上策，不能不争，以为交换条件。

（六）西盟山不可放弃之理由

查西盟英人称曰孟佧（Mong-hka），照图约已在界外，司格德又于光绪十九年曾亲履其境，深知该区形势险要，矿产丰富，必欲得之而甘心。然我因历史政治国防资源之关系，其地位之重要当较班洪而上之。前清光绪三十一年十月至三十二年三月，迤南道石鸿韶曾上界，北自南怕河汇入南汀河处起，至南马河流入南卡江止，周历查勘，有详细禀呈，所绘界图及清摺等所见均极切要。而关于应争西盟，言之最详，实此次会勘时足资佐证者也。今简摘其观察西盟之处：

> 详考西盟形势，由黑河头处离开湄潞二江分水岭，顺南马大河南卡江（南卡江，英人作南项河）分水岭至弄球山，顺南锡河南卡江南下，实为天然界线。西北二面，均外接野佧佤，其山岭之佛房，可以控扼西北野佧。南段之怕柯山，可以控扼江外野佧。不独为镇边门户，抑且为迤南屏蔽。复有南锡南项二河金矿，果角马上银矿之饶。且设立土目，有奏案上谕可查，历年征粮应役，视同内地。又自设镇边同知后，即分扎防营土练，以资守御。倘竟划归缅，不独失边疆门户矿产，菁华难保，彼不籍毋得逾越之照会以为口实，并札罕（即札法罕炳昭）二逆之案，亦虑重起波澜。是西盟虽不可争，而实不得不争也。

石道于清摺内，重复申述西盟之重要，此皆有案可稽，不得不郑重提出以资警策也。

（七）小分水岭与大分水岭实界务纠纷所在

查缅约载潞湄两江之支江分水岭为界，系专指孟定界外离江登山处计之。按实际该处之分水岭，亦系潞江支大小南滚河之分水岭，并非两大江支流之分水岭，前已言之，乃约文之误。约文既误，当然失所依据，亦即不能以分水岭为界，此事理之至明者。至猛角董以下，约文并未载明依分水岭为界。且论此一带山脉，错综复杂，起伏不一，大山小岭，犬牙相列，若依分水岭而为界，胶葛必多，恐非短时间或凭数人之口辩可以解决。兼之民族聚落散漫，佧佤性情凶暴，势必引起纷扰而不止。征之过去会勘，猛角董所引起之蠢动，今昔未变。英方每欲籍口分水岭为界，应予以辨正之。

（八）孔明山英人之抵制实无充分理由

查约图所载之公明山，中英文均注明。其部位应接近猛角董，而公明山实际不在此，远在其西，边地土人无不熟识。此种铁案，英人无论如何，万难推翻。至谓公明山即孔明山，系靠近镇边厅，夫滇省诸葛孔明之历史，对于边民印象极深，庙祀孔明，地方以孔明名之处甚多。无论公明山视为镇边厅之孔明山，其部位固属相差太远，何以约文不叙明为孔明山，而称以猛董猛角归中国，边界线上即上一高山岭，此山名公明山。是公明山地位应与猛角董相连接，万不能离开猛角董另寻一公明山。且土人对公明山指证已明，又有何词强辩。更有进者，图约均明定为公明山，并无孔明山之名，是孔明山绝不能混淆为公明山之音译，以图掩饰。

（九）南卡江干流支流应特加注意

南卡江为孟连、孟仑天然界河，在约文中占重要地位，当陈刘与司格德会勘时，曾因此而有争执。陈之答辩如次：

> 贵总办云西盟在南卡江西岸者，系贵总办误认南项河为南卡江，反将真正之南卡江，误认为南惜河耳。

盖南卡江上流因山脉地形关系，其源流支派必多，而干流与支流之分别，除地形测量以外，应就各上源河流之年龄，长度及地层剥蚀之原理以考证之，即不难次定。且民族之分布，亦必受地形天然之限制，大有区别也。故关于此问题，当为将来委员会讨论之点，应深切注意，以免堕英人之彀中。

（十）我方委员应设法避免由滇省内地会勘

论会勘事，本待双方集议后，临机应变，斟酌当时环境，始可决定。然就过去会勘之教训及此次实地调查之经验，不能不顾虑及之。

清光绪二十五年，陈刘与司格德会勘，在户板蛮佧会议后，司本催促进界，因探班况路被阻，被佧佤杀死六人，怏怏不乐，顿失所恃，乃议定彼此均不进界，遂假内地耿马之路而至猛角董，以致引起猛角董佧佤之激变，杀英医官曹大林，领事烈敦带重伤，并迁怒于汉官及土司之包庇洋人，佧佤啸聚围攻猛董，烧毁村庄，大小十四寨，居民六七百家，牛马谷米，焚掳一空，夷民惨被屠毒，总计损失资财，不下十数万金。后调兵围剿，始得暂告平息。而政府为此事靡费亦属不赀。勘界事因之大受影响，司格德软化迁就态度，骤然推翻，概不承认。故惩于过去之失败与教训，吾人应防再蹈前辙。现在虽事隔近卅年，南段未定界沿边佧佤恶化之情形，恐尤有甚焉。今更非昔比，设一旦保护不周，佧佤仇英之态度依然，试问将如何以善其后，英人更必籍口开兵作实行之侵占，沿边岂不因勘界而引起极大之危险乎？古语云"防患于未然"，此次勘界，时移景迁，应设法避免走内地为上策。又有进一步不能不防备者，可参看陈灿廿六年四月送与英员司格德之照会甚明：

> 本总办仍申前说，电请添兵，贵总办犹度外置之，护界之兵，较去年而更少，本总办茫然莫测是何用心。迄至今日，始恍然贵总办之不厚兵力者，非不知佧佤之凶悍，实籍兵少以遂假道内地之计。假道之计既遂，则违约进占之谋，可为所欲为矣。

观此可以窥测英人外交之狡猾阴险处，陈氏事后始痛恨言之。设当时不走内地，而毅然进界，则界务想早已易于解决，亦何致停顿至今，坐使英人着着进逼乎！

（十一）班洪境金厂坝英军应撤退营垒应销除

查约文第七款有"除保护边界各地安静必应有之兵寨外，两国答允各不在边界十英里之内，修建新旧营寨。英里量法，系从最近之边界作一直线量之"。查金厂坝系上葫芦王地，从前户板会议，曾划归中,属我国境。纵使户板会议定案可以推翻,然属未定界,实不能驻兵及有军事准备(照约保护边地安静而设兵寨),同时英方本可籍口保护边地安静为饰词。然在过去三十余年间,英方不侵班洪,而非常安静,此事实由英方侵略而引起。何况载明各不在十英里之内,修建新旧炮台营寨,将如何以解释之。现在边界既正式由双方从外交谋解决一切争端,英方在金厂坝之军事根据地,殊违背条约,会勘之先,理宜取消。

(十二)会勘由内地行走路线

假使会勘必由内地行走,外人通过上葫芦,必遭土人之反对无疑,因班洪固执之态度,至今未变,又兼以去年之抗英,更加视英人为不共戴天之仇。故班洪境内汉人须预先说明,可以通过,外人势所不能。因此由户板往勘恭猛山猛林山后,然后转孟定取道耿马而往猛角董。猛角董附近三面包围佧佤,皆时常出没之区,自猛董往澜沧,取道岩帅为捷径,可以省程约一星期。但近十年来,岩帅以无兵镇压之故,驯佧野性复作,屡抗政府命令,当猛角董岩帅间,非有多数兵难以安全通过。离上下允以后接近澜沧县城比较平静,可以不成问题。然若再向西往西盟山西南卡江流域,向北往永广及上下困马境,皆属纯粹野佧佤区,欲深入恐不能矣。故最大限度,只能沿永广及西盟山边地在孟连境,则无阻碍。

(十三)会勘由缅方行走路线

若籍口交通便利,以走缅方为最妥,其路线又由户板下班弄,至班况,直驱猛茅公明山,在地形上之观察,眼界更广。继下山通(HsanHtung)经佤渗(Yawng-Sang)、帕糯(Pa-Nang),出糯坎乌各上蟒冷地,然后循南卡江而下,则此一段界,亦可勘毕。而一切保护通过问题,英缅方面当负其责,而佧佤山所发生之临时变化,与我方可无关也。若中外委员抱着冒险牺牲精神,不顾一切,勇往深入,则可由中途山通岩城转东南渡南卡江而赴西盟也。以上所假定之路线,系对勘界委员会之委员而定,至于测量及其他工作人员属另一问题。若全体委员均须亲历其境,深入不毛之区,则须临时决定矣。

（十四）测量问题

(1) 天文测量分组路线。天文测量,此次势在必测。闻决定携带仪器两具,似此办法最妥,予意每一具除附带收报机外,应添带轻便之发报机,以备收发均灵便。且两具不必同在一处,以一具随勘界委员同行,当然由北端勘起,逐步向南移。其一具应从南头测起,先到猛阿测度,渐向北移,与北头之仪器,用发报机通报,所测得之恒星时,可以交互校正,如斯比较正确,时间亦经济,且分工合作,可以多测基点数点,于界务便利甚大。除与界务有关之经纬度应测定外,凡边区重要地方,如镇康、孟定、耿马、双江、岩帅、猛朗坝孟连等地,亦应顺便测出,籍可知边地之真正位置。

(2) 地形测量分组路线。该区地形测量,以山势复杂与森林掩蔽之障碍及野佧佤凶悍之难防,山路深僻,给养困难,殊无十分把握,而得一具体计划。若不顾实际情况,尽由测量理论方面设计,终归失败。此次勘界,得有天文测量确定基点后,地形测量即可根据各点以谋联络之法。我方之地形测量队应分组配合到达目的地后,一律化装,与土人所着衣服无大分别,土人引导入内,应备土人所喜悦必需之零星物品,以备赠送土人。此项零碎物件,无妨多备,但不必视土人眼光过高,因佧佤终属未开化之民族,而又好奇,赠与一物,终身戴德不忘。如土布衣服、图画、内地风景小照片、食盐、糖果、点心、烟草、茶叶、小刀、价廉之小表、儿童玩具、孔明像、总理像、党国旗之类,各村寨头人,或小孩沿途分别赠送之,以结其欢心,则可得工作之便利,不致阻碍而生事变。然此外所觅之向导,须熟习各该村寨之头人,常川来往而感情融洽者,始可以担任向导之职。其组数以南段未定界而论,至少六组,而人数不宜多,籍免注目。每组测量员二人至三人,向导一二人,供接洽、翻译、差遣之役。各组组员对此等佧佤,态度真诚,而表示亲爱之意以感化之。盖佧民虽蛮,对于汉人尚知敬畏也。今年佧佤山各部头目均到昆明请愿,内向之心甚切,将来到边地后，应先与之联络，使其出来接洽，然后随之深入，格外有把握矣。兹将各组担任地区及出发地点列后：

组别	担任测量区域	出发地点	经过路线	约计时间	备注
第一组	班洪区域	孟定	糯莪、南腊、焦山 岗猛、永邦、怕唱山	二月	环境不恶劣，有办法可入
第二组	公明山区	猛董	永和、绍辛、公明山	二月	环境最恶劣，应慎密计划
第三组	大蛮海、上下困马区	上猛允	经南栅往	二月至三月	选择精干人员担任
第四组	永广山区	募乃厂	此区可先与李占贤接洽	二月半	若得李占贤之助可保无虞
第五组	西盟区	募乃厂	此区指令西盟县佐及西盟土代办负责	三月	
第六组	孟连区	募乃厂	命孟连土司负责	三月	安全

（十五）佧佤山之民意与新建议

佧佤山各头目，自去年班洪问题发生后，一致兴奋，群起团结，联络非常密切，曾在班洪土城开会数次，推代表到昆明请愿，此为过去在历史上开未有之风气，亦足证各部落因鉴于归英亡土之不愿意，而有民族自觉心，相率欲托庇于我政府势力之下，认汉族为一家，为宗祖之邦。是成历史上之影响于佧民族者非常深刻，始克致此。而我政府对此等民族之请求，不能不予以相当之考虑及精神上之援助。而此次除双方国家派遣委员外，尚聘有国联中立委员，将来能否由我政府正式通知英政府，使明了该区少数民族之迫切期望，同时并使中立委员亦应了解该区之状况，提出于委员会，作供讨论解决问题之参考。若将来彼此均表同情，我国除自己领土范围以外，绝无争夺土地之野心。最好由中英双方真正妥协互让，划出佧佤山为一共管之区域，通告宣示于该区佧民，和平解决，由双方组织一委员会以治理之。从教育交通实业着手，一切进行事宜，统归委员会负责切实进行。此种和平处置，于双方均有利益，而对于该区之佧民前途，亦获光明。否则照该区环境民性，尤其对于英国之态度，始终反抗，纵用兵征服，恐亦非短时间可以成功。且必须牺牲兵力与物质上之损失，而界务之争，使两国蒙其害。为沉默之英国政治家，与领土庞大之不列颠帝国计，实不在乎增加此区区数万方里之土地，足以自豪。我国亦然，亦并不以收回边地，即有若干利益之弥补。是以为双方国家前途着想，为维持中英两国之国交，为谋世界少数民族之福泽，应由中英两大国携手，做一世界之创举，在世界各国间立一模范，而共同管理，共谋开发，则如拨云雾而见青天，数十年之恩怨，可以毅然一旦解决，而中英两国之邦交，将因此事而宜愈增进。吾极盼我政府速将此项有价值不朽之功业断然决定，提出作商讨之余地。苟不采此方式，试问界务之前途，有何良好之结果，使中英双方均满意者。倬敢断言曰：无之，只有纷扰，只有破裂。否则惟有我方完全让步，然必遭滇人之反对。因此顾到前途之暗礁与困难解决，不问此建议生效与否，俟机缘成熟，可一尝试之。

（十六）会勘时间问题

滇缅南段未定界，因地跨热带，兼属横断山脉区，受印度洋季风之影响，非常显著。雨季旅行，以气温高而郁淫，旅行不相宜；雨量甚多，山地跋涉甚苦，故以在干季适宜，干季自十一月起至翌年三四月止，气候良好，一切无阻碍。查陈、刘与司格德过去勘界，自户板会议，时在冬月；至猛马会议止，时在四月；前后六阅月。倬此次调查界务，自孟定以后至孟连止，沿途未多耽延，几费时两月。此次实际必深入勘查，测量费时，路线多曲折，至少须五六个月，故最好于十月终即到达孟定，以备双方会商后开始入界，则一切布置进行，可以从容不迫矣。

（十七）会勘时期边地防守事宜

查猛角董与岩帅上下猛允为佧佤山出入要隘，边地骚动，亦多在上列诸地，故应于各地配置相当防守队伍，以资震摄，而弭乱源。倬意孟定方面应由镇康纳县长调集镇康县与耿马团队，开赴孟定驻扎；猛角董应有正式军队驻扎；岩帅与上下猛允方面，可由第二殖边营及景谷双江缅宁各县团队择要口分地驻扎；西盟一带，应集中澜沧全县各区区团，以一部分开往助防。且本地方团队，可免英方之籍口。此为防沿边之临时事变，不能不预为布置也。

（十八）澜沧县政府火灾之关系

查澜沧县政府所在地佛房，于今年四月五日午后二时，由市坊起火，适值南风猛烈，助桀为虐，波及县政府，县城全部惨遭回禄，十室九墟，公私损失财务达数十万元。其中存储于县署自镇边厅成立以来四十余年之历史案据，概行销灭。会勘在即，需用历史证据之处必多，请由滇省府应饬澜沧县政府速谋补救，通令所属各土司土目呈报证据，以备会勘时之用，实急切不容缓也。

八、滇缅南段未定界之边防与国防意见

（一）滇省边防与国防之解释

此所谓边防与国防者，因边防所以对内，国防所以对外。滇省南段未定界，自孟定迄孟连，沿边夷族复杂，往往滋生事变，应有边防军以为防范之准备。如镇康在民元以前，屡经变乱。澜沧县当清嘉庆年间，光绪十三年十七年，民国七年，夷民屡次叛变，均用兵剿抚，始告平息。其中尤以光绪十年札法罕炳昭二逆之乱，漫延区域甚广，时间较长，英人又在后操纵指使，当时颇费心力，耗去国帑不少，始平定之。故为镇压边民之反侧与内地流氓之勾结，不能不屯置相当边防兵力。此种兵额，应按边地情形，以能维持平时之治安者为主。至于对外之边防，在此区域内，西部隔佧佤山为天然屏藩，防英侵略，应以北端之孟定及南端之孟连为着眼处。兹分别言之。

（二）孟定在国防方面地位之重要

查英人由缅甸包围云南之重心有三：一为密支那，乃经营滇缅北段未定界之要地；一为八莫，乃英人经济侵略滇西之要道；一为腊戍，乃经营滇缅南段未定界之要地。以上三地，皆占水陆交通之便，而总汇于佤城(即蛮得来)。今仅言南段未定界，按潞江工隆渡铁桥，早在英人计划之中。闻所需架桥钢材，已预备于佤城，或不久即行建筑。而孟定适首当其冲，且孟定地势平衍，物产甚丰，附近数百里内山地人民之粮食，皆以此地为给养之源泉。故在防务与富源之关系上而言，非常重要。欲保护孟定，须以潞江为天然之险而固守之，则孟定可安如磐石。然照第一次订约工隆渡周围放弃与英；第二次修约，将麻栗坝割让与英，大江与渡口之险尽失。为今计，除西防麻栗坝，而以山岭为屏障，麻栗坝北与东介镇康耿马，尚足以防之。而重大关键，不能不争上葫芦地，以巩固东南方面之天然屏蔽，因大南滚河之南，尖山与猛林山为最高之山，接怕唱山，实形势之地，可以控制邦弄，兼笼罩工隆渡口，英人虽占交通要津，而我守此等山势，可以高屋建瓴，得地利也。会勘界务，上葫芦地不能不争者，除有富庶之矿区不能不争外，对于国防，更不能不争。因尖山猛林山不特与孟定班洪有关，且足以掩护猛角董。自去年班洪事件发生后，英人已在金厂坝山顶筑军事要塞，我方应于勘界前提出使撤毁之。

（三）猛角董方面

猛角董三面临佧佤境，皆有险要之路径通达。现在该地无一兵一卒，故佧佤随时啸聚。南方之野佧，西方之岩帅驯佧，出没无常，如入无人之境，劫杀之风甚盛，道途艰苦，土民不得安居，商旅裹足，险象环生。此处地方治安，着着堪虑。故今后为地方治安计，震摄佧佤计，开导边民计，发展边地事业计，应有一连以上之兵力，分驻猛角董而固边圉。

（四）岩帅方面

岩帅为佧佤入内地之总门户。清朝末叶，自改隶镇边厅后，曾驻一殖边管带于南栅，所以防岩帅大蛮海上下困马一带之总门户。因此沿边佧民，见有大兵驻扎，归心帖服，不敢怀异，数十年安静无事，管带彭昆恩威并用，佧民亦且向化，曾接洽经营大蛮海之银矿，已有端倪，因辛亥革命而中止。民国以来，对此方面之防务，渐渐松懈，然尚驻有少数队伍，佧民未敢放肆也。自民十五年后，边防军撤去，由地方团队担任，兵少械窳，难以应付。遂为佧民所轻视，野性渐作，劫杀之事，随时发生，且竟深入波及于上下猛允区域。岩帅即其巢穴，公然结党横行，兼以参有内地游匪勾结，其胆愈壮，横行无忌。将来边地之隐患，日久恐不堪设想。故应恢复清末制度，以军事为推进政治之先锋，收效反著。该区之兵额亦至少一连，分驻于南栅与木戛，南栅介于岩帅上猛允之间，可以控扼岩帅，木戛位于战马坡之西，所以防止大蛮海及上下困马之侵入。此一带山形高险，不防患未然，一旦爆发，殊不易也。

（五）西盟方面

西盟在澜沧县境内，形势天成，为西面壁垒，前人言之綦详。迤南道石鸿韶查界清摺内有云：

> 西盟为镇边最高之山，西北二面，均接化外野佧。其佛房（山名）一带，尤西盟之最高者。所扎防营土练，西拒山通岩成，北拒上下困马。近年西盟一带得保无事者，非恃兵力也，恃地势也。而怕柯山（即西盟之南段）之高，亦类佛房，远望百余旦，江外野佧，稍有蠢动，足以弹压。前王参将伯成曾于此处修筑炮台，布置最为得法。又南项河以南，南卡江以东之龙坎完弄冷坎

诸山脉，均发于二江分水岭，巉岩陡峭，天险难越。如此地利，是不可不争者二也。

现在西盟亦未驻兵，为土代办主持，原设县佐于此，后亦因民七之乱而迁往喇叭，今政府之势力所能达于该区者亦属有限矣。然则会勘在即，夷民难免不蠢动，而为平日治安，推进政治，亦应有相当兵力以补助之也。

（六）孟连方面

孟连毗连十二版纳地车里南峤佛海诸县，而与缅属景冻（Kang-tung）一名孟艮（Meng-Ken）接壤而成崎犄之势。此一带地形，虽有山岭间隔，而平坝亦不少。英人于孟艮以下至仰光佤城均开汽车路通连，运输甚便。英人对孟连之军事重心，亦在于孟艮。其北面之猛养（Mong Yang）最近已新筑成，可供一营驻扎之兵营。而此方面更近孟连，是英人对于孟连方面军事上之布置，亦已有准备矣。

查由孟连而南至那垒一站，至孟垒二站，至猛养三站，至孟艮六站，与孟连之河岛接界，系顺南垒河流而入孟连。此为孟艮进内一路。又查孟连车里与孟艮形同鼎足，由车里西南一站至猛宋，二站至南峤（即猛遮），三站至猛板，六站至孟艮，与佛海之打洛接界，又为孟艮进内一路。故凡与孟艮毗连，在孟连则以南垒河为界。在南峤佛海，则以南朗河，一名打饼江为界。二流皆合流于澜沧江。此大概形势也。至孟连向西南，经猛马猛阿四站，过南卡江入下蟒冷地邦桑，再西至蛮楼（Ma-ug Lan）为通锡薄（Hsipaw）之大路。由上言之，孟连受英缅西面及南面之威胁。现在孟连常驻有殖边营一连，而实际人数不满百，且常服差遣，来往于佛海澜沧县城间，未经严格训练。土团约三十名，枪械参差，更不足以言用。谈到国防，实属四门洞开，敌人可以随时深入。夫孟连实澜沧全县最繁富之区，养兵先筹饷需，果能从财政整理入手，扫除积弊，并非难事。而孟连天然利源，训练国防军，作为工兵屯垦制度，实行殖移民殖边，政府可以节省军费，而士兵亦可以生利，不患其流为游民也。

结 论

倬抵京以还，期届两月，边疆实情，急待呈报。兼之勘界期近，需用更迫。只以搜得材料，内容繁复，整理编排，动需时日。适值溽暑，夜以继日，不敢停笔，从事纂稿。短促之间，草成斯篇。而谫裁疏略，词意乖违，盖所不免。至于此次调查滇缅南段未定界，由昆明起程赴边地，复返昆明，综计先后八阅月，为期二百有三日，实际行程九十九站，里数五千八百九十二。滇省山地，跋涉艰难，虽有乘舆，然上下坡坂，必须步行，饮食起居，每感困苦。所幸羁旅深山穷谷中，精神反可奋发，得以贯彻始终而未懈。惟就观感所及，滇缅南段未定界，虽属中英局部问题，而关系实钜，未可漠视，尤于滇省有切肤之痛。倬谨抱真实恳挚之态度，将调查心得，本知无不言，言无不尽之意，择要呈报，俾政府知该区现状，而筹对策。其关界务争执各点，国防根本大计，概依爱乡爱国之旨，分别陈述，俾政府有所依据，力谋补苴。至于佧佤山民意运动，影响至深，若将来能向机提新建议，扫除纷纭，亦两国之幸福。倬返躬自省，觉中央委斯重任，縻耗钜款，区区效忠愚忱。认定使命，始终小心翼翼以从事调查工作，而未能按部就班，遵训令计划大纲，故调查所得殊鲜，无时不引以自疚。至于此次参加赴边地采集植物标本之陈谋、吴中伦二君，生长江浙，而有勤苦耐劳之精神，为科学之贡献，步行滇省山国采集标本约在三千种以上，成绩蔚然大观。不幸长途远征，陈君自大理以后，因胃病以致引起肾脏炎之痼疾，延至墨江县途中即不救，实最可悲哀之一幕。然陈君为科学界以牺牲，为开发云南科学之曙光以牺牲，其精神殊值吾人追想，而为此行之一大纪念也。

中华民国二十四年八月二十六日外交部特派云南边地调查专员周光倬报告

附 录

中英续议滇缅条约二十款光绪二十年

大清国大皇帝，大英国大君主，五印度大后帝，现因两国如此和好，极愿固结邻交，益加亲睦，订立条约，俾光绪十二年六月二十三日北京所定缅约第三款之事，得以办妥，大清国大皇帝特派钦差驻扎英京大臣二品顶戴都察院左副都御史薛，大英国大君主五印度大后帝特派钦差管理外部事务大臣勋赐极尊鞸带宝星世袭伯爵劳，各将钦奉全权文凭，互相较阅，均属妥协，议定条款如左：

第一款　今议定两国边界，自北纬三十五度三十五分起，由格林尼址东经九十八度十四分，即北京西经十八度十六分之尖高山起，随山脊而行，向西南过高仑坪反瓦仑山尖，由此过华昌村与高仑村之中间，以华昌村归缅甸，高仑村归中国，直至萨伯坪，自萨伯坪起，其线向西而行稍向南，过式脱仑坪，利纳门格坪。由此仍向西南随山脊而行，至大萨尔河，自此河源至此河与南太白江相会处分尤克村在东，列捧村在西。自大萨尔河与南太白江相会处起，界线溯南太白江而行，至此江与雷格拉江相会，循雷格拉江上至其源，在尼格兰相近，自雷格拉江发源处，分尼克兰古庚升格拉在西；昔马及美利在东。其线自来色江之西源起，至此江与美利江相会处，复溯美利江上至其源在赫畚辣希冈相近，再向西南顺列塞江而行，自列塞江源至该江流入穆雷江处。在克同相近，分克同村在西，列塞村在东，界线即循穆雷江向东南而行，至与既阳江相会处，然后溯既阳江上至其源，在爱路坪，然后由南奔江（即红蚌河）西支源起，顺南奔江而行，至流入太平江（即大盈江之名槟郎江）之处。以上系首段之边界线。

第二款　第二段之边界由库弄河（一译作葛龙江）与太平江相会处起，循库弄河经过其西边一条之支江，至其根源，自此向南而行，与洗泊河（即下南太白江）相会，适在汉董之西南，以麻汤归英国，垒弄格东铁壁关汉董归中国，至此溯洗帕河之支江而上，此江有根源，最近孟定格江之根源，即循山脊而行，向东南方至南碗河边，靠南之克沱，以克沱归中国，配仑归英国。循南碗河向西南方面行，下至该河，转向东南处，约在北纬二十三度五十五分，其线由此往南稍向西，至南莫江以南，尽归英国。循南莫江而行，至南莫江分开处，约在北纬二十三度四十七分，溯南边一条之支江而行，至蛮秀南边高岭之脊，约在北纬二十三度四十五分，即循此岭脊而行，此岭脊系向东行稍向北，至瑞丽江（即龙川江）与南莫江相会处，以蛮秀地方及天马关、欣隆、拱卯各村归中国。此数处在以上高岭之北首，即溯瑞丽江而上，至此江分流处，再溯南边一条之支江而上，以江中大洲归中国，至此江与孟卯相对东边合流相近之处，如第三条所开，中国答允由八募至南坎各路中之最捷一条大路，经南碗河之南，中国一小段地内，除中国商民与土人仍旧任意行走外，亦可听英国办事官员及商民游历之人行走，并不阻止。英国如欲修理此路，或设法改筑，可臻平稳，告知中国官后，便可动工办理。又有须保护商贾或防偷漏等事，英国亦可筹备办理。又议定英国之兵，可以随便经过此路，但如兵数过二百名者，若未经中国官答允，即不准过此路。所有带军器之兵，如在二十名以上，即须预先行文知照中国。

第三款　第三段之边界，自瑞丽江与孟卯相对东边合流相近之处起，照天然界限及本地情形，东南向麻栗坝而行，约到格林尼址东经九十八度零七分，北京西经十八度二十三分；北纬二十三度五十二分地方，有一大山岭，自此循岭脊而行，过来邦及来本陇至萨尔温江（即潞江）约北纬二十三度四十一分，此段由瑞丽江至萨尔温江之边界，应照第六条所开，由勘界官划定。所有归与中国之地，极少须与孟卯至麻栗坝作一直线，为边界所包括之地相等。倘查得合式可为边界之处，尚须加添少许之地归中国，则中国应将别处边界之地，给还少许与英国，此事俟日后酌办可也。自北纬二十三度四十一分起，边界线循萨尔温江至工隆北首之边界，即循此工隆边界，向东留出工隆全地及工隆渡归英国，科干归中国。由此循英国所属之琐麦与中国所属之孟定分界处之江而行，仍随此两地土人所熟识之界线，至界线离此江登山处，以萨尔温江及湄江（即澜沧江）之支江水分流处为界线，约自格林尼址东经九十九度，北京西经十七度三十分，北纬二十三度二十分，约至格林尼址东经九十九度四十分，北京西经十六度五十分，北纬二十三度，将耿马、猛董猛角归中国。在格林尼址东经九十九度四十分，北京西经十六度五十分，北纬十三度处边界线，即上一高山岭，此山名公明山，循山岭向南而行，约至格林尼址东经九十九度三十分，北京西经十七度，北纬二十二度三十分，以镇边厅地方归中国。然后其线由山之西斜坡而下，至南卡江，即顺南卡江而行，约过纬度十分之路，以孟连归中国，孟仑归英国。然后循孟连与康东之界线，此界线亦皆土人所熟悉。至北纬二十二度稍北处，即离开南卡江向东略南，循山脊而行，至南垒江。约在北纬二十一度四十五分，格林尼址东经一百度，北京西经十六度三十分，由此循康东及江洪之界线。此界线大半系顺南垒江而行。惟除属江洪一小带之地，系在南垒江之西北，北纬二十一度四十五分稍南，界线行至江场边界后，约在北纬二十一度二十七分，格林尼址东经一百度十二分，北京西经十六度十八分，即循江场与江洪之界线而至湄江。

第四款　今议定北纬二十五度三十分之北一段边界，俟将来查明该处情形稍详，两国再定界线。

第五款　现因中国不再索问永昌腾越边界外之隙地，英国大君主于北丹尼（即木邦）地及科干照以上所划边界让与中国之外，又允将从前属中国兼属缅甸之孟连江洪所有缅甸上邦之权，均归中国大皇帝永远管理。英国大君后于该地所有权利，一切退让。惟订明一事，若未经大皇帝与大君后预先议定，中国必不将孟连峻江洪不全地或片土让与别国。

第六款　约内所开边界各线及所附之地图绘明详细，应由两国所派勘界官比较划定，以免地方官民争论。如查得何处有未甚妥协者，应行更正。两国勘界官应于交换批准条约之后十二个月之内，在两国届时所定之地相会。勘界官自首次相会之日起,应限定不出三年之外,将两国界线一律勘定。倘两国勘界官查出所定界线,必须改易,其互易之地,不应仅视其地面之大小,须论其地土之肥瘠及紧要与否。倘勘界官不能商妥,应速将未妥情形各报明本国国家核办。勘界又须设法查勘中国旧边界各为汉龙关者,倘查得在英国境内,英国当审量可否归还中国(如查系在孟卯东南,即系在孟卯至麻栗坝直线之北边则已归中国矣)。

第七款 划界之事,经两国勘界官勘定后,两国如有越界之兵寨等,于八个月之内,一概退出。彼国兵退,此国立即派兵接驻。两国应将退兵驻兵日期豫相知照。自驻兵之日起,应各担保界内所居之各种野人安静无事。除保护边界各地安静必应有之兵寨外,两国答允各不在边界十英里之内,建修新旧炮台营寨。英里量法,系从最近之线界,作一直线量之。

第八款 英国极欲振兴中缅陆路商务,答自条约批准之日起,以六年为期。中国所出之货及制造之物,由旱道运入缅甸,除盐之外,概不收税。英国制造之物及缅甸土产运出缅甸,由旱道赴中国,除米之外,概不收税。其余悉照第十条、第十一条办理。以上盐米之税,不得多于出入海口所收之税。

第九款 凡货由缅甸入中国,或由中国赴缅甸,过边界之处,准其由蛮允盏西两路行走,俟将来贸易兴旺,可以设立别处边关时,再当酌量添设。中国欲令中缅商务兴旺,答允自批准条约后,以六年为期,凡货经以上所开之路运入中国者,完税照海关税则减十分之三,若货由中国过此路运往缅甸者,完税照海关税则减十分之四。凡有陆路出入货物,应给发三联单(即子口税单),照通商口岸章程一律办理。运货经过中国地段,如在此约所准之路及有偷漏等弊,倘中国官愿行查办,即可将该货充公。

第十款 凡以下所开军器,非经国家准购,不得由缅甸运入中国,亦不得由中国运往缅甸。此等货物,仅准售与奉国家明喻购办之人，不得售与他人。如各种枪炮及实心弹、开花弹、大小弹子、各种军械军火、硝磺、火药、炸药、棉花火药及别种轰发之药。

第十一款 食盐不准由缅甸运入中国，中国铜钱、米豆五谷不准运往缅甸。鸦片及酒，不准由两国边界贩运出入，惟行路之人，准其酌带若干，以备自用，每人准带之数，应照关章定夺。若犯此条及前一条，即将所有之货充公。

第十二款 英国欲令两国边界商务兴旺，并使云南及约内中国新得各地之矿务一律兴旺，答允中国运货及运矿产之船只，由中国来或往中国去，任意在厄勒伲谛江（即大金沙江）行走，英国待中国之船，如税钞及一切事例，均与待英国船一律。

第十三款 中国大皇帝可派领事官一员，驻扎缅甸仰光，英国大君主可派领事官一员驻扎蛮允。中国领事官在缅宁，英国领事官在中国，彼此各享权利，应与相待最优之国领事官所享权利相同。如将来中缅商务兴旺，两国尚须添设领事官，应由两国互相商准派设。其领事官驻扎滇缅之地，须视贸易为定。中英两国领事官，在所驻之地与其地方大员往来，均系平行。

第十四款 英国商民等欲由缅甸赴中国，应向合宜之英员，请中国派驻仰光之领事官或边界上之中国官给发护照，方能前往。其护照式样，一边英文，一边华文，与通商口岸所给护照无异。华民欲由中国赴缅甸如愿领护照者，可向华官请英国驻扎蛮允之领事官发给护照。傥遇中国别地有一英国领事官，亦可就近请给护照。

第十五款 英国之民，有犯罪逃至中国地界者，或中国之民有犯罪逃至英国地界者，一经行文请交逃犯，两国即应设法搜拿，查有可信其为罪犯之据，交与索犯之官。行文请交逃犯之意，系言无论两国何官，只要有官印，便可行文请交。此种请交逃犯之文书，亦可行于罪犯逃往之地最近之边界官。

第十六款 今欲令两国交涉与贸易日臻蕃盛，并欲中国派驻仰光之领事官与中国大宪往来通电。两国答允俟可设法通电之时，应将两国电线接连，此线创办之始，专寄滇缅官商等往来电报。

第十七款　两国人民，无论英民在中国地界，或华民在英国地界，凡有一切应享权利，现在所有或日后所添，均与相待最优之国一律，不得有异。

第十八款　约内所开通商各节，俱非寻常款例，此由两国察看地方情形及中缅陆路通商应办之事，互相允让而立。所有互给权利，两国之民，除有同样情形外，不得在别处接壤之地，照样索问。即使有同样情形，亦必须有同样之让允方可。

第十九款　以上通商章程系暂行试办。俟两国察看得详细情形如何，去碍获益，可于交换批准条约六年后，或中国愿行修改或英国愿行修改均可商议。傥两国俱愿略早修改亦可。

第二十款　此约由大清国大皇帝、大英国大君主、五印度大后帝批准，自画押之日起，准六个月在伦敦互换，或能略早亦可。此条约应于交换后立即开办。现在大清国大英国各大臣先盖用关防，以昭信用。

此约共四分，华文二分，英方二分。

光绪二十年正月二十四日，西历一千八百九十四年三月初一日在伦敦立。

附件

今因照办（光绪十二年六月二十三日，西历一千八百八十六年七月二十四日）北京所定缅国条约第三款之事，中英两国现定条约，今日签名。于签名之前，两国签名大臣，俱认现订条约，既系专办，约内首段所言之事而立，约内各款，仅可用于条约所指两国所属之地，不能用于别处。

中英续议缅甸条约十九款光绪二十三年

大清国大英国国家为续议附款事，今因英国不再索问中国于光绪二十一年五月二十八日与法国订立条约所让江洪界内之地，致与

二十年正月二十四日与英国订立之中缅条约相违。彼此和商,于原订条约或增或改,拟立附款如左:

第一款 今议定两国边界,自北纬二十五度三十五分起,由格林尼址东经九十八度十四分,即北京西经十八度十六分之尖高山起,随山脊而行,向西南至瓦仑山尖,(即高良)由此接至萨伯坪。自萨伯坪起,其线顺分水山向西而行稍向南,过式脱仑坪,到纳门格坪。其线由此分西衣罔木萨两处,而画直至大巴江。然须俟就近查考后再定。自大巴江至南太白江;自南太白江至巴克乃江;自此顺巴克乃江到该江源头大郎坪相近处,由此顺大郎坪岭至畚辣希罔;自畚辣希罔线顺西南而行,至列塞江顺列塞江至穆雷江,分克同村及列塞村于两处,线自中画。自此顺穆雷江至该江与既阳江相会处,再顺既阳江至爱路江,顺南奔江(即红蚌河)至太平江。

第二款 自太平江及南奔江相会处,此线顺太平江到瓦兰岭相近处,由此顺瓦兰岭及瓦兰江至南碗河,顺南碗河至该河与瑞丽江(即龙川江)相会处。南碗河之南,那木喀相近有三角地一段,而濒南莫江之支河,及蛮秀岭之垒周尖高山,从此尖高山遵岭东北至瑞丽江,此段地英国认为中国之地,惟是地乃中国永租与英国管辖,其地之权咸归中国,中国不用过问。其每年租价若干,嗣后再议。

第三款 自南碗河瑞丽江相会处,线顺今之新威部落北界,至萨尔温江(即潞江),将瑞丽江合流之处及万定、孟戈、孟戛等处将及全地划归中国。自瑞丽江于南算相转北之处(即瑞丽江与南阳江相会处),线顺南阳江上行至该江源头孟哥山,约在北纬二十四度七分,东经九十八度十五分。自此顺丛树山岭,至潞江与南迈江相会处。由此顺潞江上行,直到科干西北界。顺接科干东界,直抵工隆界上。将工隆全地划归英国。由此循英国所属之琐麦,与中国所属之孟定分界处之江而行,仍随此两地土人所熟识之界线,至界线离此江登山处,以萨尔温江及湄江(即澜沧江)之支江水分流处为界线,约自格林尼址东经九十九度,北京西经十七度三十分,北纬二十三度二十分,约至格林尼址东经九十九度四十分，北京西经十六度五十分，北纬二十三度，将耿马、猛董、猛角归中国。在格林尼址东经九十九度四十分，北京西经十六度五十分，北纬二十三度处边界线，即上一高山岭，此山名公明山。循山岭向南而行，约至格林尼址东经九十九度三十分，北京西经十七度，北纬二十二度三十分，以镇边厅地方归中国。然后其线由山之西斜坡而下至南卡江，即顺南卡江而行，约过纬度十分之路，以孟连归中国，孟仑归英国。然后循孟连与康东之界线，此界线亦皆土人所熟悉，由南卡江分开至北纬二十二度稍北处，即离开南卡江向东略南，循山脊而行，至南垒江。约在北纬二十一度四十五分，格林尼址东经一百度，北京西经十六度三十分，由此循康东及江洪之界线，此界线大半系顺南垒江而行，惟除属江洪一小带之地，系在南垒江之西，北纬二十一度四十五分，稍南界线，行至江场边界后，约在北纬二十一度二十七分，格林尼址东经一百度十二分，北京西经十六度十八分，即循江场与江洪之界线而至湄江。

第四款　与原约无所增改。

第五款　今彼此言明，日后中国未经先与英国议定，不能将现在仍归中国在湄江左岸之江洪土地，以及孟连与所有在湄江右岸之江洪土地或全地或片土，让与他国。

第六款　今彼此议定，将原约第六条拟改如左。现在所定边界各线，应由两国所派勘界官比较划定，以免地方官民争论。如查得无论何处检未甚妥协者应行更正，两国勘界官应于此附款画押后十二个月之内，在两国届时所定之地相会。勘界官自首次相会之日起，应限定不出三年之外，将两国界线一律勘定。如确守附款所定界地，必有骑线之乡村部落地段，勘界官员可量为迁改互易。倘勘界官有不能商妥之处，应速将未妥情形，各报明本国国家核办。

第七款　与原约无所增改。

第八款　与原约无所增改。

第九款　凡货由缅甸入中国，或由中国赴缅甸过边界之处，按照原约准其由蛮允盏西两路行走。兹彼此言定，如将来两国勘界官员，查明另辟他路，与懋迁有益，所有查明之路，皆准照原约所载一律开通行走。

第十款 与原约无所增改。

第十一款 与原约无所增改。

第十二款 英国欲令两国边界商务兴旺，并使云南及约内中国新得各地之矿务一律兴旺，答允中国运货及运矿产之船只，由中国来，或往中国去，任意在厄勒瓦谛江（即大金沙江）行走。英国待中国之船，如税钞及一切事例，均与待英国船一律。中国答允将来审量在云南修建铁路与贸易有无裨益，如果修建，即允与缅甸铁路相接。

第十三款 按照原约，中国可派领事官一员驻扎缅甸仰光。英国可派领事官一员驻扎蛮允。中国领事官在缅甸，英国领事官在中国，彼此各享权利应与相待最优之国领事官所享权利相同。如将来中缅商务兴旺，两国尚须添设领事官，应由两国互相商准派设，其领事官驻扎滇缅之地，须视贸易为定。今言明准将驻扎蛮允之领事官改驻或腾越或顺宁府，一任英国之便择定一处，并准在思茅设立英国领事官驻扎。所有英国人民及英国所保护之人民，准在以上各处居住贸易，与在中国通商各口无异。英国领事官在以上各处驻扎，与中国官员会晤文移及往来酬应，亦与通商各口领事官无异。

第十四款 原约内载华民欲赴缅甸，可向华官请英国驻扎蛮允之领事官给发护照云云。今既言明将驻扎蛮允之领事官改驻，或腾越或顺宁，自应将此条内驻扎蛮允之领事字样，改为驻扎或腾越或顺宁领事官。

第十五款 与原约无所增改。

第十六款 与原约无所增改。

第十七款 与原约无所增改。

第十八款 与原约无所增改。

第十九款　原约后加增通商章程，如未能议妥如何修改，则仍应遵守原约所载之章。

附件

光绪二十一年十二月初六日，经总理衙门照会大英署理钦差大臣，以光绪二十一年十一月五日本衙门具奏西江口岸通商一摺，奉旨知道了钦此。相应恭录谕旨照会，查照等因，今彼此言明，将广西梧州府、广东三水县城江根墟开为通商口岸，作为领事官驻扎处所。轮船由香港至三水梧州，由广州至三水梧州往来，由海关各酌定一路，先期示知。并将江门、甘竹滩、肇庆府及德庆州城外四处，同日开为停泊上下客商货物之口。按照长江停泊口岸章程，一律办理。

现在议定以上所定中缅条约附款及专条各节，应于画押后四个月之内，开办施行，其批准文据，应在中国京城速行互换。为此两国大臣，将此附款专条画押盖印，以昭信守。

此附款专条，在中国京城缮立汉文三分，英文三分，共六分。

光绪二十三年正月　日

西历一千八百九十七年二月　日

解决滇缅南段未定界线
中英合组滇缅勘界委员会

已于四月九日签换照会各二件

国联派中立委员一人为委员长

关于解决滇缅未定界线事，迭经我外交部与驻华英国公使商议，现已同意设立一共同勘界委员会，重勘旧界。业由中英双方签换照会。外交部并于四月十七日下午正式公布（见另条）。至该委员会之组织，共有委员五人，由中英两方各派二人，国联会行院主席选派中立委员一人，即以该中立委员为共同勘界委员会委员长。

溯自去春班洪案件发生以来，中英两方争执各殊，外交部以该案症结所在，仍由于滇缅南段界线未定，爰与英公使商议，合组委员会，重勘旧界，几经磋议，始于四月九日签换照会各二件。兹将原文公布于下：

英使来照第一件

（照译）为照会事，关于一八九七年二月四日中英两国在北京签订之中英续议缅甸条约附款第三、第四两节所指之滇缅边境南段未定界问题，近经双方磋商解决办法在案。本使现特声明，关于奉命调查该段未定界之勘界委员会之设立及其职权一节，英国政府与印度政府接受下列之任务大纲：

（一）中华民国国民政府方面与英国政府及印度政府方面，现因咸欲解决久悬之滇缅南段边界问题，并为妥协互让之真正精神所激励，兹同意设立一共同勘界委员会，以委员五人组成之。由每方各派二人，并由国际联合会行政院主席选派中立委员一人，该中立委员即为该委员会之委员长。如遇其他委员意见歧异，其数相等时，该中立委员有最后票决权。

（二）委员会之首项职责，应将一八九七年条约第三条第三、第四两节中与未定界有关部分所规定之界线，实地查明，并绘于地图之上。委员会于解释各关系政府向未获得同一解释之约文之际，对于上述约文各段所规定及指明之各点，即关于交点、分水岭及文中所载之各处地名，应予以相当之考虑。

（三）委员会之第二职责如下：如发生彼等认为基于互让对于约定界线应作局部修改之各项问题，如原约第六条所指明者，委员会应根据彼等实地视察之情形，报告各关系政府，留待考量。

（四）中英两方之委员，如认为必要时，得将彼等个人之见解，提供各关系政府之考量。本公使现请贵部长证实中华民国国民政府亦可接受上述之任务大纲。相应照请贵部长查照见复为荷。须至照会

者。西历一九三五年四月九日

外部复照第一件

为照复事。接准本日贵公使照会内开(照录来照原文)等因准此。关于奉命调查滇缅边境南段未定界之勘界委员会,本部长声明中华民国国民政府对于有关该委员会之设立及其职权,如上述之任务大纲,亦可接受。相应照复贵公使查照为荷,须至照会者。

大中华民国二十四年四月九日

英使来照第二件

(照译)为照会事。关于调查滇缅南段未定界勘界委员会之设立与职权,本日贵我两方所互换之文件,兹本公使代表英国政府及印度政府证实贵我各政府对于建议解决该段未定界之谈判,另有下开之附加谅解。依照委员会之报告书,或依照与本问题似有关联之地形的、历史的或政治的因素,关于任何修改问题,将来应由双方以妥协互让之精神进行磋商。为进行此项将来之谈判起见,于必要时,即在南京召集各关系政府代表,连同滇缅代表在内,开一会议。委员会报告书之结论及嗣后任何谈判之结果,俱将规定于一新协定中。在此项新协定订立之前,各关系政府对于本段界务案,仍各保留其原有之立场。本公使现请贵部长代表中华民国国民政府证实关系此项谈判如上述之附加谅解。相应照请贵部长查照见复为荷,须至照会者。西历一九三五年四月九日。

外部复照第二件

为照复事。案准本日贵公使照会内开(照录来照原文)等因,准此。查上述谅解,本部长代表中华民国国民政府予以证实,相应照复贵公使查照为荷,须至照会者。

大中华民国二十四年四月九日

回滇调查班洪的任务及感想

外交部特派专员周光倬先生在省党部纪念周中之报告辞(节录)

主席,各位同志:

上礼拜之晚间,陈委员在西山太华寺境轩楼上对兄弟说,下星期一纪念周,要兄弟出席报告这次回滇的任务。当时听了这话,很迟疑地斟酌一番,认为:第一,时间太仓促,丝毫没有准备。第二,外交上的问题,有时候应保守着相当秘密的行动,不敢随便发言,故已再三向陈委员申述苦衷,辞谢。但陈委员很真诚地定要兄弟出来报告,兄弟觉得情不可却,只得答应下来。上一次纪念周,因为时间太仓促,所以留在今天来报告。今天借着这端重严肃的纪念周,可以说是正式和省党部全体同志见面,这是非常荣幸的事,同时也可以借此机会,向各位委员及全体同志道歉,并申感谢之意。我们这次由中央归来,承陈委员亲到车站相迎,又诚恳地邀约我们到党部来住宿,到后一切,承党部内各位同志亲爱地招待指导,又邀游团体旅行西山,种种方面说来,这样的厚意,就是总理所谓的亲爱的精神,我们心里真是感激不尽,我们无从表达我们的感谢诚敬的意思,将来有努力我们所担任的工作,以报效党国,报答陈委员及各位同志,期望我们的厚意。我们抵滇后,因公私的奔忙,未能亲自到各位处拜候,这是很抱歉的事,务请多多地原谅。以上是兄弟心里很恳切地表达的意思,特别向各位前说明,至于兄弟拟向各位报告的事项有三点:第一,这次回滇的使命;第二,回滇后的感想;第三,我们滇人对于今后的责任。今分别简单地说明。

第一,我们这次回来,所负的使命,各位都晓得是班洪问题。但是各位必定要怀疑说，你们回来究竟有什么办法，可是兄弟今天对各位说：我们是没有办法的，我们只有贡献少许的意见和一点小希望，完全听命中央政府及地方政府决定办法原则后，照着去做，所以兄弟的报告，纯属个人的愚见。云南介乎缅越之间，与英法两强为邻，为什么我们这四十余年中，常常闹着滇缅界务的纠纷，有时候弄得国交非常紧张，如片马问题，在清光绪末年，中英的关系几为破裂，又如民国十八年的江心坡问题，亦哄传一时，最近的班洪问题，引起地方和中央的深切注意，所以方派了兄弟们回来调查。但是滇越界务，很少发生纠葛，诸位想一想，这是什么道理。这可以说从前越南让给法国时，是事先实地勘定界址，然后订约的，所以，没有可以争执的地方，至于缅甸让给英国人时是隔了十年后方由驻英公使薛福成和英国大臣劳思伯里商定的，这里边北纬25度30分尖高山以北，因当时情况不明，未确定。（中略）总之。我们明白了过去失败的原因，第一不知地理的关系，诸位要晓得地理一科，不仅说明地位、地名、山脉、河流、地形等等而已。现代的地理，已经成为科学，须解释其因果关系，明了其利害，凡关于军事、政治、经济、产业及自然环境（地形、气候、物产、水利、土壤）各方面，无不在近代地理学讨论范围之内。因为他们只知读死书，又不彻底，并不知地理学之为何，再加以个人的疏忽，故因此失败，故地理学的关系，异常重要。想起从前，当凡尔赛和会开幕时，美总统威尔逊即延聘美国地理学专家鲍曼氏参与帷幄，决定世界大政方针，此可见其重要一般。此外英、美、法各国地理学会之工作，实担任探险之工作，为各国经济发展之先锋；办外交的，不详审地利，洞悉本国国土的利害相关之点，无往而不偾事误国。

第二，不谙外交。今日的外交，不是片面的，最重要条件，须明了本国的国家势力及所处的国际地位，并须彻底了解对方的国情、统治者政治的背景。如英国两党分野，以前自由党、保守党两党团分野而治，其政策殊有不同处，现在的英国，情形又较复杂，同时更当分析国际的关系，然后寻求应付的方案，临机应变，始可立于不致绝对失败的地位。过去所谓19世纪的外交，一切不似现今的外交风云离奇，实易于着手，他们只有狭隘的眼光、片面的见解，如何以应付新的环境，焉得不失败。

第三，因为他们无健全的体魄和充实活泼的精神，不足以胜此艰苦勤劳的任务。论到划界勘界，必须翻山越岭，冒艰难险阻，实地亲自勘察，始不致贻误害国。办理此案之人，若非体魄健全、精神饱满又富冒险性，如何以当之。有一段故事，可引为证据。听说当光绪三十年时，石鸿韶镇道和英领事烈敦会勘北段界务，登一尖高山，费尽一日之力到山巅，已属力竭声嘶，难以为继，故后来即不敢与烈敦多辩，任英领之所指，误到小江，以达高黎贡山，成为英人侵略北段未定界之口实，殊可痛心；可况体力不继者，畏途程、畏烟瘴、畏事烦，早已存一能了即了，不必多事苛求之心，又焉得而不败。有此三因，我滇缅界务四十余年来，不能结了，失土丧权，向莫非办理人的无能，所以才铸成大错。

以上三点，兄弟不过大略提一提，其他乖谬的地方还有，不过时间仓促，不能一一地枚举了。我们这次既受中央的任命、地方的笃责，来做准备交涉的工作，是非常艰难的，是重重的第一步工作。鉴于过去的种种缘由，有所建议，幸中央对于此事，亦欲求根本解决，故对于我们要求各点，得尽量容纳。现在各种计划，皆有一定方针，此次果能按步脚踏实地去做，俟将来工作完毕归来，那时再作详细报告。

《云南民国日报》民国二十三年8月3日第3版、第4版

呈蒋介石信

报告 民国二十五年九月

事由——光倬于民国二十三年奉外交部派赴滇边调查滇缅南段未定界英人侵入班洪事，于民国二十四年五月调查竣事。适委座因指示剿匪机宜莅滇，蒙召见于云南大学行辕，垂询滇边情形极详，命光倬回京后再晋谒。刻所有搜集材料，已编成详细报告书，谨将其中重要关于滇边界务、资源、国防、殖边四端，摘要略呈：

一、界务——查滇缅南段未定界之争端，由于地方名称、部位、经纬度与条约不符之故。对英交涉，应依据旧案办理，方不吃亏。以公明山为交换条件，抱定争回班洪炉房银厂、大蛮海、永广新厂，保护国家资源；守西盟全境，以固国防根据为最关重要。

二、资源——查目前已证实明了者，莫过班洪炉房银厂（此矿当清乾隆时滇人吴尚贤所开）。据民国十八年美国矿业专家卓柏氏前往精悉考验之结果，谓就昔时堆积如山之矿渣五十余万吨而言，每吨平均可再提纯银七十四盎司（约值国币百元）。是此巨量之矿渣，尚可提纯银值五千余万元。此外铅未估计，当值数百万元。洞内未挖出之原银矿，其质量必更有价值。滇边拥此世界罕有之银矿，实国家莫大财源，请饬外部速筹挽救之法。

三、国防——滇边腾冲为迤西国防门户，商务亦属重要。因距大理甚远，有鞭长莫及之感。应驻兵一团，以一营分驻于芒遮板及镇康，俾资震摄，并监视英人经营北段未定界之行动。迤南澜沧、车里，为对英法之冲。尤以澜沧县境接未定界，地方辽旷，外人传教势力深入，种族复杂堪虑，理宜特别注意。应以兵一营分驻于勐角董及南栅、岩帅；另以一营分驻西盟及孟连。车里一带，亦应配备一营。此一带所驻之兵，平时作为屯垦性质，不必虚糜国帑。有事则固国防，可保无虞。

四、殖边——查滇边地近热带，平原又广，物产富庶，为滇省腹地所不及。如米、茶、樟脑、棉花、木材、紫胶皆著。因交通不便，货弃于地。惟茶与棉花，现正在发展中。稻米年可种二三次，以运输不便，土民只种一次，荒地占三分之一。将来若能将湘滇铁路延长至车里及腾冲，则滇边生产之衣食住原料，可以大量运出。矿藏五金之开发，更易进展。故滇边之希望，殊不可限量。

细目详缮具报告书中，敬请

副校长　　蒋转呈

委　座　　钧鉴

附　呈　　缮誊报告书壹册

云南边地调查照片集壹册

调查路线图壹张

班洪附近形势略图壹张

滇缅南段未定界五色线图壹张

前外交部调查专员周光倬谨呈

云南边疆之危机

周光倬

一

云南边境，西南与英属缅甸，南与法属越南接壤，在国防上形势至为重要。外人之侵略，自 1910 年法筑通滇越铁路，其交通与经济势力愈为稳固。滇缅间现尚有未确定之国界两段，英人即乘隙而入，除以实力侵占片马并经营江心坡外，对于丰富矿产之南段未定界，久已垂涎欲滴。历时数十年之不能如愿以偿者，因戒于佧佤之仇视而已。然帝国主义者用心至毒，手段高明，竟于民国廿二年冬，勾结边民，诱惑永邦土酋，实际占据班洪所辖最有价值而负世界盛名之炉房银厂。以致引起次年(1934)滇边土民抵抗英人之暴动，风潮几至不可收拾。终因我方国难当前，息事宁人，予以让步，于廿四年合组中英双方勘界委员会，前往南段未定界实际勘查。但此事由交涉经过各方面观察，已启示吾人必不免趋于丧权与割地之二途。此次丧地，比之东北四省之面积因少数十百倍，故未引起国人之注意。惟西南与东北环境不同，英法互相牵制，故不敢冒昧直接行动。况有条约之束缚与环境之逼迫，英人处于无理之地位，苟能运用外交，南段未定界实有挽救之希望。吾人纵顾及邦交，牵就事实，亦只能为有条件的让步；最低限度，亦应双方立于共同的利益上谈判。基此要求与立场，英方之态度，或不致完全抹杀事实一意孤行也。奈事实殊出意外，竟有放弃自己分内最低限度应得权利而不提，而以对方之要求为绳准。则吾人所受之损失，自不言而喻。南段未定界，就资源及国防之观点观之，甚属重要，则其前途之危机为何如乎？国人对滇省情形,素极隔膜,至滇缅间数千里之界务纠纷,则更茫然莫辨矣。

吾国西南边疆之地位,其重要性质不亚东北与西北。东北自“九一八”后,已成特殊之局面;西北亦叛乱时闻。英法对西南边疆,表面上似疲于欧陆之多事,未露领土野心;然暗争甚烈,特其态度不若日本露骨尔。法人握中越交通之门户,我方颇感受制之苦。英人侵略滇边,在北段未定界江心坡及片马二处树其雄厚之根基;南段未定界,近以缅境木邦土司(今缅属掸部 Shan state)班海银厂(即缅甸可卜恩银公司)之矿藏告竭,进向北夺取炉房银坑,谋向滇边西南之进展,均如愿以偿。吾望国人顾及滇边资源之开发及国防之保障,予以深切之注意与认识,俾知滇边问题之严重与夫关系之钜,则幸甚矣。

二

中英边界之纠纷,至为复杂,自康边以迤澜沧江,当腾冲之西北隅,北纬二十五度三十五分尖高山西北之地,完全为条约中未规定之界线,称曰北段未定界者是也。其土地包括伊勒佤底江上流全部,即我国旧里麻长官司,孟养猛拱土司之地。面积东西占经度三度,南北占纬度亦约可三度,其地辽阔,人烟稠密,因地势山脉纵谷之低下,气候近于热带,物产殷富。水利不似滇西之湍急,可资利用。此等广大区域,四十年来,英人蔑视条约,背弃信义,积极向北经营进展,使印属阿萨迷坎底陇迤东至高黎贡山,联络一气,据为己有,匪特利用含混的条约为巧辩,且见中国官吏之庸懦,变本加厉,向内进逼,以遂其得寸进尺之野心,而北段未定界遂无法挽回矣。如 1910 年英人侵略野人山,逐渐伸张势力,蚕食江心坡与坎底陇一带,致滇省西北边疆日陷于绝境。

清光绪二十五六年,中英双方正式划界,澜沧江西迤萨尔温江(即怒江,一称潞江)支流南卡江边;尖高山南迤科干之两段,均顺利勘划,立定界碑。惟中间自南汀河南昆仑渡(约文作工隆渡)起,至南卡江边之第一号界桩间,因争执葫芦王地,后又因猛董事变,英人对于公明山与孔明山，纠缠不清，按公明山本在云南之西，而中英界务条约所载，反谓该山在云南之东，殊属荒谬，致此段界未经划清，是即所谓南段未定界。

查南段未定界，其位置约起于北纬二十二度十分，东经九十九度八分之邦桑地方，至西北北纬约二十三度三十分，东经九十八度五十四分南怕河流入南汀河之九十七号界桩处止，当云南孟定、耿马、猛角董三土司之南，澜沧县(即旧镇边厅)之西面，概属怒江支流大南滚河南马河南卡江之流域。住民完全为佧佤，英人称为佤部(Wa State)，称其民曰杀头族(Cutting Head tribe)，可见其野性之难驯。此种民族，分为两类，一曰纯佧佤，邻接我国边境，受汉人之同化，已习染汉人风俗，并受摆夷之影响，穿衣熟食，造缅寺，信仰佛教，间有谙汉语与汉人来往者。一曰野佧佤，生活与野人无异，不着衣裤，仅以粗布一幅遮下身，体格魁伟，处于山林间，有杀头之风，尚知耕种畜牧，然性情粗野，登山越岭，视若坦途，故在数百里外杀头，能于一夜间即得奔回其巢穴，沿边居民受其害，亦无可如何；惟于每逢旧历二八两月播种收获时间，特别防范之。至赴边地购买食盐或其他日常用具者，为数极少。汉人之经介绍保证入其境者，亦并不加害。近二三年来，汉人之冒险深入，或经商，或行医于该处，颇受欢迎，故在该区之汉人，陆续由缅境或内地边界以去者，已不能谓为绝域矣。惜去者多抱个人主义，无国家民族思想，未能予以智识与产业之开发，又不能予以指示组织，使成为强有力之团结。是以及英人以武力霸占，即无法抗御，斯亦边地失败之一原因也。

南段未定界之最大富源，除森林果实谷物外，则以矿产为富。矿业中最负盛名者，为吴尚贤所开之班洪银矿。当清乾隆盛时，四方来集者，号称数十万，称霸一隅。吴氏并有经营缅甸之雄志，乾隆年间，缅酋亦为之戒备。此段史实，一般人以为滇人之夸大及文人之故弄笔墨(师范滇系记此段史实最详)；然征之近年美国矿业专家卓柏氏亲往班洪勘验之结果，已证实无疑。当时吴尚贤经营挖出提炼堆积之矿渣，犹如山积，计五十余万吨，现时平均每吨尚可提纯银约七十四盎司，以今日银价之标准算之，即每吨矿渣，犹可得银值国币百元左右；是五十余万吨之矿渣，可以再提生银约在五千数百万元之多。至于未经开采之银矿，其数更难确计。银矿中之铅未估计在内。以吴氏当时所用旧法熔化提取之矿渣而推测，则原银矿成分之高，产量之富，亦可想而知。吾国拥有此世界罕有之银矿，淹没二百余年，竟坐让帝国主义享受，不徒丧权辱国，为国家财源莫大之损失，即先贤吴氏草创之功，亦扫地以尽矣。至于募乃老厂西北近大蛮海之永广新厂及大蛮海银矿（皆在澜沧县境），皆藏量甚富，非经专门考察，殊难估其价值。然吾人由地层之构造与生成之时代推断，必与班洪一带之地层相同，则其矿藏之富，亦从而可知矣。

自民国廿四年冬始，中英双方委员与国联所派中立委员，正式组织勘界委员会，在南卡江南岸山寨户算开始会商界务，各委员皆未深入未定界内，仅在边界行走，测量员亦未敢深入内部，概在我沿边测勘，则其结果亦可以推想。因野佧佤仇视外人之心甚深，不容外国人入境，故英人藉口假道内地，而我方处处退让，亦并不作假道缅甸边界之企图，是以不论如何测勘，皆属我之土地。而所谓勘划界务者，无非多划或少划出我之领土耳。所谓委员会亦不过仅据纸上具文，英人成竹在胸，抱定侵占领土之野心，我方则事事迁就，只求宁人息事，关于国家资源与国防大计者，盖茫茫然。

当去年秋后五阅月之勘界，闻班洪属炉屋银厂，已无条件判归英有，公明山更不成问题。猛董之南，大蛮海、永广新厂、西盟，或将听从英人割取以去，是以南段勘界委员会，无异一割地委员会，将滇边之资源与有关国防要区，一律让渡与人。滇人每以为界定可以免除纷扰，小有损失，无关大体，并可戢英人向内侵略野心；政府亦抱息事宁人、敦睦邦交之态度，则国土拱手让人，自理所必然矣。

三

滇边情形，并不如国人一般想像之恶劣。其土质肥沃，气候已近热带，物产丰饶，较之滇省东部贫瘠之高原，实不可同日语。以地位论，滇缅南部边境，据澜怒两江下流，河广谷宽，有广大之平原，或谷地错列其间，如陇川、芒市、遮放、猛卯，位于怒江之西，孟定，猛猛、上下猛允、孟连及十二版纳之车五佛一带地方，皆大平坝，位于澜怒两江下流。夏秋播种水稻一次，不必施肥，而收获较内地为丰。除供本地之食用外，尚可供给外地，其价低廉，每担只值内地十分之一。而夷人以供过于求，每年只种一次；若交通便利，则年可产米二次以上，运往各地。其地气候炎热，雨水充足，故不患谷物之不能成熟也。冬春为干季，田畴任其荒芜，绿草如茵，牛马成群，放牧其间，举目纵瞩，诚天然之一良好牧场。夷人无一家不畜牛马，若在冬春之间，游历其境，每见千百成群，放牧漫野，故畜牧业可谓滇边土人之副业。土人生活优裕，每五日一市，无论远近，皆以其所有，肩负来集交易，集者多至一二万人，少亦二三千人，丝棉衣料，粮食特产，应有尽有，倍形热烈。衣不褴褛，面无愁容，亦足见富庶之景象。

过去滇人大都不敢往边地，凡去者皆曰“走夷方”，往者必不能返而死于此。因边地在南方，纬度较低，地势亦低，气候炎热，为滇人所不惯居住者，行者裹足，视为瘴疠之区。纵有去者，尽为马帮，亦只在冬春二季；过清明后，即作归计。惟两粤商贾，寓居此地而成家立业者，实不在少数，以其惯居热带之地也。但近来滇人之经营茶商者，已渐移向边地直接采购，遂亦终年徙家居住，而并不以为苦。故佛海之商业，蒸蒸日上，现竟成为滇省南部商业之重心。

沿边民族（指澜怒二江下游），极为复杂。论其数量较多而显著者，有摆夷（即掸人）、裸黑、佧佤及开钦、蒲满等族。摆夷又分为水摆夷与汉摆夷二种；然均居于平原上。水摆夷之名，非以其居于水滨，以其所居之地多溪谷河流耳。汉摆夷（一作旱摆夷）亦居于多水之地。一说汉摆夷因受汉化之程度较深故名。水汉摆夷之区别，在其女子服饰上甚显著:水摆夷之头巾,皆以白色或鲜丽色之布或毛巾包于头上,上衣短而窄袖,摺裙镶花条纹,肤色洁白,殊形健美。汉摆夷则其所着之头巾衣服裙子等,一律黑色,且又宽大,其装束不似水摆夷之修整,而肤色亦较粗糙。但该族之文化甚高,有文字,能翻译佛经,建筑壮丽之缅寺,成为民族精神之所寄托。至其文字,近于暹缅系,横书,拼音字母。裸黑佧佤为山居之民族,性质比较粗野,大部以澜沧县为中心,故县属西北之群山,有佧佤山之称;东北之峻岭,有裸黑山之称。以前此两族顽强反抗,恃险为乱,自经清末两次征剿后,已较就范矣。该区以侨居之湖南人最占势力,最初前往经商,后渐成为大地主,今澜沧县北部各大山岭间多有高楼大厦之建筑,尽属湘籍移民,或其客子客孙,而多半娶土人为妻,其同化之势力甚强,因此亦成为地方上之豪绅。澜沧全县小学教育之比较发达而有成绩者,亦以该区为首。不过地方上豪族之暗潮争斗之风甚烈,各有其部属与党羽,互不相容。县政府管辖范围太大,力量薄弱,实难兼顾,殊非边区之良好现象也。

边区除上述富于农矿外,茶叶之栽培,面积甚广,所谓普洱茶者,尽产于澜沧江下游,尤以十二版纳为最著。茶商麇集于此,由土人购买原茶,在佛海县设庄自制,分与各种庄口。销西藏者多团形,每斤约二团,以笋叶包扎,外再用大方竹篓衬笋叶装置,用马运往缅属景冻,自景冻以汽车输至仰光,由仰光装轮运至印度加尔各答,起岸经铁路运至大吉岭西藏边界,交与藏商,转运至拉萨。每年销数至巨,不下数千驮,以供藏民之需要。国人往往漠然于此,以为云南茶之销路日窄,其实不然,因运茶之路线已变更矣。至运销香港之茶,每年亦不在少数,直接由暹缅海道运输。其由思普北上,以销省城或四川或康边者为主,大都以思茅为一大中枢。驮茶之马帮实伙,尤以康边西番人,每逢冬春二季,成群结队,每帮约有马数百匹,自大理循云岭山脉而南下,至思茅直接采办普茶,以供各大寺及一般之需要。此种番人马帮,并不绕走大路,因自阿墩子南来,取纵谷山脉之直线而即到思茅城,路短而省时。茶为滇边大宗出口贸易,近年自关税出口税取消茶税后，于普茶之繁荣实多裨助。边地除产茶外，因热带气候，林木葱郁，樟脑、紫梗（一名紫胶），产量至丰。初无经营樟脑事业者，不知精制；近则佛海县城商人集股招川人来境制造。然草创伊始，产量甚微，不足以言出口。紫梗为制漆或造船必需之原料，欧战时曾发达一时，中经一度衰落，无人贩运，同时亦无人放虫生产，产量锐减，近年又稍有转机。自滇省提倡植棉事业后，边地棉花产额，已年有进展，尤以自暹罗传入之木本草棉种子，在车里一带从事推广，颇有成效。其棉枝干粗壮，高丈余，放苞开花，各色竞妍，一树可以摘棉花百余朵，年可采两次，此为中国产棉区如江浙两湖豫陕冀之所无，而为滇边所特有者；且花苞甚大，洁白柔软，纤维舒长，可纺细纱，尤具特色。现正大量推广，将来滇边棉花之产量，大有方兴未艾之势也。

今者国人往往昧于滇边实情，即滇人亦多误解，仍以夷方目之，推其误解之由，实因交通阻远，凡去边地者，需时月余，不堪长途奔波，视为畏途。且国人习于安土重迁，去者少，知者亦少，而能加以精密之考察者更不可得矣。职是滇边大好河山，拱手让人；无穷宝藏，尽弃于地，良可慨也！

吾人惩于东北之覆辙，对于西南不能不急起挽救。挽救之策，惟有实现总理实业计划中通车里及腾冲之支线，并速完成湘滇线，以利交通血脉，此为唯一要举。否则以滇省金融恐慌之甚，受制于法国之滇越铁路及军事政治势力，其危险程度并不亚于东北也。

四

吾尝云：凡国人足履滇省者，方知滇省之可爱，其居民朴实勤恳，实非他省所能及也。且滇省在国防上之重要性，滇边之危急，亦一一自经历中可知。自“九一八”以后，国难日趋严重，以地位论，今日之西北，实更重于西南；然以地利而论，经济而论，滇省可谓国防上最后坚固之防线。西北气候太冷，物产稀少，民族复杂，不及滇省甚远；而滇省之利，适得西北之反也。

滇省环境优良，物资充裕，民情淳朴，关系西南边防，又极重要，即不能不佩念前人经营拓殖滇省眼光之远大。缅怀前贤百折不回、前仆后继创业之精神，诚令人感奋交集也。凡游历大理者，无不盛赞苍山洱海之雄秀，然同时对于埋骨下关之万人冢，而又引起崇仰无名英雄艰巨创业精神之伟大。彼等之牺牲，实为整个中华民族争光荣，争生存。吾侪后继者，当有以发扬维护之。今者山河破碎，为中央，为地方，为全民族着想，宜以全副精神整理云南，开发云南，方不负前人壮烈牺牲之精神，边患日深，国事日急，我同胞，盍兴起乎！

周汉章先生(光倬)，云南昆明人，民国十三年东南大学地理系毕业。曾任南京中学、南京女子中学史地教员，现任中央军官学校地理教官。学历并富，于边疆问题尤多心得。民国二十三年曾受外交部特派为云南边地调查专员，返命时成《滇缅南段未定界调查报告书》一册，于滇边问题之症结及其因果叙述甚详。并著有《日本地理》(南京书店出版)及单篇论文多种。本篇为先生于廿五年五月应本会在树范中学演讲之讲稿。际此察绥多事，边陲殆危之秋，为未雨绸缪计，对于西南边地，幸勿漠然视之成东北之续也。

本会附识。

浙江中华史地学会　二卷二期　中华民国二十五年十二月十日出版

附:班洪总管胡忠汉表陈

表陈　具表极边苦衷情况葫芦王班洪总管胡忠汉谨陈

中华民国中央政府委奉政大夫专员周公　钧鉴兹所呈者。管守斯土,由于后汉诸葛武侯平南时,赐管曰酋长,世守此邦,作为内地藩篱保障,岁纳朝贡,永遵钧谕,永世报决宗旨,无妄无异,已隔数千年。至前清政颓,中属之缅甸被英政虎狼侵夺,管境荷中国宏福,坐镇斯土,保障内地,高枕又逾八九十年。则管土兹延祸由者,因于前清乾隆时,有石屏人之财星吴尚贤,浪游于斯,蹿山得见矿苗,商议采办银厂。管之先王辈等,窃思此邦,虽我坐镇世守,然土地原属中国附庸,中国人办,曷敢不从。后吴星坠落,厂亦停办。转瞬又经贰百余年。至民国鼎新,四海咸沾国福,安堵无恙。至拾捌年春夏际间,突有孟定司之弟汉奸罕中才,带领英人卓白氏来管地蹿山游览,后云欲重开吴前办之银厂。管先王闻下愤恨,即刻驱逐,勿容须臾停。管后通知我葫芦王各酋长,均不许可,惟听中国钧命,任舍全境生命抵抗。至是冬间,云南省政府委李景森员来斯探厂,云及中国政府欲重开此厂,储蓄国币,管先王各等均悦允许。事因牵延,至贰拾贰年春间,李景森复临斯境,云及伊已陈政府,务期开办此厂。联络书据合同,俟转省陈明,即来采办。是年秋冬际间,突被贪吞无厌之英狼,诱惑邦隆诏宪,许英过江,到厂试办。该英狼目睹矿产极其美多,大肆倡办兵力抵厂,言播字传,云及葫芦王地,归伊管辖。管各邦闻惊,窃思未闻中国大命及省政府钧谕。管先王令素怀大义,抱本之首人刘国用、高耀恒,带练合邻封民众,拼命开战抵御。初次阵亡我竭力练头四名,勇敢丁拾余名,虽此,民众仍誓死抵御,才一面申表中央,一面告急。省政府复蒙龙主席奖励禾光、梅花金章，赐葫芦王班洪曰总管，却去王字，仍任命世守，以御外侮。又蒙迤南杨督办，委来义勇军官李占贤，带队率领刘国用、高耀恒二人率士兵民团贰千余名同邦老百姓，忘生抵敌开战。不料英械锋锐，将邦老全境民房尽烧，阵亡者百余人，烧毁者百余人，刘、高率之勇丁又阵亡拾余名。该民不服，重建茅屋，英狼连毁贰次，掳掠损失财物，约计陆拾余万元。邦老王管，潜隐避他，是此告急中央。管闻万国公议开会，英领蒙混中央大位，伊未逾界线，后英狼得英领电传，英狼才撤炉房营盘，移往金厂坝，隔炉房约二三里之遥。连营住扎副榜、副算沿江一带，加兵防堵待敌。相此，不过稍缓，必有怙恶重侵中土肆意。管停战后，传集刘、高二目，及地方各首人等，结算兵燹粮秣各费，共耗七余万元。兹蒙中央政府，不失舍中土主权，保障边陲，特派专员周光倬临境调查界线，侵吞真伪。然此葫芦王地土，管之先王先辈，代代遗嘱。因中外交通，英吞缅甸，由前清刘军门划界时，葫芦王地、毗泷大江、邦隆地面，系邦况王之土，因邦隆官，娶邦况王之女，后邦况王殁，王妇与邦隆官岳胥不睦，邦况王子稗年无知，邦隆官霸占自尊，又永邦王原无己土，念伊葫芦王先先辈裔，每年浪游五王地面，向百姓讨吮稀征，因此邦隆官诱惑永邦王裔麻哈，贪财盗引英狼侵占，战阵猖獗。管守斯土，英狼刻虽未发，管境实若寝在积薪之上，略待薪炊，管境全招灰烬，欲生不能，边毗无障，如水之滴地，浸润渐宽，内地再欲安枕则难矣。管俯请专员周公既驾临于斯，大施恻隐，救援斯土生灵，保御边疆，电墨代达中央政府、云南省政府，知此确情，则专员不亚武侯复生，国家幸甚，民生幸甚。特此谨表以闻。

中华民国奉政大夫中央政府特派调查专员周公，行辕公鉴。

班洪总管胡忠汉　首人刘国用、高耀恒

中华民国二十四年二月　号